当代西方学术新视野译丛

本译著获得西安外国语大学英文学院学科建设经费资助出版

语言哲学

[美]佐坦·亨德乐·绍博
ZOLTÁN GENDLER SZABÓ

[美]里士满·H. 托马森
RICHMOND H. THOMASON

著

张文锦 曾晓东
译

陕西新华出版
陕西人民出版社
CAMBRIDGE

图书在版编目（CIP）数据

语言哲学／（美）佐坦·亨德乐·绍博，（美）里士满·H. 托马森著；张文锦，曾晓冬译. -- 西安：陕西人民出版社，2025.4
ISBN 978-7-224-15133-6

Ⅰ.①语… Ⅱ.①佐… ②里… ③张… ④曾… Ⅲ.①语言哲学 Ⅳ.①H0-05

中国国家版本馆 CIP 数据核字（2023）第 194007 号

著作权合同登记号　图字：25-2024-248

This is a simplified Chinese edition of the following title published by Cambridge University Press：
Philosophy of Language
ISBN 9781107096646
© Zoltán Gendler Szabó and Richmond H. Thomason 2019
This simplified Chinese edition for the People's Republic of China (excluding Hong Kong, Macau and Taiwan) is published by arrangement with the Press Syndicate of the University of Cambridge, Cambridge, United Kingdom.
© Shaanxi People's Publishing House 2025
This simplified Chinese edition is authorized for sale in the People's Republic of China (excluding Hong Kong, Macau and Taiwan) only. Unauthorized export of this simplified Chinese edition is a violation of the Copyright Act. No part of this publication may be reproduced or distributed by any means, or stored in a database or retrieval system, without the prior written permission of Cambridge University Press and Shaanxi People's Publishing House.
Copies of this book sold without a Cambridge University Press sticker on the cover are unauthorized and illegal.
本书封底贴有 Cambridge University Press 防伪标签，无标签者不得销售。

出 品 人：赵小峰
总 策 划：关　宁
策划编辑：李　妍
责任编辑：李　妍　王　萍
整体设计：杨亚强

语言哲学
YUYAN ZHEXUE

作　　者	[美]佐坦·亨德乐·绍博　[美]里士满·H. 托马森
译　　者	张文锦　曾晓冬
出版发行	陕西人民出版社
	（西安市北大街 147 号　邮编：710003）
印　　刷	中煤地西安地图制印有限公司
开　　本	787 毫米×1090 毫米　32 开
印　　张	12.5
字　　数	359 千字
版　　次	2025 年 4 月第 1 版
印　　次	2025 年 4 月第 1 次印刷
书　　号	ISBN 978-7-224-15133-6
定　　价	69.00 元

如有印装质量问题，请与本社联系调换。电话：029-87205094

前 言

这是一本关于哲学的书，它是为语言学家和相对熟悉语言学的哲学家而创作的。我们的主要目的是提供一个文本，可用于本科生高年级或研究生的课程，以培养语义学学者和语用学学者。这门课程的理想受众应该是已经学过语义学或语用学的，且正在寻求更好地掌握这些领域的基本问题的学生，它也可以用于已经修过语言学课程或几门哲学课程的本科生。在这本书出版前，我们已经成功地将其内容用于本科生和研究生的教学活动中。

近四十年来，语言学对语义的研究变得越来越技术化，这改变了哲学家思考意义和意义理论的方式。虽然语言学家们所实践的形式语义学发端于哲学，但许多哲学家并不熟悉这些技术细节。另外，一些对这本书感兴趣的语言学家也可能没有接触过这方面的话题。对于想要深入学习形式语义学的读者，最常用的教科书是海姆和克拉策（Heim and Kratzer, 1997）的著作。对于有关逻辑理论和语言学理论的可靠和可读的信息来源，我们会推荐盖默特的著作（Gamut, 1991a,b）。

我们非常希望哲学家也能读到这本书。从他们的角度来看，这本书的显著特点是：不同于以往对语言哲学的介绍，本书完全基于当代语言学理论。哲学家们会意识到，我们讨论的很多问题都是有争议的。我们两位在这些问题上都有一些各自的看法（偶尔也会有分歧）。毫无疑问，这些看法将在本书中呈现。尽管如此，我们的目标仍然是公平地和善意地在这些辩论中提出各种可行的选择。

哲学催生了现代语义学和语用学，这一点并不奇怪。也可以说，哲学催生了物理学、经济学和心理学。像那些年长的"兄弟姐妹"学科已经独立了一样，语义学和语用学也已经成为独立的学科，研究者们用公认的理论工具研究它们，研究目标已经脱离了最初导致它们发展的哲学兴趣。大多数物理学家、经济学家和心理学家的研究工作蓬勃发展，同时，他们也设法与哲学保持一定的距离。那如果你是语言学家，为什么要费心研究语言哲学呢？这里主要有三个原因。

首先，哲学和科学之间的界限在语义学和语用学上比在其他学科上如生物学，表现得更加不稳定，语言学家经常会碰到一些哲学问题，比如：语言学理论是否能说明世界上的种种存在？交流需要了解别人的想法吗？模糊是一种语义现象还是一种现实的特征？当这些问题出现时，如果能够了解相关的哲学辩论，会有一定的好处。

其次，在过去一百年的哲学文献中，到处充满了有价值的、但未系统化的、关于自然语言的见解，这些文献仍然可以启发新的语言学理论，但前提条件是我们能够正确地理解文本，而这反过来又需要我们关注哲学。

最后，以哲学的方式去思考科学所探究的主题是有用的，因为它可以将心灵从习惯的控制中解放出来。如果你研究了语义学中的分裂结构（cleft-construction）或语用学中的级差隐含（scalar implicature），你就不会花很多时间去思考为什么要寻求组构语义学，也不会思考说者和听者在对话中协调他们的行为到底意味着什么。你会对这些东西很了解，它们在大多数情况下也可以很好地为你服务，但有时，一个未经检验的假设或一个不够清晰的概念会把你引向理论的死胡同。当你陷入困境时，你需要退后一步。这时，哲学会有所帮助。

本书的前两部分涉及语义学和语用学的核心基础问题和哲学问题。通过历史案例，我们将说明语言问题是如何与形而上学、认识论和伦理学等领域的哲学问题相关联的。第一部分介绍了语义学的核心问题，如组构性、指称、内涵和意图；第二部分介绍了语用学，如语境、会话更新、会话含义和言语行为；第三部分讨论了意义的基本问题。

我们建议：在使用这本书的任何课程中，请阅读介绍部分和第一章中关于弗雷格和塔尔斯基的部分。除此之外，还可以灵活使用这本书：如果是一门语义学的课程，可以让学生阅读第2、3、4、5章，也许还有第7章，还可以给他们补充阅读文献中的资料；如果是一门语用学的课程，可以让学生阅读第6—11章，同样也可以补充其他阅读材料；如果一门课程使用本书的全部内容，它将涵盖意义和语言使用的中心问题。

这里，我们要感谢杰西卡·凯泽（Jessica Keiser）、杰夫·金（Jeff King）、杰夫·佩尔蒂埃（Jeff Pelletier）和克雷奇·罗伯茨（Craige Roberts），他们阅读并评论了本书的部分章节；还要感谢尼克·阿洛特（Nick Allott），他阅读并评论了整本书；也要感谢我们的编辑罗斯玛丽·克劳利（Rosemary Crawley），以及在耶鲁大学和密歇根大学修学本课程的学生们。

最后，用这本书向我们在哲学和语言学方面的老师致谢，希望它能进一步改善和加强这两门学科之间密切而富有成效的联系。

目　录

概　述 　　　　　　　　　　　　　003

Part 01 语义哲学

1. 弗雷格和塔尔斯基　　　　　　027
2. 组构性　　　　　　　　　　　050
3. 指称和量化　　　　　　　　　076
4. 时态和情态　　　　　　　　　108
5. 意向性　　　　　　　　　　　146

Part 02 语用哲学

6. 奥斯汀与格赖斯　　　　　　　179
7. 语境和内容　　　　　　　　　195
8. 共同基础和对话更新　　　　　214
9. 隐涵和比喻言语　　　　　　　233
10. 断言和其他言语行为　　　　　258

Part 03 作为哲学问题的意义

11. 意义和使用	281
12. 外在主义和内在主义	307
13. 悖论和模糊性	330
术语表	345
名词解释	347
参考文献	355
索　引	383
译后记	388

概 述

概　述

现代语义学和语用学是从哲学家和有哲学倾向的数学家的工作中产生的,这些哲学家和数学家有戈特洛布·弗雷格、伯特兰·罗素、阿尔弗雷德·塔尔斯基、J. L.奥斯汀、彼得·斯特劳森、威拉德·范·奥曼·奎因、唐纳德·戴维森、理查德蒙·塔古、保罗格·赖斯等人。现在可以在语义学和语用学的入门教科书中找到的许多核心观念都是在辩论中形成的,这些辩论认为语言就是一种手段,被人们用来阐发逻辑学、认识论、本体论或伦理学中的哲学观点。许多参加过这些辩论的人都困惑地发现,他们后来竟然被尊为某个语言学分支学科的奠基人。他们中有许多人认为,试图系统化地、理论化地解释自然语言中的语句以及在上下文语境中理解这些语句造成的会话效果是不可思议的,甚至是错误的。接下来我们要讨论的三场重要辩论会让大家明白哲学家以及逻辑学家是如何,有时是无意识地为建立科学语义学和语用学铺平道路的。

0.1 奎因和卡尔纳普关于内涵性的论辩

鲁道夫·卡尔纳普(Rudolf Carnap)和威拉德·范·奥曼·奎因(Willard V. O. Quine)是20世纪的主要哲学家。卡尔纳普(1891—1970)曾在德国耶拿市师从弗雷格学习。第一次世界大战后,他对德国和奥地利的哲学产生了影响。但他随后在二战前就移居美国,先后任教于芝加哥大学和加州大学洛杉矶分校。奎因(1908—2000)虽然周游各地,但他的整个职业生涯就是在哈佛大学任教。

他们两人都是逻辑学家,也是哲学家,但他们对逻辑学的兴趣却截然不同。奎因的研究今天看起来有点特殊,他致力于研究逻辑学以及系统化地用逻辑学使集合论、数学变得形式化。卡尔纳普试图将逻辑学技巧扩展到其他领域,特别是物理科学领域。

卡尔纳普和奎因都是从句法的角度来研究逻辑学和语言的,并出版了相关的著作(Carnap,1937;Quine,1958)。卡尔纳普把塔尔斯基的模型论方法纳入语义学并将其运用到哲学研究项目中。例如,《意义与必然性》(Carnap,1956)一书就广泛系统地尝试将这些技术应用到他所谓的"内涵结构"中。

另一方面,奎因虽然知道塔尔斯基的思想,但他在逻辑学著作中有意回避了塔尔斯基的语义学技巧,并拒绝尝试将这些技巧用于研究情态语言和心理语言(内涵语言)。他认为内涵性是有问题的,并以怀疑的态度看待有关内涵性的语义理论。我们将会看到,奎因和卡尔纳普之间关于内涵性的论辩实际上反映出他们对于语义学性质的不同理解。

内涵性[1],它的对立面是外延性,两者研究的都是等值替换的问题。卡尔纳普用下列定义来描述这些概念[2]:

(i) 当且仅当句子 ϕ 和句子 ψ 同时为真,或者同时为假时,句子 ϕ 等同于句子 ψ。也可以说,当且仅当表达式 η 和表达式 η' 具有相同的语义值时,η 等同于 η'。尤其是,如果 η 和 η' 是指称语,它们指的又是同一事物,那么 η 等同于 η'。

(ii) 当且仅当语境 ϕ 和语境 ϕ' 相同,其中 ϕ' 是将语境 ϕ 中的 η 换成 η' 后对应的语境,那么语境 ϕ 下的句法成分 η 可以和同样句法类型的 η' 互换。

---

[1] 内涵性很容易与意向性混淆。意向性是由哲学家和心理学家弗朗茨·布伦塔诺提出的,它与精神状态的"关于性"(aboutness)有关。虽然与精神状态有关的动词实际上具有典型的内涵性,但这两个概念是不同的。它们的关系将在第5章中讨论。

[2] 这些定义改编自卡尔纳普的作品(Carnap,1956:14,47-48),但是,我们使用了现代的符号,也在某种程度上对定义进行了解释,以使它们现代化。

(ⅲ) 当且仅当具体事件可以和与 η 等同的任何表达式互换时，那么就句子 ϕ 中表达式 η 所指的具体事件而言，句子 ϕ 是有外延的。

(ⅳ) 最后，当且仅当句子 ϕ 就该事件而言没有外延，那么就句子 ϕ 中的表达式 η 所指的事件而言，句子 ϕ 是有内涵的。

从定义中可以看出，内涵性是一个语义概念，它与真值和指称有关。它指的是句子的某个成分短语在该句中所处的位置。为了介绍一些常用的术语，成分短语出现在句子的上下文中。在这个上下文中，该短语可能是有内涵的，也可能是没有内涵的。

我们借用短语结构中的语言符号来说明一下。下面是任意句子中可能出现的名词短语（NP）的结构：

(0.1.1) $[X\ [Y]_{NP}\ Z]_S$

在上面图示中，X，Y 和 Z 代表了句法材料，$[X\cdots Z]_S$ 是名词短语 Y 的上下文。$[Y']$ 是另一个名词短语，我们用 Y' 替换 Y，会得到下面的结构：

(0.1.2) $[X\ [Y']_{NP}\ Z]_S$

在研究内涵性时，我们需要考虑的就是这种替换。让我们来限定一下，若只考虑这个成分短语是一个名称或是一个"限定摹状词"（definite description），即使用"the"的一个特定名词短语（对于哲学家来说，这些都是范例）。并且，我们将假设在我们的模型中，这些短语使用个体（individuals）作为值——它们是模型范围内的元素。

等值互换是推理的基本原则。如果有两个等式，如：

(0.1.3) $x=y-4$
(0.1.4) $y=2\cdot x$

我们会自动用(0.1.4)等式中的"$2\cdot x$"替换(0.1.3)等式中的"y"，就会得到下面的等式：

$(0.1.5) x = (2 \cdot x) - 4$

接着，我们就会得出 $x=4$ 的结论。这种推理在数学中是普遍存在的，它是如此自然，以至我们会不假思索地运用它。这种推理在非数学领域中也很常见，比如（0.1.6—8）：

(0.1.6) Jane is shorter than the tallest person in the room.
(0.1.7) Molly is the tallest person in the room.
(0.1.8) So Jane is shorter than Molly.

这意味着有关内涵性的任何例子都会违背推理的基本原则，但是，正如下面两个例子所显示的那样，出现内涵性的情况是常见的。

(0.1.9) Jane might have been shorter than the tallest girl in the room.
(0.1.10) Jane (in fact) is the tallest girl in the room.
(0.1.11) ?So Jane might have been shorter than Jane.
(0.1.12) Fred suspects that Jane is the tallest girl in the room.
(0.1.13)) Molly is the tallest girl in the room.
(0.1.14) ?So Fred suspects that Jane is Molly.

上面的例子是出现内涵性的两个典型语境："might"是情态动词，而"suspect"是心理动词。

有时，我们发现自己把异常现象视为理所当然，甚至都没有意识到它们是有问题的。有时候，看起来是人为的，甚至是表面的困难，随后都可能演变成巨大的挑战，内涵现象就是如此。我们熟悉（0.1.9—11）和（0.1.12—14）这样的例子，但我们仍然乐于使用等值互换规则，而没有注意到其中的荒谬。当我们开始系统地思考语言中诸如"might"和"suspect"之类词汇的语义时，困难就随之而来了。事实上，内涵性是弗雷格（Frege, 1892）研究的核心问题，并从那时起一直困扰着语言哲学，在 19 世纪晚期之前，这个问题一直未引起人们足够的重视。

我们可以总结一下由此产生的语义学困境：一方面，我们有一个合理的和基本的推理原则，推理动机也正常。如果一个句子涉及指称语，那么它就对该表达式所指的事物作出了一个论断。但是，这个句子的真值不应该取决于我们如何指称这个事物，也就是说，这个句子应该是有外延的。另一方面，情态动词和心理动词也为内涵语境提供了直观的例子。

对于内涵性带来的问题，一般会有两种反应：（1）把它当作一种挑战，激励我们发展语义学理论来克服它；（2）接受它并以此证明，以任何能够谈论情态问题或心理问题的语言为基础去研究语义学，根本上说会以某种方式误入歧途。卡尔纳普就是第一种反应的代表人物，奎因则代表第二种反应。

如你所料（尤其是如果你知道卡尔纳普作为哲学家是多么多产、他的体系是多么完备的话），卡尔纳普对内涵语义学的研究是非常广泛而深入的（参见 Carnap, 1956）。为了回应奎因的批评，卡尔纳普还发表了一些有关方法论的研究成果为语义学辩护，认为它是一个合理的研究领域。奎因也是一位多产的学者，但他的研究倾向是消极的，他不需要提出一个延展性的理论以阐明自己的观点，所以他的研究成果往往更加简短，更加侧重针对性的批评（Quine, 1960）。

这里，我们没有必要详细讨论卡尔纳普对内涵问题的解决方案，因为这可谓是第一次系统地运用可能世界语义学（possible worlds semantics）的尝试。基本上，他的解决方案与理查德·蒙塔古（Richard Montague）的解决方案相同，这是目前研究形式语义学的标准方法，我们将在第 4 章和第 5 章中谈到这个主题。

从 1947 年到 20 世纪 70 年代晚期，奎因对内涵语义学提出了许多反对意见。最早的反对意见围绕情态逻辑（modal logic）展开——诸如"must""may"和"should"等词语的逻辑，后来的反对意见较为宽泛，与本体论和方法论有关。

为了理解奎因最早关注的问题的背景，首先要理解使用与提及的区别、对象语言与元语言的分离以及逻辑句法的形式化。

5　　在 20 世纪，形式逻辑学逐渐演化为对数学语言和数学推理的研究。既然逻辑学是数学的一个分支，逻辑本身必然是逻辑学可以研究的对象之一。这种反向扭曲为这个领域带来了一些最重要的研究成果。库尔特·哥德尔（Kurt Gödel）在其著作中证明，数学中不存在一致的公理可以证明其一致性，阿尔弗雷德·塔尔斯基也证明，任何经过解释的形式语言都不能为真正的公式提供定义，这两种证明都取决于逻辑形式化自己的能力。例如，哥德尔的部分证明包括系统地展示一个形式化的算术系统是如何讨论自己的公式和证明的。

　　当然，研究这类系统的逻辑学家是用语言来谈论语言的。为了介绍术语，逻辑学家会用一种元语言（metalanguage）对对象语言进行理论化，该元语言将使用表达式来命名对象语言的公式，但通常这些表达式看起来很像使用它们来命名的表达式。这很容易让人混淆：例如，当写下"2+2=4"时，它的意思是公式"2+2=4"是可证明的。但是前者在使用（using）这个公式断言 2 加 2 等于 4。后者在提及（mentioning）这个公式，旨在说明在某个公理系统中可以证明这个公式。

　　如上所述，我们很容易混淆使用和提及。这种混淆是下面的情况引起的：如果引语是口语的话，它几乎总是隐藏的。在书面语言中，引号有多种用途，其中之一是在引号之间命名表达式，最好将这种用法看作对日常语言的一种技术规范，类似数学语言中的其他规范。除了少数例外，我们在涉及使用与提及时会使用单引号。在有些示例中，我们将省略引号——因为引语中的引语很难解析，当引用一个本身包含引语的句子时，我们将使用"角引号"作为最外面的引号，如：「the sentence "Snow is white" is true」。

　　20 世纪 30 年代，许多逻辑学家开始相信早期思想家的著作由于疏忽了使用和提及的区别而有缺陷。一些哲学家甚至认为，混淆使用/提及是哲学思维错误的普遍根源。奎因和当代其他杰出的逻辑学家强调要区别使用/提及，尤其强调要运用各种手段，例如引语，来区分两者。

　　奎因最早对情态逻辑的一些批评似乎是由于他认为情态逻辑混淆了

使用和提及。例如，如果像(0.1.15)这样的情态表达式的正确"分析"是(0.1.16)——也就是说，如果(0.1.16)是对(0.1.15)的正确解释——那么情态语句包含隐蔽引语。

(0.1.15) 2+2 必然等于 4。
(0.1.16) "2+2=4"这个算式在算术公理上是可证明的。

如果是这样，那么忽视了隐蔽引号的逻辑学家可能会犯混淆的错误。早期情态逻辑的研究（参见 Lewis, 1918），确实存在这个问题，这一事实使这种怀疑变得更加复杂。

奎因正确地认识到，引语造成的语境在逻辑上是独特的，需要特殊地处理。当然，隐性引语会产生内涵语境。下面的例子来自奎因（Quine 1980）：

(0.1.17) Giorgione was so-called on account of his size.
(0.1.18) Giorgione was Barbarelli.
(0.1.19) ?Barbarelli was so-called on account of his size.

这个例子的背景是："Giorgione"的大致意思是"Big George"，是画家 Giorgio Barbarelli 的昵称。

引语在语义上有许多奇怪之处，特别是它对量化是不透明的。(0.1.20) 说 2 有一个平方根，但是（0.1.21) 却无法说明什么，因为在"$x^2=2$"周围加上引号就创建了一个表达式的名称，其中提及了"x"，但没有使用"x"。例如，对比（0.1.21) 和 $\exists x$ ["six" contains "x"]，奎因称它是"一个怪诞的例子"。

(0.1.20) $\exists x [x^2 = 2]$
(0.1.21) $\exists x ["x^2 = 2"$ 是一个等式$]$

奎因十分谨慎地回避提及情态结构和其他内涵结构会牵扯到隐含引语。早在卡尔纳普的著作《意义与必然性》(*Meaning and Necessity*, 1956) 第一版中，他就提出了对相信句 (belief sentences) 的引用分析的问题，认为相信是人与句子之间的一种关系。阿朗佐·丘奇（Alonzo Church）在著作中批评了这种分析；卡尔纳普接受了这一批评并修改了他的说法。奎因知道两者的交流，并在其著作中引用了丘奇的论文。然而，他认为引语和内涵之间的类比是有启发性的，特别是认为"量化"到内涵语境中——将内涵语境中的一个变量与一个量词捆绑在一起——在语义上是有问题的。

奎因问类似（0.1.22）这样的例子是什么意思。

(0.1.22) $\exists x[\text{Necessarily}, x>7]$

它似乎表明，有某个数必然大于 7，你可能会认为（0.1.22）是正确的，因为 9 就是这样一个数字，从数学的角度来说——9 必然大于 7。但是，奎因（写在冥王星降级之前）问这个数字是多少，它不可能是 9，因为 9 是行星的数目，行星的数目不一定大于 7。语言学家们可能会怀疑奎因的例子中存在范围歧义：副词"necessarily"（必然）用于否定事物时，它所指的范围可大可小。奎因的论证似乎没有注意到这种模糊性。关于这一点，参见斯托纳克和托马森的作品。

奎因的观点是：量化是对对象的量化（quantification over objects），一个对象就是它本身，它的属性与它的命名方式无关。为了强调这一点，奎因使用了术语"指称模糊性"（referential opacity），而没有用卡尔纳普的"内涵性"（intensional）。

创造出一个形式系统，却被其语义搞得很困惑，这种情况是有可能的。有时候，问题尖锐到使我们无法找到一个合理的方法来解释该形式系统。在奎因早期对内涵性的批评中，他似乎在说如果有一种能够把量化与情态词或其他内涵算子兼容起来的逻辑系统，该系统允许 $\exists x\phi$ 之类公式的存在，其中 ϕ 包含内涵文本中的 x 事件，那么这个逻辑系统就会遭遇这样的困惑。

自然语言也允许这种"兼容型量化"（quantifying-in），请看下面这个来自马尼托巴省惩教署网页的例子："禁止任何被认为酗酒或吸毒的人到访。"（Anyone believed to be under the influence of alcohol or drugs will not be permitted to visit.）如果上面的评论是正确的，那么，认真对待这类语言现象并试图为它提供语义解释的做法就会被误导。对兼容型量化的怀疑会导致对自然语言语义学可行性的怀疑。

多年来，奎因改变了他批评的焦点，不再暗示兼容型量化会导致语义上的不连贯，而是声称它所引出的理论在哲学上是不可接受的。这个论证的一条思路是基于"语义不确定性"（semantic indeterminacy）的，即通过语言学证据证明语义理论的不确定性，这将在第3章讨论。

另一个是关于本体论的。奎因在整个职业生涯中，都倾向在本体论上持保守态度，认为假设较少种类的事物的理论更可取。这种偏好似乎是由对哲学唯名论（philosophical nominalism）的喜爱所激发的，这种立场否认"共相"（universals）的存在，或者说，这种立场否认"抽象实体"的存在，或者至少说（这是奎因的立场），这种立场怀疑这些事物并试图将它们的影响力降至最小。

共相是名词化的谓词（nominalized predicates）所要表示的，善、美、三角形就是共相。关于共相的哲学地位的争论可以追溯到古代。抽象实体的类别有些模糊，但它包括集合、数字、种类和其他似乎不存在于空间或时间中的"非具体"的东西。

奎因正确地认识到，自然语言的语义理论必须将许多具有唯名主义倾向的哲学家们所无法接受的事物具象化（视为存在的事物）。任何人都会发现"俄亥俄州有多少居民？"（How many inhabitants of Ohio are there?）这个问题虽然难以精确地回答，但问题是合乎情理的。但奎因认为，如果一个理论要承认可能的对象（这似乎是带量词的情态逻辑学的语义理论必须要做的），它就必须接受诸如"俄亥俄州有多少可能的居民？"之类的问题也是合理的。

事实上，在情态语境中接受量化的合理性是否意味着要接受可能实体的存在，这个问题尚不得而知。"至少有三个人可能是俄亥俄州的居民"（There are at least three people who might be inhabitants of Ohio.）对有血有肉的真实的人进行了量化，意思是说至少有三个人可能住在俄亥俄州。[请对比，"俄亥俄州可能至少有三个居民"（Ohio might have at least three inhabitants.），这没有量化真实的人。］但是奎因的观点是正确的，他认为设计一个能够回避非现实对象的本体论问题的情态语义学是极其困难的。

鲁道夫·卡尔纳普（Carnap，1950）和阿朗佐·丘奇（Church，1951b）反对奎因对语义学的批评，认为语义学是一门科学。他们的观点是，就像任何一门科学一样，语义学有权做出任何符合其自身需要的假设，而对这些假设的哲学批评则是无关紧要的。

奎因一生都是自然主义（naturalism）的支持者，他认为科学为我们理解事物提供了最好的方式。如果正如他所相信的那样，科学探究比哲学思考提供的基础更坚实，那么他因为哲学原因而排斥语义学的做法就显得有些奇怪，奎因似乎把语义学更当作哲学事业而不是科学事业来对待。只要语义学是哲学的一部分，奎因就沉溺于对其哲学立场进行批判的哲学事务中。

事实上，在20世纪的大部分时间里，语义学主要是一种哲学追求，但现在它已经成为语言学的一部分。公正地讲，语言学家可能会对有些哲学家感到愤怒，因为这些哲学家试图指点他们，他们的学科中哪些部分是合理的。奎因本人并没有这么做，他没有说什么领域的探寻是科学的。但他认为，这取决于语言学家，如果他们想研究语义学，就必须把它建立在一个足够稳固的基础上，这样他们就不会被哲学家们冠冕堂皇地批评。

在这场辩论中，我们从双方的立场里都可以找到值得认真对待的观点。当然，卡尔纳普和丘奇是对的，他们认为从科学的角度，尤其从逻辑学的角度研究语义学是十分值得的。奎因也说得对，如此理论化会造成有问题的假设，语义学也不例外，任何科学的基础在哲学看来都是有问题的。一般来说，人们会希望哲学家和科学家之间进行富有成效的对话，在这种对话中，一方面哲学家要尊重科学家的工作，另一方面科学家要能够接受哲学家对基础问题的哲学质疑，并认为这些质疑是合理的，甚至是有趣的。

0.2 罗素和斯特劳森关于指称的论辩

伯特兰·罗素（1872—1970）是 20 世纪上半叶最多产、最具有影响力的哲学家之一。他与阿尔弗雷德·诺斯·怀特黑德（Alfred North Whitehead）共同创作了《数学原理》(Principia Mathematica)一书，该作品发明了一套旨在避免逻辑悖论的逻辑体系，并试图完成弗雷格从逻辑原理发展数学连续性的计划（该书第一版第一卷于 1910 年出版）。

《论指称》(On Denoting, 1905) 一文是我们此处所关注的具有里程碑意义的文章，本文写于罗素研究逻辑学的时期。然而，罗素最初的写作目的是想对哲学做点贡献，想传达一种见解，以平抑 19 世纪德国过剩的理想主义。这篇论文具有巨大的影响力，或多或少成功地促成了"哲学分析"的传统。

彼得·斯特劳森（1919—2006）属于较年轻的一代，他关注牛津大学流行的一种不同的哲学风格——这种风格倾向于贬低形式逻辑学，但对语言本身有着强烈的兴趣。斯特劳森选择在罗素的主场与他发生纠葛是一个大胆的、有风险的选择，但他的论文也被证明是相当有影响力的（参见 Strawson，1950）。

罗素关心的是他所说的"指称词组"（denoting phrase），现在，哲学家和语言学家不再经常使用这个术语，罗素也没有定义它，我们必须从他提供的例子中重建他的意图，其中包括以不定冠词"a"为首的短语，如"a man"，以及所指明确的短语，如"the present king of England"和"'Charles II's father"。哲学家们已经创造了一个专门术语——"限定摹状词"（definite description），用来表示专有名词以外的"the"修饰的名词短语、所有格名词短语以及其他用于确指的名词短语。虽然限定摹状词的范围有些模糊，但在哲学中这个术语仍然被普遍使用着。

令人惊讶的是，尽管罗素在他后来的作品中谈到了专有名词，但他在《论指称》中对专有名词却只字未提。后来，他对限定摹状词的分析逐渐发展到把专有名词也包括在内，我们也应该把专有名词看作指称词组。罗素（Russell，1918—1919：201）把指称词组和"逻辑专有名称"(logically proper names)进行了对比。逻辑专有名称不存在于自然语言中,但罗素认为它们会出现在逻辑完美的语言中。

我们可以用更现代的术语来表达罗素的观点:在有变量和全称量词的语言中,即在给句子提供 $\forall x \phi$ 形式的语言中,我们可以定义或"分析"各种名词结构,表面上它们似乎并不共相,但它们可以指称,罗素为这种短语创造了一个术语——"指称词组"(denoting phrase)。

不定冠词(indefinites)可以用全称量词和否定来定义,例如,(0.2.23)等于(0.2.24);请注意,如果我钓到了一条鱼,那么我钓到的所有东西都不是鱼的说法是错误的。相反,如果说,并非我钓到的所有东西都不是鱼,那么就等于说我钓到了鱼。罗素在这里总结了逻辑等式(0.2.25)。

(0.2.23) I caught a fish.
(0.2.24) It is not the case that everything I caught is not a fish.
(0.2.25) $\exists x \phi \leftrightarrow \neg \forall x \neg \phi$.

这篇文章的主要观点,同时也是人们记住它的原因是,使用量词、变量和同一性可以分析许多限定结构,罗素用(0.2.26)和(0.2.27)对此进行了说明。

(0.2.26) The present King of France is bald.
(0.2.27) The father of Charles II was executed.

这种分析依赖于一个事实,即特性(uniqueness)可以用同一性和全称量词来描述。例如,说 Charles II had a unique father 涉及两件事:(i) that Charles II had a father(查理二世有一个父亲),(ii) that he had no more than one father(他只有一个父亲)。但(ii)等于说:对于所有的 x 和 y 而言,如果 x 是查理二世的父亲,y 也是查理二世的父亲,那么 x = y。在(ii)中用不定冠词"a"是没有必要的:罗素冒着过时的风险用"begat"(当……的父亲)代替了"is a father of"(是一个父亲)。注意,(i)使用了不定冠词,可以用全称量词来分析;而(ii)涉及变量、全称量词和同一性。

把这些想法放在一起，我们得出(0.2.28)，它是分析"Charles II had a unique father."的结果：

(0.2.28)(i) For some x, x begat Charles II, and (ii) for all y and z, if y and z begat Charles II, then $y=z$.

分析中的(i)保证了至少有一个人是查理二世的父亲，而(ii)保证了查理二世只有一个父亲。

如果我们想对(0.2.27)进行分析，我们只需要在(0.2.28)中添加一条，说 x 被处决了：

(0.2.29)(i) For some x, x begat Charles II, and (ii) for all y and z, if y and z begat Charles II, then $y=z$ and (iii) x was executed.

(0.2.30)所展示的逻辑形式阐明了整个分析的结构：

(0.2.30) $\exists x [\text{Begat}(x, c) \land$
$\forall y \forall z [[\text{Begat}(y,c) \land [\text{Begat}(z,c)] \to y=z] \land$
$\text{Executed}(x)]$.

同样，从罗素关于法国国王这个著名的例子可以推导出以下的分析和逻辑形式。

(0.2.31)(i) For some x, x is a king of France, and (ii) for all y and z, if y and z are kings of France, then $y=z$ and (iii) x is bald.

(0.2.32) $\exists x [\text{King-of-France}(x) \land$
$\forall y \forall z [\text{King-of-France}(y) \land \text{King-of-France}(z) \to y=z] \land$
$\text{Bald}(x)]$.

如果这些分析是成功的，罗素就成功地通过使用几个语义基元：变量、全称量词和同一性，给我们描述了大量名词短语的意思，但带有"the"的名词短语的研究是不完整的——罗素的理论仍让我们处在黑暗之中，例如，如何解释下面的名词短语："the kings of England"（英格兰国王），"the water that was spilled"（溢出的水），以及诸如"the snowshoe hare"（北美野兔）这种名词的类指用法。但这个理论也有许多优点，尤其是它为许多给我们造成语义困惑的语言现象提供了看似合理的解决方案，其中有两点值得一提。

(i) 它不需要假设不存在实体的真实性，并解释了诸如"7除以0的结果不存在"之类的断言可以是有意义的、真实的。

(ii) 它解释了乔治四世如何希望知道沃尔特·司各特爵士是否是《威弗利》的作者，而同时乔治四世又不希望知道司各特是不是司各特的问题。

第一个问题可以通过简单地分析加以解决。假设说 v 的存在就等于说 v 和某个东西是相同的，假设说"x 是 7 除以 0 的结果"就等于"$0 \cdot x = 7$"，那么分析"7 除以 0 的结果是存在的"就等于：

(0.2.33) There is an x such that (i) $0 \cdot x = 7$, and (ii) for all y and z, if $0 \cdot y = 7$ and $0 \cdot z = 7$, then $y = z$, and (iii) for some $v, v = x$.

这个句子是错误的，因为它的第一条是错误的：没有 x 能使 $0 \cdot x = 7$。

说 7 除以 0 的结果不存在就等于否定（0.2.33），所以关于不存在事物的断言是正确的。

第二个问题有点复杂，特别是它涉及专有名词"司各特"，在罗素看来，这并不是一个逻辑上的专有名词，而应该作为一种隐性描述来分析。但是，如果我们忽略这个问题，把"司各特"看作一个个体常量，我们就可以看到解决方案是如何起作用的。

根据罗素的理论,"司各特是《威弗利》的作者"和"司各特就是司各特"这两句话有完全不同的含义。第一句话是说"《威弗利》的作者有且只有一个,他是 x,x = 司各特"。第二句话是自我认同,即"司各特=司各特"。由于两者的含义不同,乔治四世可以不相信前者而相信后者,也可以希望知道前者而不希望知道后者。

罗素意识到外延(denotation)和指称词组(denoting phrases)带来的麻烦,他提出可以将它们纳入复杂量化,这是该理论在哲学上吸引人的地方,因为指称(reference)和外延(denotation)会令人混淆,而量词和同一性则不会。然而,斯特劳森认为正是这点容易引起异议,他认为定名词组(definite noun phrases)的基本作用是指称,他试图在其著作(Strawson, 1950)中通过关注这些词组的使用环境来证明这一点。

实事求是地说,斯特劳森想让我们把罗素的理论作为一个语言学问题来考虑,并根据语言学证据重新审视它。但在 1950 年,语言学家们还没有给予语义学方法论足够的重视。对斯特劳森来说,语言证据应该与用法示例和意义的细微差别有关。到 1950 年,这些技巧已经在牛津大学以哲学家 J. L. 奥斯汀为核心的哲学家圈子里流行起来。我们将在第 6 章中对这些发展做更多的说明。

在这场论辩的背后,人们就逻辑的本质产生了深刻的意见分歧,这使得情况在一定程度上变得更糟。罗素认为逻辑学与数学密切相关,逻辑学与数学都因为明确性而具有客观性,而且逻辑学还可以改进那些不那么严格的和脱离语境的思维形式。然而,斯特劳森认为逻辑学与我们惯常的说话方式和思考方式密切相关,他和罗素的分歧在其著作(Strawson 1950:21)中可以看到。他说:"罗素的摹状词理论……仍然被逻辑学家广泛地接受,因为它正确地描述了普通语言中这些表达式的用法。但是,首先,我想说明这个理论还包含了一些根本的错误。"罗素和大多数逻辑学家不认同逻辑学是关于日常语言使用的理论的观点。

如果在这里我们继续探讨两者的根本分歧,就会错过这两位哲学家关于限定摹状词(definite descriptions)的核心争论。就我们的目的而言,我们将假设他们的分歧与自然(而非逻辑)语言中表达式的意义有关，与用法无关。斯特劳森在他的论文中提出的关注点，将引出更大的问题，我们会在第4、6、7章分别讨论。

斯特劳森没有讨论"指称词组"（denoting phrases），而是先针对那些有"唯一指称用法"（uniquely referring use）的词组。在列举这类词组的例子时，他列举的语言学定名词组（definite noun phrases）比罗素的更丰富，包括指示词、单数代词等。

试想在没有提供任何上下文情境细节的情况下，他对你说了(0.2.34)这句话：

(0.2.34) The King of France is wise.

这或多或少是一句"出乎意料"（out of the blue）的话。斯特劳森正确地指出，听到这句话，你不太可能回答说"那不是真的"。他相信你不会说那句话是真还是假。斯特劳森从这类证据中得出结论：(0.2.34)等于什么也没说。后来的作者，如斯特劳森本人和范·弗拉森（Van Fraassen, 1966）都认为这意味着在这个特定的上下文中，句子(0.2.34)非真非假，并展示了如何利用"真值空缺"（truth-value gaps）对这一现象进行逻辑解释。

(0.2.34)句子引起的有关非指称限定摹状词（nonreferring definite descriptions）的争议是这样的：罗素说它们是假的，而其他人觉得指称失败不同于纯粹的虚假，说它们涉及某种预设失灵。斯特劳森的论文标志着人们对预设产生兴趣的发端，这个话题自1950年以来我们就所知颇多。

像"the king of France"这样的限定摹状词（definite descriptions）不太能调动人们的兴趣，但是斯特劳森给我们提供了一个更有说服力的例子：

请看例句"The table is covered with books."，可以肯定的是，在这个句子的任何正常用法中，"the table"都是特指，即指某一张桌子，这是定冠词的严格用法。罗素在《数学原理》第30页中也谈到了这一点，说使用定冠词，"严格意义上讲，是说明独特性的"。

在同一页上，罗素还说，在严格的情况下，带"the"的短语，只能特指某个事物，不能指其他任何事物。在"the table is covered with books."这句话中，若说要使用短语"the table"，便只能在只有一张桌子而没有其他桌子的情况下才适用。这显然是错误的。如果说使用短语"the table"时，场景内只有一张而非多张桌子，或者听者也明白"the table"指的是哪张桌子，也是可以的。使用这个句子不是断言，而是在暗示，只有一件东西既是指定的事物（桌子），也是说话者所指的东西。

（Strawson 1950:332-33）

不考虑表面情况，目前还不清楚这里是否存在真正的冲突。罗素会说，如果"The table is covered with books."是用来谈论一个确实堆满书本的特定的桌子，那么这个句子暗示着只有一个桌子，因此，它是错误的。斯特劳森坚持认为，在下面情况下：(i)说话人暗示他所指的是一张专门的桌子，(ii)关于这张桌子他所说的是真实的，这些断言是可以兼容的。

现在，问题已经发生了变化：罗素不考虑说者的暗含信息（因为这属于心理学范畴，而他关心的是逻辑学），斯特劳森声称句子蕴涵（implication）的概念是不连贯的（因为他认为只有句子的用法才有真值）。

此处，罗素和斯特劳森的观点似乎都站不住脚。认为"The table is covered with books."这句话用来特指一张桌子是错误的，这种想法非常不直观。若说这句话中的桌子，不仅本来就指一张桌子，而且说者也在暗示他只指一张桌子，也是不合情理的。

这个例子表明，对定冠词的解读比罗素和斯特劳森想象得要复杂得多。随后关于这一主题的大量文献也证实了这一点，可以参见奥斯特塔格（Ostertag，2002），罗伯茨（Roberts，2002）的文章。

斯特劳森（Strawson，1950）指责罗素混淆了许多事情，其中大部分都与他忽视意义和语境的密切关系有关。在罗素（Russell，1957）对斯特劳森的答复中，罗素对这些批评进行了令人信服的辩护，并对斯特劳森证据的相关性提出了质疑。在这一点上，两者之间的争论已经初现语义学和语用学分家的端倪。

0.3 阿耶尔和吉奇关于伦理陈述的论辩

A. J. 阿耶尔（1910—1989）曾在伦敦大学学院和牛津大学教授哲学。《语言、真理与逻辑》（*Language, Truth and Logic*, 1936）是他的一部早期作品，很快就以阐述逻辑实证主义而闻名。实际上，阿耶尔的主要哲学兴趣并不是伦理学。他出于系统的考虑提出并主张伦理陈述的观点，这需要在20世纪上半叶哲学的经验主义倾向的背景下去理解。

从我们已经谈到的关于卡尔纳普、罗素和奎因的内容来看，很明显，当时的许多哲学家都是各种形式的经验主义的热情拥护者。对一些人来说，经验科学及其方法是我们获得知识的主要手段；对另一些人来说，这意味着必须在经验证据的基础上去认识任何偶然发生的真实的事情。逻辑实证主义是第二种观点的极端而系统的表达，它认为陈述句的真假（这样陈述句才有意义）有且只有两个因素决定：逻辑证据和经验证据。在一定程度上，逻辑实证主义是针对19世纪狂热而过度的形而上学应运而生的，它对形而上学的主张持怀疑观点，认为如果把逻辑证据和事实证据结合起来，也无法证实或否认这些断言，那么这些断言一定是毫无意义的。

阿耶尔关注伦理陈述，是因为似乎用全部的逻辑证据和经验证据也无法解释诸如（0.3.35）这样的例子：

(0.3.35) You were wrong to steal that money.

阿耶尔（Ayer，1936）讨论了这个主题。关于（0.3.35）的分歧通常会从辩论有关事实开始，辩论者可能会对所有事实达成一致，并无懈可击地运用逻辑学，但仍可能对（0.3.35）是否为真存在分歧。阿耶尔认为，这方面的伦理争议，是由于人们在表述、争论伦理主张时，对问题的症结仍然混淆、表述错误。

阿耶尔想说的是，对特定行为的对与错的陈述——或者更宽泛地说，关于对与错的陈述——似乎只是在其核心事实之上的陈述。例如，

(0.3.35)并没有表述任何你偷了钱之类的内容。阿耶尔认为,"wrong"对(0.3.35)的贡献只是一种情感色彩:它表达了一种不赞同的情感。所以,阿耶尔认为(0.3.35)等于:

(0.3.36) You stole that money. Shame on you!

他认为这跟(0.3.37)一样,是过度表达了厌恶感。

(0.3.37) Ugh! Broccoli! (Said by a small boy at the dinner table)

阿耶尔对这一观点的表述是未经提炼的——大多数哲学家都会认为该表述是轻率的、不合格的。但是他提出的关于伦理陈述的哲学立场,即显现主义(expressivism),作为一种伦理理论本身就很有吸引力。后来的哲学家,包括查尔斯·斯蒂文森和艾伦·吉巴德,主张并捍卫了这一理论,他们的论述更为详尽,也更为复杂(参见 Stevenson, 1944; Gibbard, 1990)。显现主义的优点现在仍然是伦理学家们争论的一个问题。

然而,伦理问题并不是我们真正关心的主题。阿耶尔也提出了一个关于正确解释伦理陈述的语义学主张,但是,他并没有考虑语言中的伦理陈述与其他结构如何相互作用,以及该相互作用的语义学描述与他提出的语义学主张是如何相协调的。

此外,一个语义学理论必须能够以一致的、系统的方式解释句子成分之间的意义互动,也就是说,无视对系统造成的后果而进行局部的或临时的更改是不可能的——你必须考虑更改对语义规则的基础系统的影响。尤其是,你不能说,有两个相似的表达式,但其中一个在某种程度上有语义缺陷而另一个没有,因为如果两个表达式在语义上相似,那么语义规则也必须同样地对待它们。

这一点可以用简单的加法和除法的语义来说明。例如,α 和 β 代表数值项,解释 $\alpha+\beta$ 的规则:〚$\alpha+\beta$〛(这就是 $\alpha+\beta$ 的含义或语义解释)就是〚α〛和〚β〛相加的结果,我们取成分项的外延,然后把这两个数相加。

到目前为止，一切良好。但假设我们的算术句法允许除数为零，允许"5/0"的存在，我们仍会把这类情况当作异常情况来对待，也许我们会说，这样的式子没有意义。但如果我们止步于此，我们关于加法的语义规则就有缺陷了，它便不能包括像"5/0+3"一类的式子，因为式子中的一个分项没有意义。

当然，我们可以修改这个规则说，$\alpha+\beta$的意义就是α和β之和，但如果相加的两项中（α和β）有一项没有意义，那么$\alpha+\beta$就没有意义，但这并没有解决潮水般的困难。"7/0 = 6"怎么办呢？恒等式的标准规则是，当且仅当〖α〗和〖β〗相同，$\alpha = \beta$才会是对的。我们不得不修改这个规则，很自然的做法是这样的：当且仅〖α〗和〖β〗相同，$\alpha = \beta$才是对的。如果α没有意义或β没有意义，那么$\alpha = \beta$就既不对也不错。这就恢复了规则的普遍性。但现在我们不能再说：$\alpha = \alpha$是逻辑上有效的等式，因为"2/0 = 2/0"是不对的。这让人感到尴尬，难以接受。而当我们进一步只承认一个非指称项，我们会发现其他讨厌的后果在等着我们，我们将不得不重新考虑其他的逻辑效度，即使是"如果ϕ，那么ϕ"这样无害的说法也要重新考虑。

自弗雷格以后，逻辑学家和语义学家都深知语义规则之间的互联性，以及微小变化给整个语义系统带来的惊人后果，这就是彼得·吉奇在其著作（Geach, 1965）中批评阿耶尔提议的观点所在。这个批评，以及它给显现主义和其他类似理论带来的挑战，通常被称为"弗雷格-吉奇问题"（Frege-Geach problem）。

实际上，吉奇的论文涉及宽泛——它涵盖了许多主题，对显现主义的批评与对其他哲学理论的类似批评是捆绑在一起的。但他反对阿耶尔的显现主义的论点很简单：他让我们思考一下，当伦理句作为条件句的前提出现时，会怎么样？例如：

（0.3.38）If stealing is wrong, so is robbery.

（0.3.39）If you should not steal, you should not rob.

这些句子的意义都是完美的，但阿耶尔认为因为无法评价（0.3.38）和

(0.3.39)的前提"Stealing is wrong"和"You should not steal"的真值，所以很难或不可能说清楚这些条件句到底是什么意思。

(0.3.38)是有意义的，这一点是明确的，而且它像一个正常的条件句一样，可以导致逻辑上的有效推论：

(0.3.40) If stealing is wrong, so is robbery. But stealing is wrong. Therefore robbery is wrong.

但是，正如阿耶尔所说，如果不能评价前提和结论的真值，就不可能保持这个推论的真值。

吉奇这样阐述他的观点：断言句子的条件不能解释它的意义，因为当一个句子作为一个更大的句子的组成部分出现时，我们需要一个意义（不仅仅是断言条件）来确定这个大句子的意义。我们在上文中提到的除以 0 的例子，就表明要解决这个问题，整个语义规则系统都可能被修改，还表明即使是在相对简单的情况下，问题都会变得很有挑战性。

虽然吉奇是一位哲学家，但他的批评有一种明显的语言学色彩。句法学家和语义学家很少考虑个例。在测试一个理论时，他们习惯性地生成大量不同但相关的例子。此外，他们会非常重视以规则体系形式提出的建议对理论的影响。这正是吉奇所说的显现主义者在建立一个最低限度可接受的理论前应该做的事情。

显现主义伦理理论的后期历史实际上是一个很好的例子，证明了语言学与哲学理论的互动能够带来丰硕的成果。显现主义理论家也非常认真地对待"弗雷格-吉奇问题"，随后在这个领域出现的一些最好的成果都在系统而广泛地尝试解决它所引起的难题。

Part

01

语义哲学

1
弗雷格和塔尔斯基

1.1 弗雷格

戈特洛布·弗雷格（Gottlob Frege，1848—1925）一生的大部分时间都在德国耶拿市默默无闻地生活着，他雄心勃勃地从事着一个项目，旨在为数学打下严密的基础，但他没有想到去世后竟会被尊为有史以来最重要的逻辑学家之一、分析哲学的重要代表人物之一，最出乎他意料的是，他还被尊为现代语义学的奠基人之一（更多关于弗雷格生活和工作的信息，可以参见 Kenny，2000）。

和其他许多新知识的开山鼻祖一样，弗雷格对基础问题的见解是深刻的。他在数学上的见解，在很大程度上与我们此处的目的不相关。他的许多逻辑思想经过改进和修改后，经常被纳入符号逻辑学或数学逻辑学领域介绍性课程的教材。在这里，我们将集中讨论与语义学的后续发展最密切相关的思想。虽然此处我们选取的视角有限，但是读者也应该明白：像所有伟大的思想家一样，弗雷格和他的作品是复杂的，解释他的观点绝非易事——他的论述非常学术化，涉及的解释可能存在争议。在此我们尽量避免这些问题，只希望为探索这一领域的人提供一些参考。

1.1.1 反对形式主义和心理主义

和柏拉图一样，弗雷格也认为数学是永恒真理的源泉。在《算数基础》(The Foundations of Arithmetic, 1953)一书中,他广泛探索了数字和算术的本质,强调算术对经验科学并不敏感。由此,他得出结论,数字既不属于心理内容(思想、图像、概念等),也不属于物理标记(墨水标记、声波、屏幕上的像素等):

> 斯特里克(Stricker)说,对他而言,与"百"这个字联系起来的唯一概念就是符号100。其他人可能会想到字母C或别的东西。因此,就我们和问题的本质而言,我们大脑中呈现的联想画面难道是无形的、偶然的吗?就像粉笔和黑板一样偶然吗?难道它们根本不配被称为一百这个数字的概念吗?……我们可能想到一个命题,而且这个命题可能是真的;我们永远不要混淆这两件事。我们必须意识到,并不是因为我们不思考命题就不会有命题真实性的问题,这种做法就如同我闭上眼睛并不可以否定太阳的存在一样。否则,天文学家在对遥远的过去做出任何结论时也会犹豫,因为他们担心会被指责为行为过时、不合潮流——这就如同只知道2乘以2等于4,而忽视了其背后的历史,忽视了我们对数字的理解是进化的产物。
>
> 密尔(Mill)总是混淆算术命题的应用和纯数学命题本身,数学命题的应用通常是物理的,并预先假设观察到的事实。在许多应用中,加号显然看起来对应的是一个累积的过程,但事实并非如此。因为在其他应用中,不像我们计算数字或事件时用加法那样,可能不存在累积或聚集的问题,也不存在各组成部分相加构成整体的关系问题。
>
> (Frege, 1953:6e)

如果逻辑学要成为不受经验事实影响的某事物的基础,那么逻辑学本身也同样不能受经验事实的影响。在哲学中有一个悠久的传统,认为逻辑真理是空洞的,它对世界的真实样貌只字不提,但这绝对不是弗雷格的观点——他认为逻辑学是最普遍的探究。因此,逻辑学必须与本体论相联系。弗雷格的本体论启发他思考逻辑学体系的组织及其表达方式。由于现代语义学的灵感来源于弗雷格的逻辑学体系，所以，在大多数标准语义学理论所采用的类型论中，仍可看到弗雷格本体论的要素。由阿朗佐·丘奇（Alonzo Church）提出的另一种不太知名的内涵类型论就是直接基于弗雷格的观点（参见 Church, 1993）。

1.1.2 对象和函数

在弗雷格看来，一切存在的事物都属于两大类之一：或者属于对象，或者属于函数。弗雷格认为函数在某种程度上是不完整的——这个说法有一定的道理，因为函数只有在为它提供了适当的参数时才会产生一个值。鉴于此，弗雷格选择用我们用来指称对象的各种表达式来描述对象：它们是单数名词或名词短语可以表示的事物。这样做导致的麻烦是：弗雷格必须坚持"赋予每个自然数它的平方的函数"并不指定一个函数。[这是"概念马"（concept horse）问题的一个版本；参见 Frege, 1979b]。

弗雷格允许函数以其他函数作为参数，因此导致在函数范畴内产生了一个层级结构。这是一种类型层级结构，与今天逻辑学家使用的类型结构不完全相同。

当代逻辑学将对象划分为类型层级，个体类型位于最底层。这种安排——简单的类型论——是普遍地被接受地解决罗素悖论的方法之一，罗素悖论削弱了弗雷格多年来辛苦努力建立起来的逻辑程序（参见 Church, 1940; Kamareddine et al., 2004; Irvine and Deutsch, 2014）。更高类型的对象是通过个体的集合以及这些集合的集合等形成的。

如今，数学家们并不认为集合与其特征函数之间的差异是重要的，因此，输入个体和输出真值的函数和个体集合或多或少是可以互换的，这与弗雷格的观点截然不同。弗雷格认为任何属于这些高级类型的东西都是对象，而不区分它们之间的类型。另一方面，在弗雷格看来，函数不能算作对象：他认为这两者是完全不同的。

弗雷格关于函数的概念与他的发现密切相关（他的发现很可能被视为逻辑学史上最重要的一个创新），他发现像 $\forall$（"代表全部"）和 $\exists$（"代表一些"）这样的量词对所谓的开放表达式（open expressions）——包含自由变量的表达式——起作用。例如：

(1.1.1) $3^2+6\times3+1$.

当然，我们可以通过算术运算得到这个表达式的值：

(1.1.2) $3^2+6\times3+1=9+6\times3+1=28$.

但是假设我们需要进行许多类似的计算：比如我们感兴趣的是从(1.1.1)开始的一系列计算

(1.1.3) $3^2+6\times3+1$ and $4^2+6\times4+1$ and $5^2+6\times5+1$.

我们很快就会意识到这里有一个模式。我们取一个数的平方，加上这个数乘以6的结果，然后再加上1。根据数学实践，我们通过将(1.1.1)中的"3"替换为变量"x"来描述该模式：

(1.1.4) $x^2+6\cdot x+1$.

(1.1.4)描绘了一个*函数*（function），当代逻辑学家认为这样的例子有一个*变项指称*（variable reference）：当把一个数字赋给变项"x"时，(1.1.4)将指示使用该数字后的结果。弗雷格认为(1.1.4)有一个*虚指*（an indefinite reference），它对应一个不完全或*不饱和*（unsaturated）的函数。当在(1.1.4)中用指称语"3"代替"x"时，就实现了饱和，而指称——比如得出数字28——就实现了。这个具体的替换产生了表达式(1.1.1)，得出了具体的数字28。

这里，引入一些符号会很有帮助：β是一个开放表达式，α是一个封闭表达式，$\beta[\alpha/x]$是用α代替β中的x的结果。如果β是(1.1.4)，那么$\beta["3"/x]$就是(1.1.1)。

这使我们可以陈述一个关于函数和指称的基本原则：$\beta[\alpha/x]$的指称是α指称的函数。让我们把这个原则称为指称功能性（referential functionality）。这意味着，如果α和α'是同指的（coreferential），那么$\beta[\alpha/x]$和$\beta[\alpha'/x]$也必须是同指的（必须有相同的指称）。如果用

"5"替换（1.1.4）中的 x，我们得到的表达式的结果和用"2^2+1"替换（1.1.4）中的 x 时得到的表达式的结果是一样的（结果都是56）。在数学中，这不过是等量替换结果相等的原则。

现在我们来看下弗雷格的见解，它虽有成效，但却不直观：句子以及诸如"5"和"5+7"这样的表达式必须是指称语。首先，句子在数学中就像它在自然语言中一样，是不可或缺的；没有句子，我们什么也表达不了（普通言语允许省略话语，省略话语中的非句子可以依靠上下文传达完整的思想。例如，一个人在观看政治演讲时，可能只说了"荒谬"一词，但这类例子在数学文本中毫无用处，而这恰是弗雷格关心的主要问题）。

像"5+7=12"这样的句子不包含变量，因此，它们肯定指称对象。这一结论来源于弗雷格的理论框架；然而，在没有理论支撑的前提下，直觉可以让我们知道句子指的是什么或者它们可能指的是什么。在这一点上，弗雷格可以自由规定句子的指称是什么，系统的考虑迫使他得出结论——句子指的是真值。

弗雷格在这个问题上的观点在学术上是有争议的，但这里有一个版本的论证，后来许多人认为它属于弗雷格。除了指称功能性之外，这个论证只需要一个进一步的假设：如果两个句子被证明是相等的，那么它们就有相同的所指对象。

让句子"Snow is white"的所指是对象 o，可以证明，句子"$\{x \mid x=2 \land \text{Snow is white}\} = \{x \mid x=2\}$"相当于"Snow is white"，所以，这个句子也肯定指称 o。既然"Snow is white"和"Grass is green"都是真的，那么"$\{x \mid x=2 \land \text{Snow is white}\}$"和"$\{x \mid x=2 \land \text{Grass is green}\}$"就指的是同一个集合：$\{x \mid x=2\}$［根据集合论的外延性原理（principle of extensionality），当且仅当两个集合具有相同的元素，两个集合相等］。然后，通过指称替换，"$\{x \mid x=2 \land \text{Grass is green}\} = \{x \mid x=2\}$"也指的是 o，根据相等的句子肯定有相同的所指对象的假设，"Grass is green"也指的是 o。

除了指出"Snow is white"或"Grass is green"这两句话是真实的之

外，这个论证没有对这两句话做任何假设，所以它实际上表明了所有真实的句子都指的是同一件事。一个平行的论证也可以表明，所有错误的句子肯定也指的是同一件事（更多关于这一论点的信息，参见 Church，1943；Davidson，1969；Neale，2001）以及 1.2.6 节中的讨论]。弗雷格称真句子的所指为 *the True*，称假句子的所指为 *the False*，我们将使用现代符号"⊤"和"⊥"来指示它们。

如果我们不用⊤和⊥表示其他的对象，那么蒙塔古的类型论的外延部分和弗雷格的本体论之间有一种简单的关系。蒙塔古有两个基本类型：对象（类型 e）和真值（类型 t）。功能类型由简单的归纳规则生成：如果 α 和 β 是类型，那么〈α，β〉也是类型，该类型包含将类型 α 的实体映射到类型 β 的实体上的功能。

弗雷格本体论背后的思想不仅对当代语义学做出了贡献，而且他提出的两个重要的区别为他在语义学家中博得盛名，这两个区别有助于澄清我们对意义粗略的、直观的认识，现在我们来看一下。

1.1.3 语力和内容

弗雷格的主要工作是为了证明：包括所有算术在内的大部分数学都是逻辑学的一部分。他试图证明所有的算术概念在逻辑学上都是可定义的，所有的算术真理都是可以用逻辑学从这些定义中推导出来的。1879 年，他开创性的工作把逻辑符号"⊢"首次带入了人们的视野。现在，逻辑学家把它作为表示定理的符号，但是对于弗雷格来说，它是一个复杂的判断符号。

"⊢"中的水平线有一个功能：它表示位于它之前的那组符号构成了一个陈述句，这个句子或对或错，由"可判断的内容"（judgeable content）决定。判断本身包含对内容的认同，给横线旁边加上垂线代表这种认同，对判断的公开表达是一种我们称为断言（assertion）的行为。

判断和断言都是行为，因此，它们是由某人在特定的时间和地点做出的，显然必须与正在被判断和被断言的内容相区别。最大质数不存在的观点不属于任何特定的思想家或演说家，它是永恒的真理。在弗雷格之前（甚至在他之后），让那么多哲学家和语言学家感到为难的一种观点认为，肯定判断是把主词与谓词的概念相结合的产物，并认为形成可评价的真值内容的行为与判断真值的行为相同。但弗雷格强调，这两种行为是不同的：他称前者是对思想的把握，而后者是将所把握的思想判断为真的行为。

弗雷格（Frege，1956:375）用条件句"If the accused was in Rome at the time of the deed, he did not commit the murder."来说明区分语力-内容的必要性。他解释说，一个人说这句话时，既不是在断言被告案发时在罗马，也不是说他犯了谋杀罪。

弗雷格还声称，一个 yes-no 问题的内容（例如"Was the accused in Rome?"）与相应的陈述句的内容是相同的，但与命令句的内容（例如"Accused, be in Rome!"）采用的方式是不同的。他在这个问题上的论述简短而零散，他并没有发展出关于言语行为及其与句子语气关系的理论，但他所说的已经足以强调建立这样一个理论的必要性。

1.1.4 意义和指称

弗雷格的主要兴趣是数学。他毕生都致力于发展一种能够为数学提供理论基础的逻辑学。这样，微积分和其他分析的结果都能以逻辑定理的形式展示出来。逻辑学的原则除了适用于数学之外，还适用于其他领域，弗雷格经过系统的思考后认为，对于语言来说，逻辑学比数学家们使用的形式主义更有表现力。

弗雷格（Frege，1892）在其著名的论文中试图解决一个在更广泛的背景下立刻出现的问题：指称功能性原则的失效（这就是弗雷格的学生鲁道夫·卡尔纳普所称的"内涵问题"。弗雷格在没有给出具体例子的前提下，提出了这样一个观点：同一性陈述通常是没有观察就无法了解的发现。从这个想法和他自己的第一个例子，可以重建下面指称功能性的反例。

(1.1.5) No empirical evidence is needed to find out that the fiery heavenly body that rose in the east this morning is identical to the fiery heavenly body that rose in the east yesterday morning.

显然，（1.1.5）是错误的；它是⊥；正如弗雷格所说，这个同一性是"天文学最大的发现之一"（one of the most fertile astronomical discoveries）。另一方面，（1.1.6）显然是正确的。自我同一性是不需要经验证据就能知道的。

(1.1.6) No empirical evidence is needed to find out that the fiery heavenly body that rose in the east this morning is identical to the fiery heavenly body that rose in the east this morning.

但事实上，今天早上从东方升起的炽热的天体就是太阳，它和昨天早上从东方升起的炽热的天体是一样的。把（1.1.5）中的"the fiery heavenly body that rose in the east yesterday morning"换成"the fiery heavenly body that rose in the east this morning"，就可以得到（1.1.6）。

还有一个更简单的例子，经常被用来说明这个观点，晚上看到的第一颗行星也被称为"暮星"（the evening star），早上看到的最后一颗行星也被称为"晨星"（the morning star），两者说的是同一个东西：金星。这一事实似乎是最早的天文学发现之一，所以我们有了下面的句子：

(1.1.7) The morning star is identical to the evening star.
(1.1.8) The earliest astronomers knew that the morning star is identical to the morning star.
(1.1.9) The earliest astronomers knew that the morning star is identical to the evening star.

（1.1.7）是真的同一性；（1.1.8）是非常正确的；但是我们似乎可以认为（1.1.9）是错误的。这也是指称功能性的反例。

如果我们想起弗雷格的观点是句子指的就是真值，那么我们还可以找到更多关于这个现象的鲜明例子。

(1.1.10) It is true that Columbus sailed from Spain, and true that Columbus didn't sail to India.
(1.1.11) Columbus believed that he sailed from Spain.
(1.1.12) Columbus believed that he didn't sail to India.

（1.1.10）和（1.1.11）是正确的，但是，既然哥伦布误以为他航行到了印度，那么（1.1.12）就是错误的。但是，弗雷格认为"Columbus sailed from Spain"和"Columbus didn't sail to India"表示同样的事情，更笼统地说，一门语言中含有"believe"，它的指称功能性加上句子指的是它们的真值的观点，就会导致一个荒谬的结论：相信任一事情为真的人就会相信全部为真。

弗雷格是第一个研究数学语言和数学证明对逻辑学的挑战的人，也是第一个发现将逻辑学从最初的数学领域扩展到更广泛的语言和推理领域可能会导致问题的人。弗雷格（Frege, 1892）所关注的指称功能性的失败，也是基于指称的非正式语义学的失败，这种语义学对数学语言很有效，但对含有命题态度词（propositional attitude，如"believe"）的语言就不行。事实上，这个问题是深刻而普遍的。人们一致认为，任何一个系统的语义学理论都必须找到解决这个问题的方法。

弗雷格解决这个问题的方法是将语言表达式与其语义值之间的基本关系分开（两分，甚至 n 分①）。一个表达式的内容被分解为它的指称（Bedeutung）和它的涵义（Sinn）两部分。他的观点是：在某些上下文中，句子指的不是真值，而是相信（beliefs），但什么是相信呢？因为弗雷格拒绝将心理学作为逻辑学的基础，所以，他不会选择诸如相信之类的有关心理状态内容的认知描述。弗雷格需要的内容必须与他的更柏拉图式的逻辑本体论相一致。

当我们说某人相信某事时，例如当我们说（1.1.11）时，这个句子是指一个人（比如，哥伦布）和一个他所相信的内容（比如，相信自己

---

① 弗雷格的解决方案需要二级涵义、三级涵义、无穷系列的涵义来处理多重嵌入。

从西班牙出发）。

对弗雷格来说，这样的内容是一个从句的涵义（sense）（例如，'Columbus sailed from Spain'的涵义）。一般来说，他认为（理想的）语言的每一个表达式都必须有涵义和指称。一般情况下，一个短语的指称只依赖于它的组成部分的普通指称，但是有时人类语言表现出更复杂的情况，一个短语的指称可能不依赖于它的组成部分的普通指称，而是依赖于组成部分的次级（secondary）指称。这个次级指称是（普通的）涵义。这种方法通过规定在某些情况下，如在某些语境中，指称实际上是次级指称，即一个成分的涵义，使弗雷格得以维持指称功能性原则。

动词"believe"是一个引起次级指称的语境。因此，像（1.1.11）这样的句子的指称并不取决于 Columbus 和"Columbus sailed from Spain"的指称，而是取决于 Columbus 和"Columbus sailed from Spain"的涵义。由于"Columbus sailed from Spain"和"Columbus didn't sail to India"这两句话的涵义截然不同，从（1.1.10）和（1.1.11）到（1.1.12）的推理就受到了阻碍，"相信"变得不再简单。

弗雷格对于现在被称为"内涵性问题"（problem of intensionality）的解决方案，使他可以保留指称功能性；他可以说（1.1.11）的指称或真值取决于其组成部分的指称。但是(i)他把涵义和指称与每个句子关联起来；(ii)他规定，在间接语篇中，从句的指称是其涵义或次级指称。（1.1.11）中相信的事情为真为假，取决于相信者和从句的涵义，而不是真值。

当代解决这个问题的许多方法都依赖于弗雷格的观点，然而，弗雷格的解决方案并不令人满意，或者说至少在两个方面，他的方案是令人困惑的："涵义究竟是什么"这一本体论的困惑，以及涵义需要分出层级所导致的技术困惑。

显而易见，弗雷格想要的涵义是这样的——它必须既不存在于空间，也不存在于时间，并且独立于人类的认知而存在。换言之，在柏拉图学派看来，它和数字一样，是有本体论的地位。因此，它不是我们拥有的观念，而是帮助我们生成观念的东西。

继续论述涵义到底是什么并不容易，弗雷格避免了心理隐喻，把涵义解释为指称的方式或模式。这一点可以用弗雷格的三角形质心的例子来说明，连接三角形一条边的中点和对边顶点的直线称为中值线（median），一个三角形有三条中值线，其中任意两条中值线都会交叉于一点。欧几里得几何学的定理告诉我们，这些交叉点是一个点：三条中值线相交于一点，这一点也叫三角形的质心（centroid）。

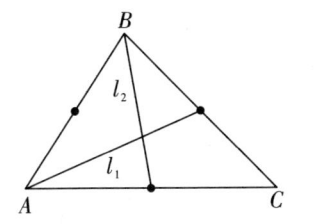

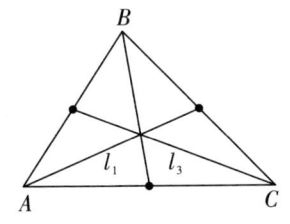

如果我们有一个三角形 ABC，l_1、l_2 和 l_3 分别代表三条中值线，l_1 和 l_2 的交点与 l_1 和 l_3 的交点是同一点：（1.1.13）的指称和（1.1.14）的指称是相同的。

(1.1.13) The intersection of l_1 and l_2.

(1.1.14) The intersection of l_1 and l_3.

但它们的涵义是不同的，因为虽然它们定位的是同一个点，但它们用的方法不同。

弗雷格还做了一个类比，不管我们是用望远镜还是用肉眼观察月球，我们看到的都是同一个月球，但是观察的方法不同。如果两个观测者用同一架望远镜来观察月球，月球本身就像指称，月球在镜头中的影像就像涵义——它不是主观的，对两个观测者来说是一样的，每个观察者视网膜的激活模式就像伴随着指称的主观心理印象。

任何认为这个类比有用的人都会很容易地明白，为什么关注传统哲学问题会导致对语言及语义学的浓厚兴趣。在语言表达式的语义和感知之间，这个类比假设具有深刻的、富有启发的相似性。如果这个类比成立，语义学不仅可能阐明认识论，甚至可能与这一传统的哲学中心领域重合。

这些解释可能是有帮助的，但只能帮助我们非正式地理解语义学及其本体论。如果我们像塔尔斯基那样，要求语义学应该成为数学的一个分支，如果我们想要一个能解释弗雷格式涵义的语义学，我们就必须努力做得更好。

因为像（1.1.11）这样的句子必须有涵义和指称，所以对弗雷格来说，涵义层次的问题就出现了。弗雷格赞同涵义功能性的原则：一个复杂表达式的涵义必须是其各部分的涵义的功能团，而不是它们的指称的功能团。但在（1.1.11）中，"Columbus sailed from Spain"的指称是次级的；也就是说，它是"Columbus sailed from Spain"的涵义。所以，（1.1.11）的涵义一定是这个次级指称的涵义。也就是说，它必须依赖于"Columbus sailed from Spain"的涵义的涵义（the sense of the sense）。

如果不进一步阐述这一理论，就很难判断这仅仅是一个技术性的问题，还是一个更深层次的问题。虽然弗雷格没有提供细节，但后来的逻辑学家提供了细节。虽然这个理论可以被推导出来，但它确实是相当复杂的（参见 Church，1951a；Anderson，1977）。

1.2 塔尔斯基

阿尔弗雷德·塔尔斯基（Alfred Tarski，1901—1983）出生于波兰，在二战前不久逃离欧洲，他余生的大部分时间都在加州大学的伯克利分校任教，使得该校在很长一段时间里是数学逻辑学研究最好的地方。（更多关于塔尔斯基的生活和工作的情况，参见 Feferman and Feferman，2004）。

塔尔斯基首先是一位数学家，他对逻辑学和语义学（或模型理论）感兴趣，因为他坚信在这里能找到有前途的数学新领域。弗雷格对逻辑学的兴趣也是出于他对数学的兴趣，但他对严谨性和细节的关注被大多数数学家认为有些过度和痴迷。他对主流数学的影响是间接的，后来的人物如大卫·希尔伯特、保罗·伯奈斯、托拉尔夫斯·科莱姆和库尔特·哥德尔又提升了他的影响力。另一方面，塔尔斯基认为逻辑学可以对数学的核心领域产生影响。首先，他必须说服一个最持怀疑态度的数学团体相信这一点，但是后来，数学家们自己也意识到逻辑学、集合理论和模型理论确实可以成为数学的分支领域。这时，数学的其他领域也开始关注、重视塔尔斯基的思想。

1.2.1 对象语言和元语言

在弗雷格之后的逻辑学家逐渐意识到数学语言研究的重要性，并把它逐渐纳入数学的一个分支领域。形式化不仅使数学证明更加严格，而且发展了证明的理论并建立了证明的语言。希尔伯特和伯奈斯（Hilbert and Bernays, 1934）提出把元数学（metamathematics）作为数学理论来研究，这不仅是数学逻辑学的开端，也是形式语言理论和形式语义学的开端。

元数学至少涉及两种语言：一种是*对象语言*（object language），即被研究的语言，另一种是用来进行研究的语言，即*元语言*（metalanguage）。一开始，似乎没有理由去区分对象语言和元语言。事实上，只要主题是句法，就存在区分这两者的可能性。但是，正如我们将看到的那样，塔尔斯基排除了语义元语言的可能性。

塔尔斯基和他的同代人期望能够*形式化*（formalized）对象语言，能够清楚地、完全地公式化对象语言。由于塔尔斯基关心的是使语义学在数学上得到尊敬和承认，虽然在原则上元语言是可以被形式化的，但是在通常情况下，像大多数数学理论一样，它最后会变得足够精确、不够正式。于是，一个普遍的共识形成了，即可以通过假设*集合理论*（set theory）作为语义学的背景框架来实现严谨性。这意味着元理论的本体论及其推理可以在集合论框架中重建；意味着集合论的公理足以证明达成语义目的所需的基本结果。

1.2.2 真值的定义应该达到什么目的

对塔尔斯基和弗雷格来说，真值是核心，但塔尔斯基缩小了真值的概念，并使其变得更加尖锐，同时也澄清了这个概念所处的理论背景。我们已经看到，对弗雷格而言，从一个句子到它的真值的路径是由涵义介导的：一个句子 ϕ 的涵义是 p，这从涵义上决定了句子的真值。如果我们把一个句子的涵义称为*命题*（proposition），那么弗雷格的框架允许我们说出：(1)（间接的）一个句子的真值；(2)（更直接的）一个命题的真值。

正是间接语篇使弗雷格认为涵义（命题）是与句子联系在一起的。例如，（1.2.1）涉及一个命题——雪是白色的命题，如果这个命题是明显的，它就是真命题，否则就是假命题。

(1.2.1)　It is obvious that snow is white.

同样地，（1.2.2）也包含命题的一个（有点微不足道的）性质。

(1.2.2)　It is true that snow is white.

数学语言和理论一般不涉及间接语篇或内涵性，这使得塔尔斯基能够忽略涵义，将真实概念化为句子与真值之间的直接的、无介导的关系。

塔尔斯基认为（Tarski, 1944: 68），如果要令人满意地定义一个对象语言的真实，需要有三个要求（他假设对象语言包含一阶逻辑的资源，也许更多）。首先，定义不会造成矛盾，"应该遵守通常的正式定义的规则"（should observe the usual formal rules of definition）。这一要求包括遵守经典逻辑、避免循环定义，塔尔斯基称之为 *形式正确性*（formal correctness）。

其次，塔尔斯基要求用元语言给出定义，且其中不包含未定义的语义术语，如 "means" "refers to" "applies to"（Tarski, 1944: 68）。如果我们想利用定义来消除关于语义一致性的挥之不去的疑虑——毫无疑问，这是塔尔斯基的主要动机——那么这正是我们迫切需要做的。

最后，我们希望这个定义与我们对真实的正常理解相一致，例如 "Snow is white" 这句话，如果这句话为真，那么雪就是白色的，如果这句话为假，那么雪就不是白色的。所以，如果我们的对象语言包含这句话，那么，对真实的恰当定义就必须包含：

(1.2.3)　"Snow is white" is true if and only if snow is white.

我们希望对象语言中的所有句子中都是这样的。根据塔尔斯基的规约 T

(Tarski's Convention T)，如果 α 是对象语言 L 中的句子 ϕ 在元语言中的标准名称，那么一个充分的真值定义应该产生（1.2.4）中的所有例子：

$$(1.2.4)\ T(\alpha) \leftrightarrow \phi.$$

这是*材料充分性*（material adequacy）的要求（参见 Tarski，1944:63）。

规约 T 的实例可能显得琐碎、不够详尽，但是要记住，塔尔斯基提出的（1.2.4），并非是用来界定真值的，而是用它作为定义的充分性标准的。构建一个符合规约 T 的理论并非易事，塔尔斯基关于真值不确定性的定理就证明了这一点（参见 Tarski，1936）；如果对于 L 中的所有公式 ϕ，T 都满足（1.2.4），那么就无法在 L 中定义它，一个适当的语义元语言必须超越对象语言的表达能力。

1.2.3 定义真值和满足

任何学习过符号逻辑学或数学逻辑学入门课程的读者都会熟悉本节所记录的思想，但在这里，我们将集中讨论这些思想对语义学理论的意义。

塔尔斯基计划从一个形式化的对象语言 L 开始，然后在一个适当的元语言 ML 中进行研究。L 的形式化，或者更通俗地说，是 L 中"形式良好的表达式"（well-formed expressions）的形式化，给公式提供了明确定义。我们可以找到的关于形式句法学的最早的内容是在大卫·希尔伯特未发表的讲稿中，时间是在 1917—1918 年之间（Hilbert，1918），其中涉及递归定义，该定义规定了每种句法类型的最简单的表达式，以及如何将较简单的表达式组合成较复杂的表达式。这种"逻辑句法"（logical syntax）的方法一直存在，并且仍然被逻辑学家和计算机科学家普遍使用着。

递归定义将形式良好的表达式分成不同的复杂度级别：一个基本的形式良好的表达式的复杂级别为 0；如果一个复杂表达式的最大复杂成分是 n，那么整个表达式的复杂级别就是 n+1。这种层级结构被反映在逻辑理论中，逻辑学的基本定义和结果大多是通过归纳句法复杂性获得的：为基本表达式规定结果，然后，假如它能支撑复杂级别 n，那么，它的复杂级别就是 n+1。

塔尔斯基对真值的描述遵循了这一模式。他通过归纳句法复杂性来定义真值，这就相当于，他假设真值是由*组构性*（compositionally）来定义的，事实上，他超越了这一点，他假设真值的定义是*强组构的*（strongly compositional），关于这些概念的进一步讨论，见第 2.2 节。

在塔尔斯基的著作中，可以找到两种获得真值的方法：（1）与关系结构相关的真值的*模型论*（model-theoretic）定义，（2）一个*绝对的*（absolute）定义。第一种方法在数学逻辑学和形式语义学中更常用，这也是大多数逻辑学文本所用的定义方法。第二种方法在哲学和说谎者悖论的研究中很有影响力。

1.2.4 关系真值和满足

塔尔斯基的语言是数学的，它包括数论、抽象代数和集合理论的形式化。数学语言涉及*数学结构*（mathematical structures），一种语言很可能被多种结构所实现，几何学提供了一个著名的例子：几何语言处理点、线及它们的关系，早期的几何学家思考的是平面上的点和线，但到了 19 世纪，人们发现几乎所有的几何公理也适用于其他结构，比如球面。

塔尔斯基试图描述的正是结构中的真值。根据塔尔斯基和沃特（Tarski and Vaught，1956）的描述，*关系结构*（relational structure）由一组对象(或个体)以及这些对象之间的关系构成。关系也可以表示为集合：一元关系（one-place relation）是个体的集合，二元关系（two-place relation）是个体的有序对的集合，等等。

我们将用带有一个二元谓词字母 R 的简单的一阶语言来说明这个思想。我们的语言只有两个*个体常量*（individual constants）或名称：a 和 b。像任何一阶语言一样，它有无数的*个体变量*（individual variables）：x_1, x_2, ……

首先列出每个句法类型的最简单的表达式，这就是归纳法定义的*基础项*（basis clause）——词汇。

(1.2.5)　　L_1 句法：基础项。

　　　　1. 项的集合是 $\{a, b, x_1, x_2, \cdots\}$。
　　　　　a 和 b 是常量，$x_1, x_2, \cdots$ 是变量。
　　　　2. 唯一的谓语字母是 R（两元谓词字母）。

接下来，*归纳项*（inductive clause）解释了每一类型的复杂词组是如何用较简单的词组构成的。

(1.2.6)　　L_1 句法：归纳项。

　　　　1. 如果 α 和 β 是项，那么 $R(\alpha, \beta)$ 就是一个（原子）公式。
　　　　2. 如果 ϕ 是一个公式，那么 $\neg\phi$ 就是一个（负）公式。
　　　　3. 如果 ϕ 和 ψ 是公式，那么 $(\phi \to \psi)$ 就是一个（条件）公式。
　　　　4. 如果 ϕ 是一个公式，x 是一个变量，那么 $\forall x(\phi)$ 是一个（普遍）公式。

如果 x 在量词 $\forall x$ 的范围内，公式中的 x 就是*绑定的*（bound）。公式中的 x 如果没有绑定，那么它就是*自由的*（free）。像 (1.2.8) 这样没有变量自由发生的公式被称为一个*句子*（sentence）；像 (1.2.7) 这样有一些变量自由发生的公式就是一个开放公式（open formula）。

该句法生成如下公式：

(1.2.7)　　$R(a, x_5)$
(1.2.8)　　$\forall x_1 (\forall x_2 (\forall x_3 ((R(x_1, x_2) \to (R(x_2, x_3) \to R(x_2, x_3))))))$
(1.2.9)　　$\forall x_1 (\neg \forall x_2 (\neg R(x_1, x_2)))$

公式 (1.2.7) 表示的是两个个体是相关的：第一个是常量 a 的指称，第二个是变量 x_5 的指称。公式 (1.2.8) 表示的是关系是传递的。公式 (1.2.9) 表示的是每件事都与某件事相关。

这些公式是否为真将取决于关系结构。例如，如果结构的域是集合 {1,2,3}，只包含三个数字，并且它的关系是小于（being less than），那么（1.2.8）为真，（1.2.9）为假。如果关系是不同（being different），那么（1.2.8）为假，（1.2.9）为真。

此时，你可能想归纳公式在关系结构中为真的条件。但事实上，直接这么做的尝试失败了，但修正这个失败的过程，给我们带来了一个被证明是非常重要的思想——不仅对逻辑学重要，而且对语言学也很重要。

困难跟量化有关，举一个简单的公式 $\forall x_1(R(a,x_1))$ 的例子，如果真值定义支持强组构性，我们就必须能够根据 $R(a,x_1)$ 的真值来判断 $\forall x_1(R(a,x_1))$ 是否为真：一般来说，我们必须根据开放公式的真值来解释句子的真值。

但是，像 $R(a,x_1)$ 这样的公式何时为真？我们特别想回到弗雷格的观点，说它非真非假，但这样将无法解释 $\forall x_1(R(a,x_1))$ 的真值。另一方面，如果我们假设变量像常量一样指称，那么 $R(a,x_1)$ 将有一个真值，但如果 $R(a,x_1)$ 是真的，会让我们无法分辨 $\forall x_1(R(a,x_1))$ 是否为真：$R(a,x_1)$ 的真值仅意味着该公式(至少)一个 x_1 值为真，而不是域内的所有值为真。

塔尔斯基对这个问题的解决办法后来证明是卓有成效的，它是逻辑的代数方法和动态逻辑学的基础（Ahmed,2005；Harel et al., 2000），它也是当代指代词理论（theory of indexicals）背后的理念。

一个变量的指称可以是任何东西，然后通过指示一个指称得以确定变量，就像指向行为可以确定指示代词"that"的指称一样。我们可以将指称指示形式化，作为对变量的赋值，*变量赋值*（variable assignment）对于语言 L 和域 D 而言是一个函数 g，它将 D 的元素赋给 L 中的每个变量，如果 D 是非负整数的集合 {0,1,2,…}，g 是 L, 在 D 上的一个变量赋值，那么 $g(x_1)$ 和 $g(x_2)$ 是数字，可能 $g(x_1)=3$，$g(x_5)=0$。

塔尔斯基没有归纳定义结构中的真值，而是定义了*满足*（satisfaction），满足是一个公式（可能是开放的，也可能不是开放的）和一个变量赋值之间的关系。在归纳中，从 $\forall x_1(R(a,x_1))$ 是否被赋值 g 满足，我们就知道对于所有的赋值 g′， g′是否满足 $R(a, x_1)$。

语言的关系结构有两个组成部分：一个是域 D，它是一个非空集合，另一个是集合 R，包含 D 中元素的有序对。结构中语言的*解释*（interpretation）I 赋语义值给基本表达式（变量除外），常量的值取决于 I，变量的值取决于变量赋值 g，所以我们必须定义和 I、g 相关的项（个体常量或变量）的值。最后，I(R)——R 的值——是有序对的集合。这些材料允许我们如下定义相对于解释的项的指称：

(1.2.10)　相对于解释 I 和变量赋值 g，L_1 中项的指称：
$$\text{Ref}_{I,g}(a) = I(a), \text{Ref}_{I,g}(b) = I(b), \text{Ref}_{I,g}(x_i) = g(x_i).$$

现在，我们可以相对于关系结构、解释 I 和变量赋值 g 为语言公式定义满足（在这里，我们使用现代符号"⊨"表示满足："I,g ⊨ φ"意味着 I 和 g 满足公式 φ）：

(1.2.11)　相对于 I 和 g，满足原子公式：
I, g ⊨ $R(\alpha,\beta)$ 如果 $\langle \text{Ref}_{I,g}(\alpha), \text{Ref}_{I,g}(\beta) \rangle \in I(R)$.

(1.2.12)　相对于 I 和 g，满足复杂公式：
1. I, g ⊨ ¬φ 如果 I, g ⊭ φ（即，如果 I 不满足 φ）.
2. I, g ⊨ (φ→ψ) 如果 I, g ⊭ φ 或者 I, g ⊨ ψ.
3. I, g ⊨ ($\forall x(\phi)$) 在赋给 x 的值中，如果对于所有与 g 不同的变量赋值 g′，I, g′ ⊨ φ。

这个定义的第 3 条使用了变量，如果 φ 保持满足，无论给 x 赋什么值，$\forall x(\phi)$ 都可以被 I 和 g 满足。

句子 φ 在特殊情况下——一个没有自由变量的公式，比如，$R(a,b)$ 或者¬ $\forall x_1(R(x_1,a))$——事实证明，满足并不依赖于赋值：当且仅当对于每一个 g，I,g ⊨ φ 成立，那么对于某个 g，I,g ⊨= φ 成立。这使我们有可能——仅对句子而言——更简单地定义真值。

(1.2.13) 假设 ϕ 是 L_1 中的一个句子,即不包含自由变量的 L_1 中的一个公式,那么相对于 I,ϕ 为真,当且仅当对每一个变量赋值 g 而言,I, g ⊨ (ϕ,g)。

因此,满足是对真值的概括。

由于组构性描述需要的是满足而不是真值,这使得这个概念看起来比真值更加基础,然而,包括塔尔斯基在内的许多逻辑学家,对于是否用开放公式的满足概念替换封闭公式的真值概念,都感到犹豫不决。塔尔斯基和后来的许多逻辑学教科书都把自由变量、满足和开放公式看作一种"必要之恶",是(1.2.13)中的真值定义的一块"垫脚石":一旦递归定义就位,就可以遗忘它。我们将在第 7 章看到,与奎因所说的"永恒句"(eternal sentences)相比,这与多年来语言哲学家对指示句(indexical sentences)的偏见相似。

出于语言学的目的,关系结构占有优势:它们可以被概括。这在为语言结构制定合适的解释时是有用的,对于这些语言结构的解释,除了个体和基于个体的简单的集合论结构,我们似乎还需要一些其他的东西,但是也可以用关系结构处理可能性、复数和集合名词。一般来说,语言学家并不像一些哲学家那样关注本体论,因此他们常常乐于提出这样的扩展。

1.2.5 绝对真值和满足

塔尔斯基(Tarski, 1936)在其著作中发展了一种方法,即通过假设元语言是对象语言的句法扩展(syntactic extension)来免除关系结构,这意味着 L 中的每个公式也是 ML 中的公式。这在数学上用处不大。数学中许多最重要的逻辑应用都与关系结构中的真值有关。但是,这样塔尔斯基就能够满足他加在真值定义上的第二个和第三个要求了:他对真值的绝对定义并不诉诸未定义的语义概念,它可以推导出规约 T 的实例(真值的相关定义的组成部分——关系结构、变量赋值和解释——在集合论面前不是无界定的,但出于某些目的,人们可能希望集合的概念是无界定的)。

由于塔尔斯基的真值适用于句子,ML 必须包含 L 中的足量句法,其中包括 L 中的每个表达式的标准名称，这些名称只要反映了以它们所命名的表达式的句法结构就可以了，它们是如何构造的并不重要。它假设 ML 包含描述 L 的句法结构的机制——这不是一个非常苛刻的条件，因为哥德尔（Gödel, 1931）表明，算术资源少的语言能够生成任何语言的句法。

最后，ML 必须能够在 L 中谈论真值，在最简单的情况下，这可以通过为 ML 配备一个一元谓词字母 T 来实现；但是正如我们看到的，如果 L 中有量词，我们将需要一个二元谓词字母 T 来*描述满足*——与变量赋值相关的 L 中的真值。

这些要求使得元语言不仅可以使用对象语言的公式，还可以提及它们。例如，如果

(1.2.14)　　5+7 = 12

是 L 中的一个句子，那么它也是 ML 中的一个句子。但是，ML 将有一个标准的名称来表示"5+7 = 12"，比如

(1.2.15)　　⌜5 + 7 = 12⌝

然后，

(1.2.16)　　$T(⌜5+7=12⌝)$

将是 ML 中的句子，说（1.2.14）表述的内容为真。

假设 L（ML 同理）具有一阶逻辑（FOL），ML 将能够*结合*（combine）L 中的使用和提及，使（1.2.17）这样的混合公式可以存在，（1.2.17）结合了（1.2.14）——L 语言中关于数字的说法和（1.2.16）——ML 中关于（1.2.14）真值的说法：

(1.2.17)　　$5+7 = 12 \wedge T(⌜5+7=12⌝)$

塔尔斯基的规约 T 涉及这种混合的使用-提及公式。[参见（1.2.4）]。

描述绝对真值的问题相当于在 ML 中提供貌似合理的、包含规约 T 所有实例的公理，通过我们在 1.2.4 节中提供的关系真值的归纳定义，一阶对象语言可以实现这一点。

1.2.6 塔尔斯基语义学对哲学的影响

塔尔斯基关于真值的研究对数学逻辑学产生了巨大的影响，哲学家和数学家都注意到了这一点。虽然哲学不是塔尔斯基的主要兴趣，但是他喜欢哲学，并且写下了他从哲学的角度研究语义学的方法（Tarski, 1944）。对于非逻辑学家来说，这篇经典的文章可能是最好的介绍这个主题的文字。

鲁道夫·卡尔纳普是 20 世纪上半叶最有才华的、倡导从形式的角度研究哲学的人之一，卡尔纳普开始时只关注句法手段，但不久之后就转向语义学，这是受到塔尔斯基启发后的结果（参见 Carnap, 1942），他的成果是哲学语义史上的一个里程碑，并为后来的语言应用指明了方向。

卡尔纳普以一种能满足大多数当代人的方式描述了句法、语义学和语用学的特征：这三者之间的区别在于是否与语言使用和使用者分离，语用学根本不与使用者分离；语义学研究语言表达式和名称，但是不涉及使用者［对于卡尔纳普来说，"名称"（designation）或多或少与现代术语"语义价值"（semantic value）同义］。最后，句法与名称分离，只留下表达式之间的语内关系。

当然，句法、语义学和语用学都与语言有关，卡尔纳普关于语言的观点可以在其著作中的前几页找到（Carnap, 1934）。他区分了"文字语言"（自然语言）与人工符号语言，两者都是语言，都是合理的研究对象，但文字语言"缺乏系统""在逻辑上不够完美"，他没有明确指出这些不完美的本质，但他认为文字—语言是不合适的研究对象。在这方面，卡尔纳普和他那个时代几乎所有的分析哲学家没有什么不同，哲学对不完美的厌恶可能是逻辑哲学和语言学之间存在差距的主要原因之一，这种差距一直持续到现在。

因此，卡尔纳普的语义学计划只涉及形式化的语言，包括 FOL，甚至包括类型理论，主要致力于证明我们可以用语义学的工具来定义元语言的概念。与塔尔斯基不同，卡尔纳普接受内涵性，允许句子表示命题。但他没有追随塔尔斯基试图将命题纳入集合论的本体论的做法，也没有解释命题是什么。

卡尔纳普称他对语义学内涵部分的研究是尝试性的，但是丘奇在评论卡尔纳普的文中，推翻了卡尔纳普的理论：丘奇通过使用卡尔纳普的原则表明，如果语言中允许 lambda 抽象，那么任何两个真实的句子必须表示相同的命题。丘奇的结论是，在语义学中站得住脚的替代品比人们想象的要少。你也可以得出这样的结论：要搞清楚内涵语义的逻辑细节，比早期理论家设想的似乎要困难得多。但是，卡尔纳普关于内涵性的著作（Carnap, 1956）十分成熟，解决了丘奇的困惑。这项工作不仅是技术上的进步，而且是蒙塔古的内涵逻辑学和目前语言学家所青睐的内涵理论的前身。

随后，派普的作品（Pap, 1958）出现了，他深化并发展了卡尔纳普在语义学方面的研究。

1.3 结论

现在，虽然弗雷格和塔尔斯基成为距离我们越来越遥远的历史人物，但是，通过卡尔纳普和理查德·蒙塔古，他们的思想和工作与语言学家正在实践的现代形式语义学框架发生了连接。另外，语言学家们还增加了一些弗雷格、塔尔斯基或卡尔纳普不欣赏的东西：对自然语言的尊重和处理语义证据的强大方法库。事实证明，比起本章所讨论的逻辑学家和哲学家的怀疑主义，语言学家对自然语言的终极秩序性和潜在合理性的信心更有价值。不管怎样，这些先驱者的见解在今天看来，依然宝贵。

2
组构性

2.1 能产性带来了什么

在当代语言学家看来，对弗雷格和塔尔斯基的形式语言的解释像语义学理论的主要原因是它们是*组构的*（compositional）：它们用较简单的表达式来规定复杂表达式的概念。这个方法有明显的优点——只要我们能证明某个东西适用于最小的表达式，并且能证明它也适用于由最小表达式合成的较大表达式，我们就可以证明这个东西适用于所有的表达式。

但是，为什么我们发现的语言（而不是我们构建的语言）是组构的呢？经典的答案来自弗雷格《逻辑研究》（*Logical Investigation*）第三篇文章的开篇：

> 语言的作用是惊人的，它只用了几个音节就能表达出无数的思想，因此，即使一个地球人第一次掌握了一种思想，也可以用语言把这种思想表达出来，并使一个对这种思想完全陌生的人能够理解。如果我们不能分辨出思想是如何与句子相对应，从而使句子结构成为思想结构的表象，那么上述情况就不可能实现。
>
> （Frege, 1984: 390）

前提是不容置疑的：通过句子，语言可以表达许多——可能是无限多的——思想，而且这些句子即使是第一次听到，也能被人理解。但是，句子与它们所表达的思想具有相同的结构这一结论，有时被称为弗雷格的*平行论*（parallelism thesis），这是一个大胆的主张，也给我们带来了令人费解的结果。

如果两个句子表达的思想相同，我们说一个句子是另一个句子的充分翻译。平行论意味着：如果 ϕ_1 被充分翻译成 ϕ_2，那么这两个句子有着相同的结构——它们所表达的思想的结构。因此，对于任何两种语言 L_1 和 L_2 来说，如果 L_1 中有一个句子 ϕ_1，那么在 L_2 中或者有一个句子 ϕ_2 和 ϕ_1 有着完全相同的结构，或者有一个在 L_2 中无法表达的思想（即 ϕ_1 所表达的思想），这造成了一个艰难的选择，或者我们得承认一阶皮亚诺算术的人工构造语言的句子必须符合普遍语法，或者我们得承认特殊句法，如"$\forall x \exists y (y=x+1)$"，会使这个句子表达的确切思想与自然语言格格不入。

平行性也使得定义如何在单一语言中运作成为一个谜。人们可能会认为，定义的意义在于将复杂表达式（定义者 the definiens）的含义赋予简单表达式（被定义者 the definiendum）。但如果在一个句子中，用简单表达式代替复杂表达式的做法不可避免地改变了句子所表达的思想，那么，这样的规定就是不可能的。事实上，弗雷格关于定义的讨论存在着一种张力：他认为从认识论的角度看，定义是富有成效的（这推动他主张定义者和被定义者具有不同的含义）；从逻辑学的角度看，定义是可以去除的（这又把他推向了相反的方向）。弗雷格究竟是如何解决这一矛盾的，这是哲学历史学家们广泛争论的一个问题（参见 Bell, 1987; Dummett, 1988; Bell, 1996; Bermúdez, 2001; Horty, 2009; Kemmerling, 2011）。

弗雷格那微不足道的前提怎么会得出如此令人惊讶的结论呢？答案是：并非如此。平行论认为思想和句子都具有一定的抽象结构。句子是有结构的，这是显而易见的，但说思想也是有结构的，这一论点却并非显而易见。从标准的语义学角度来说，思想内容就是命题，命题是可能世界的集合。这些集合有一个由元素关系强加的结构，该结构和句法结构不一样。还有一些论证——比如我们在第 1.1.4 节中看到的基于心理态度归属的语义学的论证——可以用来为结构化的命题提供案例。(有关弗雷格论证的更详细内容,可参见 Pagin, 2003。)

这并不是说弗雷格的论证是无效的,只是他夸大了结论。我们可以理解从未听过的复杂表达式——不仅是句子、短语还有从句——这一事实表明那些复杂表达式的含义是由其最简单构成部分的含义及组合方式构成的。

即使是这个较弱的结论似乎也有明显的错误,问问你自己:red trucks, red hair, red wine, red skin, red apples, red watermelons, red tomatoes, red sunsets 有什么共同之处?你可能会倾向于说,F 中的可以算作红色的东西完全取决于 F 是什么,这似乎违背了组构性:"red"没有一个标准含义能与"F"的含义组合在一起,从而决定"red F"的含义。

但这类论证基于一种混淆:即使我们承认 red trucks, red hair, red wine 等没有任何共同之处,也并不能表明 red trucks, red hair, red wine 等词的意思没有任何共同之处。例如,"red"的意思可能是对任意的 F 而言,一个从 F 的含义到"red F"的含义的函数,这就保证了有一个从"red"和 F 的含义到"red F"的含义的函数:包含一个函数和一个参数并把这个函数用于参数的函数。

因此,组构性并不是毫无价值的错误。不过,我们为什么要相信它呢?最流行的论点是:如果我们要理解从未听过的复杂表达式,我们就必须有一些先验知识,在此基础上我们才能弄清这些表达式的意思。

知识要求(knowledge requirements)是一个古老的哲学主题:在《美诺篇》(*Meno*)中,柏拉图提出了探究的可能性的问题,要么我们知道某物是什么,要么我们不知道它是什么。如果我们知道了某物是什么,就没有必要再去探究了;如果我们不知道某物是什么,那么我们就不知道该探究什么。对此柏拉图的解决方案是学习需要隐性知识:无知就是暂时无法回忆起我们脑海中已经存在的东西。早已存在于我们脑海中的知识使得我们可以理解新句子的意义的说法,与柏拉图的上述说法类似。

考虑到虽然人们的背景知识、智力相差很大，但是往往或多或少都具备这种能力，这使得我们在合理假设人们应该具备何种先验知识方面受到了很大的限制，但至少应该需要两种类型的先验知识：句法和词汇。如果在处理一个句子的过程中，你不明白句子成分的组织，也就不明白句子的含义。比如"The horse ran past the barn fell"这样的"花园小径句"（Garden-path sentences）就为我们提供了明显的证据：如果你没有意识到"ran past the barn"是一个关系从句，你就无法得出句子的意思。至于词汇知识，如果你不理解句子中的单词，你可能会猜测它的意思，而且可能猜得很好——但这只是猜测，并不是掌握了它的意思。

最小的假设是，这两种先验知识是足够的：句法知识可以让我们决定一个复杂句子的完整结构；词汇知识可以帮助我们理解句子各个组成部分的含义。但如果是这样的话，复杂表达式的意义一定是这两个因素的函数。

这就是*能产性的观点*（the argument from productivity），它的结论可以陈述如下：

组构性：有一个函数，它可以将任何复杂表达式的最终组成部分的完整结构和意义映射到该表达式的意义上。

虽然这看起来相当清楚，但它实际上还需要大量的澄清，我们将尝试在以下的七条评论中讲述。

1. *强度*（strength）。关于能产性的论点相当具有说服力，但远非结论性的，它既不是演绎也不是归纳，而是查尔斯·桑德斯·皮尔斯（Charles Sanders Peirce）所说的*逆因推理*（abduction）——推理到最佳解释的过程。

重要的是要明白，非组构语言很容易想象，其中一些甚至很容易学习。这里有一个例子，假设我们规定，每当说句子"Elephants are gray"天上就会下雨时，这个句子的意思是尤利乌斯·恺撒在3月15日被谋杀，而在其他场合该句子保留它通常的意思，让我们规定这是英语和我们的新语言——"雨英语"（Rain English）之间唯一的区别。按照规定，在英语和"雨英语"中，"elephants""are""gray"的意思以及句子"Elephants are gray"的完整结构是相同的。由此可见，"雨英语"并不是组构性的："Elephants are gray"的意思随着天气的变化而变化，但它的结构和成分的意思是不变的。"雨英语"当然是可以学的：我们认为你们已经在学了。

从能产性的角度总结组构性时，我们打赌说除了句法和词汇知识之外，要想弄清楚复杂表达式的含义，可能不需要做其他的任何事情（比如，检查一下天是否在下雨）。这一点也不奇怪：科学中所有的溯因论证都涉及类似的打赌。

2. 域（domain）。组构性原则对复杂表达式进行量化，但没有规定量化的域。如果域包含语言的复杂表达式，则原则上认为存在一个函数，该函数可以组构性地赋予该语言的复杂表达式以意义。推测德语或英语是组构性的就等于断言域限于德语或英语表达式的组构性原则。但我们也可以对跨语言的域进行量化。例如，如果我们让域包含所有自然语言的所有复杂表达式，那么原则上，存在一个函数，它能组构性地赋予所有自然语言的所有复杂表达式以意义，让我们把这叫作所有自然语言的跨语言组构性，这是个强有力的论点，它并不认同每种自然语言都有自己的组构意义分配函数的主张。

为什么是这样？想想英语句子"Snow is white"和它的德语翻译"Schnee ist weiss"，虽然跨语言的意义对比和结构对比是困难的，但假设经过仔细的考虑我们建立了以下结论：(ⅰ)"Snow is white"的最终组成部分是"Snow""is"和"white"，"Schnee ist weiss"的最终组成部分是"Schnee""ist"和"weiss"；(ⅱ)"Snow"和"Schnee"是同义词，"is"和"ist"是同义词，"weiss"和"white"是同义词；(ⅲ)"Snow is white"的完整结构和"Schnee ist weiss"的完整结构是相同的；(ⅳ)然而，"Snow is white"和"Schnee ist weiss"的意思是有差别的。由此我们可以得出结论，认为从跨语言涵义的角度讲，自然语言不是组构性的：没有函数可以同时组构性地赋予英语、德语的复杂表达式以意义。然而，我们可以确定的是，英语和德语可能有不同的组构意义赋予的方式。

能产性的论点认为每一种自然语言都是组构性的，但是不认可所有自然语言的跨语言组构性。有人可能会说，跨语言组构性的反例是不可能的，因为不同的自然语言不可能具有相同含义的简单表达式，或者它们不可能具有相同完整结构的复杂表达式，但这些说法似乎不合情理。或者，有人可能会声称，讲一种语言的人是可以理解一个未知语言中的复杂表达式 ϵ 的，前提条件是他在自己的语言中找到一个和 ϵ 结构一样的关联表达式，这个关联表达式还要有与 ϵ 中的简单表达式配对的同义的简单表达式，这听起来是合理的，但绝非显而易见。

3. *助范畴词*（syncategoremata）。组构性并不能排除某些词项是*不能单独用作项的*（syncategorematic），即没有赋予这些词项任何意义，但它们仍然对短语的意义有贡献。命题逻辑语言的语义学说明了这个有些微妙的技术要点，通常情况下，像¬（"not"）这样的逻辑常数本身不会通过给它们赋语义值来直接解释。相反，语义规则规定了以它们为主要连接词的复杂表达式的解释。这正是我们在(1.2.12)的第1条中所做的事情，其中我们为一阶逻辑的一个版本定义了满足。

根据这个语义规则，虽然"and"和"or"分别出现在"dogs bark and cats purr"和"dogs bark or cats purr"中，但它们并不是句子里*有意义的成分*（meaningful constituents），它们只是用来特别标记"dogs bark"和"cats purr"的组合方式的。尽管如此，对这些句子的解释是组构性的：有一个函数，它把⟦"dogs bark"⟧⟦"cats purr"⟧和连接结构映射到⟦"dogs bark ∧ cats purr"⟧上，把⟦"dogs bark"⟧⟦"cats purr"⟧和分隔结构映射到⟦"dogs bark ∨ cats purr"⟧上。

在哲学史上，将助范畴词与逻辑联系在一起的传统由来已久。其思想是，一个表达式具有逻辑性是因为它有形式，而不是因为它有内容。

原则上，我们可以以助范畴的方式处理任何词汇项，例如，我们不用将某个语义值赋给"black"这个词，我们可以规定一个句法规则，说如果 ϵ 是一个名词，那么"black" ϵ 也是一个名词，还规定一个相应的语义规则，说⟦"black" ϵ ⟧ = \{x : x ∈ ⟦ ϵ ⟧ ∧ x is black\}。

我们还可以以助范畴的方式来处理逻辑表达式。例如，我们可以说"dogs bark ∧ cats purr"和"dogs bark ∨ cats purr"有相同的句法结构。可以说，这两句话意思是由主要连接词的意思和其两侧表达式的意思决定的，可以说〖"∧"〗= λpλq(p∧q);〖"∨"〗= λpλq(p∨q)。

助范畴词这个概念是由逻辑学家发明的，他们思考的是用有限数量的"范畴"（categories）对意义进行分类，他们没有办法自由地形成功能范畴。

4. 习语（idioms）。自然语言中包含了许多习语——它们是复杂的表达式，我们无法从其构成中预知它们的含义。即使知道词汇意义和句法知识也不足以理解"a piece of cake""miss the boat""off the hook"这些短语的意思以及其他成千上万的短语的意思，杰肯道夫（Jackendoff, 1997）估计英语中的习语大约有两万五千个。即使是有能力的说该语言的人也不一定能理解含有习语的句子，因此它们超出了能产性的范围。尽管如此，习语并不是组构性的反例。

诚然，它们看起来确实像是反例。"off the hook"这个习语的意思似乎模棱两可：它的一个意思是它的习惯用法，另一个则不是。组构性只允许两种类型的歧义：结构歧义和词汇歧义（事实上，组构性原则假定表达式具有单一的含义，复杂表达式具有单一的结构。歧义被理解为共享同样的语音或词形表征的不同的表达式）。然而，在"off the hook"中似乎没有这两种歧义。

这一结论可以通过假设一个不明显的结构歧义来避免。根据这种解释，惯常的阅读有两个组成部分：一个是特殊的句法规则，一个是惯常的语义规则。前者把介词"off"和短语"the hook"结合了起来；后者解释了这个组合的结果是｛x: x 摆脱了困境｝。这将使像"Bill is off the hook"这样的句子在结构上产生歧义。如果它包含"the hook"作为一个组成部分，那么这个句子的意思是比尔不再挂在一块弯曲的金属钩或塑料钩上。如果它包含"the hook"作为一个非组成部分，那么这个句子的意思是比尔摆脱了困境。组构性没有被违反。另外，许多习语允许变化，这使得情况变得复杂。例如，除了"off the hook"之外，我们还有

"off the proverbial hook"。要解决这个问题，我们需要为特殊的句法规则加入更多的灵活性。

当然，从句法的角度说，这个提议可能会遭到拒绝：有人可能坚持认为，既然我们已经有一个通用的创造短语的方式，没有理由为了"off"和"the hook"的组合再假设一个非正统的规则。另外，我们应该注意到"off the hook"在其惯常意义上使用的灵活度和"off the plane"不一样，这可能能证明特殊处理"off the hook"是合理的。最后，语义因素在多大程度上影响句法理论是语言学的一个战略性理论问题，不能孤立地评价，组构性的命运与它息息相关。如果不允许在纯语义学的基础上引入特殊的句法规则，我们将不得不选择更温和的主张，即自然语言是组构的——除了它们包含的有限数量的非组构习语之外。

5. *无限性*（infinity）。能产性的最初假设，即我们可以理解以前从未听过的复杂表达式，得到了一些人的支持，他们主张人们可以理解无限多的复杂表达式，这个观点可以从下面的论证中得到支持：(i)合格的英语使用者能理解英文句子"Dogs bark"的意思；(ii)如果合格的英语使用者能理解英文句子 ϕ，那么，他们也能理解通过在 ϕ 前面加前缀"I know that"而获得的英文句子 ϕ'；(iii) ϕ' 比 ϕ 长；(iv)如果 ϕ' 比 ϕ 长，那么 ϕ' 和 ϕ 是不同的。虽然这很有说服力，但是，无限性的坚定反对者可能会拒绝(ii)（参见 Pullum and Scholz, 2010）。

认为自然语言包含无限多个复杂表达式的观点是有一定道理的，但是，比起说我们可以理解以前从未听过的复杂表达式，那些声称所有这些无限个复杂表达式都能被合格的英语使用者理解的说法更具争议性。因此，我们并不清楚，绕到无限性的过程是否起到了有益的辩证作用。那些想要支持"我们可以理解以前从未听过的复杂表达式"这一假设的人，最好使用"A_1 and A_2 and A_3 and A_4 went fishing"这样的例子来证明。毫无疑问，即使我们之前没有听说过这样的句子，当 A_1，A_2，A_3，A_4 是我们可以理解的简单的名词短语时，我们当然可以理解所有此类句子的意思。

6. *递归*（recursivity）。但是，如果我们假设自然语言确实是无限的，假设合格的语言使用者能够真正理解所有的表达式，那么接下来会怎样呢？可能存在某种递归的方法，让我们可以从有限的表达式的意思中规定出所有表达式的含义，关于这一点，戴维森（Davidson 1965:8）是这样说的：

> 当我们把每个句子的意义看作句子中有限的几个特征的功能时，我们不仅能洞察到要学习的东西，我们还会明白有限的成就如何包含无限的天赋。假设语言没有这种特性，那么，不管一个语言使用者学会了表达和理解多少个句子，仍然会有一些句子的意思不是通过已掌握的规则就可以把握的。

虽然人们谈到组构性时，经常引用这篇文章，但它实际上论证了一个不同的原则，即语言可以是递归的而不是组构的：递归可以基于句法结构和词汇意义之外的其他东西。让我们思考一个包含句子"it is snowing"的组构片段，我们通过添加限制性条件来修改它的标准语义，让它的意思是无论何时下雪，它里面的每一个句子的意思是它的标准意思与"it is snowing"的标准意思的结合。如果标准语义是递归的，那么，新语义也是递归的。然而，新的解释是非组构的：句子的意义不仅取决于句子的完整结构和最终组成部分的意义，还取决于现在是否正在下雪。反过来，如果一种语言是组构性的，那么就有一个函数，它根据句子最终组成部分的意义和完整的结构为复杂表达式赋予意义，但不能保证这个函数是递归的。

7. 处理（processing）。根据能产性的观点，我们在理解句子的最小构成成分，以及各成分的组合方式的基础上，就可以理解一个复杂表达式的意思，当这个复杂表达式是陌生的，我们就应该这么做。但是，我们听到的大多数表达式都不是陌生的，能产性并没有说明在这种情况下，我们该如何理解表达式。很可能在语言处理系统中，我们有各种各样的认知捷径——也许我们在记忆库中存储了大量熟悉的短语作为单位，但我们从来没有真正用自下而上的方式弄清楚它们的意思，而这种方式是当我们遇见陌生短语时只能采用的方式。换句话说，能产性的观点并没有提出任何实质性的心理学主张来帮助我们预测处理复杂表达式的方式。特别是，心理语言学的标准假设是不能被能产性支持的，该假设认为处理时间和句法复杂性是直接相关的。

让我们总结一下，组构性原则将复杂表达式的意义所依赖的因素限制在两个方面：句法和词汇语义。不要把这个论点与"意义可以递归确定"的论点相混淆，尽管两者都是通过诉诸理解语言表达式的能产性得以成立的。组构性是一个适度的论点：实际上，它没有告诉我们该如何处理复杂表达式，也没有要求我们明确地给所有的词汇项赋予意义。它不容易被证明或被否定。例如，它不能从我们可以学习语言这一事实中推断出来，也不能通过语言中包含习语这一事实予以驳斥。就像任何严肃的科学假设一样，它的成败取决于完整的理论。

2.2 替代性和意义模型

语义学就是对意义进行建模，与所有的建模一样，这涉及应该关注什么和忽略什么的选择。组构性，或者类似于组构性的东西，是语义学家在做出这些理论决定时使用的关键工具之一。

语义理论是如何对意义进行建模的？戴维·刘易斯（David Lewis）是这样描述这个关键思想的：

> 为了说明意义是什么，我们可以先问问意义都做了什么。句子的意义决定了句子为真或为假的条件，它决定了句子在不同的事件状态、不同的时间、不同的地点、针对不同的说话人的真值……同样的，一个名称的意义是决定该事物的东西，如果可以的话，我们用名称在不同的事件状态、在不同的时间进行命名。同样的，一个普通名词的意义决定了在不同的事件状态下、在不同的时间，这个名词适用于哪些(可能的或实际的)事物。
>
> （Lewis，1970 b：22-23）

当然，意义不仅仅决定外延——只要想想"and"和"but"之间的对比就知道，意义还会产生不同的话语效果，造成多种含义，引发不同的联想。但是，至少在初期，这些方面的意义往往被语义学理论忽略。

缩小对意义的描写范畴的最重要的好处是，我们可以找到自然适合的东西，正如刘易斯（Lewis,1970b：23）接下来的话所表述的：

> 什么东西可以决定一个事物如何依赖于另一个事物？当然是函数，是最普遍的集论意义上的函数，其中参数的域和值的范围可以由任何种类的实体组成，并且不需要用任何简单的规则来规定函数。现在,我们找到了一个函数，当将外延所依赖的各种因素打包输入给它时,作为输出,它产生一个适当的外延。

所以，语言意义的模型——*语义值*（semantic values）——是某种函数，虽然刘易斯明确表示语义值的范围包含外延，但对其域是什么样子他并没有明确说明。它应该包括外延可能依赖的因素"包"，包括事件的可能状态、时间、地点、说话人，也许还包括很多其他的因素。

这些"包"中具体包含什么将取决于我们希望在多大程度上建模意义决定外延。显然，最粗糙的模型是我们忽略所有的变化，把意义作为常值函数建模。在这种情况下，域变得多余，我们可以将外延本身赋值给我们所解释的语言的表达式，这样我们就得到了外延语义。

我们如何判断何时外延作为语言意义的模型太粗糙了？这就是组构性进入视野的地方。假设美国国家卫生研究院进行了一项极其彻底的调查，建立了一个职业与疾病可能存在关联的数据库。让大家惊讶的是，原来所有而且只有牙齿矫正医生是失眠症患者，所以，"正畸医生"的外延和"失眠症患者"的外延是一致的，这意味着在大多数情况下，这两个词中的一个词可以被另一个词保值替换，即如果你看到一个正畸医生，就等于你看到了一个失眠症患者；如果你和一个高个子的失眠症患者交朋友，就等于你和一个高个子的正畸医生交朋友，等等。

现在假设在某个遥远星系的行星上，或者在某个被遗忘的远古时期，或者在某个奇怪的可能世界里，碰巧有一个正畸医生，他每晚都睡得像婴儿一样香甜。那么，如果在下面句子中用"失眠症患者"（insomniac）替换"正畸医生"（orthodontist）："Somewhere, there is an orthodontist who is not an orthodontist."或者"Once, there was an orthodontist who was not an orthodontist."或者"Possibly, there might be an orthodontist who is not an orthodontist.",我们就会发现替换后原来错误的句子变得正确了,这些都违反了组构性原则。一个函数要将一个复杂表达式的完整结构和最终组成成分的外延映射到该表达式的外延上,它就必须将相同的真值赋给句子,这些句子在完全相同的句法位置包含外延等同的词。因此,如果我们想在包含"somewhere""once"或"possibly"等表达式的语言中建模意义,而且如果我们想保持组构性,那么我们的语义值就不能是外延,可以将此称为*替换参数*(substitution argument)。

许多人会抱怨说,这种设想是不连贯的:如果有一个正畸医生不是失眠症患者,那么"正畸医生"和"失眠症患者"就不可能有同样的外延。有些人还会说,如果有一段时间,有一个正畸医生不是失眠症患者,那么他们的外延也是不同的。还有少数人——包括刘易斯本人——坚持认为,仅仅是有一个正畸医生不是失眠症患者这一事实,就足以排除"正畸医生"和"失眠症患者"这两个词在外延上的等同。

这些异议的吸引力取决于你的本体论观点,取决于你认为什么是真实的。"正畸医生"的外延包括所有且只有真正的正畸医生——装的、假想的都不包括在内。如果你认为(像大多数人一样)遥远的正畸医生和近处的正畸医生一样真实,那么你将把他们包括在"正畸医生"的外延内;如果你认为(像有些人一样)过去的正畸医生和现在的正畸医生一样真实,那么你也会将他们包括在"正畸医生"的外延内;如果你认为(像刘易斯一样),可能的正畸医生也是真实的有血有肉的人,只不过他们刚好住在一个不同的可能世界,这个世界在时空上和因果上与我们的世界隔绝,那么这些可能存在的正畸医生也不能排除在"正畸医生"的外延之外。另一方面,如果你是一个*地方主义者*(localist)、一个*现在主义者*(presentist)和一个*现实主义者*(actualist),如果你认为除了现实的此时此地之外,没有任何东西是真实的,那么你不会把任何遥远的、过去的或可能的实体包含在任何表达式的外延中,其中的意义是,替换参数有形而上学的前提。

假设你属于形而上学派：认为时空上距离遥远的正畸医生是真实的，但情态上距离遥远的医生不真实。那么，含有"somewhere"或"once"的句子对你来说就很简单了，但是含有"possibly"的句子仍然存在组构性的问题。你需要一个语义值来反映一个事实，即"正畸医生"和"失眠症患者"的外延依赖于一个可能世界。内涵——从可能世界到外延的函数——就可以做到了。"orthodontist"和"insomniac"有不同的内涵，所以"Possibly, there is an orthodontist who is not an orthodontist."和"Possibly, there is an orthodontist who is not an insomniac."这两句话有不同的内涵就不是个问题。如果我们用内涵而不是外延来模拟意义，我们就不再违反组构性。

我们是否需要比内涵更细粒度的语义值？答案是如果在试图解释的语言中有心理类的习语，那么我们也许会需要。这里有一个类似效果的替换参数，"sulphuric acid"（硫酸）和"oil of vitriol"（浓硫酸）具有相同的内涵，在每一个可能世界里，他们都确定了化学成分为H_2SO_4的物质，然而，"Emily knows that sulphuric acid is widely used as a drain cleaner"和"Emily knows that oil of vitriol is widely used as a drain cleaner"这两句话的真值可能会产生分歧。对于"know"后面的补语的*超内涵性*（hyperintensionality），一种自然的反应方式是找出"sulphuric acid"和"oil of vitriol"的外延所依赖的因素，然后将它们包含在语义值的域的"包"中。按照弗雷格的说法，我们可以说，这些外延与不同的含义或表现方式有关，我们可以用多种方式对它们建模（参见 Aloni, 2001）。

但目前还不清楚我们是否应该这样做，人们担心对于意义理论的目的而言，把表现方式引入语义学似乎显得过于精细。以"hardworking"（苦干的）和"industrious"（勤奋的）为例——这是一对同义词的好例子。我们使用同样的替换方法可以说服自己，它们的含义应该由不同的函数来建模：Bob may well know that his neighbor is a hardworking accountant but not that he is an industrious accountant。虽然在公共语言中，"hardworking"和"industrious"的意思是一样的，但是鲍勃面对苦干的人的方式和鲍勃面对勤奋的人的方式可能不同，这是由他的个人心理决定的。

当然，弗雷格式的意义是公共的和非心理的，但这就是为什么弗雷格式的意义无法解释"Bob knows his neighbor is hardworking"和"Bob knows his neighbor is industrious"的真值为何不同。

我们最初的假设是，意义就是决定一个句子是真是假的条件，但最好承认这么做是不对的，如果是那些可以用来谈论心理状态的语言，情况就更加如此。

我们需要比内涵更细粒度的语义值吗？刘易斯承认句子的真值可能取决于说话者，但他并未提及涉及名字或普通名词的情况，这似乎是正确的。"I""my""we""our"的外延，也许还有其他许多词的外延，以及包含这些词的复杂表达式的外延，相对于谁是说话者都是敏感的，但"Gottlob Frege"的外延和"Bertrand Russell"的外延，或"orthodontist"的外延和"insomniac"的外延对于谁是说话者并不敏感。不同于地点依赖、时间依赖和世界依赖，说话人依赖似乎只与少数特别的表达式相关。

很明显，外延（甚至是内涵）语义学对于包含指示词（indexicals）的语言来说是不够的，用替换参数来说明这一点是很困难的。如果"I"和"Obama"的外延重合，那么，"Somewhere/once, possibly, Obama is having breakfast"和"Somewhere/once, possibly, I am having breakfast"就不会在真值上产生分歧。英语中似乎没有任何表达式能像"somewhere""once"和"possibly"转换说话的地点、时间和世界的方式那样转换说话人（想象一下，如果"As for some ballerina, I am having breakfast"意味着某个芭蕾舞女演员正在吃早餐；那么，"as for some ballerina"就会起到说话者转换器的作用）。在"I"和"Obama"有相同外延的语境里，"Obama knows Obama is having breakfast"是错误的，而"I know I am having breakfast"是正确的。根据佩里的观点（Perry, 1977），我们可以想象奥巴马变成了一个失忆症患者，不记得自己是谁了。但这类例子可能并不能完全令人信服，因为它需要使用涉及心理现象的表达式。

用于丰富语义值的替换参数通常没有那么严格。一般来说，如果在一个复杂表达式中的某句法位置上替换任何同外延（同内涵）的表达式时，这个复杂表达式的外延（内涵）没有改变，那么这个复杂表达式中的句法位置被称为外延性的（内涵性的）。当一个复杂表达式中的某个句法位置是非外延的（非内涵的）时，结论是包含该表达式的组构语义必须至少是内涵性的（超内涵性的），重要的是要看到这是一个错误。

上述"orthodontist""insomniac"和"hardworking""industrious"所展示的替换参数是基于以下原则：

> 替换性（substitutivity）：在一个复杂表达式中，将一个最终组成部分替换为同义成分，并不改变这个复杂表达式的意义。

这个原则是组构性原则的一个微不足道的结果：如果有一个函数将一个复杂表达式 ϵ 的结构和最终组成部分的意义映射到 ϵ 的意义上，然后用同义成分替换一个最终组成成分，显然不能影响 ϵ 的意义，但是，涉及替换任意同义词的参数基于一个更强的原则，该原则不遵循组构性原则。

> 强替换性（strong substitutivity）：在一个复杂表达式中，将一个成分替换为同义成分，并不改变这个复杂表达式的意义。

在某个表达式中，把某个复杂成分换成一个简单成分可能会改变该表达式的结构，由于意义通常依赖结构，因此不能保证这样的替换不会影响意义。例如，奎因认为包含情态词（modals）的语言没有外延语义，尽管"行星的数目"和"八"的外延是一样的，但是"It is necessary that the number of planets is greater than seven"是错误的，而"It is necessary that eight is greater than seven"却是正确的（奎因在我们用"8"的地方用了"9"，因为他认为冥王星也是一颗行星）。这个论点建立在这样一个假设上，即限定摹状词与专有名称具有相同的外延，而限定摹状词的量化描述（如罗素式描述）的支持者会拒绝这种假设。但即使我们承认了这个假设，论证也不会通过：两个句子的句法结构不同会导致真值的差异。

用一个例子来说明从组构性无法推导出强替换性可能会更有用一

些。假设 N 是一种语言，它的表达式是十进制概念中的数字，词汇项是数字 0、1、2、3、4、5、6、7、8、9；它们的意义是对应的自然数，唯一的句法规则是串联，它也有通常的解释：

数字是数。如果 ν 是一个数，δ 是一个数字，那么 $\nu\delta$ 也是如此，$[\![\nu\delta]\!] = 10[\![\nu]\!] + [\![\delta]\!]$。

N 满足了组构性和强替换性，但是有两种简单的延展语言的方法，结果是只保留满足组构性。

假设 N^+ 是 N 的外延，N^+ 的复杂表达式包含 9 以上的数以及总和：

如果 α 和 β 是表达式，那么 $(\alpha+\beta)$ 是一个和。
$[\![(\alpha+\beta)]\!] = [\![\alpha]\!] + [\![\beta]\!]$。

显然，N^+ 仍然是组构的，但它违反了强替换性：数字 4 与 (1+3) 的和具有相同的意义，但如果我们在 24 中用后者代替前者，我们就会得到 2(1+3)，这甚至算不上是 N^+ 的表达式。

这个问题需要我们简单地重新表述什么是替换。让我们假设，在一个更大的表达式中，用一个表达式替换另一个表达式，只有当替换后的表达式句法形式良好时，才算作替换。显然，如果我们在 N^+ 中有一个有意义的复杂表达式，用同义词替换它的一个组成部分，并得到一个句法形式良好的新的复杂表达式，那么，新的表达式不可能有新的含义。但在 N^+ 的进一步的组构外延中，可能产生新的含义。让 $N^{+,1^{st}}$ 包含一个功能符号，它与参数结合后，产生了一个复杂表达式，其含义是参数的第一个数字所选出的数：

如果 α 是一个表达式，那么 $(1^{st}(\alpha))$ 也是一个表达式。
$[\![(1^{st}(\alpha))]\!] = [\![\delta]\!]$ 当且仅当 α 的第一个数字是 δ。

$[\![(1^{st}(\alpha))]\!]$ 是由组构性决定的：α 的完整结构决定了它的第一个数字，词汇语义又决定了这个数字的含义，它就是 $1^{st}(\alpha)$ 的意思。然而，在一个更大的表达式中，用一个同义词替换另一个同义词，可以产生一个含义不同的表达式：虽然〚(1 + 3)〛=〚(2 + 2)〛，但是〚1ˢᵗ(1 + 3)〛= 1 ≠ 2 = 〚(1ˢᵗ(α)2+2)〛

强组构性：有一个函数，可以将任何复杂表达式的直接结构和直接成分的意义映射到该表达式的意义上。

一个表达式的直接结构是其句法推导的最后一步，直接组成成分是在这最后一步中组合的表达式。因此，根据强组构性，如果句法推导"Jack walks or Jill talks"的最后一步是：这是两个小句"Jack walks"和"Jill talks"通过连接词"or"组合到一起的，那么这个复杂句子的意思一定是一个函数，它由"Jack walks""Jill talks""or"的意思以及它们的组合方式构成，$N^{+,1^{st}}$ 不是强组构的，这是因为尽管"1ˢᵗ(1 + 3)"和"1ˢᵗ(2 + 2)"有相同的直接结构，它们的直接组成部分（分别是"1+3"和"2+2"）的含义也是相同的，但是，"1ˢᵗ(1 + 3)"和"1ˢᵗ(2 + 2)"在意义上是不同的。

强组构性强制了语法和语义之间的紧密对应关系，显然，强组构性包含了组构性。原因是如果我们有一个满足强组构性的句法结构，我们可以把词汇项的意义到整个短语的意义处理为从局部意义函数到单一函数的过程。然而，反过来却不成立，$N^{+,1^{st}}$ 的例子就说明了这一点。

在理查德·蒙塔古的著作之后，语义学家倾向于在他们的作品中假设强组构性，这就是常说的组构性的原则（对于该原则的正式陈述以及它与邻域中其他原则，如替换性原则之间关系的精确描述，参见 Hodges，2001）。我们避免了这个假设，因为能产性不支持强组合性。认为说话人可以用自下而上的方式弄清楚复杂表达式的含义的观点，是有一定的合理性的。但是，如果说说话人想以一种完全局部的方式弄清楚复杂表达式的含义，在每一个步骤中，除了考虑所组构的表达式的含义之外，忽略一切，那么能够弄清楚复杂表达式含义的想法只能是个猜测。把强组构性作为一种假设，本身没有什么问题，但是如果这么做，我们应该知道，我们的假设只被强组构理论的成功经验所支撑。

综上所述，语义理论化中组构性的主要用途之一就是限制语义值的细粒程度。除非遵循组合性迫使我们选择一个外延依赖地点、时间、世界的函数，否则，我们会默认地假设外延是语言片段中意义的好模型。我们可以通过找到一对非同义的复杂表达式，其中一个表达式是通过交换同义词项成分而从另一个表达式中获得的，来证明在语义中违反了组构性。替换同义词的论证不能证明非组构性，它只是违反了一个更强的原则——语义学通常假设这个原则，但它无法被支持组构性的常见想法所支持。

2.3 语境和组构性

自然语言包含许多表达式，它们的外延依赖上下文。最明显的、争议最小的例子是指示代词、人称代词和物主代词，以及某些表示时间和空间的词，如"local""faraway""here""past""now""yesterday"等。比较有争议的是，时态、情态词、量词、条件句、可分级形容词和命题态度动词，它们经常被认为具有语境敏感性的外延。一些理论家例如拉夫曼（Raffman，1996）；斯坦利和绍博（Stanley and Szabó，2000）；罗斯柴尔德和西格尔（Rothschild and Segal，2009）认为所有普通名词、所有谓词，甚至所有的模糊表达式都有语境敏感性的外延。一般来说，形式语义学倾向于宽松地假定语境依赖。

乍一看，语境依赖对组构性没有威胁。句子"I was glad you were here yesterday."是否为真取决于谁在对谁说话，何时何地说的，但是我们可以通过或多或少明确的规则把语境的影响锚定在句子的四个最终组成部分上——"I""you""here"和"yesterday"。一旦语境决定了这四个词的外延是什么，它就没有进一步的作用了。句子的外延（在语境中）是其最终组成部分（在同一语境中）的外延以及这些部分的组合方式的函数。

由于语境可以在句子中发生改变，所以情况会有一点复杂。就拿下面这句话来说"It is more than 80°F here, but not here"，这句话似乎有点矛盾，但如果说话者在说出第一个"here"后，第二个"here"之前，就走出了一个过热的房间，这句话可能就是真的。不过，所有这一切只需

要对组构性原则的表述稍加修改就行:

> *组构性(含语境)*: 有一个函数,可以将任何复杂表达式的最终成分在其各自语境中的完整结构和意义映射到该表达式在其语境中的意义。

如果"here"在语境中第一次出现的外延是位置l_1,它在语境中第二次出现的外延是位置l_2,那么当且仅当l_1温度超过华氏80度,l_2的温度没有那么高时,这句话的外延在其语境中就是真实的,只要句子的最终组成部分的外延依赖语境,句子就会依赖语境。

尽管如此,一些哲学家还是认为,语境依赖性对组构性带来了毁灭性的挑战。这一点至少可以追溯到塞尔(Searle,1978),并在维特根斯坦(Wittgenstein,1953)的著作中有所预示,以下是特拉维斯的表述:

> 这有一个常见的例子,"The leaf is green"这句话说的是在一个特定的时间,有一片特定的叶子的状态,含义就是它在英语中的意思。有多少不同的事情可以用语言表达出来,同时又完全符合事实呢?答案是: 很多。我们注意到,如果树叶是正常情况,一个人可以用上面的句子来谈论真假,但假设有一片已经变成棕色的日本枫叶,它被涂成绿色的叶子作为装饰,在根据树叶的颜色进行分类时,我们可能认为它是绿色的,在描述树叶以帮助识别它们的物种时,不管我们给它涂了什么颜色,说它是绿色的可能都是错误的。所以,话语在说某些正确的事情和错误的事情时,可能具备所有规定的特点。
>
> (Travis,1994: 171-172)

结论就是"The leaf is green"的意思不能决定这个句子在说什么。因为这句话在两种情况下的意思是一样的,但在一种情况下它是正确的,在另一种情况下它是错误的。一个正确的句子和一个错误的句子不可能表达同样的意思。

特拉维斯认为可以建立类似的语境转换,用来证明很多没有明显歧义或者没有明显的指示词语的句子可以在不同的上下文中表达不同的事情。"Alice went to the gym"的意思可以是爱丽丝去了健身房,也可以是她去了健身房附近;"Bert didn't have fish for dinner"的意思可以是伯特晚餐没有吃鱼,也可以是他晚餐没有点鱼;"Cecile destroyed her shoes"的意思可以是塞西尔的鞋子不适合在正式场合穿,也可以是她的鞋子根本不适合穿;"Dan owns a dangerous dog"的意思可以是丹养了一只会攻击人的狗,也可以是丹养了一只会给人带来传染病的狗;"Evelyn is a philosopher"的意思可以是伊芙琳是一名哲学家,也可以指她有一个哲学家般的善于思考的大脑;等等(这些例子来自 Cappelen and Lepore, 2005)。绍博批判了这些例子。文献中有成百上千的例子可以表明,一个陈述句的意思不能决定它在语境中到底表达的是什么,让我们假设其中一些例子可以做到这一点,为了简单起见,让我们假设特拉维斯的例子做到了,那么,对组构性而言,后果是什么呢?

特拉维斯的例子应该可以表明内容不是组构的。论证的压力在于两点:(1)"The leaf is green"的内容随着语境的变化而变化,(2)"the""leaf""is"和"green"的内容不随语境的变化而变化。这两点看起来都并非显而易见。

至于第(1)点,许多人否认"The leaf is green"的内容因语境而异,要做到这一点,一种方法就是宣称这句话的内容既不是叶子外部是绿色的命题,也不是叶子内部是绿色的命题,而是最小命题——它绝对是绿色的。在特拉维斯描述的任何一个上下文中,并不清楚最小命题是真还是假,但这也许不是问题,因为在这两种情况下,说话人试图传达的是一个不同的命题,即叶子应该是绿色的。

另一个想法是说其内容并不是一个完整的命题,只是一个*命题基础*(propositional radical)或*命题框架*(propositional skeleton),可以用额外的内容充实这个框架,从而达到说话者在说话时所表现的言语行为的内容。因此,人们可以通过放弃语义学能够提供有力的真值条件的想法(正常情况下,说话人能够识别的条件),或者完全放弃语义学能够提供真值条件的想法来捍卫语义学的组构性。

第（2）点也远非显而易见。一是需要指出，"The leaf is green"这句话中的四个词在两种情况下都是"以其通常意义"在使用，二是要确立这些固定意义就是它们的内容。也许这四个词中的一个——最有可能的是形容词"green"——是一个指示词语（indexical expression）。在我们用树叶作装饰的语境中，"green"适用于涂成绿色的树叶，而如果我们关注的是生物学分类的语境，涂成绿色的树叶显然不能算作"green"。

另一种选择是假设没有言明的最终成分的内容涉及变量。例如，句子中可能有一个变量，它位于句法树中自己的位置上，负责整个句子的变量内容。无论如何，这种观点的支持者应该为他们的观点寻找独立的经验证据，并且需要为每一个新的特拉维斯式的例子找到这样的证据。因此，如果一个人试图用这种方式解除组构性面临的挑战，那么他不可能获得一个普遍答案：内容的组构性作为一种假设存在，但它是否能持续存在似乎是不确定的（关于反对和支持这种策略的观点，参见 Collins, 2007；Szabó, 2010）。

但假设我们同时接受（1）和（2），结果将是什么？我们必须承认，"The leaf is green"的内容不仅取决于它的完整结构和它的最终成分在语境中的内容，而且还取决于说话时的语境。我们得到的是一个明显弱化的原则：

弱组构性（含语境）：有一个函数，可以将任何复杂表达式的完整结构、该表达式的最终成分在各自语境中的意义以及说话时的语境映射到该复杂表达式的意义上。

弱组构性允许的语境依赖不限定在词汇上，而是出现在句法树的更高位置。如果是以这种方式解除一个复杂表达式对语境的依赖性，那么为了在语境中理解它，仅靠确定它的结构、确定它的最终组成部分在语境中的内容是不够的。

总之，特拉维斯式的例子给了语义学家三种选择：一是放弃语义理论可以给陈述句赋予诸如真值条件之类的东西的观点；二是在词汇层面或短语层面上接受比传统尺度更大的语境敏感性;三是大幅度弱化组构性,允许对语境不敏感的成分构成对语境敏感的表达式。三者之中,哪个是最佳的理论选择,目前仍是一个悬而未解的问题。

2.4 解释意义

组构性被广泛地认为是语义学的基本原则之一,人们可能会认为,一个基本真理应该可以解释其他的许多真理,数学中的公理或物理学中的自然法则就可以做到这一点。然而,大家对于组构性原则应该能解释什么,却没有达成共识。

根据能产性,一种语言的熟练使用者在第一次听到复杂表达式时就能理解它们的意思,对这一事实的最佳解释需要组构性原则。不幸的是,我们并没有这样的解释。我们只是相信,无论解释最终是什么样子,它都依赖组构性原则。此外,即使我们可以解释人们第一次听到复杂表达式时是如何理解它们的,这也不属于语言学范畴,而是属于心理学范畴。有人可能会怀疑,组构性原则之所以对语义学家很重要,是因为他们关心的是该原则在他们自己的理论中所起到的实际解释作用。

一个意义理论至少应该解决两个问题:语言的表达式*是什么*(what)意思;*为什么*(why)它们能表达这个意思。我们把可以解决第一个问题的理论称为*语义学*(semantics),把解决第二个问题的理论称为*元语义学*(metasemantics)。哲学家们倾向于将二者严格地区别开来,许多人认为后者实际上超出了语言学的研究范围。戴维·刘易斯区分两者时如下说:

> 我区分了两个主题:第一,把可能语言或语法作为抽象系统来描述,凭此,符号与世界的方方面面相关联;第二,描述心理事实和社会事实,凭此,某个人或群体使用了某个特定的抽象语义系统。把这两个主题混在一起只会产生混淆。
>
> (Lewis 1970b: 190)

因为语言是无限的，我们不可能把所有的表达式一个一个地罗列出来，并说明每个表达式的含义。我们必须借助某个递归机制。但是，对刘易斯来说，生成无限列表的方法根本没有解释价值：任何能完成该任务的递归方法都是一样有效的。为什么语言表达式能够表达含义这个元语义学的问题是由理论来解决的，该理论只与语义理论的输出互相作用，只与表达式与意义的配对互相作用。

尽管是什么（what）和为什么（why）这两个问题之间的区别很重要，但这种区分并不像刘易斯预想的那样严格。也许语义理论不是纯粹描述性的。这里有另一种思考语义学的方法，是罗伯特·斯托纳克提出的：

> 描述语义学理论是这样一种理论，它只说明语义对语言意味着什么，而不说明为什么如此。描述语义学理论为语言的表达式赋予语义值，并解释复杂表达式的语义值如何是其各部分语义值的函数的。

（Stalnaker, 1997:535）

斯托纳克同意刘易斯的观点，认为语义学理论不应该试图根据语言实践来解释为什么它们为语言表达式提供了正确的解读，这项任务属于元语义学理论的范围。但是，与刘易斯不同的是，他认为语义学理论确实解释了一些事情：语义学理论告诉我们复杂表达式的语义值是如何依赖其各部分的语义值的。既然语义值模拟了语言意义，这就相当于解释了为什么复杂表达式有它们所具有的意义。但是，这个解释只是片面的：它没有说明为什么词汇项有它们所具有的意义，但它确实解释了为什么复杂表达式有它们的意义。短语、从句和句子能够拥有它们各自的意义的原因在于它们的组成成分有各自的意义，在于它们是由这些组成成分以特定的方式构成的。

根据这一观点，组构语义学解释论是基于语义理论中词汇意义和句法在解释上有优先权的假设：

解释的组构性（explanatory compositionality）：复杂表达式的意义由其最终组成部分的意义和其完整结构决定。

这个原则比组构性更强——如果 X 因 Y 和 Z 而成立，那么 X 在功能上依赖 Y 和 Z。反之则不成立，因为解释性的主导地位是不对称的，但功能依赖却不必如此。在复杂表达式的含义和它们最终组成部分的含义以及它们完整的结构之间，可能存在着一种一对一的对应，但是双向的解释将会造成循环解释。解释的组构性要求我们以自下而上的方式将意义视为可解释的。

解释的组构性与许多哲学家相信的情况矛盾，弗雷格有句名言："如果句子作为整体有意义，那就足够了，其各部分也会因此获得各自的意义。"（Frege, 1980a; Section 60）这就是*语境原则*（context principle），它主张句子的解释性优先于其成分的解释性，因此与解释组构性构成直接冲突。句子优先性的观点在许多哲学家中仍然很流行，这使得他们不认为组构性是一个重要的原则。

为什么有人会认为在解释的顺序上，句子的意思要优先于单词的意思呢？一个原因可能是词典编纂者是在语料库数据的基础上构建词典条目，语料库数据大部分（尽管不完全是）由句子组成，但这个原因并不令人信服：某些句子的意义可能为我们提供证据，证明单词的意义优先，但它们不一定能解释为什么这个单词有那样的意义。

这里有一个更好的解释：语言的意义来自它们所表达的心理状态，或者它们所执行的言语行为，而心理状态和言语行为具有命题内容。由此可见，具有意义的语言表达式首先必须是那些具有命题意义的语言表达式，人们可能会认为它们是陈述句，所有其他表达式的意义必须以某种方式从句子的意义中派生出来。

但这种推理存在两个问题。第一，从表面上看，有各种各样的心理状态和言语行为不是命题，我们可以在没有完整命题干预的情况下看到、听到、想象、思考、提及、注意及涉及对象。即使我们承认语言表达式的意义来源于心理状态和言语行为，我们也不清楚为什么具有非命题内容的心理状态和言语行为不能作为意义的来源。第二，正如我们在上一节中看到的，认为陈述句与相信或断言具有完全相同内容的观点是有问题的。目前尚不清楚是否有任何语言表达式可以拥有心理状态或言语行为的内容。如果心理内容、言语行为内容与语言意义之间的关系总是很复杂的话，那么从解释的角度认为句子有特别之处的观点就让人费解了。

假设斯托纳克是对的，组构性是一个解释性原则，那么它的解释力的来源是什么？一种可能性是，它所陈述的依赖关系是类似定律的，因此，它支持一种反事实的主张，即如果一个复杂表达式的意义不同，那么它的某个最终组成部分的意义或者其完整结构也会是不同的。和物理定律比较一下：靠近地球表面的物体，仅受地球引力的作用，加速度约为 $9.81m/s^2$。所以，如果这个物体的加速度不是这个数值，那么它要么不在地球表面附近，要么它在受其他力的作用。

当然，即使我们假设自然语言是组构的，我们也可以想象变化之后的语言不再是组构的，我们用前面的例子来说明一下。如果我们规定，每当在说"Elephants are gray."这句话的时候下雨，这句话的意思就是恺撒在3月15日被谋杀，而在其他情况下这个句子仍是它通常的意思，新的语言——"雨英语"——将不再是组构性的。因此，即使组构性是一种法则，它也肯定不是所有可能语言的法则。充其量，它可能是所有可能的人类语言的法则，即正常的人类在正常的社会条件下可以获得的作为第一语言的那种语言。从这个意义上说，"雨英语"似乎不可能是一种人类语言：虽然它是可以学习的，但掌握它的能力依赖事先掌握英语的能力。绍博（Szabó，2000）讨论了最好将组构性理解为可能语言的一种法则的说法。

这使语言学同物理学、生物学、心理学或经济学一样，成为一门寻求规律的经验科学，语言学家试图发现的规律不是一般意义上的语言规律，而是自然语言的规律。就像音位学和句法学一样，语义学应该告诉我们什么样的语言与我们的认知构成相匹配。

当然，很多人会认为，在语义学理论的背景下，这种对规律的讨论是不合适的。的确，人们常说，组构性只是语义学家出于理论利益而做出的一种方法论假设。组构理论确实成功地解释了自然语言中的很多例子，但如果这些理论解释不了什么，我们仍然需要解释这种成功。

2.5 结论

标准的语义理论通常认为复杂表达式的意义是由其结构和组成部分的意义决定的。这个观点既不是微不足道的，也不是过分苛刻的。

组构性有助于为语义值设置合适的抽象级别。如果我们处理的是一种适于讨论数学的语言片段，我们就可以对语言意义的外延进行建模。但是，如果我们的表达式允许对地点、时间或可能性进行概括，那么组构性将迫使我们采用更抽象的语义值。

组构性与一些复杂表达式的存在是不相容的，这些复杂表达式没有语境敏感的成分，却对语境敏感。这对语义理论化构成一个重要的限制：它只在词汇项和变量层面上定位语境和解释之间的相互作用。

遵循组构性原则，要求我们必须以高度系统的方式思考语义学，把语义解释与句法结构联系起来，这使得组构性成为一个富有成效的假设，但或许不止于此：它是一种适用于所有可能的人类语言的概括，具有法则的力量。

3
指称和量化

3.1 真值，只用真值

语义学是意义的理论，但"meaning"是一个危险的无形态词。尽管我们永远不会把儿童书籍中的彩色图片叫作"examples"，也不会把语言学文章中带编号的句子称为"illustrations"。然而，有时候我们还是会说"example"和"illustration"的意思是一样的。又有些时候，我们对一些事情非常严格：我们甚至会认为"ophthalmologist"和"eye-doctor"的意思不同，因为我们永远不会说某人获得了 eye-doctoring 的医学学位（但是会说某人获得了 ophthalmology 的医学学位）。对同义词的判断是模糊且反复无常的，当然，这也是有原因的：单词的含义是在不断变化的过程中确定的。我们越是关心一个词，就越不愿意把它的含义交给专家——只要想想关于"life""liberty"或"happiness"的含义的争论就知道了。

语义学家关心的意义的概念是技术性的。语义学家和其他人一样有权使用他们的专业术语，但最终他们也必须通过使用我们所理解的概念，将他们的主题放在我们所知道的世界中。大多数哲学家和语言学家都会同意，真值（truth）是一个适合达到这个目的的概念，有些人甚至认为它是达到这个目的的唯一概念。

下面我们就尝试从真值的角度描述一下语义学的任务，我们从陈述句开始。我们对陈述句做了两个假设：许多陈述句具有经典的真值（即真或假）；如果其中两个陈述句的真值不同，那么，它们的意义也一定不同。我们把陈述句为真所处的条件——实际上的条件或假想的条件——称为真值条件。这两个假设保证了真值条件可以抓住许多表达式含义的一个方面。如果我们认为，语言是一种交流的手段，交流是信息的传递，信息包含固有的真值倾向，那么我们就可以把真值条件看作这些表达式意义的核心内容。

作为第三个假设，我们采用了 2.2 节中所谓的"强组构性"原则。假设陈述句 ϕ_1 和 ϕ_2 不同，因为其中一个陈述句包含表达式 η_1，另一个陈述句包含表达式 η_2。如果 ϕ_1 和 ϕ_2 的真值条件不同，那么它们的意义也不同，强组构性要求 η_1 和 η_2 的意义有所不同。因此，能够给大量陈述句赋真值条件的理论，也会告诉我们一些关于构成这些句子的词和短语的意义的有价值信息。

虽然真值条件语义学的三个假设被广泛接受，但也有许多人持反对意见。我们在 2.2 节中已经注意到，支持简单组构性的一些思考的内容不能支持强组构性。许多语言学家和哲学家声称，不能脱离上下文来判断陈述句的真伪，因此，它们自身就缺乏真值的条件（参见 Searle，1978；Recanati，2002；Carston，2012）。这些观点已在第 2.3 节中提到。乔姆斯基在其著作中有影响力的论点也可以支撑这一主张（Chomsky，1986，2000），我们将在第 12.4 节中简要讨论这一点。最后，在协调两种似是而非的观点时出现了一个深刻的理论难题：意义决定真值条件，以及理解需要有关意义的知识，这是第 12 章的主题。

标准语义学理论的支持者接受这三个假设，并认为语义学理论的工作是以强组构的方式给陈述句赋真值条件，这是通过给词汇项赋予*语义值*（semantic values）并将*语义规则*（semantic rules）与句法规则配对来实现的。语义值是词语和短语对陈述句的真值条件的贡献，语义规则是句法结构对陈述句真值条件的贡献。

除了我们提到的三个假设之外，真值条件语义学最严格版本的支持者没有再做出其他任何的假设，他们尤其不认为"语义值"和"语义规则"在实际语言中对应任何东西。对他们来说，语义值和语义规则就是用来完成工作的手段，它们和经度线、纬度线一样不是真实存在的：它们只是为了帮助我们确定某些事实而引入的表征手段罢了。我们可以使用许多地理坐标系统来确定船只在海上的位置，同理，我们也可以用许多好的方法选择语义值和语义规则来确定陈述句的真值条件。所以，这样的选择只是出于方便，并无其他。那些赞成真值条件语义学严格版本的人，寻求用真值的方式，而且只用真值的方式来解释意义。

3.1.1 戴维森的计划

设计一套意义理论，把意义完全建立在真值条件赋值（assignment of truth-conditions）上，这个经典的计划最早是由唐纳德·戴维森设计并提出的。他认为，塔尔斯基式的真值理论可以被看作是语言的意义理论，让我们试着解释一下它的意思。

回想一下在 1.2.2 中，塔尔斯基对于任何假定的真值的定义，提出了 *材料充分性*（material adequacy）的标准，这标志着我们成功地从直觉上理解了"真句"（true sentence）的意思，该标准是它的定义必须包含规约 T 的所有实例：

(3.1.1)　　$T(\alpha) \leftrightarrow \phi$,

其中，ϕ 是目标语言中的一个句子，α 是这个句子在元语言中的规范名称。

规约 T 只有在它的实例能够被表达的情况下才能承担该角色，这意味着元语言必须包含对象语言中的每个句子。但如果元语言是对象语言的外延，那么我们就不能在集合论语言中为算术语言定义真值谓词，这是一个相当大的缺点。所以，有必要放松一下要求：我们不要求在(3.1.1)的所有例子中，ϕ 应该同以 α 命名的句子一样，我们只要求它是那个句子的翻译即可，我们把这称为规约 T 的跨语言版本［塔尔斯基（Tarski，1944:67）明确地提到了这个变动，但在论文的其余部分却忽略了它］。

作为一种跨语言图式，(3.1.1) 关注的不是一个语义概念，而是两个：不仅显指真值，而且隐指意义。一个句子和它的翻译是同义的，因此，规约 T 的跨语言版本要求 $T(\alpha)$ 应该和意义与 α 相同的句子拥有同样的真值。此外，为了使定义正确，它必须独立于翻译。换句话说，跨语言模式体现了这样一种假设，即对象语言的任何句子都不能翻译成真值不同的元语言句子。只有当我们认为一个句子的意思必须完全决定它的真值条件时，这个假设才是安全的。

有一种解读塔尔斯基的方式是认为他不仅把意义的概念视为理所当然，还展示了如何给出真值理论。戴维森主张，我们应该把事情颠倒过来：把真值视为理所当然（接受它作为我们理论中的一个原始概念），并把这个真值理论视为意义理论。他写道：

> 对语言 L 而言，我们需要意义理论在不诉诸任何（进一步的）语义概念的情况下，对谓词 "is T" 施加足够的限制，以包含所有从图式 T(schema T) 中得到的句子。
>
> (Davidson, 1967:309)

当然，有许多句子缺乏连贯的真值条件。上下文敏感的句子（如 "It is on the mat"）、非陈述句子（如 "Is it on the mat?"）和行为句（如 "I hereby confirm that the cat is on the mat"）不能轻易地被嵌入 (3.1.1) 模式中，而且，我们也不希望我们的意义理论推导出 (3.1.2)。

(3.1.2)　　Example (3.1.2) is not true.

如果我们的意义理论推导出 T-图式（T-schema）的句子是 "当且仅当 (3.1.2) 不为真时，(3.1.2) 为真"，那么这就是自相矛盾的。有关这个主题的更多信息，请参见 13.2 节。

戴维森承认存在这些问题，并提出了解决这些问题的尝试性建议（关于如何在一个广泛的戴维森框架内处理这些问题的当代讨论，参见 Lepore and Ludwig, 2007）。这些调整是否成功仍有争议。但是，即使它们失败了，对于那些不包含指示词、非陈述句、行为句的自然语言来说，要求一个充分的意义理论可以推导出图式 T 的所有实例，仍然是合理的。更紧迫的问题是：这个要求本身能否真正保证理论成功地识别出这部分自然语言中的句子的意思？戴维森对此有一个否定的回答：

> 我的论点并不是说，我们对语义理论的全部要求就是它必须符合规约 T 的标准。我认为，符合规约 T 的理论能够解释的东西比人们通常认为的要多，我们可能需要根据进一步的标准在这些理论中做出选择。当然，还有很多标准之外我们想知道的东西。
>
> （Davidson, 2001:80）

戴维森认为，意义理论的主要解释任务是说明学习一种语言的可能性。意义理论是有能力的语言使用者具有理解该语言的能力的基础，因此，我们必须了解它。首先，它必须是*组构的*（compositional），即从复杂表达式各部分的含义中得出复杂表达式的含义。此外，由于戴维森认为意义在本质上是公开的，因此他认为在这个理论中没有任何东西不能在语言行为中表现出来，这导致了进一步的限制：可以通过*彻底解释*（radical interpretation）来学习理论。一个彻底解释者是这样的人，他们对语言中表达式的意义缺乏任何先验知识，只通过观察有能力的讲者与环境的互动来收集证据。

假设我们接受戴维森的三个要求：一个理论(i)对自然语言的某些内容来说，可以推导出规约 T 的所有例子；(ii)以组构的方式做到这一点；(iii)能够被彻底解释者识别。它（该理论）能作为这部分自然语言意义的充分理论吗？答案似乎是否定的，因为如果它派生的句子不是（3.1.3），而是（3.1.4），那该怎么办？

(3.1.3) "Snow is white" is true if and only if snow is white.

(3.1.4) "Snow is white" is true if and only if grass is green.

像（3.1.3）中的从句是*解释性的*（interpretive），因为右边的从句显示了左边主句的意思。当然,(3.1.4)中的从句显然不是解释性的。如果真值理论可以作为意义理论,那么它要么根本不衍生非解释性的 T 句,要么如果它衍生了非解释性 T 句,它应该能够确定某种方法,可以识别出解释性 T 句,但真值理论无法做到这一点。这类的反对意见最早见于福斯特(Foster, 1976),后来,人们称之为"福斯特问题"。

戴维森(Davidson, 1967: 25-26)最早提出,组构理论不会衍生出像(3.1.4)这样的从句,戴维森为什么持有这种观点是很容易理解的:真值理论衍生出(3.1.4)的直接方式是,规定"snow"指的就是草、"is white"由绿色事物满足,但是如果我们如此规定,我们也可能会得出错误的 T 句。例如,如果有一个从句说"is green"由绿色事物满足,我们可以推出(3.1.5):

(3.1.5) "Snow is green" is true if and only if grass is green.

因此,只要坚持该理论只能推导出真实的句子,似乎"福斯特问题"是可以避免的。

但事实并非如此。正如福斯特指出的那样,任何包含(3.1.3)的组构理论都可以很容易地被重新表述,从而它会包含(3.1.6)这样的句子:

(3.1.6) "Snow is white" is true if and only if snow is white and grass is green.

例如,我们建立公理,不说当且仅当 x 是白色的,x 就满足"is white",我们可以说当且仅当 x 是白色的而且草是绿色的,x 就满足"is white"。后来,戴维森提出解释性 T 句属于经验法则(Davidson, 1967: fn. 11),这可能使我们可以把它们与非解释性 T 句区分开来。但是,正如索米斯(Soames, 1988)所表明的,这也无济于事:虽然(3.1.6)确实是一个偶然的真值,但是,假设(3.1.3)是一个经验法则,那(3.1.7)也是一个经验法则。

(3.1.7)　"Snow is white" is true if and only if snow is white and arithmetic is incomplete.

从此出发，下一步该怎么走呢？最后，戴维森认为，把解释性理论挑出来的关键是彻底的解释。说话人不仅知道他们所胜任的语言的真值理论，他们也知道这是一种可以作为意义理论的真值理论。因此，他们必须知道，基于彻底解释者能找到的证据，真值理论是可以学习的，允许我们推出（3.1.6）或（3.1.7）的公理不属于这种理论。[参见 Davidson，1973：139，戴维森本人没有对这一主张进行详细的辩护，但赫克（Heck，2007）试图弥补这个空白。]

无论是否有效，只有一种人认为这个辩护是可行的，他们认为彻底解释性能够约束意义理论，但是，大多数哲学家都不这样认为：语言意义是否必须像戴维森假设的那样具有公共意义，这一点还远远不清楚。人们确实可以学习自然语言，这是事实，但他们是否能在不依赖先天知识的情况下做到这一点，还是一个有待思考的问题。

3.1.2 指称的不可测度说

"福斯特问题"可以说明，如果对单词的语义值不加限制，那获得真值条件的方法就太多了，这一点我们可以用一个玩具例子来进一步说明。

设想有一种玩具语言，它只包含三个专有名词："Frege""Russell""Tarski"和一个不及物动词"walks"，唯一的句法规则是允许把一个名词和一个动词合用。相关的语义规则规定，如果 w 世界中名词的语义值是 w 世界中动词的语义值的一个元素，它产生的句子在 w 世界中就是真实的，我们可以编写如下：

〚"Frege"〛^{w} = Frege

〚"Russell"〛^{w} = Russell

⟦ "Tarski" ⟧ʷ = Tarski
⟦ "walks" ⟧ʷ = {x : x walks in w}

如果我们只关心句子的真值条件是正确的，那么就有无数的选择。例如，让 π 作为一个*代理函数*（proxy function），它把 Frege 映射到 Russell 上，把 Russell 映射到 Tarski 上，把 Tarski 映射到 Frege 上。另外，也要将代理函数赋的普通语义值赋给专有名词。然后，我们可以用 π 的倒数为不及物动词定义语义项，在句子层面上抵消 π 的影响（π 的倒数是函数 π^{-1}，它把 Frege 映射到 Tarski 上，把 Russell 映射到 Frege 上，把 Tarski 映射到 Russell 上）。

⟦ 'Frege' ⟧ʷ = π (Frege) = Russell
⟦ 'Russell' ⟧ʷ = π (Russell) = Tarski
⟦ 'Tarski' ⟧ʷ = π (Tarski) = Frege
⟦ 'walks' ⟧ʷ = {x : π^{-1}(x) walks in w}

根据这个解释，如果 Frege 的代理是 w 世界中行走者代理集的一员，那么"Frege walks"就是真的，即 Frege 是 w 世界中行走者集的一员。

通过代理函数对语言进行重新解释的想法可以追溯到抽象代数中的对偶概念，奎因（Quine, 1992）出于哲学目的对其进行了调整。显然，这个做法可以推广到更大的语言背景中，而且除了一对一映射之外，对 π 没有任何限制。

我们可能倾向于说，根据标准的解释，语义值是名称所指的东西，而在非标准的解释中，语义值是另一种东西——通过代理函数从所指中人为合成的替代物，但奎因不是这么说的，在他看来，这两种解释同样充分：弗雷格不比罗素更有权利成为"弗雷格"的所指。子句表达式的语义值是什么取决于我们，除了使陈述句的真值条件正确外，对语义理论没有经验上的限制。

这就是奎因（Quine, 1960）介绍的*指称的不可测度说*（inscrutability of reference），他提到著名的例子"gavagai"——它是未知语言中一个虚构的词，在有兔子出现的情况下使用。然而，奎因辩称说所有的实地语言学家都知道这个词有可能指的是破碎的兔子残体。

我们应该如何理解所谓的不可测度说还不完全清楚。奎因自己的观点是，我们应该知道本体论——关于存在的哲学理论——是内在相关的，没有一种唯一的、客观正确的方法来盘点这个世界。另一位不可测度说的支持者唐纳德·戴维森认为，这本是一个错误：我们无法真正理解那些持有不同的本体论的人。戴维森（Davidson, 1979）认为，关于我们所说的语言，并没有什么客观的事实。不管怎样，不可测度说的后果都相当极端。

有办法否定这个论点吗？很明显，"弗雷格"指的就是弗雷格，而不是别人，但是，令人困惑的是，否认这一点的语义理论在经验上可以找到充分的证据。严格形式的经验主义促使奎因提出了不可测度说。他坚信任何理论的经验基础都包含观察句，观察句是语言能力正常、感知能力良好的人通过简单地目睹一个场景就可以认同的句子，所以，"It's raining"或"That's a cat"可以算作观察句，但"Men are mortal"或"Two is a prime number"就不是。如果一种语义理论的全部证据都被对观察句的赞同和不赞同的模式所耗尽，那么，显然，标准解释和非标准解释在证据上是平等的。

戴维森反对观察句和其他句子之间存在原则性区别的观点，但他也相信支持或反对一个语义理论的全部证据都来自与说话者使用句子方式相关的可观察事实，这对不可测度而言，已经足够了。如果想要否定这个论点，我们就需要一个关于什么可以算作证据的更自由的观点。

一种说法是，我们可以说有先验证据证明"弗雷格"指的就是弗雷格，因为它是"N"指代 N 模式（其中 N 代表专有名词）的一个实例，这听起来似乎是合理的，但空名现象让我们犹豫它是否合理。我们是否可以说，我们有一个先验证据证明"圣诞老人"指的就是圣诞老人？如果是这样的话，我们也有一个先验的（尽管可能是失败的）证据，证明某一个人（或某个东西）是圣诞老人，这似乎是可疑的。如果不是这样的话，我们不得不说，"圣诞老人"指的就是圣诞老人并不是模式的实例（也就是说，"圣诞老人"不是一个专有名词），这似乎也是可疑的。

另一种反对不可测度说的成本略低的选择是寻求简单。当然，在正常情况下，用指示代词指示说话者展示的对象 o（通常是用手指着，或某个其他方式）所依据的理论，比首先确定 o，然后再用代理函数指示对象 o′所依据的理论要简单。在其他因素相同的情况下，简单的理论总是比复杂的理论更受青睐。至于我们偏爱简单理论的原因是先天的还是经验的这一棘手问题，我们不必回答，重要的是，只要简单就行。简单是我们接受任何理论的部分原因，所以当涉及语义学时，也没有理由忽略它。简单性使我们可以论证某些表达式的某些用法指称更加明确，这甚至超出了奎因或戴维森可以容忍的范围。一旦指示代词的正常用法代替了不可测度说，我们也可以用它来反驳其他表达式的不可测度说。例如，我们可以认为，当有人指着弗雷格介绍说这是"弗雷格"时，说出的词一定指的就是那个被展示的人。

3.1.3 指称的无关性

大多数语义学家不认为指称是不可理解的，尽管如此，他们并不关心对小句表达式的语义值的选择。他们可能会说我们应该相信指称的客观事实，但他们认为这些事实与自然语言语义学无关。他们可能认为"弗雷格"指的不是罗素，但坚持认为罗素或任何其他弗雷格的人工替代者，在真值条件的组构衍生中也可以为真正的所指建模。任何理论都不应做出超出其使用范围的假设，语义值是真实世界所指的假设，在语义理论中是无用的。指称并非不可测度，它只是无关紧要而已。

这样的方法论立场是很难反驳的，但我们至少可以探究它的动机。如果语义学的范围足够狭义，指称的无关性就会随之而来，但是为什么要把语义学的目标设置得如此之低呢？因为语义学应该关注真值条件、组构性，其他的都不用关心。但是，语义学对于真值条件并没有内在的兴趣，它们之所以重要，是因为它们跟意义（meaning）有关——尤其是陈述句的意义。如果通过词和短语的语义值推导陈述句正确的真值条件的方式多少有些武断的话，那么关于词和短语的意义，语义理论能告诉我们的就非常少。毕竟，语义理论没有理由只关心特定的某种语言表达式而忽略其他。

同样令人不解的是，如果可以把语义值随意分配给非句子，为什么语义学家还要关心组构性？扎德罗兹尼（Zadrozny，1994）已经证明，我们可以将语义值的任何赋值转换为组构语义值，方法是用新的语义值替换旧的语义值（其余观点，参见 Westerståhl，1998；Dever，1999）。这一点可以用我们的玩具语言来说明。考虑一下词汇的第三种解释，它对名词使用了代理函数，对动词没有使用：

⟦'Frege'⟧^{w} = π（Frege）= Russell

⟦'Russell'⟧^{w} = π（Russell）= Tarski

⟦'Tarski'⟧^{w} = π（Tarski）= Frege

⟦'walks'⟧^{w} = {x : x walks in w}

这种解释赋给玩具语言的真值条件与前面的两种解释不同，但如果我们调整一下语义规则，这个问题就可以解决：假设一个名词与"walks"的组合在 w 世界中是真的，条件不是当且仅当这个名词在 w 中的语义值 o 是⟦"walks"⟧^{w}的一员，而是当且仅当 π^{-1}(o)是⟦"walks"⟧^{w}的一员。有了这个规则，在句子的层面上，这个解释和另外的两种解释就是一样的，而且组构性也不比它们弱。

当然，如果语言比较复杂，为语义值任意赋值规定组构语义规则就比较困难，但这还是可以做到的，扎德罗兹尼也已经证明了这一点，正如帕蒂（Partee，1984）所说的：

> 如果句法足够自由，意思足够丰富，那么似乎可以用组构的方式来描述自然语言。对该原则的挑战通常涉及显式或隐式论证，大意是，它与其他对句法的约束相冲突，或与对句法到意义的映射的约束相冲突。

为了使组构性更加具有说服力，我们必须约束语义值的范围。如果我们给陈述句赋予真值条件，并愿意承认指称的一些客观事实的存在，那么要求语义理论将某些表达式与其所指联系起来似乎就是自然而然的，这与奎因和戴维森的观点相反。

3.2 什么是指称语？

语义学教科书通常告诉我们，指称语是代词、专有名词和限定摹状词。但回指代词、复杂的专有名词或描述性专有名词、复数限定摹状词通常不算作指称语。要解决这个争议，我们应该不只是罗列清单，而是应该看看指称语有什么共同之处。

我们从两个想法开始：

(i) 有些表达式有所指，有些表达式无所指。法国数学家乌尔班·勒维耶有两个著名的预言：1846 年，他根据天王星轨道的微小变化，预言了海王星（Neptune）的存在；1859 年，他又根据水星轨道的变化，预言了伏尔甘行星（Vulcan）的存在。第一个预言是正确的，第二个预言不正确。因此，他创造的第一个名字有所指，第二个名字则无所指。

(ii) 有些表达式是用来指称的，有些则不是。虽然"Vulcan"无所指，但它仍然是一个指称语，指称是它在语言中的功能。在这方面，"Vulcan"的功能类似于"Neptune"，而不同于短语"orbits the Sun"，或不同于句子"Neptune orbits the Sun"，后者的功能不同。因此，它们不是指称语。

反对（i）的人可能会辩说"Neptune"和"Vulcan"都是神话中生物的名字，因此，两者都无所指。当然，认为这个例子比较含糊也很自然——当勒维耶引入这些名字时，他是从神话中获得了灵感，但他创新了这些名字的用法，这就是为什么字典对神的名字和行星的名字都有单独的条目。至于（ii），人们可以反对永远无法实现的功能是令人怀疑的这一观点，但是，有时有些功能的确是永远无法实现的：即使没有发生过恐怖袭击，也可以成立一个工作组来调查恐怖袭击。同样的，一个词可以有指称行星的功能,即使这个行星不存在,它也可以指称。

3.2.1 标准描述

一想到我们的两个小想法看起来是那么地自然而然,而现代语义学的两位创始人都反对它们,就让我们感到惊讶不已。弗雷格认为所有的表达式都指称,而塔尔斯基认为所有的表达式都不指称。

在弗雷格看来,语义的区别最终都要归结为本体论的问题(有些人也认为本体论的问题反过来可以归结为句法和逻辑的问题。但是这个观点是有争议的,Wright, 1983; Hale, 1987)。"Neptune"的所指是一个物体(寒冷的、蓝色的气态行星),而"orbits the Sun"的所指是一个概念。句子"Neptune orbits the Sun"也有一个所指,即如果我们把"orbits the Sun"的所指应用到"Neptune"的所指上,我们所得到的真值。

塔尔斯基认为,关于指称的语义问题可以归结为句法问题。为了解释"Neptune",我们需要给它一个标引(index),要解释"orbits the Sun",我们必须用一个变量填充它的参数位置。这样一来,这两个表达式通过满足条项(satisfaction clauses)都可以获得解释:如果 $g(x_1)$ 是 Neptune,那么"Neptune$_1$"由变量赋值 g 来满足,如果 $g(x_2)$ 绕着太阳运行,那么"x_2 orbits the Sun"由 g 满足。句子"Neptune$_1$ orbits the Sun"也有一个满足条件,如果变量赋值 g 满足"x_1 orbits the Sun",这个句子就被 g 满足。

"Vulcan"的情况如何呢?塔尔斯基认为它不是个问题——他否认"Neptune"有所指时就已经表明他的观点了。他可以说,如果 $g(x_3)$ 是 Vulcan,那么"Vulcan$_3$"由变量赋值 g 满足,但既然 Vulcan 不存在,那么"Vulcan$_3$"就不会被任何变量赋值满足,接下来的结论就是"Vulcan$_3$ orbits the Sun"是错误的。另一方面,弗雷格当然遇到了麻烦——在常识上,他赋给"Neptune"所指,但对于"Vulcan",他无法赋给它任何所指。

弗雷格的观点是,我们应该忘记那些空名:"Vulcan"并不是一个真正的语言表达式,它只是一个假名,弗雷格(Frege, 1979a: 130)提到了席勒的剧本《唐·卡洛斯》(*Don Carlos*),该剧本大致依据历史事件而作：

> 即使(戏剧)被视为一段历史，在很大程度上它也是假的，不应该以这么严肃的方式对待一部虚构的作品：它只是娱乐。虽然戏剧中的专有名词和历史人物的真实姓名对应，但它们也只是对专有名词的模仿而已。

但是原则上，弗雷格的语义框架确实为更折中的观点留出了空间，弗雷格的一些追随者（其中包括理查德·蒙塔古）没有忽视"Vulcan"，而是给它提供了一个所指：函数 F，它从对象到真值给函数 G 赋予真值，方式是：假使 G 映射 Vulcan 为真，其余为假，F（G）就为真。如果我们连接"Vulcan"的所指和"orbits the Sun"的所指，我们得到的句子是假的，因为"orbits the Sun"的所指无法映射"Vulcan"为真。

根据指称的前理论概念，"Neptune"有所指，而"Vulcan"无所指，但是两者都是指称语。弗雷格和塔尔斯基在解释他们各自的形式语言时都没有使用这个概念。但是，他们在各自的理论中能定义一个可识别的指称概念吗？

让我们先说说弗雷格。为了避免混淆，今后当我们谈到弗雷格的指称概念时，我们使用他自己的术语 Bedeutung。现在的问题是，我们是否能说明一个表达式可以指称的到底是什么，或者什么是指称语。自然的说法是，一个表达式的 Bedeutung 是一个对象时，它是指称的，比如，"Neptune"可以指称，但"orbits the Sun"不能指称。为了描述指称语的特征，我们可以认为一个空名的 Bedeutung 是一个高阶函数，然后我们可以将指称语定义为那些 Bedeutung 是一个对象的表达式，或是一个函数，它可将真赋给所有的函数，而后者又可将真赋给任何事物，这就保证了"Vulcan"是一个指称语。

不幸的是，这个想法失败了。除了"Vulcan"之外，还有许多其他的表达式的 Bedeutung 都是这种特殊的函数，比如"some planet inside the orbit of Mercury"和"most planets made of gold"都是好例子。然而，我们绝对不想说它们都是指称语。此外，"Neptune orbits the Sun"的 Bedeutung 是真实的。根据弗雷格的观点，它是个对象。然而，我们并不想说"Neptune orbits the Sun"有所指。

为了回应第一个问题，语义学家有时会假定一个空对象（null object）——不同于我们认为的存在的对象——并将其作为"Vulcan"的 Bedeutung。虽然这似乎只是一个技术上的技巧，但它确实帮助我们区分了空名和量化短语，并否认后者是指称语。但有一个问题，即如果我们可以假设空对象，我们大概也可以命名它，比如，我们可以称它为"Nil"，这个名字也带来了一个问题：一方面，我们想说"Vulcan"和"Nil"有相同的 Bedeutung；另一方面，我们也想说"Nil"有所指，而"Vulcan"无所指。

对于第二个问题，语义学家有时会抛弃弗雷格的本体论思想，让真值既不是对象，也不是函数，但这样导致的问题与假设空对象完全相同。如果真值存在，我们就能够为它们介绍名称，弗雷格自己就是使用"真"和"假"来说明真值的。我们想说"Neptune orbits the Sun"和"True"有着相同的 Bedeutung，并且认为后者有所指，而前者无所指。

弗雷格很清楚这个问题的另一个版本，如果有函数这样的东西，我们应该能够介绍名称来指称它们。让我们规定"Horse"这个名字指的是概念马，即映射所有马为真所有其他事物为假的函数。那么"Horse"和"horse"有一个共同的 Bedeutung，但前者指的是一个对象，而后者则不是，这就是所谓的 *概念马问题*（concept horse problem）。弗雷格自己的"解决方案"是否认我们可以引入"Horse"之类的专有名词；也许有人会用同样的方法来对待"Nil"和"True"，但是因为没有办法来命名大部分的 Bedeutungen，所以把弗雷格式的语义条款写下来就是一项非常重要的任务，弗雷格自己肯定没有做成这件事，对此他也很清楚：

> 由于语言的必然性，如果按字面意思来理解我的表达式，有时会无法再现我的思想，我说出来的是一个对象，而我想说的可能是一个概念。在这种情况下，我充分意识到我是在依靠读者能够理解我的意思。

（Frege, 1960b: 193）

当代语义学家用一种不那么矛盾的方式来说明同样的道理，他们指出，他们并不打算为整个自然语言提供语义理论；用来指称真值或函数的专有名词并不在他们考虑的范围之内。那些使用类型理论框架的人会说指称语是且仅是那些属于语义类型 e 的表达式（是且仅是 Bedeutung 是对象的表达式），但这种方法奏效的前提是他们必须把 "True" "Horse" "Vulcan" 之类的表达式排除在外。看起来，似乎没有直接的方法来解释依据 Bedeutung 的指称到底是什么或指称语到底是什么。

如果我们跟着塔尔斯基的思路走，情况会更好吗？在广义的塔尔斯基语义学的框架内，很自然地我们就会说指称语是且仅是那些带有标引的表达式，在指称语中，能够指称的是且仅是那些被某个变量赋值满足的表达式。在塔尔斯基所考虑的形式语言中，带有标引的表达式是个体常量、变量，而不是其他。只要我们把标引赋给 "Neptune" 和 "Vulcan"，而不是赋给 "orbits the Sun" 或 "Neptune orbits the Sun"，这个提议就能产生正确的结果。

但我们如何决定哪些表达式带标引呢？在形式语言中，标引是用来表示解释依赖关系的手段。当我们在自然语言中发现类似的依赖关系时，我们可能会使用相同的手段来标记它们。例如，"Neptune orbits the Sun and it rotates around its axis." 这句话的两个正确解读可以表示为 "Neptune$_5$ orbits the Sun$_8$ and it$_5$ rotates around its$_5$ axis" 和 "Neptune$_5$ orbits the Sun$_8$ and it$_8$ rotates around its$_8$ axis"；而两个错误的解读可以表示为 "Neptune$_5$ orbits the Sun$_8$ and it$_5$ rotates around its$_8$ axis" 和 "Neptune$_5$ orbits the Sun$_8$ and it$_8$ rotates around its$_5$ axis"。但是，如果这种消除歧义的方法足以证明标引存在的合理性，那么它们也将出现在非指称表达式中。例如，我们可以用标引来区分下面两句话："Neptune[orbits the Sun but it also rotates around its axis]$_2$, and Vulcan [does too]$_2$" 和 "Neptune orbits the Sun but it also [rotates around its axis]$_6$, and Vulcan [does too]$_6$"。

当然，即使塔尔斯基的标准失败了，也可能会有其他的一些句法特征可以用来描述全部的指称语，且仅限于描述指称语。当然，巨大的分布差异让我们能够区分专有名词、不及物动词和陈述句。然而，令人担忧的是，就分布而言，专有名词更接近普通名词而不是代词，限定摹状词更接近不定摹状词而不是指示词（indexicals）。即使在一种语言中，指称语的范畴似乎在句法上都显得很多样化，更不用说在跨语言中的情况了。

奎因创造了"Pegasize"这个词，它的意思是"is identical to Pegasus"，后来又说"Pegasus"在严格意义上指的是"the thing that Pegasizes"。在他写《词和对象》（*Word and Object*）一书时，奎因认为专有名词本身可以解释为谓词，因此不需要使用语素将其转化为谓词。让我们规定"Neptunizes"是"is identical to Neptune"的缩略式，那么，如果说海王星是海王星（Neptune Neptunizes）就必然为真，说其他东西是海王星就必然为假。

"Neptune"和"Neptunizes"都与现实中同样的东西相关，但前者是指称语，而后者不是，这两个词与行星关联的方式一定有些不同，这样才能解释清楚为什么两者会有上述区别。对弗雷格来说，区别在于"Neptune"以行星作为它的 Bedeutung，而"Neptunizes"是间接地用一个函数作为它的 Bedeutung，该函数只映射海王星为真。这个解释虽然也有上面提到的问题，但它也不失为一种解释。然而，如果像塔尔斯基那样，说这种差异是句法问题——"Neptune"和"Neptunizes"是如何与其他语言表达式相关联的问题——那这根本算不上解释。句法差异可能告诉我们，其中只有一个是指称语，但它不能告诉我们哪个是指称语。

让我们总结一下。我们有一个普通的指称概念，根据这个概念，"Neptune"有所指，而"Vulcan"无所指；根据这个概念，"Neptune"和"Vulcan"都是指称语，而"orbits the Sun"和"Neptune orbits the Sun"不是指称语。弗雷格和塔尔斯基都没有使用这个概念的语义理论。此外，完全根据他们二人的思想建立起来的语义理论似乎也无法定义这样的指称概念。如果跟随罗素的思想，我们可以做得更好一些，我们将在下一节中看到这一点。

3.2.2 相识，或者类似的概念

一个名字能反映出它的承载者的很多情况，比如，如果一个人叫"Joshua Herschel"，你可以确定他是个犹太人；如果一个城镇叫"Lake Placid"，你可以确定它建在湖边；如果有一个数字 27，你就知道它等于 2 乘以 10 再加上 7。尽管如此，我们还是倾向于认为这些都偏离了理想状态。一个真正的专有名字应该是无法定义的，人们在定义"the present monarch of England"时，可以说一个人需要满足什么条件才能成为现任的英格兰君主，这个定义很复杂，但在 1689 年的《权利法案》（Bill of Rights）和 1701 年的《王位继承法》（Act of Settlement）中对此都有规定。但如果要给"Elizabeth II"下个定义似乎是不可能的，因为这个名字并没有给它的持有者设定任何实质性的条件。当然这也不完全正确——因为你可以说，名字叫"Elizabeth II"的人肯定是个女性，她很可能来自英语国家，而且很可能与在她之前出生的另一个叫伊丽莎白的人有血缘关系。但是，这只是因为"Elizabeth II"不是罗素所说的*逻辑专名*（logically proper name）。罗素认为，逻辑专名，也只有逻辑专名才是指称语，所有且只有指称语实际上有所指。

什么是逻辑专名？其实它们不过是标签而已——附在佩戴者身上，却对佩戴者的情况三缄其口。代词可能是最好的例子。当说话者使用一个代词时，他会利用语境让听者明白他所说的对象，比如，我指着一本书说"I should return this to the library"，"this"的意思，加上我的手势，可以帮助你识别要归还给图书馆的物品。"this"的意思告诉你，这个词指的是某个东西，并能明确指的是什么东西，但这些信息不能用来描述这本书。同理，帮助你确定该把书还给图书馆的人是"I"提供的意思，再加上你知道说话人是谁，这样，你就知道"I"指的是说话人，但这些信息不能用来描述说话人。罗素（Russell，1918-1919:245）说：

> 名称本身仅仅是指向某个事物的方式，并不出现在你所断言的内容中，因此，如果一件事物有两个名称，那么无论你使用两个名称中的哪一个，你做出的都是完全相同的断言。

如果逻辑专名不能指称，会发生什么？想象一下，你无意中听到隔壁有人说"I should return this to the library"，一方面，你理解这个表达式——你是一个很好的英语使用者，你听到的句子是由日常词汇以一种直接的方式组合起来的。但是，另一方面，你根本不知道这个句子在说什么，你不知道要把什么东西归还给图书馆，也不知道谁去归还。罗素会说，你缺乏对这些信息的直接认识，他把这种直接认知称为*相识*（acquaintance）。

相识的概念是一个程度问题：对一个人了解得越多，你对这个人就越相识。但是，罗素坚持认为，对一件事物你了解的事实很多，并不等于你了解这件事物本身。只是知道某物与他物的区别和非常了解某物及它的特性，这两者之间有质的差别，从前者过渡到后者，你需要相识。如果你相识某物，你就不会把你所相识的事物的存在或身份搞错。对罗素来说，相识一个 x 和一个不同于 x 的 y，并断言 x 或 y 不存在，或者 x 与 y 相同，该断言就是一个矛盾。罗素宣称我们唯一熟悉的对象是自我（不要与有血有肉的人体相混淆）和我们的感觉资料（sense data）（不要与外部对象相混淆）。我们知道身体——包括我们自己的身体——只是通过描述，它才引起了我们的经验。任何能以不止一种方式呈现在我们面前的东西，任何我们能从不止一种角度看待的东西，自然都不适合去相识。

罗素所谓的相识是很难获得的，但也许我们可以保留一半的想法，即相识是一种关系，它使我们可以直接认知某物；并且我们可以放松要求，即要求这种亲密关系使我们能够把某物从其他事物中分辨出来。当涉及物理对象时，相识可能只是一种感知。如果你触摸、品尝、看到、闻到或听到某个东西，这个东西肯定是存在的，但你当然还可以感知一个东西，仿佛它是两个，或者感知两个东西，仿佛它们又是一个。感知并不能揭示被感知事物的本质——这就是为什么有时候事物的本质会超越我们的认知和我们的感觉资料。当勒威耶最终观测到海王星时，他知道的不仅仅是海王星的表面，也不是海王星反射的光，也不是望远镜镜头上海王星的图像，也不是自己的感觉资料，他是感知到了海王星本身，我们姑且认为，这就是相识的意思了。

想象一下，你从朋友那里第一次听说了海王星，当你知道这个名字后，你想着朋友用这个词指代什么，你也就用这个词指代什么，你这个想法不必具体——你不必认为你如何使用这个名词一定要和你朋友如何使用这个名词保持一致，它更像是遵循你所在地区语言习惯的一种行为倾向，你的朋友也是该地区的一员，他会使用这个名词。我们可以把这些想法看作在你和朋友之间建立一种认知联系：如果他认识海王星，并因此能够用"海王星"来指代它，你就从他那里得到了这种能力。如果你的朋友不认识海王星，那么他一定是从别人那里学到了这个名词。因为获得这个名词需要在源头和接受者之间进行某种互动，这个传递链是具有因果关系的，这事可以追溯到真正看到这颗行星的那个人，这个人认识"海王星"的所指，这种认识从一个人传递到另一个人，一直传递到你。

根据罗素自由派的观点，如果通过因果链，一个表达式的用法和看到所指的人连接了起来，那么它就是一个指称语。哲学家们对这个过程的运作倾注了很多精力（参见 Evans，1983；Boër and Lycan，1986；Kvart，1993）。但是，无论我们把相识的概念伸展到多远，它肯定永远不会伸展到一个不存在的东西，比如 Vulcan，那么，"Vulcan"到底是一种什么样的表达式呢？

根据罗素的说法，"Vulcan"是一个限定摹状词的缩略式，比如，"Vulcan"可以是"导致水星轨道变化的行星"的缩略式，罗素肯定会对用来表示无法感知到的事物的指示代词（demonstratives）的用法说同样的话。想象一下，你被蒙住眼睛，从摆在你面前的三件物品中选择一件——一件在右边，一件在左边，一件在正前方。你指着左边说"I choose that one"。按照罗素学派的观点，你是用指示代词来代替一个描述语的，比如，此处它代替的就是"the item I am pointing at"。因此，它并未指称。

这个理论已被证明是研究单数限定摹状词的良好开端（更多的细节请参见 Neale，1990）。根据这些理论，摹状词不是指称语，当然，用于缩写限定摹状词的表达式也不是。只要有一个唯一的对象满足"*F*"，我们就可以说"the *F*"指定了（designates）那个对象，尽管它不一定指称（refer to）该对象。

因此，罗素的追随者可以满足我们的第一个要求：他们可以说"Neptune"有所指，而"Vulcan"无所指，但他们能保证"orbits the Sun"和"Neptune orbits the Sun"不是指称语吗？像弗雷格一样，罗素试图用本体论术语解释名称、谓词和句子的区别——只是他用的类别与弗雷格不同：他用的是特性和共性（particulars and universals），而不是对象和函数。两者之间的主要区别在于，罗素坚持认为指称需要相识，这使得罗素在本体论的区别上有了认识论的抓手，这一点是弗雷格缺乏的。

相识特性与相识共性是一种不同的关系，前者需要感性的认识，后者需要概念性的理解。和其他经验主义者一样，罗素声称，我们通过前者得出后者：

> 当我们看到一个白色斑块时，我们首先相识了这个特定的斑块；但是，通过看到许多白色斑块，我们很容易学会抽象出它们所共有的白色。在这个过程中，我们相识了白色。通过同样的过程，我们会相识其他的共性……我看到一些感觉资料，其中一部分在另一部分的左边。正如不同白斑的例子一样，我发现所有这些感觉资料都有一些共同之处。通过抽象，我发现它们的共同之处是它们各部分之间的某种关系，也就是我所说的"在左边的"的关系。就这样，我相识了它们之间的共性关系。
>
> （Russell, 1912: Section 10）

如果我们用这个方法相识一匹马的属性，在直观上会很有说服力。但是当涉及独角兽的属性时，这个方法就失效了，因为这个世上没有独角兽，所以无法从中抽象出什么，但是罗素可能会说，按照柏拉图的思路，虽然现实中没有独角兽，但独角兽理念（unicornhood）是存在的，而按照亚里士多德的思路，人们可能会抱怨，他的思想无法说明我们该如何指称无实体存在的事物的共性。

罗素坚持柏拉图主义，是因为他设想在理解（understanding）和相识（acquaintance）之间有一种联系，他称之为*相识原则*（Principle of Acquaintance, Russell, 1910-1911:117）："我们能理解的每个命题的组成部分都必须是我们相识的东西。"这个原则就可以解释为什么一个合格的英语使用者听到"I should return that to the library"这句话时会感到难以理解："I"和"that"都是逻辑专名，但是，如果听者对于它们的所指物不相识，那么他就无法把握整个句子所表达的命题。而且，根据罗素对相识的严格概念，在某个时间，某人没有经历某事，他就很难相识这件事。然而，当涉及"There is a unicorn in the garden"这样的句子时，却没有类似的不可理解性，这个句子很容易理解，根据相识原则，说者是知道独角兽的特性的。可以自然得出的结论是，相识共性或多或少是自动的，至少对成熟的思考者来说是这样的。

尽管罗素的语义学与弗雷格的语义学相似，都是基于简单的二元本体论，但是，它可以避免"概念马"的问题。对弗雷格来说，问题是：既然他想说专有名词只能指称对象，他不得不否认我们可以把函数引入专有名词，这迫使他否认"马"和"马所指的函数"同指（corefer）——尽管事实上他的语义学正是如此说的。罗素认为专有名词只能指具体事物，因此他不得不否认我们可以把共性引入专有名词。但是，首先，他当然承认"马"和"马所指的共性"指的是同一事物——前者指称（refer）它，后者表示（denote）它。此外，罗素可以给出一个原则性的理由来否定把共性引入专有名词的可能性，他可以说，要理解这样一个专有名词，需要我们用相识特性的方法相识共性——而这是不可能的。

让我们总结一下。我们可以放开罗素的相识的概念，允许我们相识日常对象，不仅相识我们的感觉资料和我们自己，并且还可以扩展这个概念，使得我们在相应的因果和认识关系下，相识别人相识之物。相识有两种形式：相识特性和相识共性。指称语是指那些指称某一特定事物的表达式，因此，"Neptune"是一个指称语，而"orbits the Sun"，"Neptune orbits the Sun"不是指称语。当然，这两个表达式也指称，但它们不指称具体的事物。虽然我们不能说"Vulcan"是一个指称语，但我们可以说它与指称语有一个共同的重要功能——指定一个特殊事物，但它不能执行这个功能——它所代表的限定摹状词没有描述任何东西。

然而，仍然存在一个问题，再想想勒威耶，他推测存在一颗行星导致了天王星轨道上的变化，并将其命名为"海王星"，那时勒威耶还没有相识海王星，因此，"海王星"这个名词只能代表一个描述的缩写，什么描述呢？即"导致天王星轨道变化的行星"。后来，约翰·加勒用望远镜发现了海王星，证实了勒威耶的预测，至少他就相识了这颗行星，也许通过他的发现，这个词的后继使用者可以更广泛地相识这颗行星，这意味着"海王星"这个名字原本是人造的描述，后来在某种程度上它的语义特征有所变化，它成了一个指称语，而"Vulcan"无法完成这一转变，所以它仍然是"导致水星轨道变化的行星"这个意思的代号。

到目前为止一切顺利，但现在考虑一下事情可能发生的另一种方式，假设由于与一颗巨大的流星相撞，火星最终在离太阳最近的轨道上运行，并导致了水星轨道的变化（爱因斯坦证明广义相对论可以解释水星的变化，不过，如果火星的轨道发生变化，它可能是解释水星变化的主要因素）。既然这样一个宇宙大灾难似乎是可能的，我们可以推论：与事实相反，导致水星变化的行星可能是火星。现在，如果罗素的观点是对的，他认为"Vulcan"是"导致水星变化的行星"这一描述的代号，那么我们也可以推论说，"Vulcan"可能就是火星，但这似乎是错误的。当然，"海王星"也存在同样的问题。想象一下，在勒威耶介绍"海王星"之后，加勒发表他的观察之前，发生了一场宇宙大灾难，海王星被炸成碎片，木星被撞出了它的轨道，并导致天王星的轨道发生变化。罗素的理论再次预测，木星可能就是海王星，但事实也非如此。

问题在于，无论普通的专有名词是空名还是非空名，在情态上和时间上它们都是*刚性的*（rigid）：如果它们指定了任何事物，那么它们在所有的可能世界中、在任何时间都指定的是同一个事物，对这一观察结果的自然反应是会僵化地对待"海王星"这样的名字所代表的描述。当勒威耶在 w 世界 t 时间介绍这个名字的时候，我们不说它代表的描述是"造成天王星轨道改变的行星"，而说它代表的描述是"在 w 世界的 t 时间造成天王星轨道变化的行星"。有人可能会反对说，普通的说话者不知道可能世界是什么，也不知道一个名字是什么时候被引入语言的，所以他们不可能把这些名字用作描述语的缩写式。但其实人们一直都在使用缩写式，却不知道这些缩写式包含的信息。就像一个专有名词可以在我的口中指代它的所指物，也可以是它所描述的内容的代号。

最后这个建议相当离经叛道，一直以来，大家对专有名词是限定摹状词的缩写式这个观点的理解是：一个合格的专有名词的使用者是可以讲清楚这个专有名词所代表的限定摹状词是什么的，这个观点被认为是经不起克里普克的"费曼异议"（Kripke's Feynman objection）的推敲的。克里普克的观点是，普通语言使用者即使无法把理查德·费曼（Richard Feynman）和默里·盖尔曼（Murray Gellmann）区分开来，即使他们对费曼的唯一了解就是他是一个物理学家，他们也可以成功地指称理查德·费曼。但是，从费曼异议中可以得出的启发不是描述主义（descriptivism）是错误的，而是名称可以代替只有专家才能识别的描述。这一现象似乎确实有明确的例子：比如，人们可以提到 NATO，而不知道 NATO 是"North Atlantic Treaty Organization"的缩写，也许"费曼"和"海王星"的情况也是如此。

罗素自由派的观点满足了我们在第 3.2 节中提出的最小条件，它与承接弗雷格、塔尔斯基的理论不同，这个观点可以区分指称语和其他的表达式，还可以区分能够指称的指称语和不能够指称的指称语，它是通过做出形而上学假设和认识论假设做到这一点的，即在特性和共性之间存在根本性的区别。因此，我们无法从概念上相识特性，也无法从知觉上相识共性。

哲学文献中记载有许多有能力的批评家，他们评论说指称需要指称语的使用者相识指称物（关于反对指称的认知和因果条件的文章，可以参阅 Hawthorne and Manley，2012）。索尔·克里普克在《命名与必然性》(*Naming and Necessity*) 一书中介绍了他的观点，他认为专有名词指称所凭借的传播链最终可以追溯到"最初的受洗"(initial baptism)，这并不要求第一次使用这个名词的人必须知道该名词的所指物。根据他的观点，勒威耶（或者其他提出"造成天王星轨道变化的行星"这个描述的人）在海王星被发现之前，可以用"海王星"这个名字指称海王星。放弃相识是一种解脱——现在，我们可以很容易地解释我们是如何指称未来的孙辈的。但是那些放弃相识的人仍然必须说清楚如何区分指称语和其他表达式，这不是一项容易的任务。

3.3 量词是什么？

罗素（Russell 1905:479）认为，限定摹状词的作用是*指示*（denote），指示和指称一样，是关于"关于"(aboutness) 的概念，但它的要求要低得多：

> 我说"指称词组"(denoting phrase)，意思是如下的任何一个短语：a man, some man, any man, every man, all men, the present King of England, the present King of France, the center of mass of the solar system at the first instant of the twentieth century, the revolution of the earth round the sun, the revolution of the sun round the earth。这样，一个短语仅凭它的形式具有了指示意义，我们可以区分三种情况：(1) 一个短语可能指示，但是没有对应的指示物，例如，"the present King of France"。(2) 一个短语可以指示一个确定的对象，例如，"the present King of England"指的就是一个确定的人。(3) 一个短语的指示是模糊的，例如，"a man"指的是一个不具体的人。

"some man" "any man" "every man" 和 "all men" 应该指示什么呢？显然不是一个明确的对象，我们可能会说它们什么都不指示，但它们的情况和 "the present King of France" 不同，它们并不是缺少对应的指示物，很可能罗素会认为它们就像 "a man" 一样，指示的是一个不确定的人。

我们不明白为什么罗素在这里使用了如此模糊和具有误导性的语言，奎因（Quine,1981）认为《关于指称》（*On Denoting*）是经验主义的里程碑之一，这部作品帮助我们避免给现任法国国王赋予某种存在或二等存在，如果仅仅因为目前法国参议院存在着 348 名确定的议员，我们就真的必须相信对我们而言模糊的现任法国参议员的存在，那么，上面的赞誉就会大打折扣。或许一种更宽容的解读罗素的"不确定的人"（ambiguous men）的方式是把他的意思理解为："a man"并不是*集体地*（collectively）指示许多人，而是*个体地*（distributively）指示他们中的每一个人。但如果这就是他的意思，罗素将不得不坚持"a man"和"every man"的（不确定）指称是完全相同的。

幸运的是，罗素能够在不提及外延的情况下说明包含指称词组（denoting phrases）的句子的意思。他说，形式为 $C(a\ man)$ 的句子相当于"It is sometimes true of x that x is human and $C(x)$"，形式为 $C(all\ men)$ 的句子相当于"It is always true of x that if x is human then $C(x)$"。对限定摹状词的解释更为复杂，但也遵循着相同的格式：形式为 $C(the\ man)$ 的句子相当于"It is sometimes true of x that $C(x)$ and it is always true of y that if y is human and $C(y)$ then $x=y$"。

这里以及后来罗素在阐述描述理论时，都避免谈及外延，这都使得语义学家得出一个结论，认为罗素把"a（n）""the""some""any""every""all"还有"everything""something""nothing"都当作了*量词*（quantifiers）。今天如果说一个人持有罗素式的摹状词观点，就等于说这个人认为摹状词是量词，含有这些词的句子（至少是某些陈述句）具有罗素自己的理论赋予的真值条件[仅仅赞同罗素关于真值条件的观点是不够的。格兰仕伯格（Glanzberg,2007）给出了一种保留罗素式真值条件的限定摹状词的指称语义学]。但这只是把问题往后推了一步：到底是什么让一个表达式成为量词？

3.3.1 标准描述

正如我们所见，罗素只是给出例子而不是给出理论，但是罗素

（Russell，1918-1919：221）强调，量词与名称或谓词不同，它是不完整的符号——它们"孤立时没有任何意义，只是在上下文中获得了意义"。罗素对量词的助范畴式解读使量词成为辖域（scope）的承载者，这最终使罗素能够解决他所关心的难题，这就是他解释"The present king of France is bald or the present king of France is not bald"的方式，他说这个句子可能看起来是正确的，而它的两个析取项（disjuncts）都不正确。但是，量词并不是唯一承载辖域的表达式，还有许多其他方法来处理辖域。辖域不能成为量词的定义特征，助范畴性也不能。

有一件事罗素没有强调，但仍然引人注目，那就是在他的列表中，除了"the"之外，所有的表达式都具有普遍的或存在的力量。此外，含有定冠词的句子的意义被规定为包含一个存在合取项（conjunct）和一个普遍合取项的连接式。所以，或许我们可以说，量词是那些可以用标准逻辑资源，如"=，¬，∨，∃"来定义的表达式。但是，由于自然语言中的量词的语义项不能用一阶逻辑表示——"more than half of"是一个众所周知的例子，但还有很多其他的例子——我们可以通过加入高阶存在量词来改进这个观点，这样我们就不会漏掉逻辑学家称之为量词的东西。

尽管如此，这样的描述仍然是不充分的：它将排除一些非逻辑量词（如"many"），并且它将包括一些非量化的逻辑表达式（如"and"）。进一步的改进可能有助于解决这些问题。例如，有人可能会坚持认为，"many"的模糊性是上下文敏感性造成的，而在任何给定的上下文中，"many"可以被翻译成一个精确的逻辑表达式（这容易引起异议：因为人们倾向于认为，任何逻辑表达式都不会是模糊的）。对于第二个问题，有人可能会说量词与其他算子（operators）的区别在于它们绑定了变量（这一点也值得怀疑，组合逻辑似乎能够不使用变量就可以表达量化）。将量词的概念与逻辑和句法联系起来，需要关于模糊和变量的定论，最好在这之前先弄清楚量词是什么。

这种批评也适用于形式语义学中的量词的标准定义，广义量词理论（generalized quantifier theory）最初是由莫斯托夫斯基（Mostowski，

1957）和林德斯特罗姆（Lindström，1996）发展的，在彼得斯和韦斯特斯达尔（Peters and Westerståhl，2006）的作品中得到了充分发展，该理论认为量词要么是属于特定语义类型的所有表达式，要么是属于这些类型的逻辑表达式。如果对逻辑性有要求，那么模糊表达式作为量词的地位就值得怀疑，但如果不考虑逻辑性要求，定义就变得过于宽松。限定词"every""this"和"Russell's"似乎是类型$\langle\langle e, t\rangle, \langle\langle e, t\rangle, t\rangle\rangle$的全部，然而，只有第一个是量词。此外，要求量词只出现在某些语义类型中，而不出现在其他语义类型中，这只是一个规定——我们仍然没有真正解释为什么"some"可以算作量词，而"or"不可以。

3.3.2 通过实例概括

让我们试试另一条路线。人们很自然地认为，量化的句子表达了对其实例的概括。实例通常被认为是将专有名词替换为量词而获得的表达式；通过实例概括得到句子，句子的真值只取决于它有多少真和假的实例。所以，"I have something in my pocket"的实例是"I have η in my pocket"，其中，η是一个专有名词，而这个句子可以算作对其实例的概括，因为只要它至少有一个真的实例，它就是真的。

一阶逻辑语言 L 中全称量词和存在量词的替换规则可以归纳如下：

$[\![\forall x F(x)]\!]^M = \top$ 当且仅当对每一个名称 $\eta \in L$，$[\![F(\eta)]\!]^M = \top$

$[\![\exists x F(x)]\!]^M = \top$ 当且仅当对某一个名称 $\eta \in L$，$[\![F(\eta)]\!]^M = \top$

为了让它们传递正确的真值条件，我们需要规定模型中的所有内容都有一个名称。如果我们添加像"exactly two"这样的量词，我们需要假设模型中的所有内容都只有一个名称。由于这是不现实的（特别是当模型有无限多个元素时），因此，量化的替代描述已经在很大程度上失去了吸引力。

取而代之的是对象描述（objectual accounts），根据对象描述，只要"I have x in my pocket"是真的，即口袋里真的有某个东西，那么"I have something in my pocket"就是真的。全称量词和存在量词的对象规则是：

$[\exists xF(x)]^{M,g} = \top$ 当且仅当对每一个对象 $a \in M$, $[F(x)]^{M,g'} = \top$,
其中 $g'(x) = a$ 否则 g' 和 g 一样。

$[\exists xF(x)]^{M,g} = \top$ 当且仅当对某一个对象 $a \in M$, $[F(x)]^{M,g'} = \top$,
其中 $g'(x) = a$ 否则 g' 和 g 一样。

上述规则去掉了中介人——必须一对一地与对象配对的名称——而在确定真值条件时直接关注对象，但这并不一定意味着对象量化（objectual quantification）不是对实例的概括，这要取决于实例是什么。

再想想 "I have something in my pocket" 这句话，一个人可以通过指着一个对象说 "I have that in my pocket" 来产生这个句子的实例。我们应该考虑所有可能的演示，无论我们是否可以实际执行它们。实例不必通过为被演示的对象起一个名字来建模。当语言是一阶逻辑时，我们可以对实例的解释规定如下：

$[\langle F(x), a \rangle]^{M,g} = \top$ 当且仅当 $a \in M$, $[F(x)]^{M,g} = \top$,
其中 $g'(x) = a$ 否则 g' 和 g 一样。

我们可以根据对实例的概括来重申这些规则，我们得到的结果是：一个全称量化的公式在所有实例都为真时为真，而一个存在量化的公式在某些实例为真时为真。

一阶逻辑语言的句法与自然语言的句法完全不同，例如，在英语中，你通常不能把量词放在一个句子前面而得到另一个句子。英语没有变项，但是它有代词，代词在许多方面类似于变量，它没有必要使用代词来表达量化。

我们需要三个假设：首先，我们假设对任何一个量词 Q，都有一个演示表达式 D^Q（demonstrative expression）可以替代它。其次，让我们假设演示短语是指称语，它们指的就是它们展示的那个东西。最后，假设一个表达式包含一个不确定的成分，那么它也是不确定的（最后两个假设保证了如果 "I have [that coin]₁ in my pocket" 没有展示物或者展示物不是一枚硬币时，这个句子就没有真值）。

现在我们可以定义和解释量化句子的实例了。我们允许上下文给标引（indices）赋值；此外，我们用标引指示表达式（demonstrative expressions）。如果量词 Q 在句子 ϕ 中取最大辖域，那么，ϕ 的实例是有序对 $\langle \phi', a \rangle$，其中，ϕ' 是在 ϕ 中用 D^Q 代替 Q 的结果，a 限定为 D^Q 的语义值，那么我们可以说，如果[ϕ']相对于语境 c' 为真，那么，$[D^Q]_i$ 的实例 $\langle \phi', a \rangle$ 相对于语境 c 为真，c' 和 c 的区别在于将标引 i 的语义值赋予 a。

在自然语言中，我们不需要量化的具体句法和语义，但我们确实需要一些关于这些事情的最小假设。例如，考虑一下这句话"Two coins are in my pocket and they are hard to get"，这句话是模棱两可的：大部分人会认为代词"they"指的是"two coins"，但也有可能此处的代词被用来通指硬币，或者特指某种类型的硬币。这种差异通常通过标引来表示。

(3.3.8)　[Two coins]$_i$ are in my pocket and [they]$_i$ are hard to get.

(3.3.9)　[Two coins]$_i$ are in my pocket and [they]$_j$ are hard to get.

经过适当的数字调整后，这些句子中关于"two"的部分就变为：

(3.3.10)　[That coin]$_i$ is in my pocket and [it]$_i$ is hard to get.

(3.3.11)　[That coin]$_i$ is in my pocket and [they]$_j$ are hard to get.

在(3.3.8)中，共同标引表示一种绑定关系，在(3.3.9)中表示一种复指关系。至关重要的是，语义学应该确保相对于每个上下文，照应语（anaphors）与它们的先行词是需要被共同评价的。

(3.3.8)和(3.3.9)表达了对涉及"two"的实例的概括。如果一个实例的第二个成分是 my office key，那么，该实例是不明确的；如果一个实例的第二个成分是 a coin on the table，那么，句子是假的。只有当相对于"two"，它们有两个真实的实例时，(3.3.8)和(3.3.9)才为真，否则它们都为假。因此，"two"作为量词出现在这两个句子中。现在，针对"two coins"，考虑一下"Two coins are in my pocket"这句话的实例，这些都是形式对（pairs of the form）〈"That is in my pocket"，a〉，其中，a 代表某个实体。句子是否为真不能仅仅通过计算真实例和假实例的数量来确定——我们还需要知道实例的第二个成分的对象是否为硬币，所以，"two coins" 在句子中不作为量词。

　　用量词来表达对实例的概括有许多优点，它广泛适用于形式语言和自然语言，它是用普通术语来表达的，它接近于一种直观的想法。它解释了为什么 "and" 不是一个量词：连词没有实例，所以它们无法表达对实例的概括，这给模糊量词（vague quantifiers）留下了空间——对实例的概括可能是模糊的。"Jack used many coins to pay for coffee" 的真值不需要确定，但是在任何给定的语境中，只要关于 "many" 的真例和假例的数量保持一样，这个句子就不会改变它的真值，所以，这算是一种概括。

　　这种量词的观点使一些预测看起来是有益的，考虑一下 "Jack used my coins to pay for the coffee" 这句话，这句话是否为真取决于哪些硬币是我的。因此，即使杰克用来买咖啡的硬币数量和他没有用来买咖啡的硬币数量保持不变，它的真值也会在给定的语境中发生变化，结论是 "my" 不是一个量词。然而，根据广义量词理论（generalized quantifier theory），"my" 的语义类型是〈〈e, t〉，〈〈e, t〉，t〉〉，就像 "every" "some" 的语义类型一样，所以 "my" 是一个量词，尽管不是逻辑量词，或许认为它根本不是一个量词显得更自然些。

　　当涉及 "only" 时，情况就更有趣了，"Jack used only coins to pay for coffee" 是否为真取决于杰克是否还用了其他货币形式，比如一美元纸币，来买咖啡。所以，即使我们把杰克用来买咖啡的硬币数量和杰克没有用来买咖啡的硬币数量固定下来，这个句子的真值在一个固定的语境中也会改变。由此可见，根据这里提出的定义，"only" 不是一个量词，在广义量词理论中，通过句法参数表明 "only" 不是一个限定词也可以达到该结论，因此，它的语义类型不是〈〈e, t〉，〈〈e, t〉，t〉〉。但是如果我们有一个真正的限定词，在句子中看起来和 "only" 功能相似，会怎么样呢？继巴威斯和库珀（Barwise and Cooper, 1981）之后，一些人推测自然语言只包含保守量词（conservative quantifiers），即使"only"是一个量词，它也不是一个保守量词，但是脱离自然语言的量词仍然是量词。更好的说法也许是，"only"根本就不是一个量词，因为当"Jack used only coins to pay for coffee"这样的句子表达概括时，它无法表达对实例的概括。

3.4 结论

语义学家通常用一种狭隘的方式来定义指称语和量词：要么简单地罗列它们，要么根据它们的句法分布或语义类型来识别它们。奎因和戴维森认为，如果小句表达式（subsentential expressions）的语义价值在语义学中仅仅起到工具性的角色，那么，这么做是可以接受的。我们认为，他们否认词汇和短语的语义存在任何客观性的理由并不具有结论性的意义，如果有客观事实能够表明小句表达式与世界的关系，语义学应对这些客观事实予以考虑。要超越单纯的规定，我们需要说明指称语和量词的作用，以及它们在语言中的功能。

指称语的功能当然是指称，并不是所有的表达式都有这个功能（例如，动词短语和句子就没有这个功能），有这个功能的表达式也不一定都能指称（例如，由于错误引入的名字就无法指称）。标准的语义框架，无论它们是受到弗雷格还是受到塔尔斯基的启发，都无法令人满意地定义指称语的类别。我们研究了一种受罗素启发的方法，根据这种方法，指称语可以指称特性，说话人或在传播链条上与说话人相关联的那个人，要相识该特性。这类方法确实满足了最低要求，但做到这一点，它也承担了重要的、有争议的形而上学和认识论的任务。

我们已经指出，量词的作用是表达对实例的概括。这个定义（结合了一个合适的实例的概念）在很大程度上符合我们的直觉分类：它保证了核心案例的正确，并且在其他方面做出了合理的预测（例如，它指出"only"不是一个量词）。另外，根据指称实例可以给出量化句子的真值条件，它获得了量化次于指称的概念。

4
时态和情态

4.1 时间、情态和语言学

时间哲学和哲学本身一样古老，但它仍然是一个充满活力的探索领域，在爱因斯坦相对论之后，它通常被称为"时空哲学"（philosophy of space and time）。科学哲学家们对这个领域倾注了极大的热情，在这个主题下聚集的许多问题与语言和语言学几乎没有关系。

在本章中，我们将试着找出与建模时间有关的符合语义学目的的主题，以及有关解释自然语言的时态和体系统（aspectual systems）的主题。我们将关注与这些主题相关的本体论需求，并且关注可能以某种方式再次出现的对时间语义学造成问题的哲学问题。在本章中，我们将多次引用一个关于时间的哲学难题，并追问它是否会给解释自然语言的时态和体系统带来困难。[1]

情态哲学是相对新兴的领域，它受到了逻辑学和哲学的启发，逻辑学和哲学的最新发展也促进了语义学的发展。虽然我们关于这个话题的讨论是简短的，但它更全面地涉及了哲学问题。

---

[1] 此处，对时间哲学的讨论也许是片面的，对该主题感兴趣的读者，有许多参考文献值得推荐，其中包括 van Fraassen, 1970; Sklar, 1976; Poidevin and MacBeath, 1993; Markosian et al., 2016。

4.2 时间和存在

在著于公元前5世纪的、现存最古老的关于对时间的思考的哲学记录中，就有关于本体论这个主题的内容。包括巴门尼德和芝诺在内的埃里亚派的哲学家们认为时间和变化是虚幻的，这个结论有助于产生严格本体论，这种本体论不仅否认时间，而且否认任何类型的多样性，这就形成了一个非常简单的理论，但当然它完全背离了常识。于是，埃里亚派哲学依靠纯粹的推理提供了一个让人怀疑的早期例证。

在芝诺"反对运动存在"的论点中，有4个保留了下来，其中最著名的是二分法（bisection）和阿喀琉斯悖论（Achilles Paradoxes）。（参见Huggett, 2010）。在随后对芝诺悖论的讨论中，这些论点通常被分开处理。根据二分悖论，你不可能从A点到达B点，因为你必须先到达A点和B点的中点A_1，然后再到达A点和A_1点的中点A_2，因此你必须访问无穷多个中点。阿喀琉斯悖论与之相似，阿喀琉斯（一个著名的赛跑运动员）永远也追不上一只先起跑的乌龟，因为他必须先通过无数个他和乌龟之间的时间差的中点。我们可以通过科学理论解决这些悖论，我们可以指出，时间和空间都是连续的——有无限多个时间可以访问无限多个点，反之亦然。

但是，在一个令人信服的对芝诺悖论的分析中，瓦拉斯托斯（Vlastos, 1966）认为，芝诺的四个"悖论"（paradoxes）构成了一个更大的争论：（1）它假设空间和时间存在，（2）它因追问时间和空间是否连续而产生悖论，并从4个案例中都推导出矛盾。这个由四部分组成的论证意在表明，时间和空间都是虚幻的，对这四个悖论的零星评论是误导人的。

二分法处理的是空间连续而时间不连续的情况，阿喀琉斯悖论处理的是时间连续而空间不连续的情况。芝诺悖论中讨论得最少的一个例子可能是最有趣的：移动的箭头（the Moving Arrow）。如果瓦拉斯托斯是正确的，那么，这个悖论就是我们最担心的情况，因为它涉及连续的时间和连续的空间，当然，这正是自17世纪以来大家接受的关于时间和空间的物理理论。根据箭头论点，在任何时刻这支飞箭都没有穿越任何距离，因此它从未移动过。对于有物理意识的同时代人来说，困难就在于：如果时间被分解成连续的瞬间，就很难看出真正的变化是如何产生的。在任何时刻可能都没有变化，因为变化至少需要两次的对比。但是如果说在任何时刻都没有变化，就等于说从来没有变化，结论就成了变化是不可能的。

物理学处理变化的方法（以速度的形式）是：首先在时间间隔内界定它，其次通过取速度在包含 t 的越来越小的区间上的极限来定义瞬间 t 的速度，这很适合解释运动，但把它作为变化的哲学解释就不太好了。令人困惑的是，如果*瞬间*（instants）是时间的基本单位，那么对变化的基本解释应该是在*时间间隔内*（intervals）的变化。这也许有助于解释为什么不管空间、时间和运动物理的进展如何，时间和变化始终是哲学的永恒问题。此外，许多哲学家也感到在对时间的科学解释和我们对时间、变化的主观体验之间，存在着一种不协调[我们在 4.5.1 节中讨论的麦克塔格特难题（McTaggart's puzzle）就是一个例子。有关这段历史的更多信息，参见（Poidevin, 2015）]。

在逻辑和语义理论中，连续体并不占上风：离散地模拟时间的情况并不少见。离散时间（discrete times）通常用于动态系统中，例如，模拟游戏，以及执行电脑程序——这种偏好后来被用在语义学的动态研究中。当然，芝诺悖论并没有直接影响这些理论。例如，阿喀琉斯和斯塔德就没有对动态逻辑学造成麻烦，但是其中也涉及相关的基础问题和哲学问题。

如果离散控制系统处于一个连续环境中，就会出现问题。当这样的控制器（数字计算机或神经系统）与感觉系统和运动系统相结合时，我们就有了一个巨大的连续的物理系统，它由两个相互作用的部分组成——思维和环境，有什么理由把思维单独挑出来并离散地对待它呢？我们又如何描述离散和连续之间的相互作用？据我们所知，这个问题没有普遍的答案。语言学理论中存在这个问题的一个特例：蒙塔古认为时态的语义是连续的，而这一点又与离散动态语义学或语用学相结合。尽管这类结合造成了哲学问题和技术问题，但很少有现代人会像埃利亚学派那样，认为时间因此是不真实的。

对变化的本质的哲学关注，似乎正转化为进行体的语义问题。我们之前提过，理查德·蒙塔古将时间视为连续的，此外，他基于句子瞬时真假模式的拓扑特性（topological properties），对进行体做了解释。根据他的理论，如果"The door be open"在一段时间内是正确的，那么"The door is open"在这段时间内的任何时刻都是正确的。正如芭芭拉·帕蒂所指出的，这沦为"未完成体悖论"（imperfective paradox）的牺牲品——这意味着如果门正在关闭，它将会关闭（Bennett and Partee, 1982）。从变化的物理概念来看，蒙塔古的想法是非常自然的，他试图用瞬时状态的模式来解释变化，但如果从语义学的角度看，这些概念并不是很有效。从帕森斯（Parsons,1990）开始，后来对体语义学（semantics of aspect）的研究方法是以事件（events）而不是以瞬间为基础的，总体上要显得成功得多。

芝诺和其他古代哲学家提出的问题开启了对时间和变化进行哲学思考的悠久传统，至今，它们仍然困扰着当代人对时间本质的哲学思考，而且许多关于时间的哲学观点与常识相冲突。尽管如芝诺这样的哲学极端主义者会否认时间的真实性，但我们将看到，类似的关于可能世界（possible worlds）的观点实际上在当代哲学家中很流行。无论废除可能世界是否挑战我们的常识，否认它们存在的哲学家们似乎在质疑一种目前已广被接受地用于语义学研究的工具。

4.3 事件与时间结构

假设我们和所有人一样，都承认时间是存在的。那么，time是什么，times又是什么？对于语言学家来说，密切相关的问题是：在解释自然语言的模型中，应该如何表示时间？本节将讨论与此相关的哲学著作。

亚里士多德（Aristotle, Physics 4:219a13 - 220a25）认为时间是衡量变化的尺度，根据这个思想，很自然地形成一种观念——变化和事件比时间更基础，这揭示了一种时间本体论，即它从事件和过程开始，然后利用这些更基本的单位构建时间，这个观点在罗素及以后其他学者的著作中逐渐形成了正式的理论。

在这次以及后来的研究中，伯特兰·罗素发展了基于事件之间关系的时间定性理论（qualitative theory of time），罗素的思想被广泛地引用，并被后来的许多作者改进和修正，其中最著名的两个人是汉斯·坎普和史蒂文·K. 托马森（参见 Kamp, 1979；Thomason, 1984, 1989）。

随着物理学的发展，尤其是当它研究的现象超越普通经验时（非常大或非常小的范围，高速度，高能量，非常遥远的过去，等等），它所描绘的画面就越来越远离常识。罗素在狭义相对论之后、量子力学之前写的东西，关注的就是这种差异，而这种差异从那时起只会变得越来越大。

罗素的讲座四题为"物理的世界和意义的世界"（The World of Physics and the World of Sense），关于时间，他这样说：

> 需要注意的是，我们不能给出所谓的绝对日期，而只能给出由事件决定的日期。我们不能指出时间本身，而只能指出当时发生的某些事件。因此，没有理由在经验中假定有与事件相对立的时间：由同时性与连续性的关系所排列的事件，就是经验所提供的一切。因此，除非我们引入过剩的形而上学实体，否则，在定义数理物理学可以视为瞬间的东西时，我们必须以某种构造的方式进行，这种构造只假定事件及事件之间的时间关系。
>
> （Russell, 1914: 117）

不管我们对时间的体验是否能比物理学理论更好地指导我们了解时间的真相，我们都有理由认为人类在自然语言中表达时间（temporal expressions）的意义时，经验所塑造的结构已经岌岌可危。因此，由罗素的想法发展而来的数学项目引起了语言学家的兴趣。

在托马森（Thomason, 1984, 1989）的著作中，他提供了罗素研究项目的改进版。我们在这里总结一下他的主要思想。

从定性的角度研究时间要从一系列发生的事情（happenings）开始，按照惯常的哲学术语，我们称这些事情为"事件"（events），事件在时间上可以扩展，事件并不预设任何独立的单个时间或多个时间的概念：事实上，时间中的每一时刻都是由事件构成的。

一个*事件结构*（event structure）由一组事件以及它们之间的三个关系构成：<（"wholly precedes"），$<_0$（"begins before"）和$<_1$（"ends before"）。正是这种关系型的，而且显然是非定量的基础，使这个理论显得有定性的特征。

在戴维森式的形式主义被广泛地用于形式语义学之前，包含间隔的时间结构很流行，间隔结构包含的信息少于事件结构，事件结构是由"瞬间"的线型集合生成的间隔集合，但是，事件结构比间隔结构更通用，因为不同的事件可以同时发生，即可以对应同样的瞬间集合。

事件结构的基本公理可以产生类似于线性排序的东西，而附加公理可以解决密集性和连续性的问题。重要的是，有一种方法可以从事件结构中恢复瞬间，这个方法[惠特罗（Whitrow 1980）认为这个方法是亚瑟·G. 沃克提出的]是：一个瞬间对应的是将事件划分成过去、现在和未来的集合，因此，一个瞬间将是事件集的三位一体⟨P, C, F⟩，P 和 F 必须是非空的，而 C 可能是空的，也可能不空。P 的每一个事件必须完全先于 F 的每一个事件，C 包含的事件既不在 P 中，也不在 F 中。最后，C 中的每一个事件都与 P 中的某个事件和 F 中的某个事件重叠。

最后一个条件确保代表现在的集合 C 聚集在过去事件和现在事件之间分界线的周围。例如，如果我们的事件集是实数开区间的集合，那么 C 将包含所有含有 r 的开区间，其中 r 是某个固定的实数。对事件结构的约束将决定由它们派生出来的瞬间结构。S. K. 托马森（Thomason, 1984）表明了使这些瞬间与真正连续体同构所需要的条件。

这种结构表明，事件结构不仅与瞬间时间结构一致，而且还为事件集的有序三元组这种结构提供了定义。

早期形式语义学受亚瑟·普雷尔关于时态逻辑学的研究成果的影响，是在瞬时本体论的基础上研究时间结构的，但是后来由于许多原因，其中不仅仅是出于需要考虑进行体的原因，近期的研究方法还增加了可能事件（eventualities）（参见 Higginbotham et al., 2000；Tenny and Pustejovsky, 2000；van Lambalgen and Hamm, 2005）。这些理论在本体论中既包括事件也包括瞬间，并且没有声明哪一个是基础的。但是托马森（Thomason 1984）表明，关于事件的假设使得用事件来定义瞬间成为可能。所以，如果时间理论从事件开始，然后利用沃克的或类似的结构推导多个时间，这种做法会更加经济。

普雷尔的理论对瞬时时间结构采取了一种灵活的方法：它假设了具有有序关系的瞬间集合。时间逻辑学对有序关系的假设可能会非常弱，也可能做出非常强而具体的假设，这种灵活性是通过基于事件的方法获得的：一个事件结构由一组事件和几个关系组成，而且，可以对这些关系做出非常弱的或非常具体的假设。这种对时间的处理方法和部分-整体关系的理论有着惊人的相似之处（参见 Casati and Varzi, 1999）。在自然语言中，这些都体现在时间结构与复数名词、集合名词的相似性上。①

贝内特和帕蒂（Bennett and Partee, 1982）与道蒂（Dowty, 1979）尝试纠正蒙塔古的进行体（progressive aspect）方面的问题，他们使用了*基于间隔的*（interval-based）时间结构，其中间隔只是瞬时时间对（pairs of instantaneous times），这只是对瞬时结构的一个适度概括。可能性会导致对时间的基本单位更激进的看法；这些单位是个体，它们在自己所占据的时间内可以有许多特征，它们可以处在因果关系中，可以由部分组成，可以在它们所表示的变化中有所不同。这种方法现在通常被称为"新戴维森语义学"（neo-Davidsonian semantics）（参见 Lasersohn, 2006）。

这种时间观念在哲学中的起源实际上可以追溯到亚里士多德的形而上学。亚里士多德的思想在 20 世纪被哲学家们复兴，这些哲学家一方面受到亚里士多德的影响，另一方面他们也很清楚哲学与语言学的

---

① 更多关于这个主题的信息，可参见 Schein, 1993；Lasersohn, 1995；Landman, 2000。

关联。

4.4 可能性、潜在性和现实性

面对一个不断变化的世界，我们会自然而然地适应我们的经历所带来的各种可能结果，以及它们所带来的威胁和机遇，这种思维习惯深深地植根于我们的常识推理和语言中。

我们发现这个话题的哲学反思可以追溯到亚里士多德，亚里士多德认为 ἐνέργεια（actuality）和 δύναμις（potentiality）的区别是根本性的。亚里士多德在他的著作中运用这种区别来解决各种哲学问题。他在自己的形而上学中也专门阐释了两者的区别。

亚里士多德关于这个话题最长的讨论被记录在《形而上学》（Metaphysics）中。一件事物的现实性（actuality）是它潜力（capacity）实现的结果，也许它是以一个人工制品的形式出现的（在这种情况下，实现是由外部的工匠完成的），也许它是以一个自然实体的形式出现的（在这种情况下，原因是内部的）。亚里士多德给出的例子包括木头有变成桌子的潜力，人有学会吹长笛的潜力，种子有长成植物的潜力。

潜在性和现实性，还和亚里士多德的另一个观点相联系：过程可以趋向于一个 τέλος（一个目标、一个目的，或者更宽泛地说，一个顶点）。当这种情况发生时，这个目标可以用来解释整个过程。亚里士多德承认存在机械的或"有效的"（efficient）原因，但认为目的或"最终的"（final）原因不仅同样合理，而且经常能提供更深刻更恰当的解释。

这当然适用于亚里士多德作品中最突出的例子，艺术家心中的目的——比如说，一个人身体的一种预期的形状或形式——可以比任何东西能更好地解释一块大理石被做成雕像的步骤。以一棵生长的大树为例，尽管整个模式是在内部发生的，这棵成熟的大树的形状或形式同样可以解释成熟的过程。另外，亚里士多德在解释天体动力学时，认为不是引力而是天体的永恒目标使得它们通过圆周运动来完善自身。土的性质（亚里士多德的四大元素之一）就是倾向于向事物的中心运动，这就解释了为什么地球上的物体在没有支撑的情况下就会下落。

我们只能推测这些观念在多大程度上植根于古希腊的体系（aspectual system）（像英语一样，希腊语也区分正在进行的过程和已经完成的过程）。更恰当的说法是，涉及目的论的常识性的动态概念不仅反映了亚里士多德的形而上学，而且还反映了包括希腊语在内的许多语言的体系。

直到 20 世纪，当那些精通亚里士多德思想的哲学家们开始对语言的运作机制感兴趣时，他们才开始认识到目的论的形而上学与体语义学的关系。

语言学家在提到事件类型的哲学起源时，经常会提到芝诺·万德勒，偶尔也会提到安东尼·肯尼，但绝不会提到吉尔伯特·赖尔，但是赖尔（Ryle, 1949）提出的思想确实影响了肯尼和万德勒。赖尔于 1925 年至 1968 年在牛津大学任教，他和许多牛津大学的同事一样，对语言的使用有着浓厚的兴趣，并渴望揭示他认为起源于笛卡尔的关于心灵的哲学思想。赖尔建议的是一种更为温和的观念：人当然是行动的执行者，而行动多由思想决定，然而，并不存在一个具有自己特有的状态，并能执行自己特有的心理活动的独立的"思维实体"（thinking substance）。

如果赖尔能证明这个论点，它将表明许多严重的误解影响了诸多传统的哲学问题，包括身心和自由意志的问题。他认为，引起这些错误认识的原因在于对词语含义的误解，他从语言学的角度来解释这些误解，并证明他的反笛卡尔的观点。

赖尔使用语言证据来区分两种可能事件（eventualities）：*事件*（episodes）和*成就*（achievements）。事件在一段时间内是真实的，而且与"for a while"这样的状语短语相关联。成就是瞬间体，是事件的结果。寻找一本书是一个事件，而找到这本书则是一个成就。

赖尔想要说服我们，知识不是一种独立的精神实体的状态，事实上，它根本算不上一个状态，而是一种成就——表明一个事件的圆满结束。这种观点认为，探寻和知识的关系就如同寻找和找到的关系。比如说，一个人在找一串钥匙，当寻找成功时，我们就描述这个事件说他找到了钥匙。因此,这意味着,知道了某件事仅仅是表明探寻的事件已经愉快地结束了。

对于这个建议,赖尔还补充道:哲学家们被语言欺骗了,他们认为探寻的高潮事件一定是某个更令人印象深刻的东西。因为知识和探寻不一样,它是不可观察的,所以,哲学家们就断定,知识必定与一种神秘的、不可观察的东西有关——精神。

这些反思主要涉及知识的获得,从另一个角度出发,赖尔展开了涉及知识的实际应用的论证,这些论证使用了*倾向*(dispositions)的范畴,倾向的概念和术语与事物的潜力和倾向性有关。因此,它们在概念上与条件句相关联。玻璃杯掉在地上就会摔碎,这说明玻璃杯是易碎的。相反,如果玻璃杯易碎,我们就认为它摔到地上会破碎。赖尔不加论证地假设,事件(比如打碎杯子)是首要的,而且倾向术语使得我们可以在特定条件下推断出发生的特定事件,这导致倾向术语的意义或多或少被耗尽,考虑到这些特定条件可能更明确、更容易列举(如"fragile")或更不明确(如"hard"),赖尔很乐意将许多假定的心理状态归类为倾向。这不仅降低了它们的地位,使它们次于通过条件句所指向的事件,而且使我们更容易说,在谈到"精神状态"(mental states)时,我们不是在谈论精神的隐藏属性,而是在谈论某人的条件属性。

这也表明,语言诱使哲学家们从谈论日常事务的非常普通的方式中得出毫无根据的形而上学结论。

赖尔的思想在今天不受欢迎,他不是一个行为主义者,但他的观点对唯心主义理论的合理性产生了类似行为主义的影响。我们现在知道的认知科学在他那个时代并不存在,但如果赖尔对精神的看法是正确的,那么不仅是精神哲学,整个精神领域可能都被误解了。

但是,当一座建筑物被废弃时,建造者的工具可能仍然有用。赖尔对事件和成就的区分影响了后来的哲学研究,同时也为后来的体类型(aspectual types)的研究提供了灵感。为了引起人们对倾向的注意,他预言了一个哲学和语言学会紧密纠缠在一起的研究领域。

如果说赖尔在哲学上对体类型的运用不够成功,那么在安东尼·肯尼和芝诺·万德勒的作品中，我们就更不容易觉察他们对哲学的影响了。

万德勒和肯尼都不能被称为普通意义上的语言哲学家，但是，他们同于奥斯丁，异于赖尔，都专注于纯语言分析，并愿意因此推迟更大的哲学成果的产生。在万德勒（Vendler, 1957）和肯尼（Kenny, 1963）的作品中，关于体的研究很可能被称为"非正式语义学"（informal semantics），可将它归类为语言学，也可将它归类为哲学。

亚里士多德仍然是最好的将体的思想整合到哲学体系中的哲学家。在我们这个时代，人们仍然质疑亚里士多德的方法是不科学的，而且在大部分情况下都有合理的理由。生物学家更喜欢机械论的解释，而不是目的论的解释。但亚里士多德的著作仍有其价值，因为它系统地解释了用自然语言表达的常识性的思维形式。①

4.5 依赖观察者的时间性

4.5.1 主观和客观的时间概念以及麦克塔格特的论点

反对时间真实性的争论并没有随着芝诺的去世而消亡，最有力的例子就是20世纪早期英国理想主义者约翰·麦克塔格特的出现。唯心主义是主导19世纪的一种哲学立场，唯心主义至少有一个观点是，除了头脑和它们产生的思想之外，什么都没有。

麦克塔格特首先区分了思考时间的两种方式，然后声称这两种方式是不一致的。麦克塔格特说，可以有两种不同的方式给时间排序：他称第一种方式为"A系列"（A-series），第二种方式为"B系列"（B-series）。A系列使用"today"和"tomorrow"这样的术语，因此A系列依赖变化的时间视角。B系列使用"before"和"after"这样的术语，因此在时间上可以脱离语境。根据麦克塔格特的观点，如果脱离了A系列去解释时间（就像在自然科学中发现的脱语境理论），从根本上说是不完整的，他认为没有A系列而讲变化是不可想象的。但是，他声称，A系

---

① 有关这个主题的更多信息，参见 Code, 1995; Cohen, 2014。

列及其相关概念是不一致的，因为：（1）没有时间可以既是未来的又是过去的，（2）任何给定的时间可以既是未来的又是过去的。

这个论点看起来似是而非：你会说，即使是未来的时间也将成为过去的时间，或者从一个角度看是未来的时间，从另一个角度看也是过去的时间。麦克塔格特预计到了这些异议。他说，用时态说一个事件将成为过去就等于说在将来这件事是过去的事，这会导致循环解释或倒退，因为为了解释"moment M is past"中的时态动词"is"，需要次级的 A 系列。

这些看起来都是不合理的，但哲学家们发现，要就问题达成一致观点也并不容易（Dummett, 1960; Prior, 1967: 1-9; Mellor, 1981; Rochelle, 1998）。然而，也许我们可以说，论据中最薄弱的一点是麦克塔格特声称在 A 系列概念的解释中发现了一种恶性倒退。亚瑟·普雷尔在其作品中提供了一个令人信服的办法，解决了麦克塔格特说的倒退（参见 Ludlow, 1999: 107-108）。

出于我们的目的，思考一下形式语义学中时态的标准理论将受到的影响可能会更有用，这些理论是从时态逻辑学的早期工作中发展而来的。这些理论根据无时态的句子 φ 在时间 t 的真值来解释它在时间 t 的现在时态形式。如果麦克塔格特是正确的，这个办法是行不通的。与标准方法相比，更诚实的做法可能是借助有时态的元语言（事实上，在普雷尔后来的作品中，他似乎推荐了类似的东西，参见 Prior and Fine, 1977）。

然而，时态元语言不仅偏离了形式语义学的一些正常做法，而且在某些基础方面也会有问题。我们期望科学理论是独立于观察者的。形式语义学和语言学的其他分支一样，应该是一门科学。而且，语言理论是用来解释语言现象、回答语言问题的。即使麦克塔格特已经证明了无时态的语义元语言不能对目标语言提供哲学分析，也并不意味着这种元语言作为一种语言理论是不充分的。

4.5.2 与命题态度的相互作用

如果不考虑形而上学，我们可能会问去语境的时态理论（decontextualized theories of tense）是否能提供相关的语言学证据。问题是这样的：当时态的语义学理论面对语言学证据时，麦克塔格特的担忧，或者类似的担忧，会重现吗？

事实上，的确有这种可能。相关的证据与时态和命题态度的相互作用有关。在其作品中，普雷尔提到了一个案例：一个人忘记了日期，在无日期的迷茫中，他于 1954 年 6 月 15 日说："Thank goodness that's over！"（Prior，1959）。让我们补充一点细节，假设这个人正在回忆昨天看牙的情景，高兴地表示这件事终于结束了，这和想到你很高兴看牙这件事在 1954 年 6 月 15 日之前已经结束是两回事。而且，那个把 6 月 15 日当作 6 月 14 日的人，并不相信 6 月 15 日就是 6 月 14 日。

但是，形式语义学中的时态的标准理论预测了这种不正确的相信模式，这些理论把在时间 t 认为拜访牙医这件事已经结束的想法看作是当事人和世界集之间的一种关系，在这个世界集里，拜访发生在 t 之前。如果 t = 1954 年 6 月 15 日，那么这与拜访发生在 1954 年 6 月 15 日之前的世界集是一样的。因为根据标准理论，相信是当事人和世界集的关系，相信的内容必须是一样的。

重要的是，要明白这与启发弗雷格区分涵义和指称的内涵难题不同。尽管如此，使用可能世界来处理内涵性的标准理论产生了普雷尔的问题。内涵性的例子与语境或视角没有什么特别的关系，但是语境和视角对于解释"now"却显得至关重要。

这个问题似乎对整个框架的充分性提出了质疑——看起来，命题态度似乎不可避免地与观察者依赖性相纠缠。也许，像麦克塔格特这样的哲学家的想法可以被转化成语言学上的理由，以此来否定只使用 B 系列概念的元语言来研究时态的做法。

在形式语义学出现这样的问题之前，学者们已经试图从哲学的角度详细讨论这些问题，以便分析说话者依赖型的或"自我中心的"（egocentric）或"指示性的"（indexical）表达式。我们将在第 7 章更详细地讨论这个话题，在这里，我们只需要概述一下汉斯·莱辛巴赫的观点。

莱辛巴赫（Reichenbach，1947）分析了指示语（indexical expressions），他的想法是通过话语中产生的语言符号的指示指称（demonstrative reference）来解释它们。在普雷尔的忘记时间的例子中，说话者说"I believe that today is June 15"时，产生了一个话语 u，这句话的符号自反分析（token-reflective analysis）就是"Speaker（u）believes at Time（u）that Day(Time(u))is June 14"。这和"I believe that June 15 is June 14"的相应分析是不一样的，正如"I believe that the number of US states is greater than 48"和"I believe that 50 is greater than 48"是不一样的。

莱辛巴赫分析的充分性在后来的哲学文献中一直备受争议。①

符号自反描述的主要替代方法是将一个表达式的解释相对转化为对语境相关特征的抽象表示。例如，如果我们只对指示词"now"感兴趣，那么语境就只是一个时间，内涵或分配给句子 ϕ 的命题 $[\![\phi]\!]^t$ 将取决于 t。

当将莱辛巴赫的观点与这种方法进行比较时，会发现给这两种方法找语言学证据都很难，因为通常上下文所需的特征可以从话语符号的位置（时间、空间和给定的可能世界）中获得（当然，也有一些反常的情况，比如，一位教授在他的电话上留言说："很抱歉，我现在没法接你的电话。"但也许这个问题可以通过更好地解释"符号"（token）的含义来解决）。因此，争论的一个主要论点就是从解释句子——无论这些句子是被思考的还是被说出的——过渡到解释符号或者解释话语事件的合理性上。

但是，如果我们说"语境中的句子"的方法在充分性上可与莱辛巴赫的"符号自反"理论相媲美，也许还为时过早。虽然前一种方法在形式语义学的课本中被普遍接受，但它没有考虑到语境敏感性和命题态度的相互作用，这表明它错误地描述了那个把 6 月 14 日误认为是 6 月 15 日的人。如果故事到此结束，那么看起来不受欢迎的符号自反理论倒是给我们提供了一个更充分的解释，虽然它在某些方面显得不合情理（参见第 7.2 节对莱辛巴赫理论的讨论）。

---

①参见 Kaplan, 1989; Crimmins, 1995; Ludlow, 1999; Garcia-Carpintero, 2000; Predelli, 2006。

当相信的对象或命题对视角（perspective）不敏感的时候，就会出现普雷尔的遗忘时间的问题。这一点在诸如蒙塔古的理论中得到了证明，它将命题表示为可能世界集。当时间被纳入考虑的范围时，就意味着一个命题相当于一个从时间、世界到真值的函数。但是，在6月15日说"Today is June 14"所表达的命题是一个函数，它在w中t时为真当且仅当6月14日在w中t时是6月15日，这是一个矛盾的命题，是错误的，不是一个值得相信的对象。如果我们把蒙塔古式的命题等同于相信的对象，我们就会遇见普雷尔问题。

　　幸运的是，标准框架中的一个非常自然的延伸似乎解决了这个难题。我们把视角纳入命题，并以*中心世界*（centered worlds）集来表达命题。这些只是与时间位置相关联的世界，即由一个世界和一个时间组成的有序对。当然，这归纳了一个简单的想法，即命题是世界集，因为我们可以把无视角的命题等同于与时间无关的中心命题 p，即满足下面条件：如果对某个 t 而言，⟨w, t⟩∈p 成立，那么，对所有的 t 而言，⟨w, t′⟩∈p 成立。

　　要知道为什么普雷尔的问题不会在这个更普遍的背景下出现，可以想象有一个人在6月15日这一天，误以为当天是6月14日，这个人相信包含⟨w, t⟩的中心命题，其中 t 是6月14日，这个命题当然和6月15日就是6月14日这个错误命题是不一样的。

　　这个研究命题态度与语境依赖的相互关系的方法是由刘易斯（Lewis, 1979a）提出的。刘易斯更倾向于一种基于*副本理论*（counterpart theory）的形式（这是刘易斯关于量化和情态的方法，参见 Lewis, 1968）。但是他也提到了中心世界，并把这个想法归功于奎因。

　　在有关中心世界的文献中，时间只是自我定位的众多方面之一。（空间自我定位也是类似的，想象有一个人不知道自己是谁，他对自己说："It's dark here."）但时间自我定位是一个重要的例子，它很好地说明了普遍的观点。

　　这还不是故事的结尾，对于语言学家和哲学家来说，时态和内涵之间的相互作用是复杂和具有挑战性的。①

4.6 哲学的时间和语言学

从一开始,哲学家们就发现时间是一个麻烦的问题。尽管在很大程度上,自然科学已经设法使自己与这些问题绝缘,但语言学家也许不能如此轻率地忽视它们。在大部分情况下,当我们阐明对时间的常识概念时就会出现哲学上的问题,而我们又期望通过这个概念来揭示时间表达式的意义。

任何一门科学,都必须找到一种可行的方法来与哲学保持一定的距离。对于语言学,特别是对于语义学来说,这意味着要找到一种方法,将语言问题与那些可以留给哲学家解决的问题区分开来。例如,当亚里士多德问:"现在似乎限定了过去和未来,它是否始终如一,还是始终不同?"(Does the present that appears to limit the past and the future always remain one and the same or is it always different and different?)他似乎提出了一个语言学家完全可以忽略的问题。在希腊语和英语中,用来陈述该问题的语言是高度技术性的,就目前的情况来看,这个问题依然存在,且并未质疑这两种语言的语义充分性。

然而,我们已经看到,麦克塔格特的论证可以转化为时态或者更宽泛地说是语境,与命题态度的关系的语义问题,他的倒退论证(regress arguments)提出了语义解释需要什么的问题。

倒退问题可能反映的是对语义元语言的担忧。塔尔斯基(Tarski, 1936)明确地表明,语义元语言的层次结构是不可避免的。后来关于真值形式化的研究表明,有办法重新包装这个结果,但这似乎还是不能消除对某种层次结构的需求,数理逻辑学家已经学会了接受这一事实,如果这就是麦克塔格特的观点,那么使用逻辑方法的语言学家不必为元语言的层次结构感到尴尬。另外,对于他的倒退说,也出现了令人信服的哲学回应,如普雷尔在其作品中的哲学回应(Prior, 1968a)。

---

①有关这个主题的更多信息,可以参见 Salmon, 1986; Ninan, 2013。

至于更核心的语言哲学的问题，我们认为有一个吸引人的回应可以提供给形式语义学家参考。通过使用中心世界来丰富命题的表征，我们能够自然地扩展标准语义理论，它不受主观性的影响，而且它似乎能够解决最紧迫的困难。

4.7 可能性和可能世界

可能世界在17世纪哲学家莱布尼茨的哲学观点中发挥了重要作用。然而，直到20世纪下半叶，它才成为哲学理论的一个有效组成部分，并成为关于形而上学辩论的活跃的主题。

可能世界在哲学界流行的事实，以及其他学科（除了形式语义学）回避这个术语的习惯做法，都表明哲学家对这个概念拥有知识产权，但其实这是错误的。几个世纪以来，可能世界以不同的名称出现，在许多科学领域中都占据了突出的地位，直到最近，大多数的科学应用还都与概率（probability）相关。

4.7.1 可能性、命题和概率

17世纪概率的起源与组合学密切相关。确定一个结果的可能性是一个两步的过程：首先，各种因素组合生成各种可能性，然后计算在可能性的多少比例范围内，结果会发生。如果抛出两枚硬币，就有两个变量，追踪这两枚硬币是正面朝上还是反面朝上，就产生了四种可能性，在这四个"世界"的三个"世界"中，至少会有一个硬币是正面朝上的。所以至少有一枚硬币正面朝上的概率是3/4。

渐渐地，概率论变得更加抽象，它历经了19世纪后期物理学家发展的相空间理论（the theories of phase space），到柯尔莫戈罗夫的样本空间（sample space）思想。在样本空间中，可能性是未经分析的点，它们在组合学中的基础完全消失了。

相空间理论提供了一个很好的例子，可以说明它是如何在实践中运作的。一个物理系统的相空间是通过把值与组成该系统的每个物理变量关联起来而确定的。例如，如果这个系统由1000个粒子组成，每个粒子有一个位置p，有一个动量m，那么相空间的点将是三个一组的⟨n, p, m⟩，其中 m 是实数，1≤n≤1000。因此，一个可能世界将对应每个变量的赋值的合理组合，但什么才算合理呢？要确定这一点，我们可以参考物理定律，我们当然想要求位置和动量是非负的，并且没有两个粒子占据相同的位置，因此，我们可能想要施加一些相对的约束。

考虑一个更简单的例子：假设我们有一个封闭的盒子，它的空重量是1，盒子里有三个球a、b和c，盒子和球的总重量是6。每个球的重量是1或2或3。两个球的重量是1的概率是多少？在本例中，系统的一种可能状态——或一个可能世界——是一个从$\{a, b, c\}$到$\{1,2,3\}$的函数 Lb，它满足 Lb(a) + Lb(b) + Lb(c) = 5 的条件。

首先，我们确定世界的数量。如果 Lb(a) = 1，那么 Lb(b)可以是1或2或3。我们可以从第二个球的重量计算出第三个球的重量，因此有三个世界，其中 Lb(a) = 1：分别把它们称为 w_{113}，w_{122}，和 w_{131}。如果 Lb(a) = 2，那么 Lb(b)可以是1或2，因此有两个世界，其中 Lb(a) = 2：分别称它们为 w_{212} 和 w_{221}。只有一个世界，其中 Lb(a) = 3：我们称它为 w_{311}。所以总共有六个世界。假设这些世界有相同的可能性，我们就可以计算两个球的重量都为1的概率，方法是计算这个命题为真的世界数并除以6，因为有三个这样的世界：w_{113}，w_{131} 和 w_{311}，所以概率为1/2。

通常，概率直接分配给状态集（sets of states），而不需要语言，但我们可以考虑一下公式 ϕ 的概率 $P(\phi)$，这也是有帮助的。描述盒子中球的语言有原子公式 $Lb(x, n)$，其中 $x \in \{a, b, c\}$；$n \in \{1,2,3\}$；$Lb(a, 2)$的意思是，球 a 的重量是2个单位。利用布尔操作符（the boolean operators）∧、∨、¬，就可以建立相应的公式。

$(Lb(a,1) \land Lb(b,1) \lor Lb(c,1)) \lor (Lb(b,1) \land Lb(c,1))$

这个公式说，至少有两个球的重量是1。

该公式的析取项是成对地不一致，因此它的概率是它的析取项的概率之和[此处，我们使用了柯尔莫哥洛夫的概率公理（Kolmogorov's probability axioms），参见 Kolmogorov，1956]。$Lb(a, 1) \land Lb(b, 1)$怎么办呢？这个公式只适用于一个世界：w_{113}，所以，$P(Lb(a, 1) \wedge Lb(b, 1)) = 1/6$，另外，$P(Lb(a, 1)) = 1/2$，$P(Lb(b, 1)) = 1/2$。

这里，我们有两个公式的概率是 1/2，它们合起来的概率是 1/6。还有一种中间状况：这也是两种极端的情况，一种是一个合取项包含另一个合取项，联合概率是合取项概率的最小值。另一种是公式不一致，合起来的概率为 0。

当然，我们可以根据一个合取公式的组成部分的真值来计算它的真值，但是我们已经看到，这和概率的情况非常不同；$P(\phi)$ 和 $P(\psi)$ 的值对 $P(\phi \wedge \psi)$ 的约束非常小。事实上，为了计算一个联合概率，我们需要了解合取项在统计上是如何相关的。如果它们是*独立的*（independent），我们可以乘以它们的概率。如果不是独立的，我们必须根据它们的关系进行特别的计算，联合概率可能位于 0 和不太可能的并连语的概率之间。

因为联合概率的这个特性，对公式的概率分配并不是强组构性的：$P(\phi \wedge \psi)$ 不由 $P(\phi)$ 和 $P(\psi)$ 决定。这就是为什么概率理论通常忽略语言和公式，概率主要与可能世界集相关联。如果我们希望让它与一种语言相关联，那么，我们必须调用世界集 W（样本空间），以及一个概率度量 μ，将可测量的世界集在区间[0,1]内取值。然后，我们可以用两步解释公式 ϕ：首先我们给 ϕ 赋（可测量的）世界集⟦ϕ⟧，如果我们用布尔语言，就可以使用强组构性来操作：重要的等式是⟦$\phi \wedge \psi$⟧=⟦ϕ⟧∩⟦ψ⟧。然后，任意一个公式 ϕ 的概率可以通过 μ（⟦ϕ⟧）获得。

这种做法背后的思想是复制了语言学家很熟悉的内涵结构的语义学。如果我们给布尔语言添加一个可能性算子 ◇，那么 ◇（$\phi \wedge \psi$）的真值在功能上并不依赖它的组成部分——ϕ 和 ψ。因此，我们通过可能世界集和强组构性给公式赋世界集，并称它们为"命题"。

这个简单的例子提供了可以成功地应用于各种内涵结构的模式。在 20 世纪，哲学逻辑学家通过大量的工作证明了这一点，他们展示了如何将这个观念应用到时态、必然性、认识论和条件结构中。这些工作大部分发生在 1950 年到 1980 年之间，涉及的人包括鲁道夫·卡尔纳普、亚瑟·普雷尔、斯蒂格·卡格、索尔·克里普克、雅克·辛提卡、露丝·马库斯、戴维·刘易斯、理查德·蒙塔古和罗伯特·斯托纳克。

4.7.2 模态逻辑学家

尽管大多数关于可能世界语义学的正式研究始于人们在大脑中相当有限的应用——对模态必然性算子的解释，大致对应英语的"necessarily"，但一些有逻辑头脑的哲学家在早期阶段就意识到它可能有更广泛的应用。鲁道夫·卡尔纳普、雅克·辛提卡和亚瑟·普雷尔在这个过程中有一定的影响力。卡尔纳普（Carnap, 1956: 124-133）注意到，可能世界可以满足弗雷格早期区分涵义和指称的许多目的（例如，我们可以同意弗雷格的观点，即句子的指称是一个真值，并接着说，它的意义是一个从可能性到真值的函数）。辛提卡（Hintikka, 1962）认为，可能世界可以给"know"和"believe"这样的命题态度提供一种理论。从20世纪50年代开始，亚瑟·普雷尔探索了可能世界在时间逻辑上的应用。这些哲学家意识到了奎因对内涵性的基本关注，我们在本书的介绍部分已经讨论过这一点。他们认为这些关注引发的技术问题需要通过逻辑学来解决。事实上，在奎因早期关于内涵性的论著中，要把哲学上的异议和技术上的挑战分开是非常困难的。

到20世纪60年代末，对可能世界语义学的研究已经足够先进，其应用也足够广泛，于是理查德·蒙塔古宣称它能够支撑研究自然语言的内涵性。在命题明确的情况下，蒙塔古对内涵结构的"恰当处理"（proper treatment）是在世界集上使用算子。蒙塔古的内涵逻辑还解释了其他结构，如内涵及物动词（intensional transitive verbs）：这种逻辑使个体、真值和可能世界构成的任意的功能类型成为可能。蒙塔古自己并没有把可能世界视为一种原始类型，但是加林（Gallin, 1975）表明，蒙塔古用更间接的方法对待内涵性与原始可能世界的逻辑相当。

4.7.3 可能世界的哲学

不仅是形式语义学，还有物理学和其他许多科学领域，都在使用可能世界。如果科学本体论的默认立场是现实主义，你可能会期望哲学家们认同如下观点：存在着许多可能世界，其中只有一个是真实的——决定偶然命题真值的那个世界。但是很少有哲学家愿意把科学中对可能性的假设视为理所当然，也许是因为他们认为可能世界属于哲学的范畴，也许是因为他们看到了从可能世界的朴素现实主义到看似极端的形而上学假设之间的道路。关于可能世界的地位，一直以来都是、未来也将是哲学家们继续争论的话题。

这场争论的最初立场或多或少与人们对概率性质的相应立场相似：(1) 如果概率是主观的，只是量化了我们的无知，那么，尽管它提供了一种微积分，可以用来推断无知的程度，但假设的可能性只是一种数学上的便利，与现实世界并不对应。(2) 或者概率分布在可能世界集上，它客观上与实际世界具有相同的现实性。在哲学中，第二个观点与戴维·刘易斯有关；在物理学上，它与埃弗雷特-惠勒对量子力学的解释有关（参见 Wallace, 2012）。

无论我们认为可能性是真实的还是不真实的，我们都可以把它们组合起来考虑。一个人选择一组变项，然后给每个变项赋值，定义一个可能世界。有时候，我们可能还会增加一些条件使得赋值合理，这表明了我们可以把可能性看作可实现的真实零件的组合。如果组合原则是客观真理，那么它们就能产生我们可以称为真实可能性的东西；如果它们只能反映我们的认知，那么它们就没有这个功能。

有两种未经提炼的立场，对应于在任何关于哲学本体论的辩论中都有的原型立场：唯名论（nominalism）和实在论（realism）。唯名主义者认为可能性用起来方便，但属于不存在的虚构。现实主义者说，它们就像任何由正确理论认定的事物一样真实：尽管几乎所有的可能性都没有实现，可能性仍然是存在的。但是，流行的哲学观点往往更加微妙。一种观点认为可能世界是虚构的，但对虚构的事物如何在理论上是有用的提供了复杂的解释（参见 Yablo, 1996）。另一种流行的说法是可能世界是真实的，但并不是现实主义者所认为的那样。也许可能世界——完全不同于现实世界——是某种抽象的实体。①戴维·刘易斯的现实主义立

---

① 这个观点的延展信息，可以参见 Stalnaker, 2012。

场和像斯托纳克那样的叙述之间的差异并不影响在形式语义学中使用可能世界——两者都使用"世界"集，都很好地为语言目的服务。刘易斯这种典型的现实主义者和像斯托纳克这样的哲学家之间的主要差别是属于形而上学范畴的，并且与现实的地位有关。根据刘易斯的说法，所有的世界，包括我们现有的真实世界，都是平等的，而且，对于其他可能世界的居民来说，他们的世界相对于他们而言，就像我们的世界相对于我们一样真实，刘易斯（Lewis，1970a）生动地描绘了这一想法。

我们看到，如果我们希望在实践中掌握可能世界到底是什么，那么，利用组合技术就显得很重要，这并不意味着我们必须用组合来识别可能世界——事实上，为了构建可能性，所有关于可能世界的形而上学立场都可以和组合技术结合起来。

科学家对于他们研究的科学主题往往表现为天真的现实主义者。物理学家很乐意假设电子，甚至假设力都是真实的，数学家可能不太乐意假设集合和数字同样是真实的。如果这些假设受到质疑，要么可以摒弃它们，要么就把它们推给哲学家。

毫无疑问，这更有利于科学家们专注于他们的学科，但是哲学家们却没有这么幸运。因此，尽管许多当代哲学家愉快地将可能世界理论化，但他们中很少有人像刘易斯那样，对可能性抱有极端的现实主义的态度。

关于可能世界本体论地位的辩论有一种形而上学的味道——辩论的参与者不诉诸语言学上的论据。从语言学的目的来看，这些问题可能显得相对遥远。事实上，就像概率的哲学问题一样，各种各样的哲学立场都受限于保留数学理论的需要，可能世界的形而上学必须与可能世界理论在语言学等领域的许多应用保持一致。

但是，一个与个体和可能世界之间的相互作用密切相关的辩论，更直接地涉及语言学方面的问题，因为它会影响到对一类句子的解释，这类句子涉及量词和情态词的相互作用，例如：

（4.7.1） Some famous novelists might have died in infancy.

这类句子取决于*个性化*（individuation）或*跨世界识别*（cross-world-identification），它涉及选择一个人，他在这个世界是个著名的小说家，比如简·奥斯汀，然后找到另一个世界，在那个世界，他（同一个人）在婴儿期就夭折了。

刘易斯把个体看作是与世界绑定的——个体只属于一个世界。为了解释像（4.7.1）这样的句子，他调用了一个*对应*（counterpart）关系：例如，如果简·奥斯汀在另一个世界的对应者在幼年时夭折了，那么（4.7.1）就是正确的。刘易斯的对应关系是不受约束的：简·奥斯汀在同一个世界里可以有几个对应者，或者根本没有对应者。

另一方面，刘易斯的反对者倾向于将个体简单地视为同时属于多个世界，对于这部分哲学家来说，一个个体在另一个世界有多个"对应者"（counterparts）的想法被否定了。

这个问题至少在某种程度上取决于模式有效性的语言学证据，看来刘易斯的完全不受约束的理论及他的反对者所提出的受到严格约束的理论都不完全正确。吉伯德（Gibbard，1975）和古普塔（Gupta，1980）认为个性化的标准与普通名词有关，而且不同的名词可能具有不同的标准。这一观点虽然很重要，似乎也是合理的，但对语义学几乎没有产生什么影响。

4.7.4 可能世界和形式语义学的要求

在蒙塔古的作品中，以及随后有关形式语义学的研究中，都提到了可能世界，但具体的论述极少。事实上，我们被告知的全部内容就是有一个非空可能世界集的存在，很难想象，我们对它的了解除了这一点以外几乎为零，但该观点不仅与大多数关于可能世界的哲学观点相容，而且它也符合人们对可能世界的任何看法。

然而，我们很可能希望搞清楚"might"这样的情态词的语义需求，我们可能希望下面的一系列句子是真的，或者，至少这一系列句子与我们在语义学中为它们假定的意义是一致的。

(4.7.2.a.) There is something that is larger than exactly one thing,

but that might be larger than exactly two things.
（4.7.2.b.） There is something that is larger than exactly two thing, but that might be larger than exactly three things.
（4.7.2.c.） There is something that is larger than exactly three things, but that might be larger than exactly four things.
……

为了让所有这些句子为真，每一句都需要不同的可能性——不同世界的无穷系列。尽管语言学家可能不需要说明可能世界是什么，甚至不需要关心它们是什么，但关于可能性的自然直觉告诉我们，我们似乎需要大量的可能世界。结论似乎是，为了满足这些直觉的需要，语言学家需要可能世界集，它与组合性描述（combinatorial account）相兼容，而且它是建立在相当自由的组合原则（principles of combination）基础上的。

在这方面，其他科学领域对可能性的诉求也是一样的，一个游戏理论家想要模拟一个玩家对一张牌的猜测，他可能需要满足下面的一系列条件的句子（关于许多类似的例子，以及可能世界语义学在非语言学领域的应用，可以参见 Fagin et al., 1995）。

（4.7.3.a.） That card might be an ace.
（4.7.3.b.） That card might be a king.
（4.7.3.c.） That card might be a jack.
……

这些想法似乎是不可避免的，它们可能不会让哲学家感到不适，当然也不会让语言学家感到困扰。正如克拉策（Kratzer, 2012）、波特纳（Portner, 2009）所解释的，它们为形式语义学家普遍接受的情态词理论（theory of modals）提供了坚实的基础。

4.8 可能性

如果不仅考虑可能世界，而且考虑个体进入各种可能性时的情况，那么可能性的哲学问题就会变得更加棘手。

（4.8.4） There could have been a person over twelve feet tall.

（4.8.4）这样的句子需要（4.8.5）为真的可能世界（在某些时候）。

（4.8.5） Someone is over twelve feet tall.

如果没有人（真实存在的人）能长到 12 英尺（约等于 3.66 米）以上，那么为了使（4.8.5）为真，我们需要一个世界，这个世界中有现实世界不存在的某个人，他身高达到 12 英尺以上。

在这一点上，我们正在努力扩大可能世界组合性描述的合理性。我们不再想象实际存在的事物可能具有不同的品质，而是将全新的事物引入其中。

但由于存在量词的范围很广，如（4.8.6），我们遇见了一个非常不同的情况：

（4.8.6） There is a person who might be over twelve feet tall.

这需要有一个真实的人（也许他在青少年时期接受过激素治疗，现在的身高已经超过 10 英尺）。这样，在某个可能世界里，这个人身高确实超过 12 英尺。

这两个例子表明——正如奎因所怀疑的那样——当量词与情态词相结合时，会出现更多的哲学复杂性（参见 Quine, 1953 b）。

（4.8.4）表明，我们需要允许可能世界里有实际上并不存在的个体居民，至少，我们需要仔细地重新思考可能世界到底是什么。

（4.8.6）提出了我们在4.7.3节中提到的个性化问题，这似乎要求我们在现有的个体中找到某个深层特征，使我们能够界定该个体，使我们能够在不同的环境中识别它。事实上，我们经常沉溺于反事实的重新识别（counterfactual reidentifications），如下面这个例子：

(4.8.7)　　If Nixon hadn't resigned, he would have been impeached and removed from office.

但随着可能性变得越来越小，上述事情就变得越来越成问题：

(4.8.8)　　If Nixon had been the youngest of the three triplets, he would not have had political ambition.

这是本质主义（essentialism）的哲学问题，对于这个问题，哲学家们有很多看法（参见 Kaplan, 1969; Plantinga, 1974; Mackie, 2006）。但很难看出它与直接涉及语言的问题是如何关联的。

但是，有一个相关的问题确实有一些语言学色彩，这关系到创造类进行时动词的宾语（objects of the progressive verbs of creation）。帕森斯（Parsons, 1990）提到了夏威夷的一个标志牌，它指示着一个空的地基，这个牌子上写着"the house that Jack London was building"，但是空地基怎么可能是房子呢？

创造类动词的宾语是有争议的；一些理论家认为可以沿着（4.8.5）的思路，把它们作为宽范围情态动词（wide-scope modals）来分析，其他理论家认为它们是真正的宽范围存现句（wide-scope existentials）。这个问题开启了一大堆自然语言的例子，因而它具有了语言学的色彩（参见 Szabó, 2004）。

4.9 条件句

像（4.9.9）这样的条件句包含两个子句：一个从句或条件句（"it

snowed last night")和一个主句（"the roads are slippery"）。

(4.9.9) If it snowed last night the roads are slippery.

传统语法学家会用"apodosis"表示从句，用"protasis"表示主句，许多语言学家都采用了这个术语。逻辑学家和许多哲学家思考的不是语法而是下面的形式：

(4.9.10) $P \to Q$,

他们称从句为"antecedent"（前情），称主句为"consequent"（推断）。因为我们在这里的讨论将追踪哲学传统，所以我们将采用第二组术语。

现代对"if"含义的关注始于所谓的"实质条件句"（material conditional），即当且仅当前情为假或推断为真时，该条件句为真。这种对条件句的真值条件的解释形成了一个简单的理论，它实际上很符合数学思维的实践和推理。但是，这种对条件句的常识性推理是非常不直观的。

一些早期的作者似乎认为"实质条件句"就是"if"的实际意义，与其鼓励这种想法，我们不如谈谈*实质理论*（material theory）。

一个使条件句为假的条件与实质条件句为假的条件（前情为真，推断为假）互相冲突。例如，如果你被告知当地冬季道路维护非常高效，暴风雪后道路不会变滑，那么（4.9.9）就是错误的。你不会说"我同意，但这并不表明（4.9.9）是错的；我们需要知道昨晚有没有下雪"。

有假前情的条件句可能是假的这一观点在虚拟条件句中更有说服力，比如：

(4.9.11) If it had snowed last night, the roads would have been slippery.

在很长一段时间里，像这样的例子被称为"反事实条件句"（counterfactual conditionals），因为人们认为它们实际上暗示了前情的虚假性。但安德森（Anderson，1951）否定了这一观点。 安德森想象有一个医生看着病人说："如果他服用了砒霜，他现在就会表现出这些症状。"（if he had taken arsenic, he would be exhibiting just these symptoms.）

与罗素不同的是，那些担心上述不一致情况发生的、具有哲学头脑的逻辑学家愿意严肃看待普通语言和常识性推理。当科学哲学家们试图以科学理论的方式解释"if"的用法时，他们发现了这个问题值得关注的其他原因。除此之外，这些理论支持类似于（4.9.12）和（4.9.13）的虚拟条件句：

(4.9.12)　If this sugar lump were put in water it would dissolve.

(4.9.13)　If this weight were dropped it would hit the ground in 2.23 seconds.

希望改进实质理论的哲学家有两种主要策略。他们可以说，这个理论正确地解释了"if"的含义，但没有正确地解释它的用法。或者他们可以提供关于"if"含义的另一种理论。两种策略也可能是混合的：也许条件句是模棱两可的，实质理论只符合其中的一种意思，而另一种意思则需要不同的理论。

保罗·格赖斯的观点也许是第一种方法中最极端的例子。我们将在第9章中看到他是如何解释这一观点的。戴维·刘易斯的看法更为温和。在他看来，*指示*（indicative）条件句可以由实质理论解释，但其他条件句，特别是那些明显的虚拟条件句，则需要具有不同真值条件的理论来解释。

那些提出条件句的意思需要不同理论去解释的人，首先想寻求给出哲学上的分析：他们想用一种特殊的语言或某种哲学上令人满意的术语，给出类似于定义的东西——特别是，它们本身不能牵扯条件句（哲学分析的传统在哲学中有着悠久的历史，在不同的时期有着不同的意义。 更多的相关信息参见 Beaney，2016）。在很长的一段时间内，尤其是在 20 世纪 40 年代，寻求一个令人满意的对虚拟条件句或反事实条件句的分析的工作进行得十分密集，这项工作被很好地记录在施耐德的作品中（Schneider, 1953）。但古德曼（Goodman, 1955）令人信服地表明，提供令人满意的分析的前景是不容乐观的。这些尝试性研究通常从一个背景理论开始，然后加上由前情所表达的条件，然后再加上来自当前事件状态的某些"背景条件"（background conditions）；如果结果是符合逻辑的，那么这个条件句就被认为是真的。

这里，主要的困难是什么背景条件应该被保留下来？在某种程度上，古德曼重申了奎因的观点，即不能用外延术语来解释"meaning""synonymy""analyticity"和"definition"之类的内涵术语。古德曼指出，似乎需要有条件的概念来解释什么应该被视为背景条件。但古德曼的循环论证比奎因的观点更令人不安，因为分析本不应该是循环的。此外，古德曼还指出，试图描述背景条件的做法造成了许多具有挑战性的次生困难。

从逻辑学的角度看待条件句不同于一般的分析。如果充分发展，它将会包括一种形式化的语言、证明规则和一个模型理论。那些采用了这个方法的人使用了带着箭头样符号的形式语言来说明条件句：例如，"$P \rightarrowtail Q$""$P \square \rightarrow Q$"或"$P > Q$"，证明规则当然不需要分析，而模型理论尽管必须提供真值条件，但是它可以避免许多与分析相关的要求。

在第 1.2.4 节中已经讨论过的塔尔斯基对量化的论述，就能很好地说明这一点。一个模型由一个域 D（它是一个非空集合）和 D 的子集 E 为一元谓词 P 的赋值组成。如果 E 是一个非空集合，那么公式 $\exists x P(x)$ 在模型中为真。这为存在公式（existential formulas）提供了真值条件，相对于域 D 的条件，但它避免了存在分析之类的事。

克拉伦斯·I. 刘易斯提出了实质条件句的第一个选择。他觉得实质理论缺少的是必然性（necessity）的成分；他的提议可以表示如下：

$$(4.9.14) \quad \square(\neg P \vee Q),$$

如果用刘易斯的符号表示他的"严格条件句"(strict conditional),这就是 $P \dashv Q$。

换句话说,一个条件句说的就是*必然*(necessarily)前情为假或推断为真。当然,这个想法需要一种可以获得,或必然性的逻辑,刘易斯实际上是现代模态逻辑学的先驱。

在这一点上,重新尝试分析条件句是有帮助的,在这些尝试的背后,是条件句涉及了两个成分的观点:必然性和背景条件。C. I. 刘易斯的叙述涉及第一个成分,但忽略了第二个,这导致了几个明显的缺陷。最重要的是,严格的理论证实了*前情的强化*(strengthening of the antecedent)。例如,(4.9.12)和(4.9.13)会暗示下面两个显然不可接受的结果。

(4.9.15)　If I put this lump of sugar in water that is sugar-saturated it will dissolve.

(4.9.16)　If this weight were dropped while equipped with a parachute it would hit the ground in 2.23 seconds.

如果我们从可能世界语义学的角度来考虑严格的条件句,这是在C. I. 刘易斯的早期研究之后引入的一个创新,我们就可以发现上述问题。根据刘易斯的说法,如果在每一种可能情况下,糖被放入水中都溶解了,那么(4.9.12)就是真的。但将糖放入饱和糖溶液糖还会溶解的可能性无论多么小,仍然是一种可能性。刘易斯的理论忽略了"反事实"(counterfactuals)的事实成分,即背景条件。

在20世纪60年代早期,艾伦·安德森和努尔·贝尔纳普曾经引入了完全不同的思路,提出了一种处理条件句的逻辑方法,他们认为一个真实的条件句的前情应该与其推断相关。他们提出(4.9.17)是无效的:

(4.9.17)　$(P \wedge \neg P) \rightarrow Q,$

这个想法在安德森和贝尔纳普（Anderson and Belnap, 1975）的作品中进一步发展，并导致了一直延续至今的*关联逻辑学*（relevance logic）或*次协调逻辑学*（paraconsistent logic）的传统。但是，虽然一些关联逻辑学家最初提出他们的理论可能可以解释常识性的条件句，但他们并没有坚持这个说法，也没有对它进行阐述。后来，关联逻辑学被普遍地应用于数学理论和逻辑学悖论中。

两种最有影响力的、通过逻辑学研究条件句的方法是后来由罗伯特·斯托纳克和戴维·刘易斯各自独立研究而逐步发展起来的（参见 Stalnaker, 1968；Lewis, 1973）。两人的理论都依赖可能世界语义学，并且都通过将注意力限制在与实际世界"接近"（close）的世界上而为背景条件留出了余地。两者也都对接近关系（closeness relation）施加了正式条件，这两个理论都不依赖对接近关系的分析，但斯托纳克和刘易斯就如何理解这种关系讲了很多。虽然，他们对理论的非正式解释在某种程度上涉及条件句或相关概念，但是，古德曼对循环解释的批评已经失去了力量；他们对条件句的论证并不比塔尔斯基对否定的论证更循环。

即使这些逻辑理论并没有解决条件句的哲学问题，但可以确定的是，它们已经解决了一个与之密切相关的逻辑问题，并提供了一个解决方案来阐明相关的哲学问题。

我们在此不赘述斯托纳克模型和刘易斯模型的技术细节。对这些细节感兴趣的读者，可以读一下纽特（Nute, 1984）和阿尔洛-科斯塔和埃格尔（Arlo-Costa and Egré, 2016）的作品。 这些著作都是不错的选择，但我们确实希望强调两个重要区别：（1）刘易斯保留了条件句涉及必要性的观点，而斯托纳克放弃了这一观点。（2）刘易斯赞同指示条件句的实质理论，保留了他对带有"反事实"意味的条件句的解释，而斯托纳克则提出"if"不会引起歧义，虚拟语气的效果是实际存在的，因此指示条件句和虚拟条件句之间没有逻辑差异。出于这两个原因，斯托纳克的理论比刘易斯的更加大胆。

对斯托纳克来说，条件句完全是偶然的，就像任何无条件的简单句，比如"Nairobi is the capital of Kenya"一样偶然，但与这类句子不同的是，条件句的真值条件是"反"事实的，依赖一个非现实的可能世界的"反事实"，这个特征通过假设有一个独特的最接近的世界，在这个世界中前情为真，而被纳入斯托纳克的理论。

(4.9.18)　　$(P > Q) \lor (P > \neg Q),$

这种独特性的限制使得斯托纳克可以说对条件句的否定就是有条件的否定（斯托纳克使用'>'表示条件句）。例如，(4.9.9)的否定就是：

(4.9.19)　　If it snowed last night the roads aren't slippery.

对于斯托纳克而言，一个断言条件句（asserted conditional）所附带的唯一必然性是务实的，如果条件句是论点的结论，它将继承论点赋予它的任何必然性，但这种必然性将不是其意义的一部分。

斯托纳克认为，要坚持条件句有统一的逻辑是很困难的，因为有些推论似乎对指示条件句有效，但对虚拟条件句无效。例如，(4.9.20)看起来是一个很好的推断，而(4.9.21)看起来就很糟糕。

(4.9.20)　　My daughter drove my car away or someone stole it.
　　　　　　So if my daughter didn't drive my car away, someone stole it.

(4.9.21)　　My daughter drove my car away or someone stole it.
　　　　　　So if my daughter hadn't driven my car away, someone would have stolen it.

为了解决这个问题，斯托纳克使用了陈述语气的语用理论，以及推理的*语用有效性*（pragmatic validity）概念（参见 Stalnaker, 1970）。

然而，戴维·刘易斯认为，一般来说，在众多相近的前情为真的可能性中，一个条件句的真值对应推断的真值。所以，至少在某些情况下，一个条件句的意思是有其内在必然性的。在两种理论中，刘易斯的理论更为人知，也更受语言学家的欢迎，这在很大程度上要归功于安吉丽卡·克拉策的著作（参见 Kratzer，2012；Portner，2009）。

这两种理论之间的差异体现在语言学的许多方面。刘易斯认为，虚拟条件句和情态词"might"之间的关系揭示了条件句的内部情态。例如，（4.9.22）意味着在一些"It snowed last night"为假的相近的世界里，路面并不滑，而且，它只是对（4.9.23）的否定。

(4.9.22) If it hadn't snowed last night the roads might not have been slippery.

(4.9.23) If it hadn't snowed last night the roads would (still) have been slippery.

然而，对于斯托纳克来说，（4.9.22）是需要用强组构性来解释的，就像无条件句（4.9.24）必须具有强组构性一样：

(4.9.24) The roads might not have been slippery.

（4.9.22）可能意味着（4.9.24）在最相近的世界是真的，在那里"It didn't snow last night"是真的。

哲学的许多传统领域（如自由意志的问题、理性选择和因果关系）都涉及条件句。这里，哲学探究取决于如何理解常识性条件句的意义。这些领域的工作一度受到阻碍，原因不仅是对古德曼怀疑的结果感到不安，而且是对相关条件句的真假缺乏清楚的直觉。斯托纳克和刘易斯的逻辑学理论解放了我们的思想，并重新激起了人们对这类问题的兴趣。

当然，哲学家们仍在质疑并试图改进斯托纳克和刘易斯的理论。但是这些理论所激发的信心已经并将继续对哲学产生深远的影响，而且，研究条件句自然而然地为哲学家和语言学家之间的合作提供了机会。

4.10 外延之外

自然语言似乎包含涉及时间的表达式（例如，"yesterday""last Monday"等），也包含似乎可以量化时间的表达式（例如，"most Thursdays""every second"等）。因此，如果模型中没有实体来表示时间，就很难想象为自然语言建立语义学。

当谈到可能世界时，情况就更不明确了。我们的确谈论诸如福尔摩斯的世界这类事情，但无论如何，这个世界既不可能（因为柯南·道尔的故事的不一致性），事实上也无法成为一个世界（因为柯南·道尔的故事并没有把事物之间存在的方式讲清楚），大多数语言学家只是相信把可能世界纳入语义学的理论是有意义的，因为他们认为像"possibly""probably"这样的情态副词以及"can""ought"这样的情态动词似乎有一种量化的力量，形容词"actual"和副词"actually"似乎可以把实际世界表现出来。

那么，让我们承认在语义学理论中，我们需要时间和世界，问题是它们应该扮演什么角色，考虑下句：

(4.10.25) Cicero denounced someone.

在某种意义上，(4.10.25)是关于过去的。在许多标准的语义理论中，这要么被同化为(4.10.25)是关于西塞罗的，要么被同化为是关于每个人的。也就是说，许多标准的语义学理论认为(4.10.25)包含了一个指称语，其语义值为时间，该指称语要么是自由的（free）（由话语的上下文评价），要么是受约束的（bound，在某个隐蔽的量词范围内）：

(4.10.26) Cicero denounce someone at t.
(4.10.27) For some t before n, Cicero denounce someone at t.

第一句是过去时态的*指称*（referential）语义，第二句是*量化*（quantificational）语义(指称元素 n 挑出了说话的时间)。

这两个选择也可用于情态（这里 a 是话语世界的指示词。）

(4.10.28) Cicero may denounce someone.
(4.10.29) Cicero denounce someone at w.
(4.10.30) For some w accessible from a, Cicero denounce someone at w.

指称和量化的方法甚至可以结合起来：有人可能会说，没有时态和情态动词的句子的解释包含时间和世界的自由变项，这个变项可以被量词约束，如果不被约束，它可以由上下文评定或受某种默认闭包（default closure）的约束。

这种类型的语义学是有外延的——它不引入能评价（4.10.25）或（4.10.28）的标引。当然，另一种选择是走内涵路线，然后我们可以说（4.10.25）中没有表明时间的表达式，（4.10.28）中也没有表明世界的表达式。

语义学家应该如何在时态和情态词的外延理论和内涵理论之间做出选择？一种可能性是简单地诉诸传统：设计过形式语言的逻辑学家绝大多数选择了内涵路线，因此保守的选择就是跟着他们走。然而，在这种情况下，逻辑学家的动机与自然语言语义学并不一定相关。如果给非量化语言添加量词，就必须重写所有的语法和语义。添加算子是一种破坏性小得多的扩展形式，因此，把从旧语言中得到的逻辑结果推广到新语言中将容易得多。

要在外延理论和内涵理论之间进行选择，一个更有效的方法可能是考察时态和情态词与代词有多相似。假设我们都同意代词不会迫使我们把内涵引入语义学——那么，如果时态和情态词像代词，我们就应该把它们当外延对待。有趣的是，相似之处相当明显。在时态方面，可以参见帕蒂的著作（Partee, 1973）；斯通的作品（Stone, 1997）则包含了情态词的情况。

代词、时态和情态词都有三种不同的用法：直指（deictic）、复指（anaphoric）和约束（bound）。

直指：
(ⅰ) He is a fraud.
(ⅱ) I left the stove on.
(ⅲ) You would make me feel loved.

上面的每个句子都要在上下文中去理解它的意思，这个上下文会明确地或含蓄地展示所发生的事情：(ⅰ) 在讲一个人，(ⅱ) 在说一个过去的时间（在那个时间说话人没有关炉子），(ⅲ) 在说一个可能世界（如果说者、听者正在看的东西被买下来了，说者说出了这句话，这个可能世界就与实际世界很相似）。

复指：
(ⅰ) He is a fraud and he doesn't care.
(ⅱ) I left the stove on and you did not warn me.
(ⅲ) If you had bought me flowers you would have made me feel loved.

关于(ⅰ)(ⅱ)(ⅲ)的解释，我们可以说不在乎的人肯定就是那个骗人的人，听者没有警告说者的时间就是他没关炉子的时间，说者感到幸福的世界就是听者给他买花的世界。

约束：
(ⅰ) No politician will admit that he is a fraud.
(ⅱ) When I go to work, I leave the stove on.
(ⅲ) If you give a man flowers, you make him feel loved.

（i）（ii）（iii）的解释涉及约束：没有一个政治家 x 会承认他是一个骗子；我去上班的每个 t 时，都没有关炉子；在你给一个男人送花的每一个可能世界 w，你让他在 w 感受到了被爱。

这种相似性表明，在语义学上我们应该用默认的态度相同地对待所有的这些情况。鉴于我们从来不从内涵的角度对待代词，这似乎是选择外延语义学的一个理由，但是有没有理由让我们最终可能拒绝上述的默认呢？

超越外延的一个原因是句法，自然语言语义学在传统上寻求与实际句法保持接近——以严格的组构方式解释复杂表达式，而不假定表征式的其他层次。认为句子不包含涉及时间或可能世界的隐藏变项可能出于纯粹的句法考虑。如果是这样，我们可能会下结论说，尽管两者解释相似，但还是应该外延地处理代词，而时态或情态词则应该被赋予内涵语义。

有一些与*信递*（communication）相关的考虑，虽然我们在经验上已经拥有一个充分的语义理论可以解释自然语言的大量内容，这当然是一个不小的成就，但是我们应该始终关注这样一个理论如何可以嵌入一个更有解释力的体系当中。我们最终想要了解的是人类如何通过发出清晰的声音和图像来协调他们的行动，能够执行此任务的理论无疑将使用比单纯的外延更加细粒度的内容。尤其是，它很可能假设，当一个说话者发出一个语句时，他因此向听者传达了一个命题。如果语义学将这些更细粒度的内容（例如，可能世界集、中心世界集、结构化命题）赋给陈述式句子，将在很大程度上统一整合解释的手段。

4.11 结论

在逻辑学家看来，时间和情态是密切相关的。两者都涉及可能以各种方式排序的可能性集的算子（operators）。（参见 Rini and Cresswell，2012 对这个主题的论述。）时态和情态词都创造了内涵语境，并展示了可能世界语义学。关于情态和时态的逻辑学目前已经高度发达，尽管哲学家们对可能世界、过去时间和未来时间的地位在观点上存在分歧，但他们一致认为他们已经成功地提供了一个关于未来、必要性和相关概念的理论。语言学家又利用时间和世界的概念，成功地发展出了关于时态和情态的理论。

虽然哲学对时间和必然性的思考已经有很长的历史，但是在哲学传统中，人们并没有认识到，更没有开发时间和情态之间的相似性。我们在本章有选择地讨论了这些问题，其中包括关于事件和体类型的哲学研究成果、对时间主体性的困惑，以及最近关于可能世界的哲学辩论。

这项工作开始于卡尔纳普（Carnap，1956）对必然性的研究，并以蒙塔古（Montague，1974）对内涵性的描述而告终，它展示了弗雷格提出的内涵问题是如何被解决的过程。

内涵语义学依赖吸收包括命题态度在内的各种内涵现象进入结构——情态词和时态，这似乎很适合基于可能世界的解释，但是，我们将在5.3.3节中指出，这种吸收在某些方面是有问题的。

5
意向性

5.1 精神现象

即使没有实体,精神现象和身体现象也是不同的——如果不是事实上的不同,那么至少在我们如何看待它们上也是不同的。即使大脑的某一特定状态与你读这句话时的经历相同,那么造成这种状态的生理因素和造成这种状态的心理因素仍然是不一样的。哲学的主要任务之一就是解释这种区别,这是一个*身心的问题*(mind-body problem)。

5.1.1 意识是精神的标志

意识(consciousness)无疑是精神的充分条件,但认为意识是必然的会使人产生奇怪的观点。它使笛卡尔得出这样的结论:只要我们存在,我们就必然不断地思考,因此,我们不可能真的被击昏到无意识的状态或入睡后不做梦:

> 大脑中不可能有任何东西,它只是一种能思考的工具,它自己并未意识到这一点,这个事实在我看来似乎是不言而喻的……所以,虽然婴儿长大后并不记得他曾经思考过的内容,因为思考的印象没有留存在他的记忆中,但是我并不怀疑婴儿拥有大脑后也能思考。

(Cottingham et al. ,1984,2:171- 172)

此外，如果精神现象的本质是有意识的，那么我们的信仰和欲望的表面稳定性就是一个谜。此刻，我认为巴黎是一个伟大的城市，我希望身处巴黎，但一旦我的脑海中不再有巴黎，我的信仰和欲望也就不再有意识，根据笛卡尔的观点，我的愿望和欲望也就不复存在了。后来，当我再次想到巴黎是一个伟大的城市，并希望去那里的时候，我暂时熄灭的信仰和欲望又回来了。这看起来完全连贯，但我们并不认为如此。

有人可能会说，即使有一些我们实际上没有意识到的心理现象，它们仍然可能是我们的意识可以接触到的。但是，将精神与可能是意识的东西等同起来，就把精神的范围扩展得太远了。有一些认知技术可以让人们意识到很多我们大多数人主观意识不到的身体现象。虽然我们现在还不能意识到我们的血压水平或我们的消化阶段，但是，未来的医学新发现可能会改变这一事实。

5.1.2 意向性是精神的标志

德国哲学家和心理学家弗兰兹·布伦塔诺首先提出了意向性（intentionality）——而不是意识（consciousness）——是精神的标志的观点。在他的《经验主义立场下的心理学》第一卷中，他写道：

> 每一个精神现象的特征就是中世纪经院哲学所谓的对象在意向（或精神）上的不存在，或者我们所谓的对某个内容的指称、指向一个对象，或内在的客观性。尽管每一种精神现象所用的方式不同，但是它们都在其自身内包含某物作为对象。在展示中有某物被展示，在判断中有某物被肯定或否定，在爱中有人被爱，在恨中有人被恨，在欲望中有东西被渴望，等等。
>
> （Brentano，1995：88）

布伦塔诺说，当我想到巴黎时，我的思想里就有巴黎。不幸的是，"指向一个对象"（directedness toward an object）是一种隐喻，"在意向上不存在"（intentional inexistence）、"某个内容的指称"（reference to a content）和"内在的客观性"（immanent objectivity）都是具有中世纪背景的哲学术语。后代学者开始把表征式（representation）的概念看作阐明意向性的最好方法，精神现象的独特之处在于它们能够表征，这一论点被称为"布伦塔诺论点"（Brentano's thesis）。表征就是用某种方式表征某物，被表征的是表征式的*意图对象*（intentional object），被表征的方式是它的*意图内容*（intentional content）。所以，当我想到巴黎的时候，我这个想法的意图对象是这个城市本身，意图内容是圣米歇尔大道在一个阳光明媚的下午呈现在我眼前的方式。

毫无疑问，许多关于精神状态的范例都是有意向的：思考总是关于某事的思考，愿望永远是对某物的愿望，恐惧永远是对某物的恐惧，等等。布伦塔诺观点的批评者经常指出一些似乎没有针对任何东西的精神状态：身体感觉（如感觉疼痛、感觉瘙痒、感觉头晕等）和情绪（如焦虑、快乐、抑郁等），但我们并不清楚这些是不是真正的反例（参见Crane，1998，作者对布伦塔诺的论点进行了详细的辩护，以反驳身体感觉和情绪等所谓的反例）。虽然，身体的感觉缺少一个外在的对象，但它们似乎有一个内部的对象。我们可以区分疼痛的感觉和疼痛本身。人们可能会认为，后者只是身体某个部位的一种状态，在那里人们可以感受到前者。有一种叫作非局部疼痛（nonlocalized pain）的东西，那只是在身体的某个模糊区域感觉到的疼痛，但那也是实质的疼痛。[阿姆斯特朗（Armstrong，1968）对感觉即是对自己身体的感觉这一论点进行了辩护]。

当谈到情绪时，更难说它们是直接针对某个对象的。焦虑通常感觉没有什么特别的，这可能正是它与恐惧的区别。另一方面，我们也不太清楚焦虑是不是本身的一种精神状态，体验焦虑可能只不过是以某种方式存在的意向状态：想着焦虑的想法，愿望着焦虑的愿望，希望着焦虑的希望，等等（参见Sartre，1971）。

所以，对于精神现象来说，意向性是一个比意识更有前景的必要条件。不幸的是，作为一个充分条件，它是行不通的。非精神的表征式是丰富的——你面前的文字就是一个很好的例子。布伦塔诺需要将精神表征式与其他表征式区分开来，才能使他的论点立住脚。

精神表征式之所以特别，是因为它们是*私人的*（private），这是一个由来已久的观点。你可以想我之所想，希望我之所希望，或者恐惧我之恐惧，但是你不能拥有我的想法、我的希望、我的恐惧，相比之下，我们可以同时看着同样的地图、读着同样的句子，或者同样看不懂机场的标志。但无论是集体精神状态还是私人精神表征式，似乎都没有什么不合逻辑的地方。我们经常谈论企业或政府在想什么，想要什么，要做什么，这样的谈论可能不仅仅是字面意思，意思也不是显而易见的。我们的身体内部似乎也有别人无法直接接触到的表征式——视网膜图像就是一个很好的例子。此外，即使有一个大胆的哲学论证想要说服我们精神表征式本质上是私人的，而非精神表征式本质上是公开的，但令人失望的是，我们还是解释不清楚上述特性描述：因为如果精神表征式本质上是私人的，那么必须有一些特别之处让它们只属于一个主体。为了维护布伦塔诺论点的精神，我们应该把精神看作意向性的特定类型，来研究它的特征描述是什么。

在《基督教教义》（*De Doctrina Christiana*）中，奥古斯汀对两种表征式——自然表征式和传统表征式——做出了重要的区分：

> 且不论自然符号的使用者使用它们的意图或愿望，自然符号可以导致对其他事物的认识……另一方面，传统符号是指生物之间相互交换的符号，用来表达他们的思想、感知或想法。
>
> （Augustine of Hippo, 1995: 57）

虽然传统的表征式是非精神的，但是，它们可以从精神现象中衍生出一种意向性，这种机制很复杂，也不容易理解，但人们普遍认为，没有大脑就不可能有任何传统的符号。普特南（Putnam, 1981）以偶然的沙迹为例说明了这一见解，我们可以想象一只蚂蚁在沙子上留下的印迹形成的线条看起来就像温斯顿·丘吉尔的画像，这当然是一个惊人的巧合，以致你可能会怀疑这中间发生过一些有趣的事情：也许有人在沙子上放了糖来引诱蚂蚁走一条特定的路线，或者也许这只蚂蚁真的很聪明。但如果你知道事实并非如此，蚂蚁以特定的方式运动纯属巧合，你就会说，虽然这线条看起来像丘吉尔的画像，但实际上不是这样的，因为线条要构成一幅画，就必须有人以某种方式思考它。这幅画代表了那些想法。

想起温斯顿·丘吉尔似乎也不是个例外，一般情况下，精神状态都是非衍生地表征它们的对象。原则上，人们可以想象或记住丘吉尔长的是什么样子，即使之前没有人这样做过。如果没有读过，甚至没有听说过《安娜·卡列尼娜》这部小说，我无法想象或记住安娜·卡列尼娜长的是什么样子，但托尔斯泰可以，而且他确实做到了。

自然符号也可以表征：足迹可以表明动物的脚的形状，年轮可以表明树木的年龄，湖面上的倒影可以表明天上的云的形态。这些事物通过某种因果关系来表征，这种因果关系确保符号的特征与所表示的事物的特征共变（covary）。正是由于这种因果关系，在某种意义上，自然符号不会错误表征。如果有烟但没有火，烟也没有说谎——这种烟并不是火的征兆，也许它是其他东西的征兆，比如说干冰，也许它什么征兆也不是。

心理表征是*不透明的*（nontransparent）——它们可能会错误表征。当涉及想象或相信时，这一点很明显，因为这类表征可能是错误的，但有些精神状态却不会是错误的：知觉（perception）和知道（knowledge）就是主要的例子。如果我看到你拿着杯子，那你就是拿着杯子；如果我知道你喝了马提尼酒，那你就是喝了马提尼酒。尽管如此，知觉和知道有时候也可能涉及错误表征。当我看到你拿着杯子时，我可能会把这个事实说错（比如，我说你用三根手指拿着杯子，而实际上你是把它放在手掌里）。当我知道你喝了马提尼酒的时候，我可能仍然会误解这个事实（例如，我可能会认为马提尼酒是一种含有伏特加的鸡尾酒，但实际上它含有杜松子酒）。关于这一点，自然符号似乎没有类似之处。

不透明性反映在我们谈论精神现象的方式上。如果我看到你拿着一个杯子，这个杯子实际上很贵，这并不意味着我看到你拿着一个很贵的杯子。即使我知道你喝了马提尼酒，马提尼酒实际上是你最喜欢的鸡尾酒，但这并不能保证我知道你喝了你最喜欢的鸡尾酒。如果看到（see）和知道（know）是外延动词，那么这些推论是成立的——无论你手中的玻璃杯或杯子里的马提尼酒是如何被描述的都不重要了。当说到自然符号时，这种描述的确无关紧要：如果脸红是你尴尬的表现，而你的尴尬实际上是因为你喝了我的马提尼酒，那么脸红本身就是因为你喝了我的马提尼酒而感到的尴尬。当然，我可能意识到你脸红是尴尬的表现，却没有意识到这是因为你喝了我的马提尼酒而感到尴尬的表现，因为意识是一种精神状态。

在哲学中有一种传统，可以追溯到奇泽姆（Chisholm，1957）和奎因（Quine，1960）的论点，他们试图用内涵语言来定义意向现象，我们在此不打算讲这些——意向性和内涵之间的相关性并不完美，我们只是从外延的角度谈论了某些意向现象，我们还从内涵的角度谈论了某些非意向现象。倾向（dispositions）可以说明最后一点：例如，当且仅当压力增加时，一个密闭容器内的气体才会升温，但是对容器不断施压的倾向和气体升温的倾向并不是一回事。

说有某种东西能将精神表征式与其他所有的表征式区分开来，可能听起来像是对二元论的默许，二元论是一种哲学信条，根据二元论，精神和物质在本体论上属于截然不同的范畴。有时，事实并非如此，有些事物的表征被认为是精神的，这并不意味着这个事物一定是超越物质的，但这确实意味着唯物主义者有工作要做：他们必须证明完全物质的东西是如何能够展示出非透明精神现象的。这就是精神现象所展示的意向性*自然化*（naturalizing）的问题，这个问题有两个有影响力的分支：*信息的*（informational）（参见 Dretske，1980，1981，1995）和*目的论语义学的*（teleosemantic）（参见 Millikan，1984，1993，2005）。

下面是布伦塔诺论点的修正版：非衍生非透明的意向性是精神的标志。这是一个关于精神的本质的严肃提议，它在哲学上是有争议的。痛苦——似乎不针对任何特定事物的一种精神状态——不仅被视为代表身体的一种状态，而且被视为错误代表了该状态。如果存在自我表征的状态（有些人认为意识状态是这样的），那么对这种状态的思考就是一种衍生的精神状态。如果有某些精神状态本质上必须完全准确地表征出来（有些人认为想象就是这样的），那么这些精神状态就是透明的。

128 　　我们对布伦塔诺的论点的审视澄清了为什么精神现象是语言哲学的中心。信念、愿望和希望与语言表达式有一个共同的重要特征：它们是表征式。因此，它们具有语义。此外，精神表征式先于语言表征式：因为没有思想就不可能有任何语言。最后，将精神表征式与非精神世界中存在的各种表征式区别开来的特征——非透明性——在自然语言中，似乎经常被标记为内涵性。

5.2 不真实

　　如果精神现象是有意之为，那么它们必然是指向一个对象的。然而，在大多数的情况下，它们并没有针对任何真实的东西。当庞塞·德·莱昂寻找青春之泉的时候，他肯定是在寻找什么东西。但是，他所寻找的东西并不是真实存在的，这听起来太显而易见，我们需要一分钟来意识到它是多么地接近一个彻头彻尾的矛盾。我们该如何理解它呢？

　　不真实（unreality）有时被看作意向性的中心问题，但我们要记住，有些表征式的对象必须是真实的，未经修改的照片就是一个很好的例子。所以，不真实的问题比意向性的问题要狭隘一些。尽管如此，表征不真实事物的能力让某些意向状态特别有趣，这也使得它们归属的语义学变得特别令人费解。

　　想想庞塞寻找的意向目标——他在寻找什么？这是一种什么东西？有三种可能的答案。首先，它是一种泉水，喝了这种水能使人再次年轻。这当然是庞塞对自己寻找的泉水的描述，我们也可以同意他的观点并补充说：不幸的是，这个梦寐以求的对象并不存在。庞塞不知道，他正在寻找一个*不存在的对象*（a nonexistent object）。

　　第二种答案是，庞塞有意寻找的目标其实什么都不是。在这个观点中，一个意向目标并不属于本体论范畴，说庞塞在寻找某种东西并不等于说他与某种不寻常的东西有联系，只是说他参与了一种探索，并将这种探索描述为以一种青春之泉的方式进行的。庞塞不知道，他寻找的对象无法被找见，它就*没有对象*（no object）。

　　第三种答案是在这两个极端之间寻找一个中间地带。庞塞是在寻找一个对象，但这是一个想象的对象。想象中的喷泉确实存在，但它们不是真正的喷泉——它们是完全不同的东西。当然，庞塞会反驳他所寻找的东西是虚构的这一说法，但这正是他的错误所在。庞塞不知道的是，他寻找的不是在时间和空间中可以找到的东西，而是一个*抽象的对象*（an abstract object）。

5.2.1 不存在的对象

反对不存在的对象的经典理由是，它要求区分有什么（what there is）和存在什么（what exists），这种区分很难理解。下面的文字是阿里克修斯·美农（Alexius Meinong, 1981: 20）尽力而为的结果：

> 一个对象的"如此这样"（suchness）不受其"不存在"（non-being）的影响。"如此这样"（suchness）必须从"存在"（being）中独立出去，这一点非常重要……这不仅适用于事实上不存在的对象，而且也适用于不可能存在的对象。不仅传说中的金山是由黄金制成的，而且圆方也确实是又圆又方。

如果圆方（the round square）是圆的，那么就有某物是圆的——即使圆方是不可能的，它*不存在*，但是圆方*就是如此*。正如休谟（Hume, 1978: 66-67）的著名论断所言，有什么与存在什么之间的区别带来的主要问题在于"仅仅思考某事物，或者将其作为存在的事物进行思考，这两者之间没有什么不同"。我们现在来想象一个喷泉，如果你要想象一个实存的喷泉，你需要在你的想象中加入什么东西吗？似乎并不需要——想象一个喷泉，其实就是想象一个实际存在的喷泉。

尽管休谟的观点很受欢迎，但他对美农的反对意见并不完全令人信服。想象一下，你此刻身处罗马，正站在特莱维喷泉前，自忖道："这个喷泉根本就不存在。"这无疑是一个奇怪的想法，这不是事实。不过，这似乎并不矛盾。也许你认为此刻自己正在做梦，也许你的精神科医生曾经肯定地告诉过你，你容易产生喷泉幻觉。在这两种情况下，你可能会想："这个喷泉不存在。"然而，无论你正在考虑的怀疑论假设有多疯狂，你都不会忍不住去想："这个当下存在的喷泉不存在。"与前一种想法不同，这显然是自相矛盾的。

不存在的对象还有另一个问题：计数。地球周围有多少个月亮？我们认为是一个，当然，图卢兹天文台台长弗雷德里克·佩蒂特除外，因为1846年他宣布在环绕地球的椭圆轨道上已经发现了第二个月亮，但是结果证明他错了。可是，他无疑在寻找第二个月亮。几十年后，儒勒·凡尔纳在他的小说《环绕月球》(Around the Moon)中又讨论了这个问题，如果寻找、思考和讨论的意向对象可以是不存在的实体，那么地球周围至少有两个月亮。当然，我们不能止步于此。除了佩蒂特的月亮，还有几十个被声称存在但被证明不存在的月亮。从"不存在实体"(nonexistent entity)的观点来看，所有这些科学上的错误和彻头彻尾的谎言都是以月球为意向对象的，这意味着地球周围可以有很多月亮，但只有一个是真实存在的。

我们可以提出一个类似的关于计数的异议来反对戴维·刘易斯的观点，他认为可能存在的个体就像真实个体一样，只是它们居住的世界在时空上与我们隔绝而已。如果刘易斯(Lewis, 1986)是对的，那么，地球周围就有无数个月亮，但只有一个是真实的而已；这些其他的月亮围绕着地球的某个对应星体运行，但这并不能改变它们都是地球卫星的事实。刘易斯对此做出了回应。他说，当我们计数时，我们倾向于将我们的注意力限制在实存物体上，当我们说"地球周围只有一个月亮"时，我们在严格地量化月亮的数量。同样，美农派可以坚持说，在通常情况下，计数和量化确实是只处理存在的事物，但并非总是如此，例如，在危险时刻，如果你被问及《启示录》中骑士的数量，即使你对《启示录》中的故事一个字都不相信，你的答案也应该是4。

5.2.2 没有对象

我们大多数人不愿意接受不存在的实体，我们愿意相信庞塞·德·莱昂在寻找青春之泉，而不愿意在本体论中添加一些奇怪的东西，这就是意向性的无实体观所承诺的：如果要相信庞塞·德·莱昂在寻找青春之泉，你必须相信庞塞的存在，相信他的寻找，仅此而已。

即使没有指称的对象，我们的语言也坚持为内涵动词提供一个直接对象。也许语言在本体论上是有误导性的,这个想法吸引了许多哲学家。以下是一个经典阐述,它讲的是为什么我们不应该随意地假定意义:

> 我毫不犹豫地拒绝承认意义,但我并不因此否认文字和陈述是有意义的。虽然美农派的反对者认为意义是指拥有某个可以称为意义的抽象实体,而我不这么认为,但是我们可能一致认为语言形式可以分为有意义的和无意义的。我认为,一个特定的话语是有意义的,这是一个终极的、基本的事实;或者,我可能会直接从人们在话语面前所做的事来分析它。
>
> (Quine, 1948:11)

奎因承认单词有意义,但拒绝相信意义存在。他建议我们可以把德文句子"Schnee ist weiss"意味着某些东西,仅仅看作另一种方式表达德文句子"Schnee ist weiss"是有意义的;德文句子"Schnee ist weiss"等于英文"Snow is white"的句意,这代表德语句子"Schnee ist weiss"和英文句子"Snow is white"是同义句,而且,德语句子"Schnee ist weiss"等同于英文"Snow is white"允许我们在不借助于意义的情况下说清楚我们难以表达的东西。我们可以用假想的句子来近似地说 The German sentence "Schnee ist weiss" means snow-is-whitely, 说一个句子的意思是*什么*(what)就等于说它是*如何*(how)有意义的。对奎因来说,寻找单词的意思就如同庞塞寻找青春之泉一样。

当涉及句法和语义时,这种观点是相当另类的:"mean"或"search for"的直接对象不是副词,但它们被解释成副词,这并没有困扰到奎因,他完全怀疑自然语言有语义学。对他来说(或对在他之前的弗雷格或塔尔斯基来说),英语(或德语或波兰语)不是能够进行严肃科学探究的语言。我们必须把本国语言的句子整理成一种形式语言,我们应该只关心在语言内解释推论。另外,整理成形式语言并不是机械的翻译,也不需要保留意义——它只是一个用清晰表述取代模糊表述的过程,只要它满足我们的理论需要就足够了。

5.2.3 抽象的对象

对于那些只关心本体论而不关心语义学的哲学家来说，没有对象的观点是一种自然的契合。对于那些主要关注语义学并愿意接受任何最方便的本体论的语言学家来说，不存在的对象这一观点是无懈可击的。然而，我们中的许多人都介于两者之间，这就解释了为什么研究意向性最受欢迎的方法是抽象的对象。如果内涵对象是抽象的，那么除了顽固的唯名主义者（nominalists），它们的存在对每个人来说都是没有问题的。如果它们是我们用来描述意图现象的动词的补语中的表达式的语义值，那么我们得到的语义学是相当直观的。

最为语义学家熟知的这种观点的一个版本来自理查德·蒙塔古，根据他的理论，"search for"的补语是一个实体类型$\langle s, \langle \langle e, t \rangle, t \rangle \rangle$[事实上，在该理论（Montague，1974）的原始版本中，实体类型是$\langle s, \langle \langle s, \langle e, t \rangle \rangle, t \rangle \rangle$，我们遵循大多数形式语义学家的做法，对它做了简化]，这是一个从可能世界到对象集合的集合的函数。

因此，庞塞寻找的意图对象是一个抽象的实体——把包含青春之泉集合的集合赋给每个可能世界的函数。当然，庞塞自己永远不会说他所寻找的就是一种抽象的实体。但是也许这正是他的错误所在。

蒙塔古的提议中有一个众所周知的问题：它使意向对象的细粒度不够好。如果萨莉在寻找最大的负有理数，莫莉在寻找最小的正有理数，她们寻找的肯定不是相同的东西。然而，考虑到世界不可能有最大的负有理数或最小的正有理数，在蒙塔古看来，她们寻找的意向对象是相同的。非数学的例子也是有的，尽管一杯水就是一杯H_2O。但是萨莉可能想要一杯水，而不是一杯H_2O。另外，萨莉可能在画一只独角兽，而不是在画一只狮鹫。但是，如果克里普克（Kripke，1972：156-158）是正确的，那么无论是独角兽，还是狮鹫都是不存在的。

对于这个问题的一种标准反应是，如果名词短语充当意向对象的角色，那么它们的语义值的构成要能反映其句法，卡尔纳普（Carnap，1956）提出这个建议之后，刘易斯（Lewis，1970b）也做出了同样的提议。如果语言表达式的语义值是反映句法结构的树形，其节点用范畴标签和内涵装饰，那么，仅仅因为〖最小的〗≠〖最大的〗，就可以得出结论：〖最小的正有理数〗≠〖最大的负有理数〗，但这样的做法不能解决句法简单的表达式的粗粒度问题，我们仍然会说〖一些人嫉妒西塞罗〗≠〖一些人嫉妒塔利〗，但事实是〖西塞罗〗=〖塔利〗。

解决这个问题的另一种方法是在语义学所使用的类型理论中选择更细粒度的实体。托马森（Thomason，1980）将代表真值的基本类型 t 替换为代表命题的基本类型 p，命题被视为特殊的实体，而不是从可能世界到真值的函数。这意味着，如果我们想说陈述句的真值条件是什么，不能仅仅给它分配一个命题，我们还得说，在什么条件下这个命题为真。虽然这使语义学变得更加复杂，但它也带来了一个好处：我们根本不需要处理内涵。我们可以说，一个不及物动词的语义类型是 $\langle e,p \rangle$，一个及物动词的语义类型是 $\langle e,\langle e,p \rangle \rangle$，一个名词短语的语义类型是 $\langle \langle e,p \rangle,p \rangle$。如果我们能很好地区分命题，也就能很好地区分函数，它们就能充分地建模细粒属性、二元关系和属性的属性。如果我们假设西塞罗是西塞罗的命题不同于西塞罗是塔利的命题，那么这个理论能够区分西塞罗的属性（the property of being Cicero）和塔利的属性（the property of being Tully），也能区分西塞罗所拥有的属性的属性（the property of being a property Cicero has）和塔利所拥有的是属性的属性（the property of being a property Tully has）。换句话说，根据托马森修订版的蒙塔古语义学，我们可以说，尽管对所有的可能世界 w 而言，〖西塞罗〗^{w}=〖塔利〗^{w}，但是我们仍然可以说〖西塞罗〗≠〖塔利〗。

至于意向性的抽象对象观，其主要的突出点在于表面上的不可信。庞塞·德·莱昂虽然不是一个天才，但他在寻找青春之泉的时候，也不至于把抽象的东西错当成具体的东西！这种批评有时会被驳回，因为语义值不应该与它们建模的真实事物相混淆，如果我们只关心语义，这倒是一个很好的理由。但现在我们问的不是"庞塞·德·莱昂在寻找青春之泉"这句话的真值条件，而是庞塞到底在寻找什么。我们想到一个可能性，即后一个问题的答案可以被前一个问题的答案所引导，即动词补语的语义值正是庞塞寻找的意向对象。因此，抱怨语义值不应是庞塞寻找的对象是合理的。

对于这个抱怨，我们能说些什么呢？首先，可以建议大家，在这个领域我们不能总是遵循常识。对于庞塞寻找的对象，街上的普通人会说些什么呢？他可能会说，这是一种不存在的喷泉，因此它什么都不是。但一个什么都不是的喷泉本身就是一个矛盾。尽管我们的探究始于常识，但它似乎无法终于常识。

下一步就是要认识到，事实上，我们对青春之泉的说法是有其合理之处的。把它描绘成一个想象中的喷泉也是有道理的——该对象存在，但又不是一个具体的喷泉。当有人质疑它的性质时，我们不能说它只是庞塞头脑中存在的一个想法，这个想法 *表征了*（represents）一个假想的喷泉，但它又 *不同于*（not identical to）一个假想的喷泉。相反，我们可能说这个假想的喷泉是一个抽象的实体，也许是属性的属性。人们可能会说庞塞在寻找一个假想的喷泉，否认他在寻找属性的属性，但这在很多方面与说西塞罗是演说家而否认塔利是演说家是类似的。我们并不认为想象的喷泉是抽象的，但这并不意味着它们不抽象。

然而，抽象实体的观点并没有"脱离险境"，如果庞塞·德·莱昂找到了他要找的东西，他找到的肯定是一个真正的喷泉。但是，如果他寻找的对象并不是一个真正的喷泉，他的寻找怎么可能仅仅因为他找到了他所寻找的对象之外的东西而成功呢？

这个反对意见是含糊其词的，事实上，有两种寻找（就像有两种恐惧、两种欲望、两种想象等）。有些寻找是 *特定的*（specific），旨在找到某个特定的东西，这种寻找要想成功，这个人就必须找到自己正在寻找的东西。如果庞塞在寻找他放错地方的剑时，发现了一把和它一样的剑，他可能会认为他找到了他想找的东西，但是他错了。还有其他类型的寻找，*非特定*（nonspecific）寻找的目的是指找到了符合某一特定描述的东西。如果庞塞只是在寻找一把剑，那么，无论何时他找到了具有必要特征的东西，他就算找到了他想找的东西。找到所寻对象要求所寻对象必须和仅在特定寻找下才找到的对象是一致的。对于非特定寻找，要求是不同的：找到的东西必须符合对寻找物的描述。

庞塞对青春之泉的寻找就是非特定的。诚然，只有青春之泉本身才能使庞塞的寻找成功，但是世界上根本没有这样的东西，所以庞塞只是在寻找某个符合描述的东西——能让人再次年轻的泉水。他可能会认为他在寻找一个具体的泉水。事实上，不管他说什么，只要找到了具有合适特征的东西，就等于他的寻找成功了。但是，如果庞塞的寻找是非特定的，那么他找到的东西不是他意向寻找的对象，也就不足为奇了。

让我们总结一下，我们可以画一只独角兽，希望拥有一只独角兽，寻找一只独角兽，甚至如果我们打赌输了，还会欠下一只独角兽，这些精神过程和状态的意向对象可以是某个具体的但不存在的东西，也可以是某个抽象的但存在的东西。对于这些观点，似乎都没有断然的反对意见。然而，前者在本体论上有些过度，后者在语言学上是修正的。对抽象对象观点的主要反对意见是，它把那些画独角兽的人、希望拥有独角兽的人、寻找独角兽的人或欠下独角兽的人与错误的事物联系了起来。

5.3 命题

说信念为真或为假在语言上丝毫不会显得不得体，在这方面，它们是精神现象中特别的存在。但是，把酷热的体验、喜悦的感觉或对下雨的期待称为真或假，这听起来很奇怪。我们可能称知道（knowledge）为真，我们不会称知道为假。信仰、假设、怀疑的真假都要受到评估，但它们——按理说——只是合格的信念。信仰是一种坚定的信念，假设是基于证据不足的信念，怀疑是一种怯懦的假设。

当我们用言语表达出来我们所相信的东西时，我们就断言了自己所相信的东西。事实上，这种对应关系被认为是一种真诚的自我表达，正如霍顿所言："我怎么说，就怎么想；我怎么想，就怎么说。"（Seuss，1940）如果他说出了他之所想，他就是说出了（断言了）他之所信。他所想和他所说之间的对应关系，意味着他所信和他所断言之间的对应关系。那么，我们很自然地认为，信念的意向对象也是断言的意向对象。

如今哲学家们所说的命题是指我们相信和断言的东西。命题就像信念和断言一样，本身也需要真值评价：哥伦布相信他曾经航行到了印度的想法不仅是错误的，而且哥伦布航行到印度这个命题也是假的。此外，哥伦布的想法是错误的，因为他相信的命题是假的。因此，人们似乎很自然地认为，信念之所以具有真值，是因为作为其对象的命题有真假之分。在这个意义上，命题是真值的主要承担者（primary bearers of truth-value）：任何其他具有真值的事物（信仰、句子、理论、故事，等等），都是从命题那里获得真值的。

  信念和断言似乎被它们的对象个性化了：如果你相信的和我相信的相同，那么你我信念相同[当然，即使我们相信同样的事情，我们仍然可以有不同的信念例（token）。只是当信仰的对象一致时，信仰类型（types）才会相同。]对大多数精神状态而言，这显然不是事实：你和我渴望、恐惧或遗憾同一件事，这个事实通常不足以下结论说我们拥有同样的渴望、恐惧或遗憾。比如，如果你和我都想要一块蛋糕，但我是想吃掉这块蛋糕，而你是想把它砸到我脸上，这时如果说我们拥有同样的愿望，就太奇怪了。再比如说，如果你和我都害怕蛇，但我的恐惧是它们可能会让我窒息，你的恐惧是它们可能会咬你，我们的恐惧就不一样。如果我们都在为昨晚的争论后悔，因为我们各自都认为只要再努力一点，我们就能赢得争论，那么我在遗憾我的行为，你在遗憾你的行为，你我的遗憾不一样。要想（类型）相同，精神状态不仅必须表征相同的事物，而且表征方式也必须相同。换句话说，精神表征是根据内容，而不是根据对象而个性化的。因为信念是根据对象而个性化的，所以人们很自然地认为，信念的对象也是信念的内容。这就解释了为什么人们普遍地把信念的命题对象和命题内容混为一谈。但是我们不想纵容如下习惯做法，即认为信念的意图对象和意图内容是相同的这一说法是真实的。

5.3.1 最小的描述之外

  还有一些东西有时被认为具有命题定义的性质，但最好还是把它们作为独立存在的论点来对待。例如，人们常说命题就是无指示词陈述句（indexical-free declarative sentences）的意义。自塞尔（Searle, 1978）以来，该主张一直受到激烈的批评。假定的反例涉及没有任何明显指示成分的句子以及另外两种情况，在这两种情况下，句子被用来断言时具有明显不同的真值（在第2.3节中，我们已经谈到了这个问题）。在这几十个标准例子中，哪些例子（如果有的话）具有说服力还有待讨论，从这些例子中得出的结论也有待讨论。考虑到问题的复杂性，将命题定义为无指示词陈述句的意义可能是错误的。

人们经常说，命题就是"that"从句指称（refer to）的东西——因为从句似乎不是指称语，所以更谨慎的说法是，命题就是"that"从句指定（designate）的东西。但是，"that"从句指定的似乎不是一种事：有时候它们说的是事件（如"It makes me happy that you came"），有时候它们表现事实（如"I regret that you could not come"），有时候两者都不是（如"It is possible that the class will be canceled"）。当然，这些表象可能具有欺骗性：或许命题能让人高兴（这可能意味着，它们具有因果关系），或许事实就是真命题。但这些形而上学的观点是非常特殊的，我们不应该毫无争议地对它们进行假设。当然，我们可以为"that"从句提供统一的语义，但这并不意味着它们必须成为信仰和断言的对象，或真假的主要载体之类的东西。

除了信念之外，还有很多精神状态的内容被认为是命题：它们通常被认为是我们所知道的、所希望的、所恐惧的，也许还包括我们所看到的、所想象的或所欣赏的。这种说法的理由通常是相关动词可以将"that"从句作为它们的直接宾语——这是一个无力的论点。显然，我们知道的事情叫事实（facts），我们希望的事情叫事态（state of affairs），我们害怕的事情叫可能性（possibilities）。当我们在精神状态的相关归属中用"某某命题"代替"某某"时，我们得到的句子很特殊（比如"Jill knows that it will rain"与"Jill knows the proposition that it will rain"的不同）或者完全异常（比如"Jack hopes that it will rain"与"Jack hopes the proposition that it will rain"的不同）（参见King, 2002; Moltmann, 2003）。

同时，许多精神类的动词以名词短语作为直接宾语：我们可以说我们想要一块饼干，我们期待延期，我们听到狗叫声。意向对象在这些例子中如何成为命题的？在其中某些情况下，存在关于隐性从句结构（hidden clausal structure）的争论。句子"Sue will want a cookie on Sunday"既可以表明她在周六的时候期待周日得到一块饼干，也可以表明她在周日当天期待得到一块饼干。这时，如果我们认为这句话的结构类似于[" Sue "["will want"[PRO "to have a cookie on Sunday"]]]，并且介词短语可以修饰显性的"want"或隐性的"have"，那么，这个句子的歧义就解决了。但是在"Sue will expect a delay"或"Sue will hear a dog"中，就没有类似的隐含结构。登迪肯等人（Dikken et al., 1996）和拉森（Larson, 2002）认为在这些句子中，"Sue"也与相关的命题关联。①

"命题态度"（propositional attitude）这个术语在哲学中是普遍存在的，但它从来没有被精确地定义过。除了信念之外，是否还有其他精神现象的意向对象也是命题并不清楚。事实上，最好将"命题"本身理解为哲学的一个专门术语，它的意义随着时代的变迁而改变。目前，只有三件事是确定的：命题是信念的对象；命题是断言的对象；命题是真值的主要承载者。其他的一切都有待讨论。

5.3.2 有命题吗？

命题的拥护者总是显得好像有一个简单而且具有决定性的论据在支持着对命题的假设，因为如果我们假设单一的信念归属（singular belief-ascriptions）和间接引语涉及一个人和一个命题之间的二元关系，那么就可以最好地解释某些推论的有效性。②

这里有这样一个论证：

(1) Jack believes that the moon is made of green cheese, and so does

---

① 关于内涵及物动词总是使用从句补语的观点，可以参见 Dikken et al., 1996，对于这一观点的反对意见，可以参见 Forbes, 2006；Szabó, 2005b。
② 有关这一论点的不同版本，可以参见 Horwich, 1990；Higginbotham, 1991；Schiffer, 1996；Bealer, 1998。

Jill; therefore there is something Jack and Jill both believe – to wit, that the moon is made of green cheese.

(2) Jack said that the moon is made of green cheese, and Jill believes everything Jack said; therefore Jill believes that the moon is made of green cheese.

(3) Jack believes that the moon is made of green cheese, it is false that the moon is made of green cheese; therefore, Jack believes something false.

我们对此应持怀疑态度，如果这足以证明命题的存在，那么，我们就会相信更奇怪的东西——比如，青春之泉：

(1′) Ponce de Leon was searching for the fountain of youth, and so was Alexander the Great; therefore there is something Ponce de Leon and Alexander the Great were both searching for – to wit, the fountain of youth.

(2′) Alexander the Great was longing for the fountain of youth, and Ponce de Leon was searching for everything Alexander the Great was longing for; therefore Ponce de Leon was searching for the fountain of youth.

(3′) Ponce de Leon was searching for the fountain of youth, the fountain of youth is famous; therefore, Ponce de Leon was searching for something famous.

意向对象不容易解释，即使我们把注意力仅仅放在信念和断言的意向对象上，事情也不会明显地变得简单[埃尔伯恩（Elbourne 2011：Section 4）的作品中可以看到类似的观点]。美农派认为，杰克相信月球是由绿色奶酪制成的，这个信念的意向对象是不存在的。奎因派认为，这个意向对象什么都不是：杰克相信什么只是他如何相信的问题。这并不是说我们应该回避命题：正如我们在第 5.3.1 节中所建议的，当涉及意向对象时，本体论和语义学之间最有希望的平衡可能就是抽象实体的观点。但是，如果我们就此下结论说命题的存在是件小事情，那还为时太早。

我们将在下一节中探讨命题究竟是什么样的抽象实体，但在此之前，让我们先来解释一下，不相信命题的哲学家对信念和断言的归属是怎么说的。

一种说法是，信念和断言不是与一关联，而是与多关联。伯特兰·罗素在放弃了他早期的命题理论之后，曾有一段时间持有这种观点（参见 Russell, 1910）。当奥赛罗相信苔丝狄蒙娜爱凯西奥时，相信的主体奥赛罗和相信的客体苔丝狄蒙娜、爱、凯西奥之间就有一种关系。但是，既然苔丝狄蒙娜不爱凯西奥，那么这三个客体对象就不能构成一个单独的东西。我们可以说，如果这三个客体对象构成事实，奥赛罗的相信就是真实的，否则它就是假的。

麦克格拉斯（McGrath, 2008）提出了以下反对意见：当奥赛罗相信苔丝狄蒙娜爱凯西奥的时候，他也相信苔丝狄蒙娜爱凯西奥这个命题，前者是奥赛罗与苔丝狄蒙娜、爱和凯西奥之间的一种四位关系，后者是奥赛罗与一个命题之间的二位关系。但是多重关系观点的支持者将不用从一个 "the" 词组来推断单一实体的存在，也不用从 "that" 从句来推断单一实体的存在，他们会说当奥赛罗相信苔丝狄蒙娜爱凯西奥这一命题时，他就处在对 "the" "proposition" "that" "Desdemona" "love" "Cassio" 这些词的语义值的相信关系中——不管这些语义值可能是什么。另一方面，多重关系的观点导致 "相信"（believe）的语义理论显得很别扭。如果这句话是 "奥赛罗相信苔丝狄蒙娜爱凯西奥，而凯西奥恨罗德利哥"（Othello believes that Desdemona loves Cassio and that Cassio hates Roderigo），又该怎么理解呢？这是三位关系还是四位关系？它在语义上和 "奥赛罗相信苔丝狄蒙娜爱凯西奥，而且相信凯西奥恨罗德利哥"（Othello believes that Desdemona loves Cassio and believes that Cassio hates Roderigo）有什么联系呢？

信念的多重关系观否认信念只有一个意向对象，人们可以保留这种直觉，并且通过坚持认为信念的意向对象是一个句子来废除命题。所以，当我们说伽利略相信地球是运动的，我们说他处在与"The Earth moves"相关的相信关系中。当然，这听起来很奇怪：伽利略怎么会相信一个他甚至都不理解的句子呢？人们的自然反应是，对于"Galileo believed that the Earth moves"的真值来说，如果他相信另一个与英语句子"The Earth moves"有某种联系（Carnap 称之为"B"）的句子就足够了。戴维森（Davidson，1968）为这个观点提供了更完善的版本，他说"Galileo said that the Earth moves"的逻辑形式与"Galileo said that. The Earth moves"类似，"that"指的就是其后句子所说的话，间接引语的真值要求的是伽利略说了某句话，这句话与"The Earth moves"的关系是"同说"（samesaying）。

认为补语连词"that"和指示代词"that"是同一个词几乎没有道理（它们的翻译在大多数语言中都不一样，甚至在英语中它们听起来也不一样）。但*并联构式观点*（paratactic view）的核心思想——为了给伽利略例子中的话语提供一个范例，间接引语和信念归属中的补语从句不是被使用，而是被提及，是很有趣的。当然，这种说法的支持者应该告诉我们话语同说（samesay）需要什么，而不是简单地说它们必须说相同的东西或者相同的命题。但这是哲学试图摆脱抽象实体所面临的一个普遍问题。唯名论者常说，红色事物的共同之处不在于它们实例化了普遍的红色，而在于它们在某一方面彼此相似。然后，他们就必须解释这相似之处是什么，而不是仅仅谈论它们普遍具有的红色。

有些语言学家和哲学家会告诉你，命题的存在是微不足道的，而有些语言学家和哲学家会告诉你，命题显然是不存在的。所以道理很简单，那就是不要相信他们。

5.3.3 命题是什么？

让我们和大多数语言哲学家一起假设命题确实是存在的，那么它们会是什么东西呢？

弗雷格式命题

自斯多葛学派以来，特别是在中世纪哲学中，命题已经被广泛地讨论，而今天哲学家们参考的主要是弗雷格的叙述。[关于命题的历史，可以参阅经典的努切曼斯三部曲（Nuchelmans，1973，1980，1983）。] 弗雷格把命题称为 *Gedanken*，这个术语通常被翻译为"思想"（thoughts），但它不同于我们通常称为思想（thoughts）的精神状态以及它们在大脑中的物理实现物。

弗雷格并不将"思想"与无指示词陈述句的意义等同起来：他认为句子意义的某些方面对真值没有影响，他认为"思想"只包含与真值相关的句子意义的方面。例如，"Alfred has still not come"所表达的弗雷格"思想"与"Alfred has not come"所表达的思想是一样的，"still"仅仅暗示了阿尔弗雷德的到来是意料之中的事情。如果阿尔弗雷德的到来不是意料之中的事情，那么只要阿尔弗雷德还没有来，"Alfred has still not come"的"思想"也是真实的（参见 Frege，1956）。

这个例子说明了这样一个事实：虽然"思想"应该有一个结构，该结构或多或少地（more or less）反映了表达该思想的句子的句法结构，但限定（qualification）是至关重要的。弗雷格认为句子结构和命题结构可以有很大的不同，而真值谓语（truth predicate）更生动地证明了这一点。根据弗雷格的核心观点，断言一个"思想"的真实并不会给它增加任何东西。例如，"二是一个质数""二是一个质数是真的""二是一个质数是真的这句话是真的"等句子所表达的"思想"都是相同的。

弗雷格认为，在某些精神动词短语（mental verb phrases）的补语中，"that"从句指的是"思想"，但他并不认为"that"从句一定是指"思想"。他声称，"command""ask""forbid"后面的从句都是指命令或要求的内容，虽然这些东西与"思想""在同一层次上"（at the same leve"），但它们不同于"思想"的地方在于它们没有真假之说。

从形而上学的角度来说，"思想"是永恒的、不变的实体，它属于一个不同于外部世界和内部世界的领域。它们与物质实体的区别在于，（和精神实体一样）它们在原则上是无法被感知的；它们与精神实体的区别在于，（和物质实体一样）它们在原则上是公众的。"思想"对物质世界的影响是通过它们对思想者的精神世界的影响来调节的：它们影响那些领会它们的人的思想，而这又影响了这些人的外在行为。

> 当一种思想被掌握时，它最初只会使掌握它的人的内心世界发生变化；但其本质的核心保持不变，因为它所经历的变化只影响到非本质的属性。这里缺少一种我们在物理过程中随处可见的东西——相互作用。思想并非完全不现实的东西，但思想的现实性与事物的现实性确实不一样。思想能够产生行为靠的是思想者的作为；如果没有这一步，它们就是静止的、不活跃的，至少我们观察的结果是这样。然而思想者并没有创造它们，而是必须接受它们的本来面目。不管思想者领会它们与否，它们都可能是真实的，而且如果能够把握它们并将它们付诸行动，它们也不是完全不现实的。
>
> （Frege, 1956: 311）

弗雷格的"思想"很像柏拉图的"形式"（Plato's form），这一点并不奇怪，因为这两种本体论都是通过反思数学例子形成的。我们很自然地说，等腰三角形、质数或有序对集既不存在于空间，也不存在于时间，它们对任何事物都不施加因果关系。激进的柏拉图—弗雷格派认为，这类领域远远超出了数学的范围。

一些唯名主义哲学家因为回避一切抽象实体，拒绝承认"思想"的存在，但是"思想"至少有两个特点，使得它们比数学实体更麻烦。第一个是错误（falsehood）。当我们有错误的信念，做出错误的断言，或写出错误的句子时，根据所相信的命题，所断言的命题，或所想表达的命题，这些错误应该是可以被解释清楚的。如果命题属于弗雷格"思想"，那么它们必然永恒地存在着，并且完全独立于信念、断言和句子之外。然而，有些人坚持认为，在一个没有思想（minds）的世界里，根本也就不会有错误之类的东西。在这样一个世界里，可能会有行星和恒星、电子和光子、山脉和树木，甚至会有偶数和函数，但不会有错误的轨迹、错误的年轮和错误的湖面倒影（回想一下，这就是第 5.1 节说的只有精神现象才具有非派生非透明的意向性的理由）。也许会存在一些事实，包括所有的数学事实，而事实的存在甚至会鼓励我们说，真值不会完全缺席。毕竟，人们很自然地认为 2+2＝4 的事实就是 2+2＝4，但是 2+2＝5 这个错误呢？在一个没有精神现象的世界里，这样的东西似乎没有立足之地。事实上，罗素自己否定了他早期对命题的研究，部分原因就是他没有任何方法来解释独立于精神之外的错误。

"思想"的另一个问题是它们的*同一性*（identity）。当一个模糊的数学实体具有无可挑剔的清晰的同一性条件（identity-conditions）时，我们对它会更有信心。例如，当且仅当集合有同样的成员，集合才是相同的；当且仅当函数具有同样的域，且为域的每个成员分配相同的值，函数才是相同的。弗雷格通过提供一个合理的同一性条件来为他的"思想"辩护：他说，"思想"是相同的，只是为了以防大家相信一个而不相信另一个（Frege，1906）。同一性条件的清楚程度，取决于人们在理论背景中对内涵习语的接受程度。但即使对于我们这些不主张在陈述同一性条件时涉及外延的人，弗雷格关于命题的同一性条件也可能是有问题的。命题被认为是真值的主要承载者，但如果命题本身被信念变得个性化，它们又如何解释信念的真或假呢？

罗素式命题

如果我们放弃了弗雷格式命题构想，而倾向于更为世俗的罗素式图景，同一性的问题就会消失。正如罗素在给弗雷格的信中所说："尽管勃朗峰有皑皑白雪，但勃朗峰本身就是'勃朗峰高 4000 多米'这一命题的组成部分。"（Frege，1980b：169）

我们无须诉诸任何关于勃朗峰的信念就可以识别勃朗峰，希望这也适用于这个命题的另一个组成部分——海拔超过 4000 米的属性。如果是这样，命题本身就可以具有完全独立于精神之外的同一性条件。

这种独立于精神之外的概念（belief-independent conception）的缺点是，罗素式命题最终比弗雷格式"思想"更粗粒。回想一下弗雷格的困惑，即有人可以相信长庚星是长庚星，而不相信长庚星就是启明星。如果长庚星是启明星的命题是建立在金星以及同一性关系上，那么它与长庚星是长庚星的命题有什么不同，就不得而知了。这就给罗素式命题的捍卫者留下了三个选择：（1）否认人们相信长庚星是长庚星而不相信长庚星就是启明星；（2）放弃信念因其命题内容而个性化的观点；（3）承认这些命题中有进一步（未明确）的组成部分（参见 Salmon，1986；Braun，1998；Soames，2002）。每一种选择都放弃了部分罗素式思想中的简单和直接。

在错误这个问题上，罗素的命题观并不比弗雷格的命题观强多少。如果错误在本质上是一个表征问题，那么罗素学派的问题是，一群无法表征任何事物的对象、属性和关系，为什么合起来就能表征事物？这有时被称为*命题的统一性*（unity of the proposition）问题，这个术语有些误导：对于任何由部分组成的整体而言，都存在一个问题，那就是到底是什么将这些部分连接在一起的，即"多"是如何构成"一"的？对太阳系来说，这个问题的答案是重力；对一部小说来说，答案是作者的意图；对于集合来说，答案是元素等；对于一个结构化命题来说，这个问题的答案是结构。罗素主义者的难题在于结构是如何产生意向性的。

金（King，2007）提出的一种观点是，命题通过继承来自句子的结构来表征，没有句子就不会有命题。对于金而言，苏格拉底和跑步之间的关系——由于这种关系，它们构成了苏格拉底跑步的命题（Socrates runs）——就是对象 o 和属性 P 之间的关系：有一个语言 L 和语境 c，a 和 b 是 L 中的词汇项，a 和 b 分别出现在语句关系 R 的左右端节点上，R 代表 L 中的归属关系，o 是 c 中 a 的语义值，P 是 c 中 b 的语义值。苏格拉底和跑步之间的复杂关系是由句子"Socrates runs"来表示的。对于金而言，苏格拉底跑步的命题是一个事实，但该事实不是苏格拉底具有跑步的属性，而是他处在与跑步属性相关的更复杂的关系中，即使他没有跑步，他也在这种关系中。

索米斯（Soames，2010）阐述的观点也是命题通过其结构来表征，但不将这种结构与自然语言联系在一起。对索米斯来说，这是述谓结构的行为（acts of predication），即把属性赋给某个对象的行为，这些行为本质上是表征性的。述谓结构是一种可以发生在个体头脑中的认知事件，它不预设任何语言手段。述谓结构事件有不同的类型，苏格拉底跑步的命题就是一种认知事件类型。因为事件有真假之分，命题也有了真假之分，这种承接关系在形而上学上被认为是司空见惯的：奥迪 A4 之所以是一辆舒适的汽车，是因为这类车的特殊标志就让人舒适；可乐瓶具有标志性是因为每一个可乐瓶都代表这种标志；《惊魂记》(*Psycho*)之所以成为一部恐怖片，是因为它放映的内容让人感到恐惧；等等。

　　根据金和索米斯的观点，一个没有思想的世界是否会有错误，取决于它是否解释了自然语言或认知事件类型。如果我们假设非柏拉图式语言观点和类型观点，那么这两种观点都能解决错误的问题。事实上，很久以前，人们已经知道地球的半径大约是 4000 英里。错误的命题：地球的半径大约是 3000 英里，存在的历史则要短得多。

　　但问题仍然存在，让我们假设地球的半径大约是 4000 英里这个命题在 10 亿年前并不存在。尽管如此，我们仍然认为十亿年前地球的半径大约是 4000 英里是正确的。那当时真实的情况到底是什么？当然，地球半径大约是 4000 英里的命题在当时就是真命题，但是一个命题怎么可能在它根本不存在的时候为真呢？

　　情态引起的问题和时间引起的问题一样多。让我们假设在某个可能世界中，地球半径大约是 4000 英里，但是地球半径大约是 4000 英里的命题在那里并不存在。怎么会这样呢？这难道不意味着在这个世界上，即使地球半径大约是 4000 英里的命题根本不存在，这个命题也是正确的？

　　人们可能想沿着亚当斯（Adams, 1981）的思路来解决这个问题，认为要区分一个命题相对于一个世界为真的两种方式。一方面，一个命题*在一个世界里*（in a world）可能是真的，在这种情况下，它最好存在于那个世界里。另一方面，一个命题可能不是那个世界的一部分，但*在那个世界中*（at that world）它可以为真。人们可能会支持这种区分的必要性，因为我们可以试想一下存在许多可能世界这个命题，这在现实世界中（at the actual world）是真的，但是有人可能会认为这在现实世界里（in the actual world）不是真的，因为这许多的可能世界不可能以部分的状态存在在现实世界里。以此类推，人们也可以区分 truth at a time 和 truth in a time，一旦有了这种区分，我们就可以说，虽然地球半径约为4000英里的命题在有些时间中（at times）不存在，但它也可能是真的，即使它在那些时间里（in those times）不可能是真的。

反对这种区分的人会坚持认为，我们直觉认为存在许多可能世界的命题在现实世界中并不正确，这种直觉是建立在关于什么是可能世界的有争议的观点之上的。如果正如刘易斯（Lewis，1986）所主张的，可能世界像现实世界一样有具体的细节，那么它们肯定不可能是现实世界的一部分——这就是为什么刘易斯说它们在时空上与我们的世界断开了联系。但是，如果它们是某种抽象实体——如普兰廷加（Plantinga，1974）所认为的事件的最大一致状态，或如斯托纳克（Stalnaker，1976）所认为的属性（properties），那么将它们置于现实世界中就没有真正的障碍。

最后，命题的存在是否是偶然的、转瞬即逝的事物，还取决于情态和时间形而上学中的其他的一些问题。

卡尔纳普式命题

大多数相信命题的哲学家都广泛地赞同弗雷格式观点或罗素式观点，但大多数专门研究形式语义学的语言学家对这两种观点都不认同：他们更倾向于接受卡尔纳普式命题，认为命题只是可能世界的集合。他们认为可能世界集适于扮演命题的角色，因为可能世界集与真值的联系十分清楚：如果命题包含了现实世界作为元素，它就是真的，但是，人们很难相信这种说法是正确的，这使得情况变得不太理想。当我相信纽黑文（New Haven）明天会下雨的时候，整个世界（包括拥有雪原的勃朗峰）真的是我所相信的一个元素（member）吗？集合是那种可以为真或为假的东西吗？至少出于某些理论目的，我们似乎更有理由认为命题——无论它们在最终的分析中可能是什么——可以被建模为可能世界集，没有人会反对这一点。但是，分歧仅在于它们是否能扮演命题的决定性角色——成为真值的主要承担者，成为相信和断言的意向对象。

让我们从逻辑开始，逻辑真值因其形式而为真，因此任何逻辑上为真的东西都必须具有逻辑形式，而可能世界集是不行的。但是，粗粒度命题的支持者也不必沮丧：他们可以追随塔尔斯基，宣称逻辑并不直接涉及命题。

想想英语句子"It is raining or it is not raining"，让我们承认这是一个逻辑为真的句子。为了解释这种情况，我们需要一个理论，能将逻辑形式与这个句子联系起来。这种理论应该超越句法和语义：除了规定这个句子的结构是["It is raining" ∨¬ "It is raining"]，并且说明["It is raining"][∨][¬]分别是什么，我们还需要知道后面两个是逻辑常量。因此，它们的解释可以超越模型保持固定。一旦我们知道了这些，我们就可以解释为什么句子"It is raining or it is not raining"的逻辑为真：这个句子在所有的模型下都是真的，也就是说，即使在它的非逻辑表达式的重新解释下，它仍然是真的。当然，有人可能会问，为什么这个句子在任何一种解释下都是真的？因为命题进入了解释。我们可以说在给定的模型 M_1 中，"It is raining or it is not raining"为真，因为相对于 M_1，这个句子表达了 elephants are gray or elephants are not gray 的命题。事实上，大象是灰色的。同理，我们可以说，在另一个模型 M_2 中，"It is raining or it is not raining"为真，因为相对于 M_2，这个句子表达了 penguins can fly or penguins cannot fly 的命题。事实上，企鹅不会飞，等等。即使命题像可能世界集一样粗粒，它们当然可以扮演这种解释的角色。

那么，在心理学中，命题又扮演了什么角色？在命题扮演相信、断言的意向对象的理论中，命题是否可以是粗粒的？在辛提卡（Hintikka）之后，我们可以把相信和断言分析为主语与可能世界集之间的关系，我们把与 x 的信念相容的可能世界集称为 x 的*信念替代品*（doxastic alternatives）。那么，a 要相信可能世界集 p，就等于让 p 成为 a 的"信念替代品"的子集。我们可以用同样的方式分析断言：如果与 x 的断言相容的可能世界集是 x 的*断言替代品*（assertive alternatives），那么，a 要断言可能世界集 p，就等于让 p 成为 a 的断言替代品的子集。有一种直接的方法可以将这些分析转化为信念归属和间接引语的语义项：

对于与 a 在 w 中所相信的内容相容的所有 w′ 而言，$[\![B_a\phi]\!]^w = \top$
当且仅当 $[\![\phi]\!]^{w'} = \top$
对于与 a 在 w 中所断言的内容相容的所有 w′ 而言，$[\![A_a\phi]\!]^w = \top$
当且仅当 $[\![\phi]\!]^{w'} = \top$

但这些分析遇到了一个众所周知的问题，它们需要每个人都相信（断言）他们所相信（断言）的一切，这听起来显然是错误的：我相信正在下雨这一事实不应被视为我相信所有数学真理的一个理由，这被称为**逻辑全知**（logical omniscience），它是一个误导，因为它并不属于逻辑（我的玻璃杯里有水的世界集，是我的玻璃杯里有氢的世界集的子集，但这种包含关系是不合逻辑的），它也不属于知识（它应该是主语和世界集的关系）。哎！我们被这个名字困住了。

对于逻辑全知，标准的说法是，这种分析并不适用于信念，而是适用于诸如隐含信奉（implicit ommitment）之类的东西（在断言的情况下，相关的言语行为可能就是这种信奉的表达）。当然，这在我们当前的语境中毫无帮助：命题应该是我们所相信和断言的东西，而不是我们所隐含信奉的东西。

对于逻辑全知，有三种反应。第一种反应是让步性的：如果可能世界集的粒度太粗，让我们把不可能世界加入本体论，然后我们就可以解释为什么杰克会相信 2 是质数，而不相信 544 能被 17 整除——2 是质数、544 不能被 17 整除的不可能世界可能是杰克的信念替代品。辛提卡（Hintikka，1975）阐述了上述的观点。[1]

第二种反应放弃了直觉上令人信服的观点，即信念会因为它们的对象而个性化。杰克认为 2 是质数的想法和他认为 544 能被 17 整除的想法是一样的。尽管如此，这两个想法还是有所不同的。比如，相信它们的

---

[1] 关于这个话题的文献概述，可以参见 Halpern and Pucella，2007。

方式不同。这一观点可以与信念归属语义学结合起来，这种语义学遵循了卡尔纳普（Carnap，1956）的一个提议，刘易斯（Lewis，1970b）和克雷斯韦尔（Cresswell，1985）以略微不同的方式分别对它进行了阐述，该观点认为，"that"从句的语义值是一个实体，它是采用了从句的句法结构，并用内涵替换其终端节点上的词汇项的结果，这将保证〖2 是一个质数的想法〗≠〖544 整除 17 的想法〗，所以，杰克相信 2 是质数的可能世界为真，而杰克相信 544 能被 17 整除的可能世界为假。

第三种反应是咬紧牙关，勉强承认：如果杰克相信 2 是质数，那么他也相信 544 能被 17 整除，这听起来很勉强的原因与我们使用语言的方式有关。在正常情况下，我们从元语言角度解释杰克相信 544 能被 17 整除，也就是说，大致上赋予杰克一种信念，使他相信 544 的所指能被 17 的所指整除。当然，也存在它不成立的可能世界，斯托纳克（Stalnaker，1991）就这些思路提出了建议。

毫无疑问，这三个提议都有缺点。然而，让人有些惊讶的是，与此相关的问题和争论与罗素主义者处理弗雷格难题的情况有相似之处。引入不可能世界可以使命题更加细粒，同时还可以保持描述命题的基本架构不变，这类似于罗素主义者在引入未明确表达成分（unarticulated constituents）时所做的事情。引入结构意在语义学上表明，同一命题可以以不同的方式去相信，这是另一种罗素式策略。

5.4 结论

哲学家们对语言意义的关注很大程度上归因于他们对一种更广泛的现象——意向性——的兴趣。意向性是精神的必要条件，非派生的、不透明的意向性可能是精神的本质。

意向的状态和过程往往有不真实的对象，虽然我们不能与圣诞老人交谈，但我们肯定可以谈论他，怎样才能理解这个事实呢？有三种选择：我们可以说，谈论圣诞老人时，我们谈论的是一个不存在的人（a nonexistent person）、无人（nobody），或一个非人（a nonperson）。虽然这些选项没有一个可以被结论性地排除在外，但第一个选项似乎在本体论上显得过分，第二个则在语言学上显得修正，最流行的观点是第三个。此选项将意向对象标识为某种抽象实体。当然，它也有令人困惑的方面，但我们已经展示了如何回应针对它的反对意见。

最常见的意向对象是命题——相信和断言的对象、真值的主要承担者。我们认为，命题的存在与圣诞老人的存在一样不确定。毫无疑问，在我们的交际理论中，我们应该对自己所相信的和所断言的建立模型，无论我们使用什么模型，它们应出现在我们的语义理论中，这是非常合理的。但我们不清楚的是，当我们相信或断言某事物时，自己所相信或所断言的这个事物是否一定存在。

当谈到命题的本质时，那些相信命题的人仍然存在分歧，但是，没有一个观点是完美的。根据卡尔纳普派的观点，命题是可能世界集。这种观点的主要缺点是，它得出的结论是只有一个必要命题。根据罗素派的观点，命题是由意向对象（我们可以思考的事物）构建的复合体。这种观点的主要缺点是，它要求许多命题只是暂时地和偶然地存在。根据弗雷格派的观点，命题是由意向内容（我们可以思考事物的方式）构建的复合体，这种观点的主要缺点是我们搞不清楚弗雷格派命题的成分。

Part

02

语用哲学

6
奥斯汀与格赖斯

6.1 奥斯汀

约翰·兰肖·奥斯汀（John Langshaw Austin，1911—1960）是牛津大学的一群哲学家们（包括吉尔伯特·赖尔、詹姆斯·奥佩·厄姆森、杰弗里·詹姆斯·沃诺克、彼得·斯特劳森）中的中心人物，他认为重视语言用法可以建立好的哲学。产生于这个中心的哲学圈子被称为"日常语言哲学"（ordinary language philosophy）。

这个学派是常识哲学的一支。就像大卫·休谟和后来的经验论者，奥斯汀和他的同事们对思辨形而上学者（speculative metaphysicians）的论点和方法是持怀疑态度的。但又与经验论者不同，日常语言学派的哲学家相信日常的、直接性的思想多过相信科学。他们相信如果经过敏感和审慎的考察，语言运用可以清楚阐释这种形式的思想。

6.1.1 日常语言

由奥斯汀及其同事发展的方法是当今语义学者所使用的技巧的前身：尤其是他们发展了构建现实的语言学例证的方法，这种方法被用以阐释意义的特性。例如，我们发现奥斯汀认为，与其将伦理问题理论化，我们更应该关注在涉及伦理问题时我们使用语言的方式。他构想了一个包含"意外地"（by accident）与"错误地"（by mistake）之差异的最小对立体：

> 你有一头驴,我也有一头驴,它们在同一块地里吃草。有一天,我不想要这头驴了。我想去宰了它,瞄准,开火:它倒在地上。我上前查看,我惊恐地发现死掉的是你的驴子。我带着死驴来到你家门前,说——什么呢?"我说,老兄,我非常抱歉,我不小心杀了你的驴,这是个意外(by accident)"?或"这是个错误(by mistake)"?再来一次,我又像上次一样去杀我的驴,瞄准,开火——结果,我的驴跑了,我惊恐地发现倒下的是你的驴,又是你家门前那一幕,我该怎么说?"这是个错误"?或"这是个意外"?
>
> (Austin,1956-1957:11)

语言学家会归纳例证,再用归纳来检查理论。奥斯汀及其同僚乐于提出谨慎的概括,并以此提出哲学性的建议,但是不同于语言学家,他们不情愿致力于形成体系或理论,所以他们的著作的影响大多是负面的,为那些更乐于提出系统哲学观点的人造成了困难。

在奥斯汀作品的开头,他简短而有力地表达了对那些关注语言的哲学家的赞赏。一方面,奥斯汀认为细致地考察在特定条件下我们会说什么是重要的,因为"词语是我们的工具……我们应该使用干净的工具"(words are our tools... and we should use clean tools)。另一方面,词语意义中所包含的区别,反映出我们寻找词语有价值的特征和区别的漫长过程。奥斯汀认为这些很可能比"我们下午坐在扶手椅上想出来的"更好。(Austin, 1956-1957: 7-8)

这段文字揭示了奥斯汀与同时代语义学者们的另一处不同。尽管奥斯汀引用*句子*(sentences)作为例证,但是他的例证是用来阐释*词语*(words)的意义的。不同于许多现代语言学家,他避免问及这些意义是如何构成更复杂表达式的意义的。

奥斯汀是如何从对语言运用的探究中提炼出哲学性材料的?下面我们会提到三个例子,从中我们会明白语言运用与哲学的关系并非无关紧要:洞悉语言的运用可以解构整个哲学观点。

1. 意志(volition)。有一个被哲学家承认的长久传统,该传统假定人类的行为伴随着一种包含了行动意愿或意志的精神力量。包含了这个元素的行为是*自愿的*（voluntary）；反之则是*不自愿的*（involuntary）。就像奥斯汀的大部分哲学观点一样，他对此的批判是间接的：他做了一个语言学观察，然后将它留给读者去得出哲学结论（Austin，1956-1957:15-16）。

一开始，他认为词语有一个特有的或预期的应用范围。而且，在一般情况下，思考它们的应用条件不仅是不必要的而且是不恰当的。设想一个人沉浸在日常事务中，对她正在做的事没有过多的思考，现在她从椅子上起来，我们不会说"她试图从椅子上起来"（She tried to get up from her chair）或"她设法从椅子上起来"（She managed to get up from her chair）。

奥斯汀想象着他自己正准确无误并毫无争议地，以平常的方式坐在一张椅子上，他说，"说我故意坐在椅子上或不是故意坐在椅子上都不行"。接着，他想象打哈欠这样一个平平无奇的睡前动作，他说"我打哈欠，但不是无意地(或自愿地)打哈欠，也不是故意的，以任何特殊方式打哈欠就不是打哈欠"。奥斯汀从我们对坐在椅子上*会说些什么*（what we would say），隐秘地过渡到睡前打哈欠是否为自愿行为*这一事实*（matters of fact）上，这一过渡是值得注意的。

此外，奥斯汀通过"I can if I choose"等同于"I can"这一事实总结出这并非一个因果条件句。其次，这里还有一个模糊的结论，与吉尔伯特·赖尔那个清楚的结论类似：认为意志是一个以某种方式引起行为的精神能力，这个想法是被语言误导了。不过有别于赖尔，奥斯汀拒绝从这个思想中提炼出哲学观点。

2. *感觉材料*（sense-data）。根据现象论——一种认识论观点，任何经验性陈述的基础都在于直接证据或感觉材料。

现象论的主要支撑是*错觉说*（argument from illusion），粗略地说明如下：麦克白说他看见了一把匕首，但事实上他面前并没有一把匕首——他就处在一个错觉中。他的视觉经验中并没有匕首，但他把他的视觉经验描述为看见某物。这个某物——麦克白错觉经验的意向对象——肯定是某种非物质对象，而且只有他自己看见了。如果我们将这个对象叫作*感觉材料*，我们就能推断至少在某些时候，视觉经验就是感觉材料的经验。

但是错觉与真实的感觉在主观上是无法区分的，它们甚至可以相互"易容"（fade into）。所以，它们必然拥有共同之处，而这个共同之处自然就被推断为是感觉材料。换言之，当我们看时，我们就看见感觉材料——尽管在真实的感觉中我们也看见一个物理对象。但是现在看起来感觉材料是我们推断出物理世界的证据；物理对象及其特性并非是观察到的，而是从对感觉材料的直接观察中推断出的。现在关于信念，我们有了一个绝对可靠的基础。尽管信念可能会错，但是我们对于自己所感觉到的内容永不会错。

现象论对感觉的说法当然不同于通俗的方式。奥斯汀（Austin 1950：124）援引了一个荒诞的例子：某人看了一眼食品贮藏室，发现了一块面包，并说"嗯——面包的所有标志"（Hmm—all the signs of bread）。奥斯汀（Austin, 1962b）对现象论的批判远比此深刻。奥斯汀认为错觉说忽视了两个以日常语言为特征的关键区别。其一是事情*似乎怎样*（seem）与*看起来是怎样*（look）的区别。我们知道一根棍子立在水里，就会同意它看起来是弯曲的，但我们不会说它似乎是弯的。棍子看起来是怎样是一个经验性的事情，但又并非是真正主观的——我们可以用图画或照片的方式捕捉它，但棍子看起来似乎如何就并非如此了——那是主观的，却并非是经验的事情，毋宁说，那是一个感觉判断（perceptual judgement）。这种差别很微小，但它帮助奥斯汀拒绝了那种我们必须假定感觉材料以解释主观经验的内容的想法。一方面，我们具有客观经验（物理对象在观察者眼中的样子）的内容，而另一方面，我们具有主观判断（观察者看待世界的方式）的内容。

然而当麦克白似乎看到匕首的时候，他到底看见了什么？奥斯汀的观点是他并没有看见任何东西，甚至都不是一个*错觉*（illusion）——他是*幻觉*（delusion）或*幻象*（hallucination）的受害者而已。这是第一个被感觉材料理论者所忽视的区别。错觉是错误的感知：它们的意向对象是一般的物理对象，但它们的意向内容把它们显现得与实际情况不同。幻觉与幻象可能在主观上与错觉难以区分，但是我们的语言使我们具备了区分这两种经验的能力，这使得我们得以拒绝那种认为二者都有意向对象的说法。

3. *知道*（knowledge）。依据哲学的标准观点，知道向来就是一种特定的正确信念，它包含了如下的某个特征：经检验的；以可靠方式建构的；有证据的；由相应事实引起的；等等。这使它不同于幸运的猜测。当然，知道意味着信念，但那并不等于它就*是*（is）一个信念。奥斯汀认为知道是一种对现实的理解，相比起信念，它和感知具有更多的共同点。

证据同样来自日常语言。奥斯汀（Austin，1946）指出知道和信念是以非常不同的方式被质疑的。也许你自然会问，我*如何*（how）知道我声称知道的东西，但是问及我*为何*（why）知道并不算一个挑战。信念的情况刚好相反："你为何相信这个？"是诘难一个信念断言的标准方式，但是"你如何相信这个？"听起来就很奇怪了。另外，如果我不能解释我如何知道某物，那么你可能会认为我*不知道*（don't），但是我说不出为何相信某物，你可能就会觉得我*不应该这样相信*（shouldn't）。奥斯汀认为，知道（knowledge）和信念（belief）的区别导致了"知道"（know）和"相信"（believe）的区别。我们应该对我们所相信的而不是所知道的抱有理由。但是，我们确实对于自己所知道而不是所相信的抱有证据（尽管我们经常不能陈述出这些证据）。

奥斯汀（Austin，1946：98-101）也提出了一个关于说"我保证"（I promise）和"我知道"（I know）的有趣类比。首先，他指出了一个类似的限制：如果你保证做某事，那么你就不能再说你并无意愿做此事，就像你不能在说你知道某事之后又说你对之不确定。其次，他观察到当你说"我应该做 *A*"时，这表示你至少希望去做它（并且如果你严格地提出这一点，就意味着你完全愿意去做它），而当你说"*S* is *P*"时，这表示你相信 *S* 是 *P*（并且，如果你是严格地提出了这一点，就表示你非常确定 *S* 是 *P*）。

155 　　最后,奥斯汀认为,当这些声称被加强到"我保证我要做 A"和"我知道 S 就是 P"时,你就冒了一个新的风险:你并非在表达自己的意愿或信念,而是做出了一个授权他人也这样做和这样说的社会性行为。

6.1.2 陈述和真值

对于弗雷格来说,真值是命题的属性(对他而言,就是语句的涵义);对塔尔斯基而言,真值是句子的属性。奥斯汀认为这两种观点都不符合对真实事物的日常的、自然的描述:

> 因为我们从来不说"这句话(或这些词)的意义(或涵义)是真的":我们真正说的是像法官或裁判说的那样,即"采用这个涵义的这些词是真的,或者如果我们赋予它们某意思,就说这样解释或理解这些词是真的"。的确,语词和语句会被说成是真的,前者常见一些,后者较少见一些,但这仅仅发生在特定的涵义中。像被文献学家、词典编纂家、语法学家、语言学家、语音学家、出版家或者批评家等所讨论的语词就不可以用真假论:它们或是错误构造的、模糊的、有缺陷的,或是无法翻译的、无法发音的、拼写错误的、古旧的、损坏的或不知所云的。类似语境下的语句是省略的、复杂的、头韵的或者不合文法的。然而,我们或许还会真诚地说"他的结束词非常真实"或者"他的演讲词的第 5 页的第 3 个句子是错的"。但是,就如向来伴随着词和句的指示词(物主代词、时间性动词、确定性描述等)所展示的,这里,"词"和"句子"指的是某个特定场合中的特定人物所使用的词与句子。也就是说,它们指的是陈述句(就像 Many a true word spoken in jest 所显示的)。

(Austin, 1950:119)

这段话是典型奥斯汀式的:与其直接解决哲学问题,不如先解决英语语言的恰当使用的问题,这看起来似乎是绕了远路,但是仔细思考,这里确有洞见。命题真值和语句真值是脱离语境的,但是日常真理看起来却并非如此。奥斯汀先于语言学家和哲学家几十年确定了许多"指示词"（demonstratives）——物主代词、时间性动词、限定摹状词，也就是说，它们的解释通过一些显性或隐性的指示与话语的语境相联系。为了解释 His closing words were very true，我们必须辨识是谁的话语、在何种场合下被认为是真的。为了解释 The third sentence on page 5 of his speech is quite false，我们必须知道所涉及的是哪篇文章、哪个备忘录或哪本书。于是这种观察就被提升为一个大胆而有趣的说法，即真值只能被恰当地赋给语言表达式的特定用法，即陈述句。

之所以说这种说法是大胆的，是因为例如说"Snow is white" is true 看起来是完全自然而且真实的。关于这一点，奥斯汀想必会说两点：除了在一个哲学论文的语境下，人们恐怕不会使用这样的句子，即使这样使用，它可能会被理解为一个通用说法的删节版。正常情况下，Snow is white 这句话是被用作真实陈述的。

陈述（或者现代更流行的术语断言）是含混的。当某人做出一个陈述，(i) 一个行为出现了（他陈述的行为），并且 (ii) 这个行为有一个意向对象（被陈述的事）。当奥斯汀谈到陈述时，他通常指的是前者——言语行为（speech act）。为了免除误解，我们可以把言语行为的对象称为命题（奥斯汀本人避免使用术语"命题"——毫无疑问，是因为它的日常用法与哲学家使用它的方式不同）。

惯例（conventions）使我们可以使用语词来断言世界，奥斯汀的主要洞见在于提出我们需要两种不同形式的惯例：连接语言表达式与事物类型的*描述性惯例*（descriptive conventions），连接言语行为和特定事物的*指示性惯例*（demonstrative conventions）。出于这些考虑，奥斯汀将陈述的真值规定如下："当与指示性惯例相关联的历史事件和与描述惯例相关联的句子一致时，这个陈述就被称为真陈述。"（Austin, 1950: 122）

假若我说了（6.1.1），从而做出一个陈述：

(6.1.1)　The cat is on the mat.

奥斯汀认为，如果我陈述的事件状态是 cat-on-the-mat 类型的，这个陈述就是真的。那个事件状态是什么类型？这正是英语语义学理论应该告诉我们的——它将事件状态集合和陈述句联系在一起。一个陈述何时与一个特定的事件状态相关？指示理论可能告诉我们答案——它将事件状态确定为对话里任何给定时间上关注的焦点（我们可以认为它是当时谈话的主题）。根据这个观点，不存在脱离惯例的真值：

> 一幅图像、一份拷贝、一个摹本、一张照片——这些都永远不是真的，因为它们是由自然的或机械的手段生产出来的复制品：留声机唱片或者一份抄本作为复制品可以是精确的或栩栩如生的（真实再现原本），但从对过程的记录看，它们就不是真的。同样的，某物的（自然的）标记可能是准确的或不可靠的，但只有对某物的（人工）标记才可能是对的或错的。
>
> （Austin, 1950: 126）

奥斯汀谨慎地同意把他对真值的观点归类为对应理论的一种形式：它将真值描述为陈述（命题）和被陈述的事物（事件状态）的关系，但这与经典的认为真值包含命题与事实之间的联系的对应理论大相径庭。特别是，就奥斯汀的观点而言，对应并非一对一的关系，因为命题在很多事件状态下都是真的。

奥斯汀的真值观给语义学带来了两个重要挑战。其中首要的，也是最重要的挑战是他认为一个不包含明显指示性（indexicality）的陈述句（如 The cat is on the mat）的真与假仍然有赖于语境。奥斯汀运用语境敏感性（context-sensitivity）这一难以抗拒的观点来反驳这样一种观点，即真值条件可以被视为许多句子意义的重要方面。第二个挑战是这样的：如果真值的归属是分类的行为，那么，或许这些归属就是主观的，相对于说者的不同目的而定的。奥斯汀强调我们并不情愿将 France is hexagonal, Belfast is north of London，或者 Beethoven was a drunkard 这样的陈述称为真或假。这样的陈述仅仅是*粗略的*（rough）：在许多情形下，它们既不真也不假。

其后，第一个挑战被*激进的语境主义者*（radical contextualists）激化了，他们认为句子没有（可能纯粹数学和理论物理方面的句子除外）独立于语境，可以决定它的真值条件的意义。第二个挑战则被*显现主义者*（expressivists）强化了，他们认为许多表达式缺乏描述性意义，而且无法对包含它们的句子进行真值评估。

6.1.3 言语行为

奥斯汀对语言哲学最重要的贡献是在他去世后出版的有关言语行为的先驱性作品，其中，奥斯汀的著作《如何以言行事》(*How to Do Things with Words*, 1962) 是巅峰之作。"言语行为"这个术语并非他的独创，而是可以溯源到塞尔的作品《言语行为：语言哲学论》(*Speech Acts, An Essay in the Philosophy of Language*, 1969)，该书改善、系统化、拓展并重新塑造了奥斯汀的想法。

言说有意义的话语确实是一个行为。但是这个行为的表现通常构成了另一个行为——一个断言、一个疑问、一个请求、一个赌注、一个警告等。这些就是言语行为。

奥斯汀首先区分了*表述句*（constatives）和*施为句*（performatives），它的基本思想很简单，我们可以用奥斯汀的著名例子来说明：

（6.1.2） I named this ship *The Donald*.
（6.1.3） I name this ship *The Donald*.

你可以问我昨天做了什么，如果我用（6.1.2）做回答，我就描述了我做过的事情，这就是一个陈述话语（constative utterance）。但是当我昨天在船舷砸碎香槟说出（6.1.3）时，我不是在表述我的行为——我在表现这个行为。我的语句*曾是*（was）命名——一个施为话语（performative utterance）。

这个例子在某些方面显得具有误导性，人们很容易认为奥斯汀设想了一种语义差异：第一人称代词、一般现在时和动词"name"结合起来，编码了一种信息，即（6.1.3）是一个只能在施为话语中被使用的句子。但如下例所示，事情并非如此。

（6.1.4） If I name this ship *The Donald*, it should be painted orange.
（6.1.5） Here is my plan: I name this ship *The Donald*, and then we promptly sink it.

例子（6.1.3）甚至可以被用来描述一个人正在做的事情：你可以讲述你之前所做的事情片段。

有两个理由使得施为句对真值条件的语义学造成挑战，其中较为次要的一个理由是：相比表述句，施行句提供了更有力的证据来说明奥斯汀的主张，即许多话语是无法评价真值的。若问"Belfast is north of London"这个特定的话语是否为真，可能是愚蠢的或不合适的——但这并非是完全误导的和离谱的。我们也许会通过说"It depends"和要求更多澄清的方式触及这个问题。另一方面，若问（6.1.3）这样的话语是否为真，就等于暴露了一个误解，我们需要纠正而非澄清。

真值条件的维护者可以诉诸如（6.1.4）和（6.1.5）的句子，以支持我们应该将真值条件赋予（6.1.3）的想法。除此之外，我们还有什么别的方式可以解释（6.1.3）和（6.1.4）包含这艘船应该被涂成橘色，或者（6.1.3）和（6.1.5）包含我的计划至少是部分被实现？也许我们正应该持有这样的观点，即使话语本身不是那种可以被称为真的东西，只要命名是成功的，那么，（6.1.3）就是真的。

施为句对真值条件语义学造成的更深刻挑战在于，即使我们确实要将真值条件赋予如（6.1.3）的语句，这些真值条件看起来还是剥离于这些语句的日常运用的，那么，知道真值条件又如何帮助观众去理解我表达这个句子时正在做的事情？

这里自然可以质疑奥斯汀的观点，他认为施为句是行为（doings）而不是言语（sayings），也许，一个成功的施为句是通过言语来表述行为。如果确实如此，那么所有的施为句都会以同样的方式运作：成功的时候，它们就使自身为真。当我真诚地说"I apologize for being late"，那么，我曾为迟到这件事道歉就是真的；当我真诚地说"I promise that it won't happen again"，那么，我曾许诺这件事不会再发生就是真的；当你真诚地说"I bet you will be late next week again"，你打赌我下周还会迟到这件事就是真的。当然，我也可以通过说"Sorry"来道歉；通过说"This won't happen again"而做出承诺；通过说"Twenty bucks you will be late next week again"来打赌。但是在许多情况下，语境为听者提供了足够的信息去补全细节。

刘易斯（Lewis，1975）对许可（permission）和命令（commands）做出了类似的建议。当某人一边说"You can jump"，一边做出表达许可的行为时，如果听者在某个可能世界里跳了，那么他所说的句子为真。使得这个话语具有行为性的是，有一条额外的规则，确保了当某个权威人士说出这句话时，我们可以从现实世界进入听者跳的可能世界。类似地，"You must jump"为真，当且仅当在所有可以从现实世界进入的可能世界中，听者跳了，而且，当某个有权威的人说这句话时，一条额外的规则确保所有正常进入的世界就是听者跳的世界。这个额外的规则使得话语通过改变事实以保证其真实性变得清晰。

这个策略还远不能说清楚它是否普遍有效。问候和侮辱也是言语行为，或许当说"How are you doing？"或"You are an idiot"时，如果听者被问候或被侮辱，那么说者就使得句子为真，但是这个语句的真值条件看起来与何种问候和侮辱没有关系。在第 10 章，我们会再次讨论言语行为以及它和语义学的关系。

6.2 格赖斯

保罗·格赖斯（1913—1988）是奥斯汀在牛津大学的同事，他在职业生涯的后期去了加利福尼亚大学伯克利分校。格赖斯哲学中的两股潮流帮助我们开启了今天所知的语用学领域：他对"*说话人意义*"（speaker meaning）或者"非自然意义"（non-natural meaning）的研究；对"*会话隐含*"（conversational implicature）现象的识别和解释。

6.2.1 说话人意义

格赖斯（Grice, 1957）提出了我们现在熟知的"说话人意义"（speaker meaning）的概念，该概念起源于查尔斯·桑德斯·皮尔斯的符号理论（参见 Atkin, 2013）。这一思想流派完全不同于源于弗雷格和塔尔斯基的思想。格赖斯认为意义植根于主体的意向和信念，是主体通过其沟通行为创造出来的东西。他提供了一个对说话人意义的分析，塑造其为一种特别的交流意向。稍后在 9.2.2 和 11.2 部分，我们会更多地述及这个分析。

当我们用语言交流时，例如，当哈姆雷特说"Mother, you have my father much offended"时，就有一个说话人意义：哈姆雷特具有一个交流意向，他想传达母亲严重冒犯*生身（biological）*父亲的想法。但是，他所使用的组成语句的词语至少具有两重含义：哈姆雷特的母亲深深冒犯了他的生父；她深深冒犯了他的继父。要了解哈姆雷特的意向含义，即说话人意义——哈姆雷特的母亲必须消除语句的歧义，并选择正确的字义[格赖斯将此意义叫作"更合理的意义"（meaning in the favoured sense）]。

为说话者说话时所发生的事情提供完整图景的，既非皮尔斯传统的说话人意义，也非塔尔斯基传统的组构式语句意义，因为会话双方既公开了他们的交流意向，也挖掘了语言词项的传统意义。

我们需要句法和组构性的语义学规则来解释语句是如何同一个或更多的传统语言意义相关联的。为了描述消歧时"抓住正确意义"（capture the correct meaning）的意思，我们需要描述说者的意义是什么，但这只是故事的一部分：说话人意义和语言学意义可以是两回事。因此，识别说话人意义就不仅仅是在给定语境中选择句子的某个意思。当说话人使用某个句子的时候，他可以传达超出已消歧句子（disambiguated sentence）的字面内容的意义，而且，他们还可以不用语言来表达含义。

6.2.2 会话相关的意义

这将我们带到格赖斯哲学的第二个主题上来，1967 年它出现在主题为"逻辑和对话"（Logic and Conversation）的威廉·詹姆斯讲演中（William James Lectures），它对之后的语言哲学和新兴的语用语言学也产生了显著的影响。多年后，全部讲稿在《言辞用法研究》（Studies in the Way of Words，1989）一书中出版，但是其复本在此之前就广为流传。

在一定程度上，格赖斯的威廉·詹姆斯讲演并非是对我们所说内容的判断的反应，而是对奥斯汀从中得出的哲学结论的一个经过深思熟虑的反应。在这些讲稿中，格赖斯反驳了日常语言学派哲学家们中的流行观点，即用逻辑理论解释自然语言的运作是不合适的、不切题的。或许，最后格赖斯（Grice，1989a）对其想捍卫的观点的解释并非完全成功：倘若理解正确，"and""or""if"的标准逻辑理论为它们的字义提供了正确的解释，同时，他提出了许多重大影响力的观点，介绍了一个极为复杂但富有成果的思考语言运用和语言表达式的意义的方式。回顾过去，格赖斯削弱了"形式"（formal）语言和"自然"（natural）语言有根本区别的流行观点，从而扫除了在语义学中使用塔尔斯基方法的主要障碍。

在题为"导言"（prolegomena）的第一篇讲稿中，格赖斯列举了许多哲学家（格赖斯称他们为"A-philosophers"，"A"大致上代表"Austin-inspired"受奥斯汀影响的）从语言运用中得出结论的事例。在每一个情况中，奥氏哲学家宣称（格赖斯指出，这些结论往往是不清楚的），如果反常地使用一个表达式，那么，说出来的反常话语就是非真的。

他用"try"来说明这点。当某人开始按部就班地、毫无困难地以惯常的方式完成某事时，请问：Did that person try to do it? 如果有人走进银行，毫不费力地兑现了一张支票，请问：Did she try to cash it?

奥氏哲学家们说，如果我们在描述她的行为时说"She tried to cash a check."，会显得很奇怪，且具有误导性。有的奥氏哲学家也许会止步于此结论，但有的奥氏哲学家或许会暗示说，假设一个日常行为被分割为两部分：一个"trying"的心理状态和一个肉体的实践行为，这将导致哲学错误。别的奥氏哲学家或许会推断说，既然运用是反常的，那么，she tried to cash the check 就为假，或者非真非假。

奥斯汀经常强调一个表达式会以许多不同方式显得不恰当。在不再视真为恰当表达式的独有特征后,格赖斯就与奥斯汀及奥氏哲学家分道扬镳了。他认为我们应该允许表达式是反常的但同时是真的,而且,当这种情况发生时,他建议以检测的方式进行判断。

通常情况下,当我们说某人在暗示,我们的意思是这个人想表达的内容不是逻辑学家脑子里想到的东西。逻辑蕴涵(logical Implication)的关键是蕴涵(entailment)——如果句子 φ 只有在句子 ψ 为真时为真,那么句子 φ 蕴含了句子 ψ。从技术层面上说,每一个满足 φ 的模型都满足 ψ。但是,当某人暗示某事时——例如,当一个雇员暗示说他会来上班时,这通常被理解为非蕴含性的。

假设这个雇员一大早给老板打电话说"Sorry, I got up late; I won't be on time for work.",此话的暗含之义是该雇员会来上班,但由于他起床晚了,他会迟到。通常情况下,他的话语包含这两个意思,而且他的老板也能听懂这两个意思,但这两个意义是非蕴含的。如果这个雇员确实起晚了,但这发生在千里之遥的拉斯维加斯,那么他说的就为真:他确实起晚了,并且他根本不会按时来上班。

格赖斯将这种文字上没有表明但暗含的意思叫作"会话隐含"(conversational implicature)。他发展了一套理论讲述理性的对话是如何产生边际效应的,还提议了如何将它们与蕴含区分开来的测试。例如,格赖斯将他对会话隐涵的*可取消测试*(cancelability test)应用到兑现支票的例子中。

我们将用一个比格赖斯的例子更精心设计的例子来说明这个测试。假设银行雇用了一些消费者满意度调查员,以调查自己的服务质量与提升途径。调查员们从一个隐蔽的位置观察消费者的活动,确定人们进入银行的目的,并追踪他们以观察他们是如何被服务的。消费者需要许多服务:有人想进行投资,有人想开户,有人想获得贷款,有人想兑现支票。调查者看到一位女士在前台窗口,不知道她正在做什么。她离开后,调查员问自己的同事:"你看到她是来做什么的了吗?"后者说:"她试图兑现一张支票,而且她也确实兑现了。把她记下来,她是一个满意的顾客。"然而，反常情况出现了。如果这位女士在办理完业务后亲自对朋友说"I was trying to cash a check"，这就会是反常的。格赖斯的意思是，当调查员和这位女士都在说同一件事情的时候，认为这位女士所说的非真而调查员所说的为真，是很难讲得通的。

这个例子显示了"可疑话语"（suspect utterance）的不一致性取决于语境。在有些情况下，说"She was trying to cash a check"会显得反常且具有误导性，因为该句错误地暗示她兑换支票有困难，且不太可能兑换成功，在另一些情况下，这句话又没有这层暗示含义。

格赖斯的"导言"讲稿具有双向的意义：一方面，它回顾格赖斯的语用学理论的起源，质疑他把哲学理论建立在语言使用上；另一方面，它期待一个系统的理论能够解释话语是如何产生歧义的，是如何传达出字面意义之外的内容的。

事实上，格赖斯有关会话隐涵理论的最初面貌（形式非常粗糙）是在1961年发表的，它捍卫现象论，反对6.1.1节讲的奥斯汀和其他日常语言学派哲学家的批评。

格赖斯研究了"可疑条件"（suspect condition）是如何在不是话语字面意义的一部分的情况下与话语联系在一起的，这导致他发展出一套详尽的理论。格赖斯会说可疑条件是被会话隐涵的，并且这反映出会话推理的普遍特性。这些细节会在第9章讨论。接着，格赖斯选择了从哲学走向语言学的道路。最初具有哲学色彩的疑虑导致了关于语言使用的理论，即便不是纯粹的语言学，至少也是对理性话语的探究。

《言辞用法研究》一书的剩余部分覆盖了许多领域，包括一些离题的内容。但是，通过介绍会话隐涵，格赖斯提出了一个令人信服的论点，也就是：即便表达式是不合适的或者有点误导的，说话人也可以理解其为真。他相信理性的普遍法则有助于我们理解许多会话隐涵内容，并且现象理论也可以植根于此。在第9章中我们会更多地谈及这些。

从怀疑日常语言学派哲学家得出的结论开始，格赖斯发现自己探究了这些哲学家们注意到的"蕴涵"的本质，这使他发展出了一个更倾向于语言学而不是哲学的语用理论，并最终使用这个理论得出了新的重要的哲学结论。这是哲学和语言学交叉的一个突出例证。

6.2.3 格赖斯和奥斯汀

《理性的哲学基础》(*Philosophical Grounds of Rationality*, 1986) 一书是格赖斯与奥斯汀交往的有价值的信息来源。其中，格赖斯表达了他对奥斯汀的喜爱与尊敬。在第 59 页，他解释了为何要采取另一种方法研究哲学和语言：

> 毫无疑问，这些深情的回忆无疑使人们产生一个疑问：为什么我要抛弃他的哲学风格。好吧，正如我之前说过的，从某种意义上讲，我从未抛弃过他的哲学风格，因为我仍然相信在这个或那个话语区域中详细研究我们说话的方式是许多最基本的哲学研究的基础……没有在至少是雏形的理论中设立的假设，收集语言资料就是不可能的，我怀疑这个命题是否会得到普遍的认同。当有人问（如果有人问的话）这个基本理论应该是什么样的理论时，麻烦就随之而来了。

格赖斯接着说他的理论建立受到了奎因和乔姆斯基的指引和影响。这多少有点令人意外，因为他的哲学观点迥异于奎因，而且我们在他公开发表的著作中看不到乔姆斯基或其他语言学理论家的影响。但显然，对格赖斯产生影响的，与其说是奎因和乔姆斯基的观点，不如说是一种想法，即对语言进行严格的理论化研究是可行的、有意义的。

6.3 结论

奥斯汀请哲学家们认真对待我们在特定情况下会说出什么的事实，并指出语言证据对哲学的重要性。但哲学理论的结果（通常是隐性的）是有些模棱两可的。为了更彻底地整理这些结果，格赖斯主张我们需要发展一种语言学理论。每走一步，哲学和语言学之间的联系就变得更加丰富和复杂。语用学领域的成果在很大程度上要归功于这两位牛津大学哲学家的工作。

7
语境和内容

7.1 阶段指引和含义

当我们使用语言时（这包括程序语言和自然语言），语境是极为重要的。下面的三个例子将显示语句的内容会随着语境的变化而变化。

(7.1.1) It's getting light outside. [*Very long pause*] It's totally dark outside.

(7.1.2) [*Jill speaks*:] I'm leaving! [*Jack speaks*:] I'm staying!

(7.1.3) [*Witness 1 points at Witness 2 and speaks*:] He's lying! [*Witness 1 then points at Witness 3 and speaks*:] He's telling the truth!

如果没有表示语境变化的阶段指引（stage directions），每个例子都是矛盾的。

或许，像这样的语境效应挑战了弗雷格式的和其他类型的意义。如果每一个有意义的表达式，特别是每个语句都表达了一种意义，而这个意义与事实联系起来确定了一个指称，那么像（7.1.4）这样的句子的意义是什么呢？

（7.1.4） I'm leaving.

句子是语言的项，因此是语言共同体的成员。当吉尔说（7.1.4）的时候，这句话的意思是吉尔正在离开。但是，如果我们说（7.1.4）与句子"Jill is leaving"具有相同的意义，那么，当杰克说这句同样的话时，我们又该说什么呢？杰克说这句话，这句话的意思就不同了，真值条件也不同了。

另一方面，从下面的例子可以看出，我们也不能说（7.1.4）的含义是：谁说话，谁就在离开。

（7.1.5） [*Jack speaks*:] If Jill were speaking I would be leaving.
（7.1.6） [*Jack speaks*:] If Jill were speaking the speaker would be leaving.

（7.1.5）为假（因为杰克没走），而（7.1.6）为真（因为吉尔正在离开）。但是，假设有很强的组构性，如果"I am leaving"和"The speaker is leaving"的意义相同，我们会认为（7.1.5）和（7.1.6）的意义也相同，因此在真值上也是类似的。

7.2 1967 年之前的指示词问题

在首次发表于 1918 年的文章中，弗雷格将注意力转向了现在时和诸如"today""here""there""I"之类的词语。他承认这些表明"仅仅是可书写或在留声机中被辨认的词汇，不足以表达思想"（Frege，1956：296）。接着，他试图解释语境效应如何符合他的框架。相关的段落是很难理解的——在它们的阐释上专家们仍莫衷一是（参见 Perry，1977；Evans，1981；May，2006）。

总体而言，语境效应在逻辑学和语言哲学中一直被忽视，直到 1940 年，伯特兰·罗素用了一章的篇幅来讨论我们现在所说的"指示词"（indexicals）（这个术语是被美国哲学家查尔斯·桑德勒·皮尔斯创造的）。同时，其他有逻辑学头脑的哲学家开始对这些表达式产生兴趣：罗素提到了汉斯·莱辛巴赫关于同一主题的未发表的作品有和他的观念相似的地方。几年后，在1945—1955年，以极为不同的视角研究这个主题的作品开始出现。这些出版物很可能因为第二次世界大战而推迟了。

在这一点上，三种截然不同的方法出现了：（1）分析和元语言学的方法；（2）基于用法的方法，或多或少和英国日常语言学派的传统密切相关；（3）受塔尔斯基影响，试着将指示词纳入逻辑学框架。

在《意义与真理的探究》(*An Inquiry into Meaning and Truth*, 1940)一书中，罗素进行了一项大规模的哲学计划：将经验主义认识论（empiricist epistemology）和形而上学置于逻辑学和语言之上，这是一种非常普遍的尝试。他构想了一种符合现象论的世界图景的理想语言——认为直接经验是认识论的基础，所有知识最终都要被直接感性经验证明为合理。在这种语言中，专有名词会指称处在时空中并被赋予现象性的经验。罗素用了一章的篇幅来讨论他称为"自我中心词"（egocentric words）的指示词，因为它们可能为专有名词理论提供了反例。

罗素将"this""that""I""you""here""then""past""present""future"囊括在自我中心词中。他问到是否任何可被言说的事情可以在没有自我中心词的情况下被言说。罗素严肃地对待这个问题：回顾一下他关于摹状词的理论回答了一个类似的有关"the"与"a(n)"的问题。他认为去掉这些冠词并不会导致可以表达普遍定量和同一性的语言的表达力的丧失。但是，对于自我中心词，他表现得更加谨慎，认为从原则上讲，很难判断它们是否可有可无。

罗素认为"this"是一个典型和基本的自我中心词，他注意到了它的一些特质：（1）如果不诉诸其他自我中心词，就很难界定"this"；（2）它不涉及"thisness"的任何属性（它没有描述性内容）；（3）它可用于不同对象，但语义并不模糊；（4）它具有独立恒常的意义，但这个意义不能成为它的名称；（5）它既非一个专有名称，也不是一个摹状词。这些观察为随后的哲学讨论奠定了基础，语言学家们可能会同意所有这些说法。

接着，罗素提出了语言使用者和"this"在特定场合所表示的对象之间的关系。至此，这非常类似于当代的指示词描述，根据这些描述，它们通过使用上下文与指称相关。但是，罗素接着用直接因果链解释了对象和"this"的关系。例如，我指着一块蛋糕说"This is what I want"，这块蛋糕就成了一个因果刺激，并且是产生语言反应的因果关系的一部分。这个说法在一般情况下是行不通的：有许多例子表明，"this"的指称和说话人之间没有看似合理的因果关系。比如，有人可能说："The center of the earth is molten iron and this is not a place anyone will ever visit"。

尽管如此，大部分当代人或许会同意，对指示词的解释涉及使用的场合，而且，场合中的对象与"this"密切相关。所以，指示词的关系性特征不仅很明显，而且在有关这个主题的文献中早就被涉及了。随后，它引起了许多困惑，这多少有点令人吃惊。

汉斯·莱辛巴赫是一位对科学哲学具有强烈兴趣的彻底的经验主义者。他在书中提到了罗素对指示词的解释（Reichenbach, 1947: 284-287）。他写这本书时，对逻辑学的引介并不局限于逻辑学的技术方面，而是经常被用来发展和展示我们如今认为是一个更广泛的哲学程序。莱辛巴赫认为逻辑学是可以用于分析语言的一门普遍的学科，这种观念看起来把语言学和逻辑学联系在一起，但其实莱辛巴赫的逻辑学文本对大多数的语言学主题显示出的兴趣几近于无。

莱辛巴赫当时的想法如今可以被归为"哲学逻辑"（philosophical logic），它涉及如何把形式逻辑用作哲学工具。其著作的第7章"会话语言的分析"（Analysis of Conversational Language）专门讨论了各种各样的话题，包括专有名称和摹状词、时态和特定的指示词。语言学家十分熟悉并常常引用这一章节中出现的话语意义、事件意义和指称意义来分析时态，虽然对指示词的符号自反性（token reflective）解释被忽视了，但莱辛巴赫显然认为他对时态的解释是符号自反理论的一种应用。

类（type）和例（token）的关系就如同某种普遍的东西面对它的一个实例一样。物种是类，个别的动物就是例。字母是类，而写出来的字母则是例。这个术语在语言中的应用似乎要追溯到查尔斯·桑德斯·皮尔斯（参见 Peirce，1906：506），它后来被纳入美国符号学的传统，即实证主义、行为主义和语言学方面的结构主义（参见 Morris，1946）。

在哲学中，这种区别本身被用于许多目的，它具有形而上学的暗示并引发了一些哲学问题（参见 Bromberger，1992；Szabó，2005；Wetzel，2014）。

莱辛巴赫的观念是这样的：尽管像第一人称"I"这样的指示词的含义是可变的，因此不能单一地与类——也就是在英语词典中作为条目的代词相关联，但它仍然可以与它的例相关联。例如，它们可以是特定的声音或写法，出现在特定的空间和时间。莱辛巴赫没有给出在解释指示词时使用例的语言学的原因。他只是说，很容易看出指示词可以通过引用例来定义：例如，"I"的意思就是"the person who utters the token"（说出这个例的人）（Reichenbach，1947：284）。

莱辛巴赫在他的分析中选择例是出于哲学原因。在他看来，例是一个不错的选择，因为它们是摸得到或听得见的，因此为分析提供了经验基础。在这里起作用的哲学偏见非常类似于导致罗素思考直接因果链的那种偏见。莱辛巴赫认识到指示词是关系性的，他寻找一个关系项，在说话时产生的例中发现它，继而想象指示词实际上指的就是这些例。当吉尔说"I am leaving"时，她指的是她说话行为产生的例，并通过这个指称来描述她自己。

与刺激反应论（stimulus-response theory）相比，符号自反分析更难找到反例，但赫克托-奈利·卡斯塔尼达指出，尽管（7.2.7）只是偶然错误，莱辛巴赫对这个句子的分析（7.2.8）也不可能是真的（假设吉尔犹豫了一下，然后说："I am leaving"，杰克注意到她的犹豫，说："She might not have said anything"）。

(7.2.7)   I am uttering nothing.

(7.2.8)   The person uttering this token is uttering nothing.

在 1967 年，我们可能可以对像卡斯塔尼达这样的例子置之不理；但十年后，随着汉斯·肯普关于指示词"now"的逻辑的出现，它们在理论上的重要性变得越来越清晰。

罗素和莱辛巴赫代表了语言的形式和逻辑方法，正如我们所看到的，在那个时候，这种方法伴随着大量的逻辑实证主义和经验主义，并且理所当然地认为形式语言和自然语言之间存在深刻的区别。战后的牛津大学的哲学家们，主要受到了 J. L. 奥斯汀的启发，他们重新开始，抛弃前代哲学家的哲学框架，并以一种新观念进入哲学问题，即新洞见会从对语言运用的关注中产生，从这项工作中产生了研究指示性（indexicality）的方法。尽管奥斯汀和彼得·斯特劳森在许多重要的观点上意见有分歧，但他们关于指示词的观点非常相似，并且影响了后来一代哲学家处理这些问题的方式。

逻辑实证主义者把指示性看作一个句法问题——也就是说，一个与单词和句子有关的问题。在一定程度上，这是一种哲学上的偏见——语言例是可靠的、经验主义的东西，而语言类型是对这些例进行分类的可靠的、经验主义的方式，但只有一部分是合乎逻辑的。由于希尔伯特、哥德尔、塔尔斯基等逻辑学家和卡尔纳普等哲学家的影响，元语言技术在当时非常繁荣（参见 Carnap，1934；Kleene，1952）。有逻辑头脑的哲学家很乐意采用这些技巧。

在第 6.1.2 节中，我们讨论了奥斯汀是如何背离这一点的，他认为真值主要应用于陈述句。奥斯汀和彼得·斯特劳森都强调了这样一个事实，即同样的陈述可以在不同的情景中被表达出来，并用指示词说明了这一点。例如，当我说"It is mine"时，你和我做出了同样的陈述，而你要同意我的说法，就会说"It is yours"。

两位哲学家都是从语言的使用或表述开始的。在适当的条件下，当某人说出某些词时，就会形成一种陈述，也就会陈述一些事情：内容就会与话语联系起来。但对奥斯汀来说，陈述行为——言外行为类型——是真假的主要载体。

陈述某事的言外行为（illocutionary act）可以起到与莱辛巴赫的语言

例相同的作用。事实上，如果我们把自己局限在口语中，那么相关的话语中就会涉及一个语言例，它是由一个行为者在特定的时间和地点产生的。所以如果我们想解释第一人称"I"的意思，或者解释罗素的"自我中心词"的意思，不管我们像莱辛巴赫一样使用例，还是使用言语或言外行为，我们得到的结果都是一样的。

当有人指着一只猫说"The cat is on the mat"时，我们都认为这是一个言外行为，尽管我们中很多人可能会怀疑说话者是否指的是一个"句子例"（seatence totken）。在这方面，陈述句似乎为解释指示词提供了较例（tokens）更好的基础。另一方面，指示词也可以出现在疑问句和命令句中，它们不是陈述句，但符号自反性却看起来更好了，除非陈述句被更一般的句子用法所代替。对于有指示词的语言，这两种观点如何与组构语义学协调并不清楚。然而，与奥斯汀的真值理论有关的一些技术问题是可以解决的。巴尔怀斯和艾克曼迪（Barwise and Etchemendy, 1987）提供了一个逻辑严密的奥斯汀模式版本，和塔尔斯基的解释非常不同。

斯特劳森（Strawson, 1952：3, 212）对指示词的观点与他在论文中批评罗素的观点相似，但此处斯特劳森更系统地运用了陈述的方式：他说句子本身不能以矛盾的方式在逻辑关系中存在，但陈述式可以。斯特劳森似乎不愿意在这里引用命题，而是倾向于依靠句子的使用来做出正确或错误的陈述。斯特劳森承认，这给像逻辑蕴含（logical entailment）这样的概念带来了问题：甚至说"I am hungry"（罗素的例子）需要"I am hungry"都是错的，因为这里可能会涉及句子的两种运用，第一种也许会是真陈述而第二种是假陈述。为了定义蕴含，斯特劳森（Strawson, 1952：212）不得不诉诸反事实的用法：

> 如果在某个时间,某个地方,在说话人口里,话语 S 产生了或者会产生一个真陈述,那么话语 S′在那个时间,那个地方,在那个说话人口里,也会产生一个真陈述。

一个专门的经验主义者会对这样的定义产生疑问，而数理逻辑学家还关注其他方面。逻辑蕴含是逻辑的基础，而且因为数学逻辑感兴趣的是证明关于逻辑系统的定理，如语义完备性定理（semantic completeness theorems），所以拥有数学上的精确定义就是至关重要的。如果斯特劳森是对的，而且如果指示词的存在迫使我们像他所建议的那样修改蕴含的定义，这也会破坏数学逻辑。我们在严格的数学理论中找不到反事实，而且尽管关于假设说话者陈述的反事实在哲学分析中可能是可以接受的，它们似乎也不能为严格的数学研究提供基础。然而，许多哲学家认为，反事实在自然科学中很重要。

因此，当我们发现注重形式的哲学家认同斯特劳森关于指示词对逻辑的影响的观点时，我们多少会感到惊讶。约书亚·巴尔-希勒尔深受卡尔纳普的影响，他完全遵循形式语言传统。然而，在其作品中，他发现斯特劳森的方法优于莱辛巴赫的方法，他同意斯特劳森的观点，认为当指示词影响句子的真值时，我们不能称句子为真或为假，虽然我们可以说句子的例在语境中有真值（Bar-Hillel, 1954）。

虽然话语语境（context of utterance）的概念似乎起源于巴尔-希勒尔，但他似乎没有意识到它的意义。像斯特劳森一样，他认为指示现象挑战了蕴含是指示句之间的关系这一逻辑主张。他说："逻辑关系主要存在于陈述式之间，衍生地存在于非指示（语境独立的）句中，但绝不（在任何重要意义上）存在于指示句之间。（Bar-Hillel, 1963:88-89）"

在20世纪50年代，尽管形式语言和非形式语言的支持者在许多方面存在分歧，但他们一致认为自然语言和逻辑学家的人工语言在基本方面存在差异，并指出指示词是这些差异的重要因素。蒙塔古（Montague, 1970）的标题为"作为形式语言的英语"（English as a Formal Language）一文——不仅是针对语言学家的，也是针对斯特劳森和巴尔-希勒尔这样的哲学家和逻辑学家的。蒙塔古认为自然语言和逻辑学家的形式语言之间的差异是一个需要克服的挑战。在这篇文章以及其他论文中，他为包含指示词的句子如何定义蕴含这个问题提出了一个技术性的解决方案。

然而，这个解决方案背后的想法并不源自蒙塔古。奎因在《逻辑方法》（*Methods of Logic*，1940）中曾提到过它，在那本书里（不幸的是，混淆了歧义和指示性），奎因说：

> 一般来说，逻辑分析和推理的可信度取决于我们在推理过程中不会对同一个表达式做出不同的解释……模棱两可的表达式的解释取决于参数的周围情况——说者、听者、场景、日期，以及潜在的问题和目的——模棱两可的谬误是不可怕的……模棱两可的所指的词项的解释对参数的逻辑完备性无关紧要，只要它在整个论证范围内都保持一致就行。

12 年后，奎因（Quine，1953a：441）在评论斯特劳森关于形式逻辑不能处理指示词的主张时，重复了这一观点，并补充说："如果形式逻辑的适用性受到如此严重的限制，那么它将是一种相当无用的奢侈品。"

在这里，我们找到了在当代形式语义学中指导理解指示词的关键见解：在评估推理（以及塑造推理）中，只要指示词的解释是固定的，它们就不会有问题。

但 E. J. 莱蒙最清楚地说明了这一点，在莱蒙的作品中，他谈到像斯特劳森这样的理论家的推理缺陷时说：

> 这就如同我们不能说一个门只有一个固定的颜色，因为同一扇门在不同的时间可能有不同的颜色。正确的结果是……如果我们想说句子为真或假，那么这个谈话应该与表达式的语境有关，就像谈论门的颜色与日期有关一样。
>
> （Lemmon，1966：228）

莱蒙有一个很好的观点：那些认为指示句（indexical sentences）的真值取决于语境所以不可能为真或假的人，要么没有看到真值的关系性解释的有效性，要么认为它不合适。如果真值确实是上下文和句子之间的关系，只要我们清楚心中的上下文是什么，这实际上等于合法化（legitimizes）了说一个句子为真或为假。莱蒙对这个问题的清晰思考并不止于此：对于那些想要理清陈述和命题之间差异的读者来说，他的文章仍然是有价值的。

7.3 变量和开放公式

一阶逻辑语言（FOL）展示了两种简单的指称语：*常量*（constants）和*自由变量*（free variables）（在本节的其余部分中，我们会直接说"变量"，当然，我们指的是自由变量）。在这方面，一阶逻辑语言再现了普通的数学用法：例如，在等式（7.3.9）中，

（7.3.9） $x^2 - x = 6$

"6"是一个常数——一个特定数字的固定名称——而"x"是一个变量。

人们经常非正式地、非常不准确地说，变量指的是任意的或未知的数字。但更好的说法是，当我们在公式中使用一个像"x"这样的变量时，我们感兴趣的是"x"承担所指后的行为模式。像指示代词一样，变量充当指向其所指的可变指针。随着指针的变化，包含这些指示词项的语言表达式的内容也会发生变化。如果该表达式是一个句子，它的真值可能变化。譬如，当我们说等式（7.3.9）有两个根：-2和3时，我们的意思是说当且仅当"x"是-2或3时，该等式才成立，要知道它是如何运作的，我们需要知道对于"x"的值来说，整个公式的真值模式是什么。

数学家经常明确地设置和重置变量的值：例如，你可以在黑板上写下（7.3.9）这样的等式，并说"设 x 为3"，然后经过计算，又说"现在，设 x 为-2"。在这种数学用法和代词的指示用法之间有一个密切的相似之处。当一个推销员比较两辆汽车时，他指着其中的一辆用"it"来指代它，然后又指着另一辆车，并用相同的代词"it"来指代，他就是在操纵语境使我们明白所指的变化：他用手指向车的动作就等于数学家说"设 x 为……"，只不过后者更清楚一点。

巴尔-希勒尔之类的哲学家认为指示词还有一些可疑的、麻烦的特征，比如模糊性（vagueness），人们认为这些特征可以用来区别自然语言和形式语言，然而，要想做到这一点，除非忽视自由变量——它们确实存在于许多形式语言中——实际上是指示词，至少在像编程语言这样实际上用于实践目的的形式语言中是这样，在对待自由变量和"开放公式"（open formulas）为"二等公民"的逻辑学的强大传统中，这个事实更容易被忽视。

我们在 1.2.3 节中解释了塔尔斯基是如何被迫给变量赋临时值以产生真值的组构性定义的，但他拒绝给予开放公式首要的地位。塔尔斯基的偏见似乎与莱蒙批评的斯特劳森的观点（关系真值不可能是真正的真值）相似。正如我们将看到的，克服上述偏见对于确保指示词的语义理论至关重要。这个故事始于时间性指示词，尤其是"now"。

7.4 指示词和时间

莱蒙（Lemmon，1966）的论述并不常被引用，但他在书中提倡的方法——把句子在上下文中的真实性作为首要原则——是极其重要的。这种方法可以而且通常也会补充命题和句子。为了说明句子、上下文、命题和真值是如何根据这个道理运作的，我们将重新分析例子（7.1.1）：

(7.4.10)　It's getting light outside. [*Very long pause*] It is totally dark outside.

假设在早上的时间 t_1 说出第一个句子，在同一天日落后的时间 t_2 说出第二个句子，假设这两个句子是在同一个地方说的，这样我们就不用担心"outside"的指示性了。

第一个句子表达的命题是，在 t_1 的时候天亮了，并且命题为真，因为在 t_1 的时候天就是亮了。第二个句子表达的命题是，在 t_2 的时候天黑了，该命题也为真，因为在 t_2 的时候天就是黑了。这两个句子在固定它们的语境中都是真的，但是它们为真的原因却不同，因为与它们相关的命题是不同的。对于那些认为不需要使用陈述式来解释命题的人来说，这种方法消除了用陈述式解释指示词的必要，当代的语言哲学家很少还用这种方式使用陈述式。

像莱蒙这样的哲学家对话语语境的定义是非正式的，但这一点随后也开始发生改变，而这次改变的中心出现在南加州。与此同时，人们发现指示词造成了特殊的逻辑问题，由此这个话题呈现出一种逻辑学的味道。

《逻辑学中的哲学问题》（*Philosophical Problems in Logic*）一书在1968年就已经写成并在私人范围内传播，它出现在达娜·斯科特和包括理查德·蒙塔古和大卫·卡普兰在内的其他人的对话中，它包含了关于如何思考模态逻辑（modal logic）的一些建议。斯科特从可能世界开始讨论指示性，尤其是时态。模态逻辑中表达式的值一般依赖于可能世界，我们可以把这些值看作由世界组成的一维空间中的点（可能世界的逻辑角色，作为满足的一个参数，与一阶逻辑中变量赋值的角色非常相似。但是直到有了"理论"，人们才充分发现了这种相似性（参见Blackburn et al., 2001）。

斯科特建议多维度地看待这个空间，而世界只是一个坐标，他建议的其他坐标包括*时间、地点和施事者*（time, place, and agent），这似乎标志着指示词理论的开始，这些理论后来出现在加州大学洛杉矶分校的理查德·蒙塔古、汉斯·坎普、大卫·卡普兰、戴维·刘易斯和麦克斯·克雷斯韦尔的著作中。

斯科特的想法是指示性语境（indexical contexts）应该被模拟为多维空间中的点——也就是说，对象的 n 元（n-tuples）。维度与对象的类型相对应，例如，它是一个时间、一个地方、一个世界，还是某种个体。一方面，斯科特创建了一组值，旨在提供解释语言中出现的任何指示词所需要的东西。另一方面，当一个句子是在真实情况下被说出来的时候，就有了一个更加精确的语境概念。这样，我们就有了说话时真实情境的所有显著特征。通常，在这种情况下，是很容易识别说话人的，因此"贫血"（anemic）语境或者说 n 元会将该说话人作为"I"的值。

这里没有根本的冲突；贫血概念对实现逻辑目的是有用的，而多血概念（更接近于普通的、语境的理论前概念）对实现实用目的是有用的。我们将在第 8 章继续讨论这个话题。

到 20 世纪 60 年代末，时态的逻辑理论得到了很好的发展，大部分的功劳要归于亚瑟·普雷尔（参见 Prior，1967）。普雷尔将⟨Fut⟩（"在未来的某个时间为真"）和⟨Past⟩（"在过去的某个时间为真"）作为模态算子，而他的满足条件与时间是相对的，如下面将来时态的条件：

(7.4.11)　　〚⟨Fut⟩ϕ〛^{t} = ⊤ 当且仅当对于某个 t′ > t，〚ϕ〛$^{t'}$ = ⊤。

如果把这两个相对来说很好理解的现象的语义理论结合起来，就会导致意想不到的问题，因为两者之间存在着意想不到的相互作用。汉斯·坎普似乎是第一个发现指示词与时态算子结合时会出现这种情况的人。普雷尔（Prior，1968b）也试图解决这个问题，普雷尔提到了汉斯·坎普写的一份未发表的资料，提到了包含指示词 [now] 算子和时态算子时在逻辑中出现的问题。蒙塔古其作品的早期版本中也提到了这份资料（Montague，1986）。坎普早期手稿的后来版本最终得以发表，即《理论》(*Theoria*，1971）。

坎普发现的困难是：在标准的时态和模态逻辑中，如果公式 ϕ 是一个逻辑定理，那么□ϕ 也是逻辑定理，其中□是必然性算子（necessity operator）。在时态逻辑中，这将包括算子⟨Fut⟩（"在未来所有时间为真"）和⟨Past⟩（"在过去所有时间为真"）。一个逻辑系统的定理必须是有效的；在可能世界语义学中，这意味着它必须在任何模型的每个世界中都为真。但如果 ϕ 在所有世界为真，那么□ϕ 在任何世界也为真，这当然同样适用于时间。

然而，在使用时态和模态算子的语言中添加指示词"now"时，也会出现与此规则相反的例子。例如，(7.4.12) 似乎是一个逻辑真理。它不可能是假的，因为在任何时刻 t，[Now]ϕ 在 t 时为真，当且仅当 ϕ 在 t 时为真。

(7.4.12)　　[Now]$\phi \rightarrow \phi$

另一方面，(7.4.13) 不应该是一个逻辑真值。

(7.4.13)　　⟨Fut⟩([Now]It's-Raining→It's-Raining)

例子 (7.4.13) 等于：对于任何未来的时间 t′，如果现在在下雨，那么在 t′ 时也在下雨——也就是说，如果现在在下雨，它将一直下雨，这样想必是错的。问题在于，一方面 (7.4.13) 是一个逻辑真值的必要性但却是错误的，而另一方面，这个必要性的规则是有效的。

这种困境既非人为，也非表面现象。事实上，它提出了关于指示词与时态算子互相作用的基本问题，条件句和模态算子也有同样的问题。

坎普 (Kamp, 1971) 找到了这个问题的原因，他注意到，在包含指示词的时态逻辑中，我们是使用一个单独的时间参数来计算公式的：$⟦\phi⟧^t$ 是公式 ϕ 在时间 t 的真值。然而，这个时间参数充当了两个截然不同的角色：(1) 它固定了指示词算子 [Now] 的解释，(2) 它在解释时态中成为变量参数。例如，在解释像 [Fut]'It's-Raining'：$⟦[Fut]$'It's-Raining'$⟧^t = ⊤$ 当且仅当 $⟦$'It's-Raining'$⟧^{t'} = ⊤$ 对于某个 t′ > t 这样的句子，时间参数发生了变化。公式在 t 时的真，是通过参考一个更简单公式在另一个时间 t′ 的真而得到检验的。

坎普的解决方案是将这两个角色分开：他开发了一种*双重指示*（double indexing）的方法。与其只在时间 $⟦\phi⟧^t$ 解释时间公式 ϕ，他在两个时间解释这个公式：$⟦\phi⟧^{t_1,t_2}$。第一个时间 t_1 是*指示词锚点*（indexical anchor），固定了对时间指示词的解释。第二个时间 t_2 是一个*时态转换器*（tense shifter），在决定时间模态的满足条件时可以系统地转换。在 $⟨t_1, t_2⟩$ 解释时间模态 ⟨Fut⟩ 时，t_1 保持不变（因为说话时间固定了 "Now"），而 t_2 是变化的。在 $⟨t_1, t_2⟩$ 解释 [Now]ϕ 时，我们忘记了 t_2 并将时态转换器重置为 t_1。

这就产生了下列关于将来时态和 "now" 的语义规则。

(7.4.14)　　$⟦[Now]\phi⟧^{t_1,t_2} = ⊤$，当且仅当 $⟦\phi⟧^{t_1,t_2} = ⊤$。

(7.4.15)　　$⟦⟨Fut⟩\phi⟧^{t_1,t_2} = ⊤$，当且仅当对某 $t'_2 > t_2$，$⟦\phi⟧^{t_1,t'_2} = ⊤$。

当说话时，指示词锚点和时态转换器对话语的时间来说是一样的：如果有一对时间$\langle t_1, t_2\rangle$可以和一个话语联系起来，t_1 和 t_2 一定是一样的。（这里，坎普是在做类型的假设——当锚点和话语的时间不一样时，"now"的用法涉及"historical present"历史上的现在。）这就解释了为什么（7.4.12）在逻辑上是真的；在每个指示点$\langle t, t\rangle$上它都是真的；每次说"If it's raining now, then it's raining"都是真的。另一方面，例子（7.4.13）是无效的：要决定[Fut]([Now]'It's-Raining' → 'It's-Raining')是否在$\langle t, t\rangle$为真，我们必须评估在$\langle t, t'\rangle$，[Now]'It's-Raining' → 'It's-Raining'的情况，其中，$t<t'$，t'是将来的时间。尽管对一个公式的语义值计算总是始于一对相同的时间，但对公式的解释过程可能会把我们带到不相同的一对时间。

坎普的思想引入了一个新的有点令人吃惊的逻辑范畴：偶然逻辑真值（contingent logical truths）。这个范畴很自然地从指示词和模态的相互作用中产生，至今逻辑学家和哲学家一直认为逻辑真值是具有典型的必然性的（事实上，逻辑实证主义者声称，所有的必然性要么是逻辑真值，要么可以通过使用定义从拓展逻辑真值中获得）。这一假设似乎是人们在早期的指示词研究中发现混乱的主要原因。

7.5 总结指示词语义学

理查德·蒙塔古在他的几篇关于自然语言形式化的论文中提到了指示词，但他对这一话题的最广泛讨论是在《语用学》（Pragatics）一文中。显然，蒙塔古认为这篇论文是他关于语用学观点的明确陈述，但实际上，它的大部分内容都致力于我们现在所说的形式语义学。语用学的内容包括主张语义值要相对于使用的语境而定，因此它局限于指示词表达式。蒙塔古关于指示词的说法是基于斯科特和坎普的双重标引观（double indexing）。他用标引或者参照点塑造话语的语境，指出包含在这些标引点中的东西将取决于由语言所提供的标引结构。例如，有第一人称代词、第二人称代词、近指词、远指词的语言需要包含这四个要素的标引。坎普成对地使用时间标引可以得到概括；只有特定的标引可以对应于话语，有效性相对于标引而定可以解释某些"语用有效性"（pragmatic validities）：蒙塔古的例子是笛卡尔式的"I exist"。

后来的一篇论文概括了坎普的双重标引思想，并把"I"和"here"、模态和时态纳入其中（Kaplan，1978）。同时，卡普兰介绍了*性质*（character）和*内容*（content）之间的区别，这有助于说明锚点参数和用于时态和模态算子的满足子句中所使用的时间和世界变化参数之间的区别。

在包含⟨Fut⟩，[Must]，"I"，"here"和"now"的语言中，句子 ϕ 必须相对于锚定参数 p、l 和 t（其中，p 指人，l 指地点，t 指时间）和转换参数 w 和 t 而获得解释，我们将锚点捆绑成一个单元 c = ⟨p, l, t⟩，然后根据 c，w，和 t 评价公式：$[\![\phi]\!]^{c, w, t}$ 是 ϕ 相对于语境 c，世界 w 和时间 t 的真值。

一个标引是包含语境 c，世界 w 和时间 t_2 的一个三位一体⟨c, w, t_2⟩。如果 $t_1 = t_2$，p 坐标于 w 中的 l 处，那么标引 ⟨⟨p, l, t_1⟩, w, t_2⟩ 就是*初始的*（initial），而逻辑真值是在所有初始标引上成立时的公式，这给坎普关于话语产生的参数组合的观点增加了新的限制：尤其是，它要求在话语的世界中，说话者在空间上位于"here"所说的位置，在时间上位于"now"所说的位置（当然，在叙事语境中，空间位置与话语位置可能不一致）。

这个理论使（7.5.16）成为一个逻辑真值，而不需要使（7.5.17）在逻辑上有效。（[Must]与情态词"Must"相关，如果从因果的角度而非认识论的角度解释它，这个例子就更恰当了，所以最好将算子解读为"must have been"）。

（7.5.16） I am here now.

（7.5.17） [Must] I am here now.

关键的一点是，一个有效的公式在所有初始标引上都为真。它直接承接初始的定义，即（7.5.16）在所有标引上为真。另一方面，（7.5.17）不是有效的，因为[Must]的语义规则需要在其他世界 w′而不是初始世界 w

中评价"I am here now"。这涉及标引⟨⟨p, l, t_1⟩, w′, t_2⟩——一般来说这不是初始的。

在一个没有指示词但有模态或别的以可能世界来解释结构的语言中，从句子 ϕ 到达真值需要两步：（1）组构语义规则赋予 ϕ 一个从可能世界到真值的函数，即 ϕ 的*内涵*（intension）⟦ϕ⟧；（2）确定一个可能世界 w，我们通过应用函数⟦ϕ⟧到世界 w，就获得了 ϕ 在 w 中的真值，这个真值就是⟦ϕ⟧^{w}。

针对含有指示词的语言，卡普兰提出一个三段程序来说明这个解释过程：（1）组构语义学分配 ϕ 一个字符⟦ϕ⟧，它是从语境到内容的函数。卡普兰认为这些内容等于内涵，这样⟦ϕ⟧就会是一个输入语境、输出内涵的函数。此外，他把陈述句的内容等同于罗素式的命题。（2）我们通过将字符应用到语境来从字符获取内容。如果我们通过忽略时间和地点来简化，只考虑指示词"I"，那么语境就是一个人，而"I am awake"的字符版⟦'I am awake'⟧会成为输入一个人 p 而输出内容的函数。因为卡普兰认为内容是输入可能世界的函数，且特别认为句子的内容是输出真值的函数，这个内容是一个从可能世界到真值的函数⟦'I am awake'⟧^{p}。（3）如果 p 在 w 中是清醒的，此内容为⊤，否则为⊥。

卡普兰和斯托纳克在如何解读指示词表达式的问题上与戴维·刘易斯分道扬镳。刘易斯（Lewis，1981）反对卡普兰打破从语境中的句子到真值的过渡的做法，提议建立一个框架，建立从一组参数和句子到真值的关系（斯托纳克偏爱卡普兰方法的原因，参见 Stalnaker，2014：19-24）。

7.6 展望

卡普兰的工作在哲学界非常有影响力，因为除了解决技术问题之外，它还为思考语境中的意义及其与真值和指称的关系提供了一个框架。这个框架实际上是弗雷格式图景的——对其而言指示词是成问题的——一种简洁且有吸引力的替代方案（参见 Forbes，1989）。他谈到如何改进弗雷格的方法以适应指示词，并将它与卡普兰的方法进行了比较。

然而，卡普兰的框架也并非完全没有问题，它依赖于可能世界语义学和句子内容是可能世界的集合的想法——尽管把卡普兰方法与内涵基于可能世界的观点区分开可能相对容易点。随后的大量文献也一直在探讨这个框架是否能正确地解释指示词与命题态度的相互关系。

这个问题与普雷尔（Prior, 1959）提出的关于"忘记时间"（lost in time）的难题密切相关，这一问题在 4.5.2 节中进行过讨论，但它主要涉及第一人称代词。这里，与忘记时间类似的是彻底失忆——对自己身份的无知。①

当然，内容系统地依赖语境因素的表达式不局限在"I""here"和"now"这几个词上，"right-left""foreign""beyond""come""go"等表达式依赖定位的方式不同。

主要是因为刘易斯（Lewis, 1979c）和他关于这个主题的其他著作，哲学家们认为将指示性归因给诸如"know"和"flat"这样的词的可能性给他们提供了一种思路，可以帮助他们解决哲学上长期存在的难题，尤其是与怀疑主义有关的难题，这让他们感到兴奋。例如，单词"know"可能依赖一组假定的选项，而"flat"则依赖假定的精确标准。不幸的是，关于这些事例的语言学证据并不像关于"I"的证据那么清晰。②

自坎普（Kamp, 1975）以来，将形容词与精确标准联系起来的想法一直在发挥作用，这本书讲了如何利用这一想法从形容词的绝对形式推导出对形容词比较级的解释（有关这一主题的最新研究，请参见 Kennedy, 2007）。用分级的方法获得精确比坎普的定性方法更受欢迎，但这个问题仍然没有得到明确的解决。一个更大的麻烦是，任何遵循这些路线的理论很快就会陷入模糊（vagueness）的悖论，尤其是沙堆悖论（sorites paradox），我们将在第 13 章回到这个话题。

---

①这一思路始于赫克托-奈利·卡斯塔尼达的作品，参见 Castañeda, 1966; Richard, 1990; Perry, 1993; Stalnaker, 2008; Cappelen and Dever, 2013。
②有关这些问题的更多信息，请参见 Preyer and Peter, 2005; Rysiew, 2016。关于知识的语境敏感性的哲学争论是不确定的，参见 DeRose, 1992; Preyer and Peter, 2005。

一些哲学家认为，大多数形容词，或许还有许多其他词汇都是指示词，例如，在某些上下文中，"red"可以指"red on the outside"，在另外一些上下文中，它也可以指"red on the inside"。在这种情况下，如果这种词被当作指示词来对待，那么打包相关语境就会困难得多。①

语境的许多用法与指示词的相关性较小，与对话中不断变化的信息情况更相关，斯托纳克（Stalnaker，2014）对这两种语境概念进行了进一步的解释和比较。我们将在 9.1 节中讨论这个问题。

7.7 结论

把一个句子从语境中剥离出来不仅会有曲解它的风险——内容被曲解的风险——而且往往会完全失去句子的内容。如果你在挡风玻璃上发现一张没有署名、没有日期、突然出现的纸条，上面只是简单地写着"I will be back in an hour"，你是看到了一个句子，但几乎不知道它是什么意思，内容是什么。

在 20 世纪上半叶出现的语境和内容的相互关系，对理论家来说是一个困难到令人惊讶的挑战。这个问题的可行解决办法迟迟没有出现，但是到 1970 年，终于出现了一种可以适应于形式语义学目的的方法。但是和过去一样，这些发展留下了一些尚未解决的哲学问题。

---

① 关于这个话题的更多信息，参见 Szabó，2001；Stanley，2005；Hawthorne，2007；Rothschild and Segal，2009；Pustejovsky，1995；Pustejovsky and Boguraev，1997。

8
共同基础和对话更新

8.1 对话和合作行为

保罗·格赖斯在语用学方面的开创性工作被称为"逻辑与对话"（Logic and Conversation），而不是"逻辑与语言"（Logic and Language）。关于对话含义的例子，可以在演讲、广播、报纸和小说中找到。但格赖斯认为，面对面的对话交流是他感兴趣的语用效果的核心来源。语用学的后续工作沿着格赖斯开辟的道路，假定了对话的首要地位。尽管许多语言学家和几乎所有的哲学家在他们的语用工作中都使用构造出来的例子，而不是真实对话的复本，但他们的例子通常还是为了说明对话现象的。

对话和其他体裁之间有很多不同。例如，面对面交谈的参与者可以接触到语调暗示、肢体语言和面部表情，但最重要的区别或许在于，交谈是一种相互协调的团体行为。

无论是否涉及语言，人们对这些活动应该如何进行都有一个大致的概念。两个堆雪人的孩子对于目标是什么，以及实现它的阶段是怎样的，都有一个共同的理解。他们明白，首先需要一个大雪球。也许对任何一个孩子来说这个雪球都大到无法单独完成。因此，当一个孩子开始滚雪球时，另一个孩子可能会来帮忙。其他的任务可能是单独完成的，也可能是一起完成的。这个过程中两个人一句话也不用说——但是当然，任务的完成依赖对合作者活动的密切掌握，以及在发现对方需要帮助时愿意提供协助。

在这个例子中，双方对于活动的结果是有共同的理解的，但有时候，在目标不明确的情况下，也可能发生合作活动。例如，即兴音乐和步骤不明确的儿童游戏就是这种情况。

稍微概括一下，我们可以看到（1）合作的小组活动不需要语言，（2）确实期待每个参与者恰当地配合，（3）可能或多或少受到约束，（4）需要持续了解合作者的行为和意图。当然，对话使用语言，但除此之外，它可能与其他合作活动没有明显区别。

有时，比如在政治辩论中，或彼此敌对的证人互相盘问时，参与者的目的发生冲突，人们就好奇对话如何在根本上是合作的。我们可以通过竞争游戏来解决这个困惑，即使两名棋手的目的互相冲突，至少在遵守游戏规则上，棋手必须合作。同理，敌对的谈话要想成为真正的谈话，参与者至少需要努力协调所要传达的内容。例如，当说话者使用指称语时，他使用的措辞要使听者能够明白所指物是什么。在谈话的特定阶段，如果一个问题是突出的、相关的、未解决的，一般情况下，我们就会期待说者谈论这个问题。

实际上，对话不太像下棋。语用学理论家认为对话是受规则支配的，但规则有时并不明确，而且在敌对的谈话中规则还可能被操纵。这里有一个人们普遍运用且看似合理的规则：如果在对话中，一个直接的问题在一个回合被提出，对话的下一回合应该尝试回答或至少抓住这个问题。但在充满敌意的会话中，人们经常违反这条规则。

在对抗性的互动中，在对话和充满恐吓、争斗的动物声音之间划清界限可能并不容易。但这并不意味着谈话没有规则，这只是意味着我们没有严格和明确地制定这些规则，所以它们可以在敌对的谈话演变成口齿不清的攻击之前逐渐瓦解。如果不假设存在真正的对话规则，我们就很难建立一个关于对话的理论。

格赖斯试图以参与者的理性和他所谓的"合作原则"（the cooperative principle）为基础来解释会话含义（Grice，1989b：26）：

根据对话发生的阶段、你所参与的对话交流的既定目的或方向，使你的对话符合要求。

这条十分普遍且充满价值的提法并没有给出具体的指导，以说明在谈话中什么是合适的。除了像"Thank you/you're welcome"这样的表达式，还有很多合理的方式可以继续一个对话，但是，合作反应和不合作反应之间的界限可能很难标划。

然而，当格赖斯谈到"谈话交流的既定目的"（the accepted purpose of the talk exchange）时，他引入了一个重要的新思想。他试图从说话者的目的来解释意义（Grice，1957），这就是我们在 6.2 节中提到的"说话人意义"的概念。当然，在对话的任何阶段，参与者都有自己的私人目的和信念。但说对话本身有它自己的目的，那就完全不同了。如果对话有一个目的，那么一定是参与者所共享的某种特别的目的。虽然格赖斯没有发展这个想法，但其他人已经提出，在这个特殊的意义上，我们也可以谈论共同的对话目标和假设，这就导致了 *共同基础*（common ground）这个观念的产生。

8.2 共同基础的观念

当一个施事者做出计划并按照这些计划行动时，这个过程将受到意图、欲望和信念的影响。当然，这些心理状态会随着活动的发展而改变。一个愿望可能会创造一个目标，一个意图可能会从实现那个目标的计划中浮现出来，当最后计划成功时，愿望和意图就会消失。

我们可以用各种方法模拟这些施事者的心理状态，决策理论使用数值——例如，它把信念当作主观概率，可以用实数表示；它使用概率和数值来计算一个最佳行动（参见 Jeffrey，1983）。一些人工智能理论家使用可能世界模拟施事者态度，并使用计划和调度算法来实现行动（参见 Wooldridge，2000）。

施事者还把他们的态度带到团体活动中，例如，在扑克游戏中，每个玩家都有自己的信念、欲望和意图，这些心理状态将随着游戏的进行而发展。群体活动需要更复杂的信念：与其他施事者的意图和信念交织在一起的信念。然而，根据群体中个体成员的态度和行为的演变来描述群体活动也是很自然的。是否所有的群体行为，甚至所有的群体态度都可以被解释为个体行为和态度的簇集（constellations），哲学家们的意见是不一致的（参见 Tuomela, 1995）。但在哲学和语用学上，对群体的行为和心理状态保持简化的态度仍然是标准做法。

在一些游戏中，我们可以看到某种程度上超越个人态度的元素。在一个扑克游戏中，如果有些牌面朝上，有些牌面朝下，那么，这种游戏的玩法就依赖公开信息和隐秘信息的区别，每个玩家都知道公共信息，也知道其他玩家知道它（这实际上是一个系列的开始，这个系列在原则上可以无限地延续下去。我们将在下面的第 8.6 节中回到这个问题）。

将对话每个阶段中的公共信息看作与参与者状态有所不同的对话本身的"认知状态"（cognitive state），这个观点可能比较有用。同理，给对话设定目标也是有意义的。但真正推动对话发展的，当然是参与者认为是公开的东西。而且有时候，例如，当误解发生的时候，参与者可能会对什么是公开的有不同的看法。大多数语用学理论家认为公开信息和参与者认为的公开信息之间有区别，但通常这一点可以安全地被忽略掉。对话的参与者使用各种机制来维持公共信息和被认为的公共信息之间的"基础"（grounding）或身份。他们认为对话通常进行得还不错，而且在一个良好的对话中，也不会有这样的差异，即使存在误解，它们很可能也是微不足道的。

有大量证据表明，说话者在谈话过程中会追踪公开信息和隐私信息之间的区别，请看下面的对话：

LADY CROOM   What have you done to me!
NOAKES   Everything is satisfactory, I assure you. A little behind, to be sure, but my dam will be repaired within the month—
LADY CROOM   (*Banging on the table*) Hush!

>   (*In the silence*, *the steam engine thumps in the distance.*)
>   Can you hear, Mr. Noakes?
> NOAKES   (*Pleased and proud*) The improved Newcomen steam pump
>   – the only one in England!
> LADY CROOM   That is what I object to. If everybody had his own I would
>   bear my portion of the agony without complaint. But to have
>   been singled out by the only Newcomen steam engine in England, this is hard sir, this is not to be borne.
>
> (Stoppard, 1993: 85)

在这段克鲁姆夫人和她的庭院设计师之间的对话中，对话每个阶段中被认为是公开信息的东西决定了措辞，其中一些信息是在语境中的（这也是为什么阶段导引是必要的，以使对话能够被读者理解），还有一些是在对话过程中建立起来的。一开始，蒸汽泵的声音出现在背景中，但是——因为这是一个熟悉的背景声音——克鲁姆夫人不能假设诺克斯意识到了它，这个声音不是公共信息。因此，如果她没有先叫他安静就说"Can you hear?"，就会显得不那么恰当。同样，除非所指很明确，否则，诺克斯也不应该说"The improved Newcomen steam pump"，这大概是通过停顿来实现的。在诺克斯公开将新科门蒸汽泵作为主题之前，克鲁姆夫人不能说"his own"（此处是省略式，代表"his own Newcomen steam bump"）。

通过突出环境中的某个事物以便指称它，通过使用对话中刚刚公开的信息以支持省略用法，谈话者得以辨别公开信息和非公开信息。事实上，公共信息影响对话的方式非常多，而且没有限制，但它是以预设（presupposition）开始的。

8.3 共同基础和预设

1966 年以前，许多作者都会提及预设，但很难找到任何有关预设的明确理论。弗雷格不仅认识到这一现象，而且在他已出版以及生前未发表的作品中，他对如何就这个语言现象进行分类提出了深刻的见解（参见 Horn，2007）。

彼得·斯特劳森（Strawson，1950）在批评罗素的限定摹状词理论时说，说话人说"The present king of France is bald"这句话时，他不是在说，而是在*预设*（presuppose）有一个法国国王。大约 15 年后出现的理论聚焦于与限定摹状词相关的存在性预设（existential presuppositions），后来，当语言学家开始对预设感兴趣时，人们才普遍认识到这个现象是多么地普及了。

范·弗拉森（van Fraassen，1966）提出了斯特劳森批评所依赖的区别的逻辑表述。范·弗拉森对预设的语义描述背后的思想是这样的：

(8.3.1) 如果(1) ψ 在所有 ϕ 为真的模型中为真,(2) ψ 在所有 ϕ 为假的模型中为真,则 ϕ 预设 ψ。

在古典逻辑学中，每个句子或为真或为假，所以这个定义是微不足道的：任何被预设的东西都必须是在所有模型中为真的逻辑真值。因此，范·弗拉森的建议涉及对经典逻辑的修改，以允许真值空缺（truth-value gap）的存在。因为它是基于真假模式的，所以它是一个语义学理论。我们在此将不详细讨论范·弗拉森的理论，该理论涉及*超级赋值*（supervaluations）。如今，因为语用学的广泛应用，超级赋值不再被认为是对预设的解释。但超级赋值也有其他用途，比如在模糊理论（vagueness）中。

在不久之后的 1967 年，保罗·格赖斯在哈佛大学发表了题为《逻辑与对话》（Logic and Conversation）的讲座。虽然那些讲座中没有太多关于预设的内容，但有关这个理论的材料已经呈现出来了，随后，这个理论在格赖斯的作品中得到了详细的发展，他用隐涵（implicature）的思想来为罗素的限定摹状词理论辩护（Grice，1981）。

格赖斯在威廉·詹姆斯讲座中的策略是他假设逻辑教科书告诉我们的关于真值条件的说法是正确的，他假设每句话或为真或为假，"如果 ϕ 则 ψ"等于"非-ϕ 或 ψ"。他试图通过语用机制来解释这些真值条件和用法之间的明显差异。对于限定摹状词理论，这意味着：（1）假定罗素的理论提供了正确的真值条件;(2)援引会话隐涵来解释明显的预设。这种对预设的叙述是*语用学的*(pragmatic),因为不同于范·弗拉森的理论,它依赖通常伴随的话语的思想,而非句子的真假。

事实上,对于预设的语用解释,预设的基本承担者是使用句子的说话者,而不是句子本身。所以,如果有一个语用学理论家想要解释句子的预设,以及作为"预设触发物"(presupposition triggers)的语词,他必须在话语发生时根据说话者和话语的特征来(对预设)下定义。要做到这一点,有两个步骤:第一,把逻辑蕴涵换成支持(support)关系来概括(8.3.1)。

  (8.3.2) 如果 ϕ 支持 ψ,非-ϕ 支持 ψ,则 ϕ 预设 ψ。

第二,将"支持"(support)解释为一种一般的推理关系,它可以是逻辑蕴涵,也可以有语用特征。例如,格赖斯的想法是,如果 ϕ 在逻辑上蕴涵 ψ,或者话语 ϕ 蕴涵 ψ,则 ϕ 支持 ψ(许多当代语用理论家并不同意根据"支持"关系来处理预设,但它提供了一种有用的方法,让我们可以对比范·弗拉森的语义理论和格赖斯的语用理论)。

我们可以用罗素的原始例子(8.3.3)来说明格赖斯的想法:

  (8.3.3) The present king of France is bald.

根据格赖斯的说法,罗素把(8.3.3)分析为三个部分的组合:

  (8.3.4) There is a king of France.
  (8.3.5) There is at most one king of France.
  (8.3.6) Every king of France is bald.

罗素认为,(8.3.3)逻辑地蕴涵了上面三句话的意思,所以假设逻辑蕴涵是一种支持形式(a form of support)——它们都是由(8.3.3)所支持的。然而,格赖斯指出,只有当(8.3.4)和(8.3.5)是"常识"(common knowledge)的时候,或者至少被认为是没有争议的时候,人们才会说(8.3.3)这样的话[格赖斯似乎用"共同基础"(common ground)来描述常识或无争议的东西。在这里，*顺应*（accommodation）的问题变得重要起来，尽管格赖斯本人对这个问题几乎没有说什么。有关顺应的详细信息，请参阅第 8.7 节］。

有争议的（at-issue）内容和无争议的（not-at-issue）内容之间的对比是后来创建的，用以描述格赖斯在这里所考虑的对比。据我们所知，这种区别第一次出现在卡特南和彼得斯的著作中（Karttunen and Peters，1979）；波茨（Potts，2005）和西蒙斯等（Simons et al.，2010）提供了后来的描述。其想法是，如果针对包括（8.3.4）(8.3.5)和（8.3.6）整体的反对意见出现了，说者将认为反对意见是针对（8.3.4）的。

当有人否认（8.3.3）时（比如说"The king of France isn't bald"），格赖斯说，通常这种否认只适用于罗素那一套东西中的有争议的元素（at-issue component），他认为这为否定（8.3.3）的话语暗含（8.3.4）的存在元素的观点提供了基础。

罗伯特·斯托纳克在 1970 年之后的一系列论文中，以不同的方式探讨了预设，并提出了共同基础的概念。斯托纳克是一个语用理论家：他不使用句子的预设，而是以对话参与者的态度为起点。对斯托纳克来说，语用预设是对话主体和她对共同基础的观念之间的关系。在对话的任何阶段，参与者都会预先预设自己认为理所当然的事情，也会预设对话中的其他参与者认为理所当然的事情（实际上，这一提法将需要修改，这里真正需要的是相互关系。参见第 8.6 节）。

斯托纳克的*说话人预设*（speaker presupposition）可以用一组可能世界来表示：说者开放对待的可能性。在最简单可能也是最常见的情况下，说者相信他们的预设，但是斯托纳克允许说者预设他们不相信的事情（例如，当人们沉浸在出于交谈目的的自吹中时，就会发生这种情况）。一般来说，任何仅仅是个人的信念——并不是和听众共享的东西——都不可能成为预设。

斯托纳克接下来的两篇论文（Stalnaker，1973，1975）中开始重视这个话题语言学方面的工作，这个话题当时已经开始出现：特别是在基帕尔斯基和基帕尔斯基（Kiparsky and Kiparsky，1971）以及卡特南的作品（Karttunen，1973，1974）中。早期的语言学工作把预设看作句子和命题之间的关系。例如，下列句子是不可互换的：

(8.3.7) Agnes agreed to the proposal before Bert did.
(8.3.8) Bert agreed to the proposal, and Alice agreed to it before Bert did.

它们的内容是一样的：一个特定事件在另一个特定事件之前发生，但是（8.3.8）明确地表明了（8.3.7）的假设——伯特同意这个提议。对（8.3.7）的否定"No, Alice didn't agree to the proposal before Bert did"仍然包含伯特同意的意思。但如果伯特完全不同意，这可以成为否认（8.3.8）的理由。

所以句子（8.3.7）与两个命题有关：所提供的内容和伯特实际上同意的意思。

卡特南（Karttunen，1974）提出了一个关于句子预设的语用解释，其思路如下：只有在伯特同意该建议被接受的情况下，说出（8.3.7）才是恰当的。斯托纳克（Stalnaker，1973）也抱有类似的想法。但后来，斯托纳克（Stalnaker，2002）对这个问题又做了重新考虑，主要是因为与顺应（accommodation）有关的困难（顺应确实会带来真正的问题，参见8.7节）。这使得斯托纳克对句子假设的理论价值产生了怀疑。但后来，他承认，"even"至少需要一个以某种方式依赖语义学的解释（参见Stalnaker，2014：75-77；Simons，2005）。当代语用理论家普遍认为，预设的不同例子可能需要不同类型的解释，尽管他们可能在哪些情况下属于语用问题，哪些情况下属于语义问题上存在分歧。

共同基础是描述预设的重要组成部分，这当然是斯托纳克论述的核心。卡特南与斯坦利·彼得斯合作的作品（Karttunen and Peters，1975：1979）明确地将预设与共同基础联系了起来，他们将其描述为所有对话参与者都认为理所当然的东西。

大约在这个时候，心理语言学家赫伯特·H. 克拉克（Herbert H. Clark）开始了一系列的思考，在几年内，他认识到共同基础的中心地位

（参见 Haviland and Clark，1974）。他在书的导言中描述了从这些工作中产生的兴趣：(1) 共同基础，(2) 合作过程（以及合作是如何超越格赖斯式的合作的），(3) 听众设计（话语如何为受众量身定制），(4) 意义的协调。这个清单很好地说明了共同基础的概念是如何为心理学提供研究主题的（Clark，1992）。

克拉克和马歇尔（Clark and Marshall，1981）主要研究限定指称在什么条件下是合适的，并表明这些条件依赖共同基础。本文生动地说明了共同基础上*相互性*（mutuality）的重要性，并将相互性与施事者态度的任意迭代联系起来。假设*知识*（knowledge）是相关的态度，克拉克和马歇尔的论述显示了要成为小组共同的东西，不仅小组的成员要知道它，而且要知道他们都知道它，他们甚至设法为支持进一步的迭代构造例子。我们将在第 8.6 节中回到这个重要的理论点。后来的一篇论文（Clark and Carlson，1982）确定了对话语境的共同基础，继续强调相互性①。

斯托纳克关于共同基础的概念也朝着类似的方向发展。与克拉克一样，斯托纳克（Stalnaker，2002）强调了相互性对于会话共同基础的重要性。斯托纳克和克拉克之间的主要区别在于相互态度到底是什么？对于克拉克来说，它是知识。对于斯托纳克来说，虽然在许多情况下，它可以等同于信念，但更准确地说，它是出于交谈目的而被接受的东西。例如，斯托纳克指出，交谈者并不总是质疑对话中他们不相信的内容，他们可能希望显得礼貌一点，或者选择不打断谈话。

8.4 顺应

戴维·刘易斯（Lewis，1979c）是第一个指出顺应（accommodation）现象并进行系统讨论的作者，但是其他人在更早的时候就注意到这个现象了，它与间接的言语行为和预设有关（参见 Searle，1975a；Karttunen，1974）。这个术语本身以及对这种现象的普遍的理解都要归

---

①关于这一观点的最新研究，见 Clark，2005。

功于刘易斯，他是这么说的：

> 如果在 t 时说了一些话,如果说的话是真的或可以接受的,它要求会话分值的成分 s_a 在 r 范围内有一个值,如果 s_a 在 t 之前没有 r 范围内的值,并且如果某某其他条件成立的话,那么在 t 时分值成分在 r 范围内取某个值。

预设顺应的标准例子说明了这种现象。假设会话要求我们不能使用限定名词短语，如"my sister"，除非该名词的所指物就是共同基础的一部分，但很明显，即使听众不知道我是否有一个妹妹，我说出（8.4.9）也是恰当的：

（8.4.9） Sorry, I can't have lunch with you; I have to meet my sister at the airport.

语用理论家认为这些例子让人恐慌。自然可靠的语用规则——在文献中实际提出的规则——最终被发现有常见的反例。另一方面，刘易斯很高兴地展示了顺应现象是多么普遍，没有任何迹象表明他发现这里是有问题的；事实上，他诉诸顺应来反对怀疑主义，并以此捍卫他关于施为句具有真假的观点。显然，对这一现象可能会有各种各样的反应。

托马森（Thomason, 1990）认为，顺应实际上给语用理论带来了方法论问题，但我们不得不接受这种现象。顺应是合作的一种形式，且不局限于语言：当我们意识到对方的行动计划时，我们就顺应对方，并自动采取行动以消除可察觉的障碍。识别计划是语言理解的一个重要组成部分。因此，如果存在涉及共同基础的语用规则，我们将预见通过顺应而出现的明显违反这些规则的情况。如果我们确实希望有语用规则，它们的地位将是特殊的：它们不仅必须是可废止的，而且是经常会被违反的。

格赖斯的评论者没有注意到他的会话含义理论也有这个特点。他认为，会话蕴涵往往是由"无视"（flouting）会话准则引起的。因此，他的准则也一定是那些为了达到某种效果而经常被违反的反常的社会规则。

这确实将语用理论置于一个特殊的位置。语用理论家面临的挑战是，当规则通常"被违反地遵守时"（observed in the breach），要找到合理的方法来证明规则的正当性。人们经常争论顺应的话题，关于它的许多不同的观点纷纷呈现。①

8.5 会话分值和共同基础的成分

共同基础必须记录对话中被公开表达的和接收的信息，但它的功能显然不止于此。例如，如果双方在交谈时，发生了一些明显的事情——用斯托纳克的例子来说，如果一只山羊恰好出现了——这通常会成为共同基础的一部分。刘易斯（Lewis，1979c）不但介绍了顺应现象，还提供了共同基础的组成成分的清单，有以下6个方面：

1. *预设*（presuppositions）。在这一点上，刘易斯认同斯托纳克，不同的只是他强调了顺应现象的重要性。（参见第 8.4 节）。

2. *允许*（permission）。在一篇较早的论文中（Lewis，1996），刘易斯借用了道义逻辑（deontic logic）的观点，即对一个施事者来说允许的是世界集——在这些世界中，施事者按照自己的义务行事并考虑来自某个权威的口令如何改变这一界限。现在，他为这个观点又加了一个想法，即这些允许的世界集是共同基础的一部分。虽然刘易斯并不如此认为，他对言外语力（illocutionary force）有不同的解释，但在此他形成了语气理论（theory of mood）：陈述句改变了预设，祈使句改变了义务。②

3. *限定摹状词*（definite descriptions）。刘易斯希望不仅能解释像"the cat over there in the corner"这样的复杂摹状词，还能解释像"the cat"这样的简单摹状词。不合格的限定摹状词显然给罗素的理论带来了问题，而刘易斯选择使用*突出性*（salience）以及"话语辖域"（domain of discourse）来解决这些难题，关于后者他没有过多提及。其想法是，

---

①更多的资料，参见 Zeevat，1992；Beaver，1999；Stalnaker，2002；Simons 2003；Thomason，2006；von Fintel，2008。
②要了解对命令语气的一个更现代和复杂的解释，参见 Portner，2004。

一个物体的突出性是可以改变的：通过环境，或者通过指出或提到该物体的说话人。所以"the cat"指的是在对话的某一特定阶段最突出的那只猫（刘易斯没有说明，如果没有最突出的那只猫会怎么样，而是选择将如何为确定名词短语提供统一理论的问题搁置一边）。

由此，突出性以话语辖域的特定元素的形式成为共同基础的另一个要素。

4. *来与去*（coming and going）。"来"和"去"与视角和参照点有关，它指示朝向或远离某个特定位置的运动。关于细节，刘易斯参考了一部早期作品（Fillmore, 1997）。参照点可以被话语行为改变，而顺应现象也在起作用。因此，一个位置——可能与说话人所处的实际位置不同——被添加到共同基础的要素单中。

5. *模糊性*（vagueness）。刘易斯（Lewis, 1970b）提出了一种与范·弗拉森的超级赋值理论相同的办法来解决模糊性 [刘易斯没有提到范·弗拉森，也没有引用范·弗拉森（van Fraassen, 1966），似乎是独立得出这个想法的]。我们在多处都能看到超级赋值的应用，它仍然是处理模糊性的最流行的方法之一（Kamp, 1975；Fine, 1975，参见第 13.3 节）。

刘易斯把使模糊词项变得精确的方法称为"画轮廓"（delineation）。例如，给"cool"画轮廓就是一个可以区分凉东西和不凉东西的精确温度。那么，真正的真就是在所有可接受的轮廓中都为真的东西。由于不同的精确标准适用于不同的语境（其中精确标准是一个——可能是有层级的——轮廓的集合），它成为共同基础的另一个要素。

6. *相对模态*（relative modality）。主要是由于安吉丽卡·克拉泽尔的贡献，语言学家们已经认可了模态词（尤其是"can"和"must"）包含*模态基础*（modal base）和*顺序偏好*（preference ordering）的观点（参见 Portner, 2009；Kratzer, 2012）。模态基础决定了可能世界的背景集合——被认为是认知的或实践的开放性替选项。顺序偏好适当地排序了这些替选项（要么是认识论上的，如可能性；要么是实践上的，如价值或效用）。刘易斯认为模态基础是共同基础的一部分，可以被对话内容改变,还说像在模糊性的情况下相比起压缩可能性集合,拓展可能性集合更加容易,这样,怀疑论者便具有修辞的优势。

在这一点上,在刘易斯的论文中出现了研究怀疑论的策略。他认为,任何想要提出更高精确度标准的人在对话中都有修辞优势,并将怀疑论的任何合理性都归功于这种修辞优势。不出所料,许多哲学家对刘易斯(Lewis,1979c)的这一策略最感兴趣,它产生了大量的文献(参见 Preyer and Peter,2005;DeRose,2009;Egan and Weatherson,2011)。

共同基础的元素清单是开放式的,不难想到更多的元素。

特别是,如果断言的目的是扩大预设的内容,命令的目的是扩大强制的内容,那么说提出问题的目的是在问题列表中增加一个突出的项目就是有意义的,这个重要的观点似乎起源于罗伯茨(Roberts,1996),现在被广泛用于话语的语言学和计算描述中(参见 Ginzberg,2012)。

但为什么要止步于这三种言外行为呢?(关于这个术语的讨论,见第10.1节,由 J. L. 奥斯汀提出)例如,我们可以说共同基础包含某人对行为的承诺清单,许诺就为这个清单增加了一项,或者说共同基础包含关于感恩、谴责和同情的例子的清单,感谢、指责和吊唁就被恰当地添加进这个清单。如果我们系统地这样做,共同基础很容易变得难以置信地膨胀。然而,这个观点为言外行为提供了有吸引力的解释。如果没有公认的测试和标准来确定共同基础应该包含什么,也就很难确定共同基础膨胀应该在哪里结束。

刘易斯认为,突出性可以用来固定简单明确的名词短语(如"the cat")的指称,这一观点是有道理的,但什么东西是突出的呢?如果我们说突出性与可感知的个体有关,我们就缺乏对这一现象充分普遍的理论:心理片段,品质,虚构的角色,以及事实上任何可以谈论的东西都可以是突出的。

突出的指称可以通过多种方式引入:通过环境,通过指向,通过复杂的限定名词短语和非限定名词短语。例如:

(8.5.10) A cat lives upstairs from me. Last night the cat kept me awake all night.

这类例子当然是受到话语表征理论（discourse representation theory）的启示（参见 Kamp and Reyle, 1993）。斯特劳森（Strawson, 1959: 18）在其作品中就提到了这种现象，他将这种现象归类为"与故事相关的识别"（identification relative to a story）。

这就引出了一个更深层次的问题：即使楼上的邻居没有猫，像（8.5.10）这样的句子也有意义；他喜欢很大音量地播放猫咪视频，在这种情况下，即使（8.5.10）是假的，但它是有意义的。而"cat"在这里根本没有指任何个体，所以我们不能诉诸一个突出的个体来解释为什么这句话都是有意义的。

劳里·卡特南提出了非限定名词短语可以引入*话语所指*（discourse referent）的观点，话语所指可以被后文的名词短语，特别是代词和简单的限定摹状词所共指（参见 Karttunen, 1971）。这一观点被后来更为详尽的共指性理论（theories of coreferentiality）所采纳：汉斯·坎普的话语表征理论和艾琳·海姆的文档变换语义学（file change semantics）（参见 Heim, 1988; Kamp and Reyle, 1993）。

我们会很自然地说话语所指应该是共同基础的一部分。然而，话语所指是属于句法上的或者可能是心理上的事项，不能以任何简单的方式映射到实际的个体上。我们可以迭代知识归属，说安知道鲍勃知道查理生病了，但是我们不能迭代相识，如安相识查理。由于这个和其他原因，个体之间的相互关系不如命题之间的相互关系清晰，当涉及话语所指的相互关系（mutuality）时，解释这个概念就更令人困惑了。

8.6 相互性

如我们所见，意识到共同基础的早期理论家承认它是相互的，但在如何描述这种相互性方面存在分歧。最简单的想法是，相互的东西就是所有参与者都相信的东西。一个更复杂的观点是，它不仅是所有参与者都相信的东西,而且是所有参与者都相信他们都相信的东西。这是一个系列的开始,原则上可以无限地进行下去。

我们先介绍一些术语,假设,如果对 G 中所有有限序列 a_1、a_2、…、a_n 来说,$[B, a_1][B, a_2]\cdots[B, a_n]\phi$ 为真,那么 ϕ 对态度 $[B]$ 和群体 G 来说就是(严格)相互的。例如,如果 $G = \{a、b\}$,态度是知道,ϕ 对 G 是相互的,如果 a 知道 ϕ,b 知道 ϕ,a 知道 b 知道 ϕ,a 知道 a 知道 ϕ,b 知道 a 知道 ϕ,b 知道 b 知道 ϕ,a 知道 b 知道 a 知道 ϕ,等等[一些作者称之为*共同知识*(common knowledge),我们之所以用"相互的"(mutual)这个词,是因为有时"共同知识"仅仅指一个群体中的每个成员都知道的东西]。

赫伯特·克拉克和凯瑟琳·马歇尔设计了一系列日益复杂的方案,旨在表明——至少在它们变得难以处理之前——这些迭代是对话的共同基础所需要的。下面是他们的第四个和第五个(也是最后一个)例子。

例 4。星期三早上,安和鲍勃读了早报,他们讨论了这样一个事情:报纸上说,*A Day at the Races* 今晚在罗克西影院上映。后来,安读了晚报,注意到电影名字已经被更正成 *Monkey Business*,她用蓝色铅笔做了标记。当安在看的时候,鲍勃不知道,后来他拿起晚报,看到了安的铅笔记号。那天下午,安看到鲍勃,问:"你知道今晚罗克西影院上映的电影吗?"

例 5。周三早上,安和鲍勃读了早报,他们讨论了这样一个事情:报纸上说,*A Day at the Races* 今晚在罗克西影院上映。后来,鲍勃看到了晚报,注意到电影名已经被更正为 *Monkey Business*,就用他的红笔把它圈了起来。后来,安拿起报纸,看到了更正,认出了鲍勃的红色记号。鲍勃碰巧看到她注意到了这个更正以及他的红笔记号。从镜子里,安看到鲍勃看着这一切,但意识到鲍勃没有看到她注意到他。那天晚些时候,安看到鲍勃,问:"你知道今晚罗克西影院上映的电影吗?"

(Clark and Marshall, 1981: 12-13)

在第四个例子中,安知道鲍勃知道将要播放什么电影,但是鲍勃不知道安知道他知道这件事。在第五个例子中,安知道鲍勃知道她知道要放什么电影,但是鲍勃不知道安知道他知道她知道这个。结论是,在这个例子中,都缺乏对最后问题中限定指称的支持。

许多人同意这些判断,尽管这种同意有些不可靠,因为即使有较长的所知迭代,推理也很困难。但是,来自许多不同领域的理论考虑——交易理论(bargaining theory)、博弈论(game theory)、信递和多主体系统(communication and multiagent systems)的形式模型,以及社会和语言惯例(conventions)的要求——独立地支持了对相互性的需要。①

对于一个群体的成员可能持有的任何态度,我们都可以依照 mutual-in-G 来下定义。但是,与对话共同基础相关的特殊态度是什么呢?尽管人们经常谈论知道或信念,然而,斯托纳克认为(Stalnaker, 1970),正确的态度是出于对对话目的的接受(acceptance),即参与者为了追踪对话过程中已建立的内容而构建的一种特别的态度。但是,参与者在对话中应该去掉什么样的态度呢?参与者应该相信已经说过的话吗?还是认为它可信?他们了解它吗?

对话可以成为人们相信、发现可信和了解的东西的证据。在这方面,它们与其他来源的证据的区别并不重要。例如,在决定我们是否应该相信某人所说的话时,不管我们是否出于谈话的目的而接受它,我们会考虑说话人的可信度、所说内容的可信性以及其他类似的考虑。

8.7 奠基与共同基础的动力

为了让共同基础在对话中发挥作用,有些人会说,这样会使对话协调、成功,共同基础必须由参与者预置和维护。

克拉克和朔贝尔(Clark and Schober, 1989)在初始的共同基础上区分了*团体*(communal)因素和*个人*(personal)因素。关于由特定群体的

---

① 关于交易理论,参见 Aumann, 1976;关于博弈论,参见 Geanakopolos, 1994; Aumann, 1995;关于信递和多主体系统,参见 Fagin et al., 1995;关于惯例,参见 Lewis, 1969。最后一部著作在使哲学家们熟悉相互态度方面起了很大作用,但刘易斯本人并没有强调,也许甚至没有提到与共同基础相关的相互性。

人所共享的信息，我们可以得出可靠结论。例如，我们可以假设住在附近的人对当地的地理很熟悉。个人因素与我们交流过的人有关。我们可以给这些因素加上*环境*（environmental）影响因素，当然，这些因素源自群体中彼此都能感知到的环境。

我们可以修改一下托马森（Thomason，1998）的一个提议，如果施事者 A 的信念具有的社会特征可以表明谁能够共有这些信念，那么 A 就能为他与 B 的对话预置一个特别的共同基础。例如，A 作为一名物理专业的研究生，他可能拥有一些属于这个专业的信念，而且我们认为任何物理专业的研究生都可能拥有这些信念。如果 A 知道 B 获得了物理学的研究生学位，这些信念就可以被预置到最初的共同基础上，由此看出，预置机制取决于两件事：（1）熟悉者具有一套相当详尽的与信念相关的特征——也就是说，从这些特征可以推断出行为人会有某些信念。当他们获得信念时，他们跟踪与信念相关的特征，他们正是在这些特征下获得了信念。（2）熟悉者必须能够根据所拥有的与信仰相关的特征对施事者进行分类。共享的特征可以用来构建一个特别的态度，在对话一开始就假定这种态度是相互的是很合理的。

事实上，在一场对话开始或之后的任何阶段，确保相互性的条件都必须是可废止的。通常在对话过程中，参与者会发现共同基础上存在的偏差，因此必须对之进行诊断并加以纠正。这表明非单调逻辑（non-monotonic logic）适于形式化相互性背后的推理（参见 Brewka et al., 1997; Strasser and Antonelli, 2015）。托马森（Thomason，2000）认为，只要伴随适当的预置值（defaults），例如，我们初始的预置是 A 在对话中接受的东西也是 B 在对话中接受的东西，参与者将假设相互性已经实现了，尽管相互性本身可能没有被实现。

在实践中，会话参与者似乎很清楚双方的协调合作可能在许多方面失败，他们也有许多机制来检测和修复不协调，例如澄清请求和澄清子对话（subdialogs），克拉克和谢弗（Clark and Schaefer, 1987）为这种现象创造了"奠基"（grounding）一词。他们说奠基的目的是确保"说话者和听话者彼此认为，听话者已经根据一个足以满足当前会话目的的标准理解了说话者的意思"。后来的出版物也讨论了这一现象（参见 Clark and Brennan，1991，关于奠基如何影响自动会话施事者的讨论参见 Traum，1999；Traum and Larsson，2004）。奠基提供了强有力的证据，表明说者和听者都意识到相互性的必要性，并努力确保实现它。

8.8 结论

通过将对话视为一种合作活动，可以了解到很多关于对话的知识。在这种合作活动中，施事者追踪彼此的态度，行为上表现为彼此的许多态度是共享的。通过运用迭代态度，我们可以塑造"共享"（sharing）的意义："说者 1 接受说者 2 接受说者 1 接受那个 ϕ。"

根据语用学理论，预设从根本上说就是这样一种对话接受模式。在戴维·刘易斯之后，许多其他的条目可以被纳入共同基础，这可以用来解释对话的许多其他特征。但是，顺应现象使得预设的对话动力和共同基础的其他要素变得复杂。顺应论挑战了语用规则或"对话规则"（rules of conversation）的地位，使它们出现规律的却不引人注意的例外。

9
隐涵和比喻言语

9.1 语用学的两条分支

语用学研究的是语言的使用。通常，这意味着用以交流的语言的用法。我们在第 7.1 节中看到，有一些注重逻辑的哲学家，如卡尔纳普和莱辛巴赫，认为语用学多少限于对指示语（indexical expressions）的研究，这绝不是一个无关紧要的小话题，但它忽略了许多影响语言使用的因素，只关心语境的要素，语境要素只能解释非常有限的一些表达式，如"I""here"，时态，和（也许）大多数模态词等，这个列表中应该包含什么内容是存疑的，但不论所含内容的标准有多自由，只要我们坚持逻辑学传统的精神，我们就将继续调用*偏重知识*（knowledge-lean）的语境概念，将它视为一个为固定的词项集合提供适当语义值的函项。它会减少语用推理的作用，因为只要它假定说话者和听众知道所使用的表达式的含义和他们身在其中的语境，它所要求的唯一推理目标是一个已知函项对已知参数的应用。

这种保守的语用学方法具有适合于语言理论化的优势。核心语言学理论调用推理程序的过程在某种程度上像解析一样，范围有限，知识并不丰富——也就是说，它们不依赖大量的真实世界的知识。限定对语境的推理范围，使语用学成为形式语义学的延伸更加容易，事实上，它很容易被吸收到动态语义学中（参见 Chierchia，1995；van Benthem，

1996；Muskens et al.，2011）。另外，这也使得我们很难看到语用学的好处，很难看到它作为语言学理论的一个独立领域的价值。

狭义的语境概念和推理将语言使用的许多重要方面排除在语用学的范围之外。即使是简单的话语也是模棱两可的，复杂的话语更是惊人地模棱两可。人类的歧义消除，比如在"They drank the port"这句话中，似乎是常识无法接受的反常表达式，但这肯定涉及学习和关于世界的知识。

被计算机语言学家称为"自然语言理解"（natural language understanding）的过程更严重地依赖世界知识和常识。理解一篇文章（或会话）所涉及的远不止是消除其组成句子的歧义——即使消除歧义是正确的。

儿童故事说明了这一现象，看看下面这段摘自《睡美人》(*Sleeping Beauty*)开头的文字（Grimm and Grimm，1884）：

(9.1.1) 很久以前,有个国王和王后每天都说:"啊,我们要是有个孩子该多好啊!"但他们一直没有孩子。

有一次,王后正在洗澡,一只青蛙从水里爬出来,跳到陆地上对她说:"你的愿望就会实现了。一年之内,你就会有一个女儿了。"

过了一段时间,那只青蛙所预言的事情终于实现了,王后生下一个非常漂亮的女儿,国王高兴得爱不释手,于是决定举行一次大型宴会。他不仅邀请了他的亲戚和朋友,于是而且还邀请了那些有智慧的妇女,以便她们能对这个孩子怀有好感。在他的王国里,一共有十三个女智者,但是,由于国王只有十二个金盘子可以用来吃饭,所以有一位女智者得留在家里。

理解这个故事的读者将能够做出下列推论，当然，还有其他许多推论：

(9.1.2)　（i）这位国王和王后结婚了。

　　　　（ii）这位国王和王后拥有一个王国。

(iii) 这位国王和王后没有孩子。
(iv) 这位国王和王后想要一个孩子。
(v) 这位王后在一个池塘、小溪或湖里洗澡,而不是在浴缸里洗澡。
(vi) 这个池塘、小溪或湖里有水。
(vii) 这个池塘、小溪或湖边有陆地。
(viii) 这只青蛙预言这位国王和王后会有一个孩子。
(ix) 国王很高兴这个孩子很漂亮。
(x) 因为国王很高兴,他举办了一次宴会。
(xi) 国王邀请了他国度里的人来参加宴会。
(xii) 国王希望女智者们对他的孩子友好。
(xiv) 这个王国里有十三个女智者。
(xv) 十二位女智者受到了邀请。
(xvi) 有一位女智者没有受到邀请。

读者被期待做出上述推论,但这些推论都要求读者在文字之外进行推理。这些推论除了王后洗澡地点的那个推论之外,都是即时的、自动的,而且它们不容易分类。哲学家们会把(9.1.2 i-iv)称为会话隐涵,但可能会对其他内容感到困惑。这个列表里的大部分例子与哲学文献中通常用来说明会话隐涵的例子不同,也不符合定义该现象的哲学上的尝试,其中许多涉及复指或省略。

这些例子说明了解释性推理是多么普遍。语用推理是常见的、必不可少的,因为当太多东西被清楚表达出来的时候,人类的交流就会变得不那么有效。下面的《睡美人》不仅让人感到别扭,而且比原来的版本更难理解。

很久以前,有一个国王和王后,他们结婚了。他们有一个王国,他们每天都说:"啊,要是我们有个孩子就好了。"但他们一直没有孩子。

有一次,王后在池塘里洗澡,池塘里有水,池塘边有土地。一只青蛙从池塘的水里爬出来,跳到池塘边的土地上,对王后说……

把思想变成文字,同时要避免这种别扭的文字,说话者必须决定要省略什么。大致来说,规则似乎是"如果听者能自动推断出说者的话语中省略的内容,那么,说者就应该省略它"。正确地填补由此产生的空白是听者或读者的任务。

语用推理可以做很多事情:它消除歧义、省略和复指,它发现隐喻和其他修辞,它构建隐含意义,如(9.1.2 i-xvi)。通常,这些事情有效地自动地同时地发生,毫无疑问,它们是相互配合的,也与其他无意识的语言处理活动互相配合。更罕见的是,通常当发现异常或僵局时,它们可以变慢,并处于意识的控制之下。在这方面——允许自动、有意地处理——语用推理类似许多其他形式的推理(参见 Kahneman, 2011)。

如果一切顺利,且交流是协调的,那么,听者或读者所推断出来的意义与说者或作者想要传达的意义是一致的。我们需要一个中性的术语来描述这些再构建出来的意义,我们称它们为*语用增强*(pragmatic augmentations),(9.1.2.i-xv)就是语用增强的合理例子:一个没有再构建出这些推论的读者就没有理解作者的交流意图。

回想一下第6.2.2节中格赖斯关于会话隐涵的概念。概略地说,隐涵(如今哲学家们也使用这个术语)大致是任何有理性的、有语言能力的读者都会得出的结论,这些结论在一定程度上,但非全部地被话语的字面内容所许可。

会话隐涵如何嵌入语用推理的更广阔的图景?特别是,它们如何与语用增强的过程相一致?语用增强的典型例子,比如《睡美人》中的例子,并不符合格赖斯的会话隐涵,而且它们也不能被会话准则解释,这些准则是格赖斯用来对隐涵进行理性重构的理论工具。产生隐涵的推理必须以某种方式被触发,而格赖斯提供的唯一触发条件是一种假设的反常现象:"如果这个额外的想法不是有意的,那么话语就会违背准则。"

但是，正如我们所说的，像（9.1.2）中那样的推论是无意识的，说它们涉及被发现的异常现象是非常不合理的，因为你会想到，这会导致推理过程变慢。因此，那些对实际推理的解释感兴趣的人，不管是出于心理还是计算的目的，可能不得不另寻他处。

从格赖斯开始的哲学传统的部分问题在于，它关注构造的例子，这些例子被设计用来说明什么对哲学来说是重要的，这忽略了许多语用增强的情况。部分问题在于，如何为一个充分的、解释性的理论提供基础：这个理论至少在某些情况下，可以预测与对话涵义无关的事情，这是所有语用学研究方法都面临的共同挑战，不是哲学或格赖斯所特有的。

哲学家们会将（9.1.2i）归类为隐涵，但认为（9.1.2vi）不是隐涵，并且可能会对其他15条推论中的许多推论感到犹豫，是否归类为隐涵在某种程度上与取决于说话人意图的推理有关。不管作者的意图是什么，池塘里都是有水的。但事实上，大多数国王并没有和王后结婚，所以当读者推断（9.1.2i）时，她是基于这样一个事实，即如果作者无意传达国王和王后是夫妻关系，就不会使用（9.1.1）的第一句话。

这一差异与格赖斯的隐涵*可取消性*（cancelability）检测有关，在第6.2节中已经提到这一点，并以"try"的例子进行了说明。其思想是，如果一个推论可以被取消——无论是通过改变语境还是通过明确的否认——在其他条件不变的情况下，那它就是一个隐涵（格赖斯和随后的文献都没有详细讨论与可取消性相关的可能性，但我们将假设，在不使话语异常和不连贯的前提下，如果可以明确地反驳一个推论，则该推论是可取消的）。尽管这种检测在很多情况下都有效，但格林童话说明了它失效的方式。（9.1.2iv）类似于标准的会话隐涵的例子，但在故事中添加一个否定（"但实际上国王和王后不想要孩子"）就使叙述变得反常和费解。虽然（9.1.2ii）是可取消的（"实际上，国王和王后被剥夺了继承权，他们不再拥有王国"），但这一语用增强取消了对自然规律的可消除的预期，而非关于说话者意图的预期。

哲学家的例子往往偏向那些相对罕见的、有意识推理的案例。格赖斯的一个例子，也是最著名的例子，是一份帮助学生求职的推荐信，上面写着"X 先生的英语水平非常好，经常参加辅导课"。这封信就是反常的，读者必须停下来思考以得出这样的推论：写信人认为该学生的学术水平很差。毫无疑问，格赖斯偏爱这个例子，因为他觉得含义背后的推理在原则上是可合理化的。当推理过程是有意识和清楚时，我们就可以观察到理性的过程。

对隐涵感兴趣的语言学家和认知科学家应该谨慎采用对这个主题有所论述的哲学家的方法。在本节中，我们已经看到这种方法存在的一些问题：（1）哲学家在很大程度上依靠的是构建起来的例子，而不是自然发生的例子。《睡美人》的三个段落揭示了许多与哲学王国格格不入的推论。这表明，用来说明某一特定理论的例子可能无法覆盖其他的地方。（2）我们已经看到，正如格赖斯所描述的和大多数哲学家所认为的那样，隐涵在得出语用结论上呈现的图景是不完整的，它是语用增强现象的一部分。（3）隐涵可能不属于一个自然的推理范畴，它无法描述，所以，很难区分哪些语用增强的情况是隐涵，哪些不是隐涵，而且把隐涵提取（implicature-drawing）和消歧、复指解决（anaphora resolution）和其他的语用推理过程区分开来可能是危险的。（4）大部分语用增强是快速和自动的，虽然有时它可能是缓慢的和反思性的。一种首先试图解释普遍的、自动的增强的方法，可能比一种从哲学家们所认为重要的例子着手的方法更成功。

9.2 隐涵

上一节旨在从语言学家和其他非哲学家的角度对隐涵的研究提出建议，并指出哲学传统或许不能为对这一主题的科学研究提供最好的基础。现在我们将更仔细地研究哲学家们——尤其是保罗·格赖斯——是如何看待隐涵的。

9.2.1 隐涵的哲学起源

在格赖斯的作品中，隐涵概念起源于他反对奥斯汀从语言用法中得出哲学结论，所以它试图服务于更大的哲学目标。在第 6.2 节中，我们提到了一个认识论问题——现象论的地位，这个理论认为我们所有人的经验知识是建立在感觉印象的基础上的——事物对我们来说看起来如何的证据。J. L. 奥斯汀对这个理论提出了批评，他指出：依据表象谈论我们日常的、以直接经验所知的事物是一件奇怪的事情。在普通的光线与环境中，当一个人在肉眼的视线中，看到她面前的桌子上有一本红色的书，如果她说"I seem to see a red book"或者"that book looks red to me"，那就太荒谬了。

格赖斯（Grice, 1961）在其论文中阐述了这一反驳，该文比他在哈佛大学的威廉·詹姆斯讲座早六年，这是哲学文献中首次出现隐涵的概念，尽管在1961年格赖斯没有使用"implicature"这个术语，而是提到了"implication"。他首先考虑了几个例子，在这些例子中，"有些东西可以说是暗含的，而不是明确陈述出来的"。这些是（1）伴随"but"而来的对比感；（2）推荐信中的暗示；（3）伴随"or"而来的开放的可能性的想法[这三个例子都在格赖斯（Grice, 1989a）的著作中有复述，该著作（Grice, 1989a）是后来这一理论更明确的版本]。

想到"implication"可能系统地存在，格赖斯返回到一个哲学问题——现象论的地位——并且认为奥斯汀的观点是合并了字面意思和隐涵："I seem to see a red book"的字面意思可以为真，虽然在正常情况下说这句话的确是反常的，因为它暗示了一些通常不存在的可疑之处。

格赖斯（Grice, 1989a）关注的仍然是哲学问题。他希望推翻"形式主义者"（formalists）和"非形式主义者"（informalists）——卡尔纳普和奥斯汀等人——都明确做出的假设，即自然语言和逻辑学家研究的形式语言在本质上是不同的。格赖斯指出，现代符号逻辑学的核心术语——尤其是"or""and""not""if"——在日常语言中并没有与其字面意义所不同的含义。当然，我们希望格赖斯在其文章中使用的"seem to see"策略可以解释和这些表达式有关的一些明显的异常现象。

9.2.2 格赖斯论意义与隐涵

格赖斯的威廉·詹姆斯讲座的第一部"逻辑与对话"（Logic and Conversation）是他在语用学方面最有影响力的作品——部分原因是它比

他的许多其他作品更具可读性，部分原因是这部作品具有明显的哲学价值。正是在这部作品里，格赖斯界定了会话（conversational）隐涵和惯例（conventional）隐涵，讨论了实例，并试图在合理的合作原则中奠定会话隐涵的基础。

我们认为，后来对隐涵和会话准则的强调，扭曲了我们对格赖斯理论意义的印象。格赖斯对隐涵的描述显然是试探性的。虽然他经常再加工他的其他的想法，但显然他没有对隐涵这样做，而且他说的关于隐涵的话可能会误导那些对语用学感兴趣的非哲学读者。因此，我们将从我们所认为的他的理论中最重要的两个组成部分开始：说话人意义（speaker meaning）和语言意义（linguistic meaning）。

格赖斯论意义

丹尼特和斯蒂格利兹-彼得森（Dennett and Steglich-Petersen, 2008）搜集了哲学家名字的滑稽定义，其中，"格赖斯"被定义为"概念复杂性"（conceptual intricacy），这个定义是恰当的。像许多哲学家一样，格赖斯实践的是一种辩证的方法，在这种方法中，观点被提出、批判和修正——通常还会变得更加复杂，并且他反复地这样做。经过几个回合后，表达方式可能会变得非常复杂。格赖斯是这类辩证法的大师，我们在研究他的作品时，对其复杂性要有心理准备。当我们强调我们所认为的对语言学家和哲学家具有持久重要性的核心思想的时候，我们将尽量避免这种格赖斯式的复杂性，但有些复杂性将是不可避免的。

当格赖斯谈到"意义"（meaning）时，他会想到两件事：（1）字面意义［或"被偏好的意义"（meaning in the favoured sense）］；（2）说话人意义［或"非自然的意义"（non-natural meaning）］。前者源于语言惯例（linguistic conventions）。后者产生于意图和意图辨识，它使用非语言的、在某种意义上是理性的一般目的的推理。

格赖斯所说的关于字面意义的大部分内容都可以在他的著作中找到（Grice, 1968; 1982）。语言学家和哲学家认为字面意义应该集中在句法结构及其解释上。但是，尽管格赖斯对形式语义学很熟悉，但在他的书面作品中,他并没有使用它,这可能是因为他对这种语义学风格心存怀疑,当然也可能是个人偏好问题。比起逻辑理论,格赖斯对哲学分析更在行。

格赖斯在他的作品中总是笼统地描述传统意义(conventional meaning)的载体,这些载体可能是手势,也可能是其他符号,而且——就语言载体而言——可能是简单的(单词)或复杂的(短语)。话语类型——比如句子类型——具有*不受时间影响的意义*(timeless meaning)。格赖斯没有像形式语义学家那样把它们看作从语境到内涵的函数,而是采用了释义,即"I don't have a penny"的不受时间影响的含义大概是:(1)我没有钱(I have no money);(2)我一个子儿也没有(I have no pennies)。

格赖斯认为,不受时间影响的意义是一个惯例问题,但他没有谈及语言惯例是什么,或者它们是如何在一个团体中产生的。刘易斯(Lewis, 1969)以一种大体上与格赖斯相兼容的方式细化了这一观点,因为它以说话人态度为基础。然而,与格赖斯不同的是,刘易斯在他的解释中诉诸博弈论。

考虑到语境效应,格赖斯区分了非限定型(unqualified)不受时间影响的意义和*应用型*(applied)不受时间影响的意义。这也是一个释义的问题;在"I"指的是比尔·盖茨的语境里,"I don't have a penny"的应用型不受时间影响的意义可能是"Bill Gates has no pennies"。

与不受时间影响的意义相对的是说话者 U 交流某件事时产生的意义。如果 U 使用传统的表达方式(比如,陈述句)来表达,就会有两种意思:(1)它们是句子在这种场合的字面意思;(2)说话人的意思,这与(1)某人字面上表达的意思,(2)人们没有明说但暗示的意思之间的区别是一致的。如果没有关于这些事情的直觉,我们将无法区分字面意义和隐涵意义,并且像"影射"(innuendo)、"暗示"(intimation)和"暗讽"(insinuation)这样的术语将毫无意义。利用这些非常强大的直觉,我们不但可以进行交流,而且如果我们小心的话,还可以意识到什么时候事情正在以拐弯抹角的方式在交流。

在特定场合下，S 的意思是通过结合语言学规则、选择 S 中单词的意思，并援引 S 中的指示词的适当语境来确定的。例如，"I don't have a penny" 的情景化意思可能是

(9.2.3) that Bill Gates doesn't have any money at time t.

就形式语义学而言，这个意义是一个命题，因为像（9.2.3）这样的"that"从句与命题相关联，但格赖斯在他的理论体系中并没有包含命题，也没有利用形式语义规则，他只是简单地说"S 意味着……"（S means that...）

当然，习惯于形式语义学的语言学家和哲学家们会发现，用源于蒙塔古的作品的观念来取代这些关于语义的想法是自然的：(1)以一个句法结构与消歧过的词为开端；(2)使用组构语义学规则达至一个从语境到命题的函数；(3)将语境和话语情景相关联，并将函数运用到这个语境。这个步骤将传达在那种情况下句子字面意思的命题。这样的修改没有违背格赖斯所说的字面意义，事实上，它在解释中填补了一个麻烦的裂沟：如何从句子的不受时间影响的意义获得给定情景下句子字面意义的命题。如果不使用语义规则为句子赋予"不受时间影响的"内涵意义，就很难做到这一点。

说话人在特定场合表达的意思是另一回事。格赖斯在其作品中（Grice, 1957）描述了说话人意义[他称之为"非自然意义"（non-natural meaning）或"意义-NN"（meaning-NN）]，之后又多次讨论这个话题，重新审视和修改观点。自然意义是有因果关系的；雨云意味着天要下雨，这属于自然意义。通过对比一系列意义的例子，格赖斯认为非自然的和自然的陈述意义之间的关键区别（大致上）在于通过计划创建信念的意图，这个计划涉及识别这个意图（详见第 11.2 节）。

例如，假设 H 说"You owe me 500 dollars"，U 的回应是"I don't have a penny"，就是说在 t 时，U 无法给 H 还钱（命题 p），命题 p 不是句子的字面意思，所以 H 必须通过某种方式推断 U 真正要表达的意

思——也就是说，H 必须意识到 U 的意图 I 是想表达 p，U 的意图 I 是通过让 H 识别 I 来相信 p。如果目的达成了，H 听到这句话，就会问 U 说 "I don't have a penny" 的意图是什么，并得出结论（1）U 不会说这件事，除非 U 想说他没钱；（2）这肯定就是 U 的意思，相信 U 说的是真的；（3）形成 U 无法还钱的信念。

格赖斯对说话人意义的解释细节值得质疑，一些批评和格赖斯的回应可以在他之后的作品中看到（Grice，1982）。但这些细节不如中心思想重要，而这些中心思想肯定是正确的，它们是：

(i) 在一个特定情形中，说话人的意义可能以各种方式与其话语的字面意义不同。
(ii) 关于说话人意义的交流是通过识别说话人意图达成的。
(iii) 说话人意义的成功交流需要说者和听者的推理。此外，二者所用的推理必须深度相似。表达一个句子对听者提供了丰富的说话人意义，听者必须从中选择其一。为了能够交流成功，说话人必须组织她的话语，以便听者听起来是最佳选择的意思就是说话人意图传达的意思。

合作与对话准则

这些想法提出了一个重要问题：使说者可以计划、听者可以识别的说话人意义的推理究竟是什么？格赖斯是否试图解决这个问题还不完全清楚。他建议重构推理，但他从来没说明能够，甚至是应当帮助听者判断说者话语含义的真正的推理过程是什么。然而，他的许多追随者认为关于这一点他是做过说明的。

听者的推理——即使不是演绎的——也是基于证据的，在话语发生时，它帮助听者判断说者的意思。格赖斯认为证据就包含在被表达的句子的字面意思和语境信息中，它受*合作原则*（principle of cooperation）的制约，并使用四条*会话准则*（conversational maxims）来帮助确定合作原则是被如何应用的，所以我们还有两个中心思想。

(ⅳ) 听者利用句子的字面意义和对话语境的信息来推断说者的意思。

(ⅴ) 说者含义的推论受合作原则的约束,它使用四条会话准则。

　　回想一下在第8.1节中讨论过的格赖斯的合作原则:"在对话发生的阶段,按照你参与的谈话的既定目的或方向进行对话。"(Grice, 1989b:26)。正如我们所说的,格赖斯公式中的术语在描述推理时用处不大。要使用格赖斯的原则,我们首先需要在对话的每一点上识别既定目的是什么,然后识别与既定目的相兼容的会话内容。

　　但是,格赖斯的四条会话准则提供了一些更明确的指导(Grice, 1989a:26-27):

数量准则:
　　ⅰ. 在会话中,按要求提供有效的信息(为当前的交流目的服务)。
　　ⅱ. 不要提供要求之外的信息。

质量准则:尽量给出真实的信息。
　　ⅰ. 不要说你认为是假的信息。
　　ⅱ. 不要说你缺乏充分证据的信息。

关系准则:有相关性。

方式准则:清晰地表达。
　　ⅰ. 避免晦涩的表达式。
　　ⅱ. 避免歧义。
　　ⅲ. 简明扼要(避免不必要的冗余信息)。
　　ⅳ. 表述有序。

　　这些想法如何与对话隐涵联系起来? 如下描述对话隐涵:

　　如果一个人(通过、在、当……)说 p 隐涵了 q,那么就可以说他在对话中隐涵了 q,前提是(1)假定他遵守了会话准则,或至少遵守了合作原则;(2)假设他知道或认为,为了使他的话 p 与那个假定一致,q 就是必须的;(3)说话人认为(并期望听者认为他这么认为),听者有能力得出或直观地领会(2)中所提到的假设是必需的。

(Grice,1989a:30)

换句话说,格赖斯假设说者会遵守会话准则(或至少是合作原则),根据要被解释和能被解释的含义来描述对话隐涵。有时读者认为这是会话隐涵的正式定义,但它也可以被认为是关于充分性(adequacy)的主张:会话准则和合作原则在某种程度上足以解释格赖斯的对话隐涵的例子,以及其他类似的例子。

会话隐涵与格赖斯关于说话人意义(speaker meaning)的概念有什么关系?大多数从格赖斯那里大量借鉴的语用理论家——"新格赖斯派"(neo-Griceans)——都把对话隐涵视为说者意指的东西。事实上,格赖斯所有关于隐涵的例子都是说者想要表达的想法。然而,值得注意的是,格赖斯并没有明确承认这一点,也没有解释他为什么没有这么做。有些格赖斯的评论者——例如,索尔(Saul,2002)认为这种说法还有反例。不管格赖斯是否会接受索尔(Saul,2002)的例子,都可以看出,他似乎对这个问题有所怀疑。

在解释假定的对话隐涵上,会话准则的效果到底如何?通常,会话准则会提供合理的解释,例如,有一个级差隐涵(scalar implicature),它与下例有关:

(9.2.4) Some students failed.

通常情况下,这句话说出来,隐含着不是所有的学生都不及格的意思,我们可以通过数量准则来解释:如果所有学生都不及格,那么说者在说(9.2.4)时,就违反了准则(ii)。因此(假设说者是合作的,并且知道是否所有的学生都不及格),既然她知道不是所有的学生都不及格,我们可以认为她就是要传达这个意思。

但即使格赖斯准则是不错的箴言,它们也并不能提供有用的指导。告诉某人说话时要提供有效信息、表述有序、内容切题有点像告诉未来的股票投资者要低买高卖。虽然良好的交流应该满足准则中列举的条件,但是准则没有提供关于推理如何实现这一点的任何细节。更糟糕的是,这些准则往往在较简单的事情上失效,即对特定隐涵进行事后解释,例子(9.2.4)说明了这一点。格赖斯式的解释主要基于这样一个假设:说者知道是否所有的学生都不及格。但即使我们没有特殊的理由假定说者知道这一点,这种隐涵依然存在。如果安娜和一些学生谈论他们在考试中的表现,并且她显然没有和所有学生都谈过此事,当她说(9.2.4)时,她依然隐含了不是所有的学生都不及格的信息。戴维斯(Davis,1998:77-87)讨论了这个问题和其他的困难。

数量准则是格赖斯最成功的准则。针对戴维斯的许多批评,我们可以通过引用*正在讨论中的问题*(question under discussion)(Roberts,1996;Ginzburg,2012)来为数量准则辩护,数量准则是:对正在讨论的问题尽你所能如实地提供信息。尽管这在一定程度上有所帮助,但鉴于戴维斯尖锐的批评,我们很难对会话准则的总体理念有太多信心。

非争议内容(Not-At-Issue Content)和惯例隐涵

一个话语可能涉及的不是一个而是一组命题内容,这些命题内容以不同的方式表达话语的意思,这使得意义变得很复杂,这是另一个可追溯到弗雷格的观点,他在其作品中对这类效应进行了分类(关于弗雷格在这个问题上的观点及其与现代语用学的关系,参见 Horn,2007。)

我们认为弗雷格对暗示思想的分类(category of intimated thoughts)是特别重要的。下面是弗雷格想到的一些案例:

(9.2.5) "The rider reined in his horse" 对比 "The rider reined in his steed"(Frege,1956:295)

(9.2.6) "Alfred has not come" 对比 "Alfred has not come yet"(Frege,1956:295)

(9.2.7) "Ernest is poor and honest"对比"Ernest is poor but honest"(Frege, 1956: 296)

后来,许多哲学家都追随弗雷格,声称所有这些句子对(sentence pairs)都表达了相同的意义或命题,但第二句中增加了一些思想,例如,例子(9.2.7)就暗示了欧内斯特的贫穷和诚实之间存在着某种对比关系。

弗雷格认为,作为一种语言惯例,句子的某些内容有暗示(intimated)含义,这个观点已经演化为*多维语义学*(multidimensional semantics)的当代思想。多维性的语言学证据主要基于一个事实:人们发现句子内容的某些部分有争议,而其他部分没有争议。

我们在第8.3节中简要讨论了争议性(at-issueness),其理念是:话语中有争议的内容是突出的、易于否认的,而无争议的内容以各种方式成为背景。有争议的内容被描述为与正在讨论的问题相关的东西(参见 Simons et al., 2010),无争议的内容往往不如有争议的内容清晰,也更难解释,"But"和"steed"就是很好的例子。例如,你可以说"but"包含某种对比,但你很难进一步完善这个描述,甚至针对这个非常模糊和普遍的提法也有反例。一些无争议的内容是情绪化的,如"I couldn't get the damned car to start"。

句子的内容是由组构性决定的,因此,如果我们决定把内容划分为有争议的和无争议的,我们就必须研究无争议成分的组构特征,这就是所谓的*投射问题*(projection problem),它最初是与预设相关的(参见 Beaver, 1996)。

我们可以用否定句来说明这一点,看一下弗雷格的第一个例子及其否定句:

(9.2.8) The rider reined in his steed.
(9.2.9) The rider didn't rein in his steed.

根据有争议内容和无争议内容的二分法,(9.2.8)有两个语义成分:(1)骑手勒紧了他的马 x 的命题;(2)x 是亢奋的命题。(9.2.9)的意义也由两个语义成分组成,两者都必须根据(9.2.8)的语义成分进行组构性的描述。

如果我们把命题等同于可能世界集,命题 X 的否定只是它的集合的补充,即 X 中不包含的内容的集合,这在有争议内容和无争议内容的二分法中保持不变——(9.2.9)中的有争议内容是骑手勒紧马的世界集的补充。另一方面,就像(9.2.8)一样,它的否定句(9.2.9)也暗示着这匹马是亢奋的,所以,否定句的无争议内容和肯定句的无争议内容是一样的。这是一种典型的投射模式:有争议问题的投射遵循一维构成规则,而无争议问题的投射是无效的,但还有其他更复杂的模式。多维语义学首次出现在卡特南和彼得斯(Karttunen and Peters, 1975)的作品中。①

格赖斯关于*惯例隐含*(conventional implicature)的例子是无争议内容的案例。在他的著作(Grice, 1989a:45)中,他引用了"therefore"一词,关于这个词他所说的话与弗雷格说"but"的话是一样的。格赖斯认为,"therefore"与"and"的意思是一样的。但是"He is an Englishman, therefore he is brave"包含额外的意思,即英国人很勇敢,包含勇敢在某种程度上源于他是英国人的意思。

我们可以很容易看出为什么惯例隐含是惯例性的。"and"与"therefore"的字面意思是有差异的,这种差异是语言惯例的问题。可取消性检测证实了这一点:你无法做到一边说"He is an Englishman, therefore he is brave——but I don't mean to say that being an Englishman has anything to do with being brave",一边不自相矛盾。

另一方面,格赖斯并没有解释为什么他认为惯例隐含属于隐含——他也没有说惯例隐含和对话隐含之间有什么共同之处。很难看出它们有什么共同之处。通常情况下,对话隐涵和惯例隐含都是*暗示手段*(inti-

---

① 有关无争议内容的最新和更多的讨论,参见 Potts, 2005。

mating devices）——它们经常表达无争议性的内容，但并非总是如此。一个对话隐涵可以是话语的主要内容，比如：

（9.2.10） I didn't tell you I'd be late for dinner.

这是早餐时妻子对丈夫说的，它隐含着妻子晚饭时会迟到，而这个隐含是交流的主要的、有争议的内容。如果丈夫回答"That's going to be inconvenient"，他的意思是她迟到会造成不便。

不仅"惯例隐含"这个术语存在问题，而且隐含内容中的语言现象也存在争议，例如巴赫（Bach，1999）否认了惯例隐含的存在（关于数据以及如何分类数据的有用观点，参见 Tonhauser et al.，2013 的作品）。

9.3 说者和听者

格赖斯根据说者态度来定义说者意义——意义是说话人意图表达的东西。同理，他的会话准则是对说话人的告诫。另一方面，格赖斯（Grice，1969：86）以听话人为中心描述隐含：

隐含信息就是某人假设说者为了遵守合作原则（或许还有一些会话准则）所思考的东西。

如我们在第 9.2.2 节中所言，索尔（Saul，2002）构造了一些例子，其中被隐含的信息不是说话人的意思；这些例子涉及误解，并利用了格赖斯基于说者和基于听者的描述之间的差异。或许，最有用的说法是：沿着格赖斯式的思路，我们可以找到以说者为导向和以听者为导向的对意义和隐含的描述。听者意义就是听者所认为的说者的意义，说者隐含就是说者所认为的听者的隐含。你可以认为说者隐含的信息就是说者想传达的信息，听者隐含的信息就是听者想传达的信息。当然，如果对话是成功的，说者的意思就会和听者认为的说者想传达的意思相吻合，那么，我们就可以简单地说，在正常情况下（我们希望成功的交流是正常情况），不论我们是站在说者的立场还是听者的立场，隐含就是试图传达的意思。

这种看待问题的方式把格赖斯对语用学的两个最显著的贡献联系在一起,在理论上,这很有用,因为它使得句子意义和说者意义之间的关联成为语用学的核心主题,视隐含为一个或多或少重要的特例。

9.4 语用推理

和其他形式的推理一样,语用推理也是从前提到结论的。对于听者来说,推理是溯因的,前提是话语(包括肢体语言)和话语的语境,结论是一堆附加到共同基础上的东西,而不是像格赖斯所说的那样,附加到听者信念上的东西。对说者来说,推理就是从目的到手段的计划或推理,前提关乎要把什么东西添加到话语的共同基础和语境上的目标,而结论就是话语。对于说话者和听者来说,这种推理导致了关于语用增强的假设:比话语所使用的语言的字面含义多出来的信息。

在讨论格赖斯的会话准则时,我们指出,充分的语用增强理论必须不只是为对话隐含提供合理的事后解释,它还应该能预测这些隐含,并为推理如何工作提供一个精确的模型。该模型应该与心理测试兼容,并在可能的情况下得到后者的确认,并且能够以自动化对话系统的形式实现。如果没有这第三个特征,根据证据对推理理论进行测试和改进就很难实现。格赖斯自己的推理方法是高度理想化的,他可能质疑这种更加经验主义的方法的价值,但这似乎导致我们解决这些问题的方法变得更加保守。

很难说计算机科学家还需要多长时间才能制造出栩栩如生的对话主体(conversational agents),但在这方面已经有了稳步的进展。虽然支持该技术的理论还不存在,但已经有几个候选的推理架构可以为这样的理论提供基础:*关联理论*(relevance theory),*常识蕴涵话语*(DICE: discourse in common sense entailment)和*加权溯因法*(weighted abduction)。

斯波伯和威尔森(Sperber and Wilson, 1986b)引入了关联理论,斯波伯、威尔森和同事在后期的工作中又完善和进一步阐述了该理论。他们的推理模式是把演绎与假设结合起来,这些推理过程受制于认知努力。他们的想法是，在价值减少和努力增加的期待附加到推理主体上之后，推理过程就会停止，这一过程可能是由对说者意图的预期所引导的，但如果是这样，斯波伯和威尔森（Sperber and Wilson，1986b）关于这方面的推理就不是很明确了。这个过程的成功取决于说者管理他们的话语信息的能力，使得要传达的推理就是由这个推理过程产生的推理。

推理当然是产生语用增强和隐含的认知机制，斯波伯和威尔森所注意到的推理成分很可能是任何成功推理描述的一部分——尤其是语义解析、意图识别、溯因或推理到最佳解释（演绎可能不那么重要，因为有一些方法可以用溯因代替演绎）。

但是，正如我们所说的，语用增强的理论应该是可检测的，这就需要对从模型中推导出来的语用推理进行具体的预测，这个需求不可避免地导致了一个计算项目：可测试的理论必须为对话主体提供计算机程序的规范。如果对话的主题被限制在一个特定的任务领域内，这样主体就是可行的（参见 Howes and Larsson，2014；Stent and Bangalore，2014）。虽然关于语用增强，系统的能力非常有限，但这种能力如果不是很快出现，最终也会出现。届时，可通过已实现的计算机系统来测试语用增强理论，这类证据肯定需要对所有可用的理论进行修正，包括关联理论。

在语用推理中，结果的数量和质量与实现它们所需的计算时间和努力之间存在权衡的想法当然是正确的，它毫无疑问也适用于所有类型的实时推理。然而，它本身似乎无法给语用推理提供一个很有前途的模型，其中，听者的任务是推断说者要传达的意思。问题是，就其本身而言，它没有把搜索空间缩小到可以提供有效的解决方案的程度。这似乎需要一个更明确的目标来引导搜索，并指出搜索何时可以停止，而这更有可能产生于对说者意图的预期。

为实施关联理论所做的研究相对较少。我们所知道的唯一的例子是波兹南斯基（Poznański，1992）。在对这些想法进行更彻底的测试之前，很难看出推论问题是否能够被克服。

亚瑟和拉斯卡里德斯（Asher and Lascarides，2003）介绍了常识蕴涵话语（简称 DICE），它是汉斯·坎普的话语表征理论的延伸，该理论可以包括话语连接的推理和语用增强。和关联理论一样，DICE 也使用演绎推理，但是，它的推理是非单调的，这是一种创新，使得制定可行的推理规则变得更加容易。它也存在使用前向推理而没有合理的停止规则的问题。然而，人们已经不断地努力在对话系统中执行和测试 DICE，这可能会帮助我们找到问题的解决方法。

霍布斯等（Hobbs et al., 1993）已经开始探讨加权溯因的问题，其思想是使用推理达到最好的解释，以支持语用推论，并使用编程语言 PROLOG 的扩展来实现这一点。霍布斯的体系的优点在于，它将语用推理与其他形式的语言推理结合起来——不仅是语用推理，如省略解析，还有句法分析。因为 PROLOG 从一个目标开始，当推理达到这个目标时结束，所以这个体系结构在停止推理方面没有问题。但是，霍布斯并没有超出对推论进行逐案解释的范围，而且，就我们所知，这些想法还没有在有效的对话系统中得到验证。

可能会让一些读者感到惊讶的是，本节从哲学思想开始，却从计算机系统及其实现和测试结束，但这种重心的转移是有充分理由的。格赖斯认为语用增强是人类交流中普遍存在的一个特征，这无疑是正确的，但是，推理过程都太过复杂，无论是哲学分析还是演绎系统，都无法用几页纸解释清楚其规则。推理过程中大量使用了现实世界的知识，因此哲学体系的方法并不适合它。另一方面，计算机可以包含大量的知识库和推理规则，这些规则比哲学家或其他人所能编写的任何东西都要复杂得多。另外，计算机对话系统可以通过观察人机对话的表现来测试，这是唯一能够充分处理语用推理问题的方法。

9.5 比喻

当说者使用比喻时，他们想表达的意思超出了（或完全不同于）特定情形下其话语所具有的意思。这是一个*语用位移*（pragmatic displacement）的问题，而不是语用增强的问题。古典修辞学中列举了许多比喻手法：

暗示(allusion)：说"He made me an offer I couldn't refuse"，想到《教父》和这句话的意思，或许是开玩笑，此处意思是他用威胁逼我接受提议。

提喻(synecdoche)：说"Brussels insists on the measure"，意思是代表欧盟的布鲁塞尔的官员坚持这项措施。

夸张(hyperbole)：说"That train goes faster than the speed of light"，意思是那列火车的速度明显比普通火车快。

弱陈(meiosis)：当我在一场事故中失去了双腿时，说"I've had a bad day"。

讽刺(irony)：当一场沉闷乏味的表演被火警打断后，说"This was the perfect ending"。

正统的格赖斯式观点将这些都归类为隐含。格赖斯（Grice，1989a）建议，讽刺、隐喻、提喻和夸张都是对话隐含，它们都公然违反了质量准则（"不要说你认为是假的信息"），所以，听众必须重新解释说者话语的意思，但这并不总是正确。如果欧盟官员的某个决定出现在新闻报道里，从字面上看，说 Brussels is in the news 可能也是正确的，但是尽管如此，说"Brussels is in the news"可能传达了字面意思之外的东西。

与比喻相关的具体解释似乎是由对合作和理性的期望所驱动的，这并不容易被格赖斯准则所解释。这就是为什么许多理论（参见 Sperber and Wilson, 1986a; Bezuidenhout, 2001; Carston, 2002; Recanati, 2004）转向了对比喻的描述，它允许可选择的语用过程从语言编码的内容中生成所传达的信息。

到目前为止，讨论最广泛的修辞形式是*隐喻*（metaphor）。隐喻将不同领域的意义结合在一起，这种结合通常包括不相容的元素的结合：隐喻在修辞学上是一种矛盾修饰法，在哲学上是一种范畴错误，在语言学上是一种选择特征的冲突。但是，并非所有的隐喻都是反常甚至是错误的。希尔斯（Hills，1997）提到了路易斯·莱恩的例子，在感恩的时刻她打了个比喻说："Clark Kent is Superman"。隐喻不同于惯常的服务交际目的的语义异常情况，它们需要一种解释：解释者要发现对象和属性之间的联系（有时称为类比）。这个类比经常被加以详述，以获得持久的修辞效果，威尔·法瑞尔在哈佛大学 2003 年的毕业典礼上的演讲就是一个例子：

> 知道吗？我毕业于生活大学，我从艰苦磨炼学院中获得了学位，我们的肤色是青一块，紫一块，宝贝，知道吗？我和血鼻院长一起办公，我向拳头三明治教授和他的助教肥唇女士借阅课堂笔记，这才是我真正上过的学校，明白吗？

隐喻是不可或缺的，它们是我们超越语言局限的主要手段。肯德尔·沃尔顿在其著作中使用了下面的例子（Walton, 1993）：

（9.5.11） Crotone is on the arch of the Italian boot.

如果没有地图的帮助，要解释清楚克罗托内的位置是困难的。语言不适合传达这类信息。例如，对我们来说，说克罗托内位于那不勒斯东南 420 公里处的爱奥尼亚海岸，可能很精确，但不太有用。

成功的比喻是真实的，我们如何理解这个说法呢？沃尔顿声称，比喻真实（figurative truth）是（或根据）虚构的真实。"Sherlock Holmes lives in Baker Street 221b"是假的（夏洛克·福尔摩斯实际上并不存在，贝克街 221b 也不存在），但它在柯南·道尔的小说中就是真的。同理，(9.5.11)是假的（不仅因为意大利并非真的靴子，靴子也并非真的有拱顶），但它在说者虚构的故事中就是真的。

福尔摩斯小说和意大利靴子都是虚构的，读者身在其中可以想象各种各样的事情。小说中真实的东西是参与者可以根据游戏规则展开想象，这些规则很复杂。有些虚构的事实是被明确规定的：柯南·道尔在小说中说，福尔摩斯住在贝克街 221b；创造（9.5.11）的说者则有意预设意大利是一只靴子。因此，我们不应该把说者的预设解释为信念。继斯托纳克（Stalnaker，2002）之后，我们应该说预设是一种接受——为了特定的目的而接受某件事是真实的。小说可能就是这样一个目的。但虚构的事实只是部分虚构，它们渗透着我们从自己的现实世界中投射的规则。这就是为什么在柯南·道尔的故事中，福尔摩斯住在梅尔库姆街附近（这是从未在小说中提到的）是真的，以及为什么说（9.5.11）的人说雷焦卡拉布里亚（一个听者可能闻所未闻的小镇）位于意大利靴子的脚趾也是真的。

这两个故事都使用了现实世界的对象来帮助我们产生虚构的真实——贝克街和意大利。这些实体的功能有点像舞台上用以帮助想象的道具，但是这两个虚构中道具的意义是不同的：福尔摩斯小说利用了观众对道具的了解来充实内容（"在这里你可能会发现福尔摩斯和华生住的那种单身公寓"）；靴子的故事是利用内容来告知道具（"克罗托内就位于意大利的这个地方"）。对于沃尔顿来说，隐喻是第二种、*道具导向*（prop-oriented）的虚构。

认为隐喻是基于道具的虚构的观点鼓励了一些哲学家，他们争论各种看似非隐喻的主张最好被解释为隐喻性的，考虑一下下面这个例子：

(9.5.12) "Napoleon could have won the battle of Waterloo" is true only if there is a possible world where Napoleon won the battle of Waterloo.

既然"拿破仑本来可以打赢滑铁卢之战"（让我们假设）为真，在现实世界中拿破仑输了，那么，（9.5.12）的真实性似乎要求至少存在一个可能世界。但如果（9.5.12）只是假设为真，那么可能世界也不必比夏洛克·福尔摩斯更真实。雅布罗（Yablo，1996）认为隐喻就是通过这种方式悄悄进入语义学的。不管情况如何，我们都假设有一个可能世界，在那里事情就是那样的。这种虚构是一种严格的虚构：它在逻辑推理下是封闭的，并验证T模式（T-Schema）的实例。由此可以得出（9.5.

12）在语义虚构中为真，这项研究是道具导向的——道具是英语的句子。使用语义虚构的意义在于我们可以更好地了解道具的真值条件是如何组构性地被确定的。

雅布罗关心的是如何让那些忧虑可能世界本体论的哲学家接受可能世界。哲学家可以出于形而上学的目的利用可能世界，甚至利用它们达到对模态的洞见，而不必相信它们的存在。

自然语言中有大量的隐喻，好的隐喻通常有僵化现象（fossilization），如"domino effect""in a nutshell"或"tunnel vision"。即使粗略地看一下复合词的历史，也会发现许多复合词最初可能是作为隐喻出现的。这一事实促使一些哲学家对隐喻中语用占主导地位的观点提出质疑，从而认为隐喻是一种语义现象。

从语义上看，隐喻真实是一种依赖事实的真实，它不完全依赖字面真实（按照标准的观点，小说中的真实不是真实，它只是被视为真实的东西，无论它的真值可能是什么）。斯特恩（Stern，2000）提出了以逻辑形式定位隐喻解释的描述。当我们隐喻地使用一个表达式时，它是一种复杂的指示词，只要它满足一定的语言编码的约束，它的语义值就由话语语境赋予。例如，对（9.5.13）的隐喻性解释是在逻辑形式上调用了一个算子，在其辖域内使用隐喻载体（"is a fish"），并在话语语境中传达一种新的解释，即一个好的游泳者的属性。

(9.5.13)　　Michael Phelps is a fish.

在句子的逻辑形式中加入这样一个算子的好处是，它提供了一种方法，可以解释为什么隐喻解释和字面解释不一致（关于相关数据和斯特恩理论的批判性评价，参见 Kamp，2005）。

也许理解隐喻的最大的困难是它的解释允许一定程度的灵活性。我们认为评价字面意义就是确定说话人的思想，但可能没有一个符合隐喻意义的具体的、可辨认的思想，正如戴维森在其著作（Davidson，1978：46-47）中所说的：

当我们试图说明一个隐喻的意思是什么时,我们很快就会意识到,答案无法穷尽……一张照片能传达多少事实?零事实?无限多的事实?还是一个无法描述的伟大事实?所以,这是一个糟糕的问题。一张图片的价值不是千言万语,也不是其他任何数量的语言文字,用文字换图片是错误的交换。

不管这是否正确,正如福格林（Fogelin, 1988）所强调的,隐喻语言通常需要解释者的辛苦努力。事实上,我们从文学隐喻中获得的很多乐趣,都来自一种构建意义的合作活动。如果读者没有产生隐喻内容,那么他在做什么?他如何知道作品是否很好?毕竟,隐喻的解释有对错之分,有好坏之分。隐喻的解释是受限制的——解释者必须发现隐喻的要点,如果他没有发现,他就不能理解该话语的意思。语义解释通常预期的灵活性太少,而语用解释通常允许的灵活性太多。对于语言学家和哲学家来说,找到正确的平衡仍然是一个挑战。

9.6 结论

语用学曾被称为语义学的垃圾筐,但更恰当的说法是:它是一片野生的丛林,毗邻着管理有序、井井有条的语言学理论的花园。实际上,现代语用学与形式语义学是在大致相同的时期开始和发展的,尽管现在它发展得有序而良好,但它可能仍然有一些混乱的地方。

关于语用增强的研究仍然主要受保罗·格赖斯思想的影响,但新的内容也在不断地补充进来,比如,能够做出详细预测的描述（层级隐涵的研究就是例子）和产生重要的新思想（比如正在讨论的问题）。当负担从哲学转移到语言学时,当计算机语言学中的新建模技术被带入语用推理时,我们可以预期这个领域会获得更大的发展。

然而,语用学的领域仍然更接近哲学而不是语言学。隐喻和比喻语言就是其中之一,关于这个主题的最好的研究工作是由更关心美学和艺术哲学的哲学家,而不是更关心语言哲学的哲学家们完成的。另一个主题是语言意义和用法之间的关系,我们将在第11.4节中讨论它。

10
断言和其他言语行为

10.1 言内之意、言外之意、言后之意

安东尼·阿尔诺德和皮埃尔·妮可（Arnauld and Nicole，1996：82）对传统的判断学说进行了如下总结："我们用思想构思事物，然后比较这些思想，发现有些是一类的，有些则不是，我们组合它们，拆分它们，这叫作*肯定或否定*（affirming or denying），更通俗地说，这叫作*判断*（judging）。"

这样构想出来的判断同时有两种作用：它们把两种概念*联系*（relate）起来（通常是主词和谓词的概念，但这种学说也常常包括其他的情况），并以同意或反对的方式来*评价*（assess）它们之间的关系。因此，例如，在判断 1343 是否为质数时，就应该将下面两个概念相结合或相分开：1343 的概念和质数的概念。

但如果某人对这件事没有任何立场呢？人们似乎可以简单地接受 1343 是一个质数，而不必对它的真值采取任何立场，可以说，当你读懂了"1343 是质数"这句话，并理解了它的意思时，你所做的就是上述这种情况。我们假设你不知道 1343 是 17 乘以 79，你没有肯定或否认 1343 是一个质数。现在看来，被传统的判断学说混为一谈的那两个任务应该被分开。弗雷格在哲学上的不朽成就之一就是把这一点讲得非常清楚。

弗雷格（Frege，1956）坚持严格区分理解（apprehension）和肯定

（affirmation），并给它们一个共同的对象：思想。要判断 1343 是否是一个质数，首先要理解 1343 是质数的思想，其次要肯定这个思想的真实性，这两个精神行为对应弗雷格符号"⊢"的两个部分（Frege，1967：11-12）：横线代表第一件事，竖线代表第二件事。当我们理解一个思想时——譬如，1343 是质数的思想——我们便把自己导向了一个内容，它连接了主词与谓词的内容。这里我们有一个关于命题的现代概念：具有独立于我们理解行为的真值的内容。

正如弗雷格（Frege，1960a）所指出的，一旦我们将理解与肯定区分开来，我们就不再需要区分肯定与否定这两种判断形式。我们可以把否定看作对内容的运算，也就是说，否定 1343 是质数可以简单地看成是肯定 1343 不是质数。弗雷格认为所有的判断都包含肯定——一种赞同所理解命题的内在行为，它的外在表现可以通过说一个句子来断言该命题的行为来实现。

断言 6343 是质数必须与说"6343 是质数"这句话以及使某人相信 6343 是质数区别开来。前者可以被认为是一种可能的方法，后者是断言的一个可能的目标。说"6343 是质数"不需要断言——毕竟，只要一个人说出"我不认为 6343 是质数"，这个句子就被说出了。说服某人 6343 是质数需要比断言更多的东西——即使 6343 确实是一个质数，听者也可能会怀疑这一点。

继奥斯汀（Austin，1962b）之后，我们可以说表达"6343 是质数"是一种 *言内行为*（locutionary act），使某人相信是质数则是一种 *言后行为*（perlocutionary act）。言内行为是通过语言表达式公开呈现内容；言后行为要求听众以特定的方式对呈现的内容做出反应，断言介于两者之间。断言同命令、许诺、询问、原谅、命名以及其他类似的东西一样，都是奥斯汀所说的 *言外行为*（illocutionary act）。言外行为和言后行为并不总是容易区分的。奥斯汀曾说过，言外行为是在言内行为 *里*（in）进行的，而言后行为是 *通过*（by）言内行为进行的，但是，日常语言并不总是注意这一点："In uttering these words he warned me that the enemy is coming" 和 "By uttering these words he warned me that the enemy is coming"一样好。言外行为通常由动词带一个主语和一个补语从句来表示,而代表言后行为的动词通常为听者增加了一个参数,但也有很多例外——"tell""warn""advise"和"thank"都表达了言外行为,但仍然给受影响的人带了一个参数。

奥斯汀承认这是复杂性的主要原因,言外行为本身至少需要达到一个效果:确保领会。奥斯汀(Austin,1962a:116)说:"除非听者听到我的警告,并以确定的意思理解了它,否则,我不能说我已经警告过这个人了。"奥斯汀关于警告的说法可能是对的,也可能不对,但是,断言、承诺和命令肯定可以在听者没有识别出它们的情况下被做出。

奥斯汀的言外行为概括了弗雷格式的关于断言的概念——一种语言上表现出来的肯定一个命题的行为。尽管人们经常假定这一点,但是,言外行为并不需要使用语言,言外内容并不总是具有命题性质。在接下来的两个小节中,我们将尝试证明这些观点。

10.1.1 语言和言外之意

手势可以表达言外行为,甚至可以是自发的,无需惯例的:只要说话人以某种行为方式表达某种意思,可以说她就是在行使言外行为。一个孩子跑过杂货店的过道,突然停在摆满肉桂面包的货架前,然后转身对着父亲微笑。这是讨要美食的好方式,比大声说"我能吃点甜麦片吗?"要好。甚至沉默也可以作为言外行为的载体:有一种情况叫默许。正常情况下,我们认为言外行为应该涉及言内之意(说话或写作),因为言外行为涉及内容的呈现,而语言又是达到此目的的非常好的载体。但是,当有其他方法可以突出内容时,我们可以而且经常绕过语言这个载体。

言外行为不需要语言,这个认识使人们对惯例在言外行为中的作用产生了疑问。奥斯汀的一些经典的言外行为——结婚、为船只命名——都是典型的惯例式的。但是,是否可以在没有惯例下做出断言或请求呢?如果这需要说一些特定的话,答案当然就是否定的,没有惯例,就没有语言交流。然而,由于非语言的断言和请求也是可能的,对这个问题的答案就远非微不足道:关于这个问题的有影响力的反对意见,可以参见斯特劳森（Strawson，1964）和塞尔（Searle，1969）的作品。

虽然对于言外之意来说，言语不是必须的，但是对言语来说，言外之意似乎是必须的。维特根斯坦（Wittgenstein，1953）描述了一种建筑工用来和助手交流的简单语言，只有四个词："block""pillar""slab"和"beam"。建筑工喊出其中一个词，助手就捡起相应的东西递给他。维特根斯坦认为，这可以构成一个"完整的原始语言"（complete primitive language），毫无疑问，这样一个语言系统确实可以用于协调行为，但原因恰恰是建筑工的话语不仅仅是言内行为，它们还是命令（或请求——我们对语境不够了解，无法判断是两者中的哪一个），用以拿到话语所指的东西。而且，这种理解话语的方式必须是说者和听者的共同基础。如果事情进展顺利，建筑工还会有言后行为，即让助手递给他所需的东西。但是，即使助手性格乖戾，总是拒绝服从建筑工，相互理解的沟通系统还是存在的。除非是为了回应一个可以理解的言外行为，否则，这位助手不能拒绝服从建筑工。

有些语言游戏比维特根斯坦的更简单，而且不涉及言外行为。凯瑟（Keiser，2016b）提到有一个群体，他们使用一种消亡的语言，专门向彼此讲述他们自己都不相信的古老故事。显然，他们没有做出断言，但要说他们甚至没有言外行为是有争议的。他们所做的不过是通过单纯的言内行为来引起彼此对内容的注意。虽然这似乎是正确的，但这并不表明这种语言是他们*唯一的*（only）语言，大概他们需要另一种语言来进行日常交流。因此，结论在于我们应该证明言外之意对于语言使用来说是必须的这一主张。虽然一个群体可能使用一种语言而不使用它来实施言外行为，但他们似乎不可能在使用一种语言的同时不实施言外行为。

10.1.2 言外之意和命题内容

有些作者认为言外行为必须始终具有命题的内容。例如，塞尔（Searle，1975b：344）用 F(p) 表示每一个言外行为，其中，F 表示行为的语力（force），p 表示命题的内容。这过于限制了，因为我们可以找到言外行为的内容总是命题这一观点的令人信服的反例。例如，我们通常用疑问句提问，根据标准的语义学观点，这些句子没有表达命题。疑问句通常被用来表达问题答案的集合（参见 Hamblin, 1958; Karttunen, 1977; Groenendijk and Stokhof, 1984）。

所以，如果答案是命题，那么问题就不是命题。如果指称和断言是言外行为，那么它们对应的言内之意就是句子成分的话语，而不是整个句子的话语。当我说"6343 是质数"时，我做了一个断言，但我也指称了一个数字并断言了该数字的一个属性。如果坚持认为所有的言外行为都必须有命题内容，指称和述谓的地位就会出现问题。

那些不喜欢非命题式言外之意的人，可能会坚持认为在说出的表达式的内容（言内行为内容）和说表达式实施的行为内容（言外行为内容）之间存在明显的区别。也许当我说"Hi"时，言外行为内容是我在问候你；当我说"Sorry"时，言外行为内容是我为所做的事道歉。询问是二阶言外行为：它们是让听者实施一阶言外行为的请求——做出回答问题的断言。然后，有人可能会说，我的问句"Who is coming to the party tonight？"的言外行为内容是请你告诉我今晚谁来参加晚会的命题。

但这些策略是不行的，实际上，这个建议是将该行为的语力放到内容里，由此产生的直接后果是，不同的言外行为永远无法共享其内容，这是一个非常不直观的结果。一个人可以断言别人先前猜测的事情，可以命令实施别人只能请求的事情，我可以承诺做某事，你可以预测我不会去做，等等。

10.2 施为句和表述句

我们能够以言行事，这是一个典型的哲学发现，这件事人人皆知，但无人思考过，直到某位哲学家指出这是多么令人费解。合适的人在合适的时间说出合适的话，于是婴儿受洗了，夫妻结婚了，赌注被下了，合同被签了，订单被下了，头衔被授予了。这些都是日常的事实，如果不是把它们与另一组日常的考虑放在一起，简直就不值一提：不管谁在什么时候说了什么，鸡蛋都不会被煎熟，屋顶都不会被修缮，桌子也不会被清理。"说"并不能使事情变成现实——除非事情真的发生了。

奥斯汀在其两本著作中（Austin, 1961; 1962a）终于做了相关的区分。当我对服务员说"I order the halibut",并不是告诉他我在做什么——我就在做的本身之中。当我看到自己在录像中讲述发生的事情时,我可能会说出同样的话——我是在描述录制录像时我所做的事情。第一句是奥斯汀所说的*施为句*(performative),第二句是*表述句*(constative)。

用于施为话语的陈述句是特殊的:它们总是用现在时,从来不用进行时,主语通常是第一人称,谓语属于用来描述所实施的行为的"*施为动词*"(performative verbs)。包含这类句子的施为句被称为*外显的*(explicit)(例如,通过说"I order the halibut"来点餐);其他的则是*内隐的*(implicit)(例如,通过说"I'd like the halibut"或"I will have the halibut"来点餐)。最后,施为句可以是*间接的*(indirect),例如说"Can I have the halibut?"。通常情况下,用于施为话语的句子也有表述语的用法,除非它们包含特殊的副词或介词短语,如"hereby""herewith"或"with these words"。

奥斯汀(Austin, 1962a: 149)声称,在一本简明英语词典中,有超过 1000 个"*施为动词*"(performative verbs)。奥斯汀似乎在假设施为性(performativity)具有词汇编码的特征,但另一种可能性是,施为性是由语境线索和动词的实际内容决定的。表示自然变化或状态的动词,按其本质,几乎不可能有施为的用法,而表示惯例状态或变化的动词通常就具有施为用法。例如,我们可以想一想(10.2.1)和(10.2.2)之间的差异。

(10.2.1) You're tired!
(10.2.2) You're fired!

虽然在实践中,我们可以很容易地分辨出施为话语和表述话语的区别,但在理论上,这种区别是难以确定的。正如奥斯汀(Austin, 1961: 246)自己所指出的,有些情况是很难归类的:说"I am sorry about the mess"似乎介于施为用法"I apologize for the mess"和表述用法"I feel bad about the mess"之间。但对这种区别的最大威胁并不是那些在施为句和表述句之间"不幸徘徊"（unfortunate hovering）的句子，而是没有一种明显的方法可以阐明这种区别的本质。

这样说是没用的：我们说施为句时，就是在*做*（do）事情；我们说表述句时，就是在*描述*（describe）事情，因为描述也是一种做。如果说施为句引出新的事态，而表述句只是报告现有的事态，也是没用的，因为任何行为都会引出新的事态。如果合适的人在合适的场合说"I hereby name this ship the *Queen Elizabeth*"，就会出现一个被命名的事态。同样的，如果合适的人在合适的场合说"I hereby claim that this ship is the *Queen Elizabeth*"，就会出现一个被声称的事态。

奥斯汀谈到这种区别时，最后说：

> 那么，施为句和表述句的区分最后还剩下什么?我们可能说我们在这里能想到的是：(a) 关于表述话语,我们从言语行为的言外方面进行抽象,并且我们专注于言内方面。此外,我们使用一个对应事实的过度简化的概念……(b) 关于施为话语,我们尽可能地关注话语的言外语力,并从与事实对应的角度进行抽象。
>
> （Austin,1962a:144‐145）

奥斯汀的建议是有启发性的，但不是特别明确。想象一下，我们分别把"I want the halibut"说成表述句（跟餐桌上负责点菜的朋友说）和施为语（跟侍者说）。在第一种情况下，说者是否真的专注于他的言语和他想要大比目鱼这一事实之间的对应，同时不考虑他所实施的言外行为？第二种情况下，说者是否真的关注言外行为，而不考虑言语和世界的对应？即使这种转换真的发生了，它真的能解释这两种情况的区别吗？

区分施为句和表述句的特征的一个更好的方法来源于安斯科姆书中的著名例子：

> 让我们设想一下,一个人手里拿着购物清单,在城里四处逛。不管这张单子是他妻子给他的还是他自己的,这张单子和他实际

> 买的东西是一致的,还有一种不同的关系,一个跟踪他的侦探手里也有一份购物清单。如果他自己列了购物清单,那就是他的购物意图的表达;如果是他妻子给他的清单,它就有命令的作用。那么,在顺序和意图上,这两份清单与发生的事情有什么相同的关系呢?是这样的:如果清单和这个人购买的物品不一致,如果这仅是一个错误,那么这个错误不是出在清单中,而是在这个人的执行上(如果他的妻子说:"看,单子上是黄油,但你买的是人造黄油。"他不可能回答说:"真是个错误!我们必须把它改正过来,并把单子上的黄油改为人造黄油")。然而,如果侦探的清单和这个人实际买的东西不一致,那么一定是侦探手中的清单出错了。
>
> (Anscombe,1963:56)

有两种使用购物清单的方法。购物者的方法是尽量将世界与清单匹配——确保清单上列出的所有东西都出现在购物车中。侦探的方法是尽量将清单与世界匹配——确保购物车中的所有东西最终都出现在清单上。从外表上看,可能无法区分这两个清单,但它们以不同的方式引导使用者的行为,这解释了安斯科姆所强调的对比:如果清单上的内容和购物车里的物品不一致,购物者应该改变后者,而侦探应该改变前者。虽然这不是安斯科姆自己的术语,但这种区别被称为*契合方向*(direction of fit):购物者清单的契合方向是从世界到话语,侦探清单的契合方向是从话语到世界。

这两份清单到底有什么不同?首先,这取决于它们是如何产生的。购物者的清单是作为请求产生的,侦探的清单是作为报告编写出来的。它们的内容相同(比如,购物者购买这样那样的商品),但它们的语力不同,这种区别的源头可以追溯到更远,创建两个清单的心理状态可以说具有不同的契合方向:请求表达了一种愿望或意图,报告表达了一种信念或猜测,这种区分与传统上把心理状态划分为*意动的*(conative)(或实践的)和*认知的*(cognitive)(或理论的)的做法是一致的。

用契合方向区分施为句—表述句给我们提供了一个不同的视角,可以解释为什么施为句不能以真假论。如果真值是话语和事实之间的对应，那么，我们可以谈论两种真值：一种是通过相应的事实实现的真值，而另一种是寻找使对应事实成立的真值，这个观点可以追溯到托马斯·阿奎那：

> 当万物成为精神的尺度和规则时，真理就在于精神与万物相应，正如我们自身发生的事情那样。因为根据一件事的是与非，我们关于它的想法或言语就有了真假之分。但是，当精神是万物的规则或尺度时，真理就在于万物与精神相应。正如一个艺术家的作品，如果符合他的艺术，就会被认为是真实的。正如艺术品与艺术相关一样，正义的作品也与它们所依据的法则有关。
>
> （Mc Dermott，1993：*Samma Theologicae Part* I, Question 21, Article 2）

根据这种观点，我们在愿望或承诺实现时也不愿称它们为真的做法，反映了我们对更狭隘的真值概念的偏好，即与心智无关的事实相一致的真值。

塞尔和范德维肯（Searle and Vandervecken，1985：52-53）使用契合方向区分了四种言语行为：

(i) 从话语到世界的契合：言语行为的成功要求话语内容符合某个既成事实（例如："This ship is named *The Donald*"）。
(ii) 从世界到话语的契合：言语行为的成功要求调用某个事实以符合话语内容（例如："If only this ship were named *The Donald*!"）。
(iii) 双向契合：言语行为的成功要求某个事实与话语内容相符，因为该话语内容与事实相符（例如："I hereby name the ship *The Donald*"）。
(iv) 空契合：言语行为的成功不要求话语内容和事实之间相符（例如："Hail to *The Donald*!"）。

表述句属于（i）的范畴，经典的施为句的显著特征——说某事如何就使它如何——属于范畴（iii）的一个特征。我所说内容的真值需要事实，正因为我所说的内容被认作真,这个事实才会存在。当然,要做到这一点,相关的事实的存在必须完全取决于我的权威(命名、结婚、道歉等)以及其他人愿意承认我在特定场合行使这一权威。言语行为的意义在于产生一个事实,其机制是像事实已经被取得了那样说话。

10.3 断言

在正常情况下,表述句言语行为可以通过"say"与"that"从句的结合来报告,但这么说是相当不完善的,一些施为句言语行为也可以这样报告。例如,如果点菜时,我说"I want the halibut",接着,服务员就会向厨师报告说"He said that he wants the halibut"。而有些表述句言语行为不能以这种方式报告,例如,如果我说"I want the halibut"(来点大比目鱼),我的意思是我现在想吃大比目鱼,但是服务员向厨师报告时,不能说"He said that he is in the mood for halibut"(如果他确实这样做了,我可以合理地抗议:"I didn't say that; I was ordering the halibut because it was the only thing on the menu that wasn't red meat.")。

并非所有的表述句言语行为都是断言,例如,我们可以*假设*(suppose)、*猜想*(conjecture)或*暗示*(imply)某某,而不是断言某某。假设(supposition)缺乏断言的"考虑到所有的事情"(all things considered)的特征,它是为了某种有限的目的而做出的;猜想缺乏断言的证据基础,它是在不确定的基础上做出的;暗示(implication)缺乏断言的明确性,它依赖听者的推理。由于这些原因,哲学家们研究典型的表述句言语行为时,更喜欢用"断言"(assert)。

刘易斯(Lewis, 1981:37)简单但令人信服地说明了断言在典型应用中的情况:"我知道,而你是需要知道,A 或 B 或……所以我在英语中说一个我认为是正确的句子,在它的上下文中,它的真实取决于 A 或 B 或……因此,如果一切顺利,你就会发现你需要知道的东西。"这样做并不总是有效果——如果我在戏剧舞台上或在语言课上说"It is raining",我的话并不能帮助别人了解真实的天气情况。刘易斯的观点是,如果"一切顺利"(all goes well),我们可以通过断言的方式来传递知识。他还提到了一些前提条件：如果说者想把这些知识传递出去，他必须先具有这些知识，并且必须找到一个可以表达该知识的句子。刘易斯没有提到的其他事情是相当明显的：听者必须理解断言，他必须信任说话者。

显然，知识可以通过断言传递，但这是*如何*（how）发生的就需要解释了。假设 p 是真的，说话人也知道这事。他断言了 p，听者也理解了他的断言。进一步假设听者相信说者，所以他也相信了 p，问题是为什么真实的相信是知识。要让听者知道 p，他必须有相信的理由。他可能无法说清楚他的理由，但如果可以，他可能会说："鉴于说者断言了 p，他大概知道 p，这对我来说已经足够了。"但是为什么听者有权认为说者断言 p 就知道 p 呢？

也许这个问题的答案很简单，情况大致如下：对话通常把扩大参与者之间彼此所知的范围作为目标，如果是这样，参与者通常是彼此知道目标的。在这样的对话中，如果说者不知道 p，那么断言 p 大家是无法合作的，既然听者有权认为说者是合作的，他也有权认为，如果说者断言 p，那他也就知道 p。就目前而言，这些推断是合理的，但这个简单的答案无法解释被称为*摩尔悖论*（moore's paradox）的现象。

摩尔（Moore，1990:211）注意到了一个有趣的事实，即一个人即使知道（10.3.3）是真的，他也无法恰当地断言它：

（10.3.3）　It's raining but I don't know it.

假设我刚进屋就开始下雨，我可能会错误地认为天气没有变，那么，（10.3.3）对我来说就是真的。*你*（you）现在可以毫不失礼地表达这个真实，说"It is raining but you don't know it"，*随后*（later on），我也可以这么做，说"It was raining but I didn't know it"，但对当时的我来说，似乎没有完美的方式来表达这件事了。

关于摩尔式特征，断言与假设形成了对比。假设（例如，出于论证的目的）（10.3.3）这样的情况，是没有任何错误的。我们可以想象一个被关在地下室里的人说：

(10.3.4) Let's suppose that it's raining.

推测（10.3.3）的情况，似乎也有可能：

(10.3.5) — What's your best guess about the weather in Dublin?
— Oh, it's raining. But, of course, I don't know this.

人们可以合理地希望，如果我们理解了与（10.3.3）相关的问题的来源，我们就能深入了解为什么断言能使我们传递知识。关于摩尔悖论的文献数不胜数，接下来，我们将讨论三种最具影响力的方法。

10.3.1 蕴涵

摩尔（Moore, 1990: 209-210）给出了以下论点，解释了为什么我不能不无荒诞地说"天在下雨，但我不相信，尽管别人会相信"：

> 然而，在我看来，他断言地说出某个句子的意思和我断言地说出某个句子的意思是没有区别的，两个句子都表达了可能是完全真实的东西；我断言地说"天在下雨"所蕴涵（imply）的意思和你在同样时间同样地点说同样的话所蕴涵的意思是有区别的。也就是说，我蕴涵（imply）我相信天在下雨，而不是你相信；你也蕴涵你相信天在下雨，而不是我相信。

如果我们想要解释知识的类比，我们可能说如果某人断言（10.3.3），他的意思不仅蕴涵着他相信天在下雨，而且他*知道*（knows）天在下雨。如果有人断言天在下雨，但他却不知道是否天在下雨，就等于他暗示他知道正在下雨，并断言他不知道。因此，虽然（10.3.3）所表达的命题是完全连贯的，但是，断言那个命题却并非如此。

根据这个观点，断言 p 可以用来传递知识 p，因为相信说者不仅需要相信他所断言的，还要相信他所蕴涵的。当说者断言 p 时，相信他的听者不仅相信 p，也相信说者知道 p，由于后者是前者的原因，因此听者也就知道了 p。

某人做出断言意味着他相信他所断言的东西，这个意思并不容易确定。没有明显的传统方法能将断言的某个特征与所声称的蕴涵联系起来。说出的句子的陈述语气很难做到这一点，充其量它是一个可撤销的指标：陈述语气的句子经常用于实施言语行为，而不是断言——不仅是其他表述句言语行为，如猜想、假设，而且还有施为句，像承诺、允许、洗礼和打赌。此外，正如威廉姆森（Williamson, 1996a）强调的，惯例联系在一定程度上必须是武断的，但断言和知道之间的联系似乎不是这样。

排除惯例性，我们可以认为摩尔所识别的蕴涵（implication）是对话隐含（conversational implicature）。断言自己所不知道的东西违反了格赖斯的质量准则：尽量使内容是真实的，尽量避免说你不相信或缺乏足够证据的东西。但说一个人在谈话中断言 p 就蕴涵他知道 p，这是有问题的。

首先，我们不清楚格赖斯准则是否禁止断言自己不知道的东西——这完全取决于什么被视为"充分的证据"（adequate evidence）。假设我买了一张彩票，我知道这张彩票中奖的概率小于一亿分之一。多方面来看，这将被视为证明这张彩票不会中奖的完全充分的证据。尽管如此，人们凭直觉并不知道这张（或其他任何一张）彩票会不会中奖。其次，对话隐含应该是可撤销的，即明确的撤销应该是恰当的。但是对（10.3.3）来说，明确地撤销所声称的蕴涵绝对是不恰当的。最后，格赖斯（Grice, 1975: 41-42）明确拒绝了这个提议：

> 当我说到为了保证在特定场合遵守合作原则和会话准则所需要的假设时，我并不是在想那些重要的必要假设。例如，我不打算包括使得某个特定准则被遵守的假设。这种看似自然的限制对摩尔悖论产生了有趣的影响。在我看来，当我说 p 的时候，我就在会话中暗示我相信 p，这是不正确的。因为假设我相信 p（或者更确切地说，我认为自己相信 p），就是假设我在这种情况下遵

守了质量准则。我认为这个结果在直观上是可以接受的。语言的自然使用并非描述某人说了 p 就"隐含"(implied)、"表明"(indicated)或"暗示"(suggested)他相信 p。自然的说法是他表达了（或者至少是打算表达）他相信 p。他以某种方式使自己相信他相信 p，虽然这并不等于说他相信 p，但它以一种特殊的方式与说 p 联系在一起。

格赖斯反对的核心是断言和信念之间的联系是*直接的*(direct)：当我做出一个断言时，我承诺我自己相信所断言的东西，就像我承诺所断言的东西一样直接，不需要特殊的推理就能明白这一点。借助合作原则或会话准则是多余的。如果我们在上面引语的最后两句中，用"know"（知道）代替"believe"（相信），其推理似乎是同样令人信服的。

10.3.2 表达式

根据格赖斯的说法，断言天正在下雨时，我既没有断言也没有蕴涵我知道（或相信）那是真的，而是我表达了或至少意图表达了这种态度。他说这种说话方式很自然，这一点完全正确。问题是表达一种态度意味着什么。在我们引用的段落后面，格赖斯说他讨论陈述语气（indicative mood）的功能时，会澄清他的观点。格赖斯（Grice, 1968: 123）提出，通过使用所说句子的陈述语气，说话者的意思是他相信他所说的话。

这个观点是行不通的：除了断言之外，陈述句还用于实施大量的言语行为，因此，给所有出现陈述语气的话语指定一种特殊类型的说话者意义是无望的。但是，如果我们宽容一些，我们可以（多少尝试性地）把格赖斯的话解读为对*语力*(force)的描述，而不是对我们今天所说的态度（mood）的描述。它是这样的：一个说者断言 p 就是在表达内容是 p 的信念（或者知识）。这意味着，对他来说，他的意思是他相信（或知道）那个 p。如果我们把这一点与格赖斯著作中（Grice, 1957）对说话人意义的分析结合起来，我们会得到以下结论：

通过说 x，说者 U 断言了 p，当且仅当对于某个听者 A，U 说 x 意图

i. S 的意思是 A 相信（或知道）S 相信（或知道）p，

ii. S 的意思是 A 识别了 i，

iii. S 的意思是 A 相信（或知道）S 因为部分 ii 相信 p。

这个描述解释了（10.3.3）的不恰当性。当某人断言天正在下雨，但他不知道天是否在下雨，他的意思是他知道这件事，这在说者的意思中造成了矛盾，但在他所说的话中却没有矛盾。知识转移的可能性取决于信任的听者相信说者的意思；当说者断言 p，信任的听者会相信说者知道 p，这也是听者相信 p 的原因。

格赖斯的基于意图的对断言的描述和其他一些类似的论断，都因对说者意图的要求相当复杂而受到批评（参见 Searle，1969：47；Bach and Harnish，1979：42；Recanati，1988：183）。但断言似乎是一个相对简单的事情，说它需要复杂的意图来确定某人知道的东西，是值得怀疑的。更重要的是，当我断言天正在下雨时，我的意思通常是告诉某人天气的情况。我并不是要把我思想方面的信息告诉别人。当然，说者也承认在谈话的过程中，听者会对他们的思想方面的信息产生很多了解，他们认为这是交流中不可避免的副产品。但是，如果说断言正在下雨，部分原因是想告诉别人自己的思想，这种说法似乎是错误的。

最后，还有一个更具体的问题：说者即使知道听者知道他们在说谎，他们似乎也能够说谎。想想《教父》第二部中的弗兰克·潘坦居利就知道了。在一场参议院听证会上，他声称他对涉及迈克尔·柯里昂的犯罪活动一无所知，这与他先前的供词相反。弗兰克大概没有意图让任何人相信他相信自己所说的，但他的言语行为似乎仍然是一个*真实的*（bona fide）断言。

关于试图质疑这种直觉的争论，可以参见凯瑟（Keiser，2016b）的作品。帕金（Pagin，2011）用类似的例子来说明一个说谎者的算计是无限的。如果这是正确的，那么以表达式为基础的、对摩尔悖论的解释是行不通的。

10.3.3 要求

人们可以通过某种社会*需求*（requirement）把断言与知识联系起

来,从而避免基于意图的观点的陷阱,这个想法至少可以追溯到皮尔斯:

> 每一个断言都涉及努力使听者相信所断言的内容,为此,必须提供相信它的理由。但是,如果谎言不会损害别人对说者的尊敬,也不会引起他本应避免的真实后果,那么,听者就没有理由相信这个断言。
>
> (Peirce,1933:547)

在许多情况下,一个断言了 p 的人要对这种行为负责——如果事实证明 p 是错误的,或者没有证据支持 p,或者说者自己都不相信 p,等等,那么说者的社会地位就会受到影响。但皮尔斯提出了一个更有力的说法:做出断言的人总是要以这种方式负责。如果皮尔斯是对的,我们可以考虑把后果作为执行机制,凭此使社会维护断言规范。

皮尔斯的这个说法是否正确还不清楚——在随意的谈话中,人们经常夸大事实,甚至在没有违反社会规范的情况下说谎。皮尔斯必须指出,或者人们在随意交谈中所做的不是真正的断言,或者在这种情况下断言的规范被搁置或被推翻。对断言受特定规范支配的观点的批判,请参看帕金的作品(Pagin,2016)。

相信断言受规范支配的哲学家可能会试图通过诉诸这些规范来区分断言和其他表述句言语行为。例如,也许我们不必为我们错误的假设负责,而且,我们对错误的推测和暗示的罪责要比错误的断言的罪责小(或至少在性质上有所不同)。但是,要准确地指出某一断言的发出者需承担何种责任并不容易。根据布兰顿的研究(Brandom,1994),做出断言的人授权他的听者可以沿着他的断言去继续断言(因此,他应为这些断言承担一些责任),他还授权他的听者可以就他的断言要求给出理由(因此,他应为提供理由承担一些责任)。这看起来有点过分。假设听者相信了说者所说的虚假的东西,但他并不执着说者的断言,事实上,他很快就忘记了说者讲了什么,他的信念完全是由他自己蹩脚的思考而产生的,那么说者还负有责任吗?假设说者拒绝为一个非常明显的说法提供正当的理由，事实上，说者知道听者对这个说法的真实性毫不怀疑，那么说者拒绝提供理由是否违反了规范？而且，我们主张双方对断言负责的方式和程度受到许多文化差异的影响也是可能的。

如果我们能将某些规范分离出来作为断言的*构成部分*（constitutive），事情就会更清楚。构成性规范是使实践成为现实的规范；它们可以与*调节性*（regulative）规范相对照，后者只是在一种已经存在的实践中限制参与的规范。例如，足球的一项构成性规则是不准守门员在球门范围外故意用手触球，而一项调节性规则是守门员应该用手在球门范围内阻止进球。要了解这种差异，最好的办法不是考虑违反这两条规则的情况，而是考虑它们被忽视的情况。如果玩家没有注意到第一条规则，那就不是足球游戏，而无视第二条规则的游戏则是糟糕的足球游戏。

有一种观点认为断言没有构成性规范（参见 Maitra，2011）。同样，这个观点也太过分了。如果说者不注意他们的话是否被理解，或者不注意他们所说的话是否相关，那么这种做法肯定不能算作断言，这些构成性规范适用于所有的交流，但不能被用来区分断言和其他言语行为。通常，被声称专门应用于断言的构成性规范是*认知性的*（epistemic）——如果我们相信断言的一个（也许是唯一的）功能是使知识转移成为可能，这就不足为奇了。威廉姆森（Williamson，1996a）提出了以下断言准则：

> *断言的知识准则*：只有在知道 p 的情况下，才能断言 p。

如果有这样一个准则，它会立即解释为什么（10.3.3）是不恰当的。假设有人断言天在下雨，但自己却不知道，假设说者遵守了知识准则，那么他知道天在下雨，他也知道他不知道天在下雨，这是一个矛盾。因此，（10.3.3）不能在不违反知识准则的情况下用来断言。此外，既然知道 p 要求相信 p，要求有证据证明 p，那么，（10.3.6）和（10.3.7）的不恰当性也就得到了解释：

(10.3.6)　It's raining but I don't believe it.

（10.3.7） It's raining but I have no evidence for it.

通过断言来解释知识转移的可能性也很简单。对于听者来说，相信做出断言的说者就是相信他没有违反知识准则。相信了这一点，听者就可以得出结论：说者知道他说的是什么，这反过来给了听者相信它的理由。

10.4 显现主义

在本书的介绍部分，我们简要地讨论了阿耶尔的显现主义及弗雷格-吉奇问题。根据阿耶尔的说法，伦理术语、美学术语和宗教术语对它们出现在其中的句子的内容没有任何贡献，它们的作用是表达说话人的情感，而不说明说者有这些情感：

> 如果我对某人说"You acted wrongly in stealing that money"，这就等于说"you stole that money"。第一句中说这个行为是错误的，并不表明我就此发表任何进一步的声明，我只是在道义上反对它。这就好像我用一种特别恐怖的语气说："You stole that money"，或者加上特殊的惊叹号把它写出来。语气或惊叹号并没有增加句子的字面意义，它只是表明，说者在说这句话时，伴随着一定的情感。如果现在我概括我前面的陈述，说"Stealing money is wrong"，我就会得出一个没有事实意义的句子——也就是说，没有表达一个为真或为假的命题。这就好像我写下"Stealing money!!"惊叹号的形状和粗细表明，所表达的感情是一种道义上的不赞成。
>
> （Ayer,1936:107）

弗雷格-吉奇的反对意见代表下面的挑战：如果（10.4.8）非真非假，我们如何解释以它作为前提出现的推论的直观有效性，比如（10.4.9）?

（10.4.8） Stealing is wrong.

(10.4.9) Stealing is wrong; if stealing is wrong then so is robbery; so robbery is wrong.

自然的说法是，任何*肯定前件*（modus ponens）的实例都是有效的，即使它包含的句子非真非假。但这种回应存在两个问题：第一，如果我们接受非真非假的句子，我们就不清楚什么可以算作*肯定前件*的实例。我们应该说下面的也是一个实例吗？

(10.4.10) There are cookies in the drawer. If there are cookies in the drawer then go ahead and take some. So go ahead and take some.

第二，这个说法使得有效性自身出现问题。情绪主义者当然不会因为（10.4.8）保留了真值就说它是有效的。但是，如果有效的推论不需要保留真值，那么它们到底需要保留什么呢？

为了回答弗雷格-吉奇问题，许多哲学家试图为评价性句子（evaluative sentences）设计一种替代性语义学——这种语义学不赋予句子真值条件，但能够支撑逻辑推理。但是，这是不是最好的做法还不清楚。关于"Stealing is wrong"，阿耶尔说了两件事：一是它缺乏事实意义（因此也缺乏真值条件）；二是真诚地说出它就像用一种特殊的语调真诚地说"Stealing money!!"（因此，表示道义上的反对）。但是，语义断言和语用断言之间的联系是模糊的。看起来第一个句子应该为第二个句子提供了支撑（如果"Stealing is wrong"没有真值，就不能用它做出断言，那么在说它时，人们肯定用它做别的事情），但第二个句子显然可以成立，并与句子可能为真为假的想法相兼容。这将避免弗雷格-吉奇问题，也无需对语义进行修正。大卫·刘易斯在其作品中（Lewis, 1970b）推荐对施为句使用这种方法。

纯粹语用型的显现主义者当然会说，真诚地说"Stealing is wrong"时，一个人表达了他在道德上反对偷窃。只要我们对什么是表达反对不做任何特殊解释，它就是没有争议的——就像真诚地说"It is raining"表达的是一种相信一样没有争议。这种纯粹语用显现主义的最低版本会说，在真诚地说"Stealing is wrong"时，说者所做的全部（all）就是表达反对意见。特别是，除了表达反对偷窃以外，他没有表达偷窃是错的信念。这样做的困难大概在于，说这种话并不需要说者相信偷窃是错误的，在这种情况下，我们会认为真诚地表达（10.4.11）是没有问题的，但事实并非如此：

(10.4.11) Stealing is wrong but I don't believe that it is.

一些语用显现主义者承认真诚地表达"Stealing is wrong"是断言，但坚持认为应该把它们与一般的断言区分开来。所有的断言都表达信念，但信念并不是一种同质的精神状态。普通的断言表达认知状态（从思维到世界的契合方向），而评价性断言表达呼吁状态（从世界到思维的契合方向）或情感状态（没有契合方向）（参见 Blackburn, 1984; Gibbard, 2003）。所以，在断言偷窃是错误的之时，一个人表达了一种不赞同的信念。

这似乎把这个问题从语用学的领域去掉了——不赞同是否是一种信念，显然是心理学的问题。但考虑下例：

(10.4.12) Stealing is wrong but I don't disapprove of stealing.

伍兹（Woods, 2014）声称（10.4.12）不是悖论，或者即使是悖论，其古怪程度也不如（10.4.11）。断言偷窃是错误的，但不反对偷窃，这是一种可理解的主张——承认一种规范的存在，同时将自己与之分离。但如果这是对的，在断言偷窃是错误之时，一个人并没有完全表示反对偷窃。

显现主义背后有一个真实的直觉：一个人真诚地说"Stealing is wrong"所做的与一个人真诚地说"Stealing is common"所做的是不一样的，但两者的区别是难以捉摸的，它究竟是属于心理学、语用学还是语义学的问题，至今仍有争议。

10.5 结论

虽然语言学家一直都能区分句子的语气，但弄清它的功能却花了很长时间。陈述语气、疑问语气或祈使语气所表示的不是说者所说的内容,而是他在说这些内容时所做的事情。根据塞尔的说法,我们可以称他正在实施言语行为。

语气和言语行为之间的关系很复杂:在自然语言中,前者只有寥寥几种,而在人类交流中,后者有数百种。如果我们想解释人们是如何理解说者在说一个句子时的言语行为,我们需要一个理论。

目前,哲学家们把大部分注意力集中在断言的言语行为上。在言语行为中,断言的独特之处在于它传递知识的能力。如果我知道某事并且断言它,你也就知道了它——这是毫无争议的,但其机理令人费解。你相信了我的断言,就会相信它的内容,但是什么使这种相信成为知识的呢?这里有一个想法:我断言那个 p,就暗示或者意思是我知道那个 p,通过信任我,你所相信的也可以成为知识。还有一点就是:众所周知,一个人不应该断言自己不知道的东西,这是一个规范,因此,知道我没有违反这个规范,就足以让你知道我所断言的。

言语行为理论之所以如此复杂,是因为我们显然可以同时实施多种言语行为。某人在说 "Can you pass the salt?" 时,他也许不仅是在提出请求,也是在问一个问题,如果有人对这个问题的回答是 "No. Sorry, I cannot reach that far",就能看出这一点。某人说 "What he did was an outrage" 时,他也许不仅仅是在表达不赞同,也是在做出一个断言,如果有人表示同意并说 "That is true",就能看出这一点。与奥斯汀相反,某人说 "I order the halibut" 时,他也许不仅在点大比目鱼,也在断言自己在这么做,如果点菜时再说 "…but I don't know this" 就不合适了,由此就能看出这一点。如果上面的分析是正确的,那么说出的句子的语气和至少一个相关的言语行为之间的联系可能就是直接的。不幸的是,这并不能很好地解释说者是如何识别*另一个*(the other)言语行为的。

Part
03

作为哲学问题的意义

11
意义和使用

11.1 使用理论

　　正如目前普遍被实践的那样，语义学看起来是一个纯粹的描述性事业，致力于为一个语言的每个表达式赋予正确的意义，这项任务的困难在于，自然语言有无限多的表达式，而我们对于意义是什么却没有特别清楚的概念。组构性有助于解决第一个困难：通过确定词项的意义，以及将这些意义投射到语法树中的组构规则，我们就可以确定所有其他表达式的含义。外延帮助解决了第二个问题：不管意义是什么，它们决定了在各种语境和各种环境中的外延，如果我们能找到合适的抽象实体来做这件事，我们就能模拟意义的一个重要方面。

　　但是，非凡性（nontriviality）并不能保证一个投射是值得进行的。如果你想知道某个乌尔都语句子的意思，只要问一个母语为乌尔都语的人，她就会告诉你——不需要等到语义学家构建一个可行的意义理论，再来解释包含你那个句子的乌尔都语片段。如果研究乌尔都语的语义学家只是在更大的范围内收集和整理乌尔都语的单词、短语和句子的含义，那么，这个理论产生的信息是我们大约七百万人已经拥有的信息。即使这个语义理论做出了重要的预测，我们也别想指望用这样的理论来评判母语者就某个复杂表达式的意义产生的分歧意见。尽管在将来的某个时候，我们可能会采用一种被广泛认可的综合语义理论，但很难相信这就是我们希望从语义理论活动中获得的唯一好处。

那么，语义学的目的是什么呢？一个很自然的回答是：像其他科学理论一样，语义学应该为某些现象提供*解释*（explanations）。近似地说，解释是对 why-问题的令人满意的回答。物理学解释了为什么在地球上落体以相同的速度加速；化学解释了为什么水结冰时会膨胀；生物学解释了为什么有些人有血友病而其他人没有；等等。语义学理论如果成功的话，可以解释为什么语言表达式意味着它们所意味的，这样的解释是值得拥有的，即使我们对什么意味着什么无法做出新的预测。

这种语义解释可能采取多种形式，但最直接的想法是它们勾勒句法结构。例如，我们可以说"Socrates runs"具有意义 M，因为它有一定的句法结构，因为它的词汇构成部分"Socrates"和"run"具有意义 M′和 M″，而且还因为有一个语义规则告诉我们，具有这种结构和词汇的表达式的意义就是 M，让我们把它称为对"Socrates runs"意义的*组构性解释*（compositional explanation）。

组构性解释在词汇意义的解释上触底了，如果我们想问为什么词语意味着它们所意味的，我们需要转向另一种解释。词典经常试图通过提供同义词的方法来抓住一个词的意思，但这些条目不是解释性的——人们不会认为"repel"在英语中意味着它所意味的是因为"repulse"在英语中意味着它所意味的。定义可以解释技术术语的意思。"同位素"（isotope）一词是在 1910 年由弗雷德里克·索迪提出的，直到今天，它仍然是化学术语——因此说它意味着它所意味的，并不是牵强附会的，因为"质子数相同而中子数不同的同一元素的不同原子"也意味着它所意味的。毕竟，这是通过定义的方式，语言规定了"同位素"就是这个意思。另一方面，如果说"加速度"（acceleration）意味着它所意味的是因为"单位时间内速度的变化率"意味着它所意味的，就显得很奇怪了。这个词来自拉丁语，早在牛顿之前英语中就已经使用"加速"（accelerate）了，没有理由认为物理学家绑架了这个旧词，用一个新的意思取代了旧的意思。相反，他们似乎抛弃了"加速"的原有含义，他们只是发现了它到底是什么。

即使一个词的定义确实解释了它的意思，它也是通过诉诸其他词的意义来完成这件事的。如果我们想避免语义上的循环解释，至少有些词的意义必须以不同的方式解释，这就是 *使用*（use）的诱人之处。正如维特根斯坦（Wittgenstein, 1953：43）在《哲学研究》(*The Philosophical Investigations*）一书中所写的："在我们使用"意义"（meaning）这个词的大部分情况下——尽管不是所有情况下——我们可以这样定义它：一个词的意义就是它在语言中的使用。"

在字典中诉诸使用是极为普遍的。在《牛津英语词典》中"hello"的条目之一是"used as a greeting or to begin a telephone conversation"；"very"的条目之一是"used for emphasis"；"here"的条目之一是"used when pointing or gesturing to indicate the place in mind"；"why"的条目之一是"used to make or agree to a suggestion"；等等。指出使用的字典条目是解释性的，其方式不同于定义和同义词：说一个单词因为以某种方式被使用因而具有某种含义，是完全有意义的。

意义使用理论最基本的形式是将一种语言的每一个表达式的意义与其在该语言使用者中的使用等同起来，是否有人曾经持有这样的观点是值得怀疑的。无论如何，这种观点显然是错误的，原因很简单：在任何有趣的语言中，都有从未被使用过的有意义的句子。一个明智而大胆的使用理论只将词语的含义，或者可能只是一个子类词语的含义与它们的使用等同起来。

但是，句子的情况又如何呢？赖尔（Ryle, 1961：228-229）认为，句子甚至没有使用（uses）。

> 把一个词的意义等同于这个词的使用,毫无疑问一些哲学家就会说,仿佛一个句子的意义同样可以被说成是这个句子的使用。我们听说无意义的英语句子就是在英语中没有用处的句子,好像句子可以是错误的。

无论赖尔此处的观点是否正确，复杂表达式的意义可以通过语义规则来解释。如果有些词的意义与它们的用法不一致，可以通过使用它们作为组成部分的句子的意义来解释它们。许多用法学派的理论家甚至更不乐观：他们认为用法总是可以与意义区分开来，坚持认为只能用前者来解释后者，而后者不能解释前者。

那么，什么是（is）词汇的用法呢？乍一看，它是某种模式或规律。维特根斯坦试图用*语言游戏*（language game）的例子来说明单词的用法：用于特定目的的迷你语言。下面是维特根斯坦的著作《哲学研究》中提到的经典例子：

> 这种语言是为建筑工 A 和助手 B 之间的交流服务的。A 用石头建造房屋：有块、柱、板和梁。B 必须按照 A 需要的顺序递送石头。出于这个目的，他们使用的语言包括"块""柱""板""梁"。A 喊出这些名称，B 就在这样或那样的喊声中带来了 A 需要的石头。设想这就是一种完整的原始语言。

在这里，相关的规律很容易描述——例如，每当 A 喊"块"时，B 就给他拿来一个石块。当然，在某些情况下，这种规律也会被打破——例如，当噪音太大而无法听清楚，或者没有石块时。使用理论面临的任务之一是解释为什么这些情况应该被视为例外而不是反例。不能简单说只是因为它们很少发生：A 和 B 可能一直在嘈杂的环境下工作，材料也经常不够，在这种情况下，A 的话语常常得不到 B 的适当回应，看起来"块"的意义不会以任何方式受此影响。如果用使用解释意义，那么，它必须是一个*坚固的*（robust）规则，并且即使构成它的某些特定事件有所不同，它也能持续存在。

阐明是什么使相关的规律坚固并不是使用理论面临的唯一挑战，另一个挑战是避免*循环解释*（circularity）。当我们说"块"是 A 用来指示 B 给他拿石块时，我们根据自己想要解释其含义的那个单词来描述它的用法。不考虑意思想独立确定"块"的用法是困难的。假设块、柱、板和梁都堆放在建筑项目所在地的南角。从某种意义上说，每当 B 听到喊声，他就做同样的事：去南边的角落，拿起东西，递给 A。然而，我们需要区分他拿石块时所做的事和他拿别的东西时所做的事。现在，假设一些石块堆在南角，另一些石块堆在北角。当 B 给 A 拿石块时，他可以二选一：他可以去南边拿起石块，递给 A，也可以去北边拿起石块，递给 A，我们需要视这两种情况为相同的。

如果这两个挑战都解决了，我们就确定了"块"在维特根斯坦的迷你语言游戏中所扮演的角色。在这个游戏中，"块""柱""板""梁"的角色非常相似。但是，维特根斯坦（Wittgenstein, 1953）认为，一旦我们观察更复杂的情况，我们就会意识到单词所扮演的角色是不同的：

> 想象一下工具箱里的工具,有锤子、钳子、锯子、螺丝刀、尺子、胶罐、胶水、钉子和螺丝。单词的功能和这些物体的功能一样多种多样(这两种情况有相似之处)。
>
> 当然,让我们感到困惑的是,当我们听到它们,或在手稿和印刷品中看到它们的时候,它们的外观是一样的。对我们而言,它们的用法并不清楚。

维特根斯坦并不否认我们可以问词汇的意思是什么，但他确实反对这样一个观点，即认为在假定单一的解释功能后，我们就揭示了表达式的含义——它们具有的共同点。另一方面，如果没有一种普遍的意义赋值方式，我们就很难看到如何用对词汇用法的描述来解释复杂表达式的含义。维特根斯坦本人不会为此烦恼：他的用法理论实际上是一个反理论（antitheory），一个明确地回避解释的理论。在这方面，霍里奇（Horwich, 1998）发展的使用理论是维特根斯坦思想当代的真正继承者。但是，我们当中那些希望保留语义学的解释性的人，需要做的正是维特根斯坦所警告的：确定词汇在语言中所扮演的共同角色，借此它们才拥有自己的意义。

意义使用理论的最初诉求大多来自使用必须是可观察到的公共行为（behaviour）的规律性的观点，因此它承诺对意义的解释不会诉诸所谓的模糊的精神状态和过程。维特根斯坦认为，词语的使用至多有一种松散的家族相似性，这个观点在很大程度上是受到了行为主义的影响。我们经常被建议去"看看"（look and see）这些词语的使用是否有任何重要的共同之处，但我们能看到的当然只是使用这些词语的说者是如何行为的，而不是他们是如何思维的。当精神哲学中的行为主义让位给功能主义时，包含心理状态和过程的意义的使用理论便开始出现在语言哲学中。

一些后行为主义哲学家认为，词语在我们的语言中所起的作用是一种推断。考虑自然演绎证明中连词的引入和消除规则。前者允许我们从 φ 和 ψ 中推断出 φ ∧ ψ；后者允许我们从 φ ∧ ψ 中推断出 φ 和 ψ，这样我们找到了 ∧ 在经典逻辑的形式语言中的推理作用——这相当于它在证明中的用法。当然，说到英语单词"and"，事情就复杂得多了——毕竟，"and"可以连接名词短语。它在非陈述句中出现，没有直接的推理概念。尽管如此，一些理论家仍然认为，通过适当的规则我们可以抓住这个词的推理角色，这个角色等同于它在英语使用者中的使用，这样就可以解释"and"在英语中的含义了。

把使用和推理角色等同起来，对于自然语言中的许多功能词来说，是很有道理的。如果对实义词也这么做，问题就大了。如果要这么做，我们必须考虑塞拉斯所称的*材料推论*（material inferences）。这是诸如"It's raining; therefore the streets will be wet"或"I am releasing a piece of chalk; therefore it will fall"的推论。与长期存在的哲学教条相反，塞拉斯认为这些不是省略三段论——它们的有效性并不依赖于作为缺失前提的隐含概括。相反，它们阐明了"rain"和"fall"这两个词的部分推理角色。按照这种观点，理解一个词就在于知道它的推理角色，而推理角色不过是知道如何在推理中使用这个词——知道一个人应该接受哪些有效性。为这一观点辩护的当代文献，可以参见布兰顿的作品（Brandom, 2000）。

关于词语在语言中的角色，更广泛的观点接受的是意义来源，而不是推论技巧。*概念角色语义学*（conceptual role semantics）就是这种观点的一个例子，尽管它不仅涉及语言，也涉及思想。概念角色语义学的支持者对其解释中的推理类型没有限制。知觉推论和行动导向的决定当然可以算作推理，非推论的心理过程如分类、联想和想象可能也算。

这种意义理论的可信性取决于它允许词语扮演多少类型的角色。它提供的角色越多，就越可信，但这一趋势使该理论与组构性解释相结合变得更加困难，所以我们需要保持一种微妙的平衡，而概念角色语义学的反对者利用了这一弱点，例如，福多和莱波雷（Fodor and Lepore, 2001）认为意义不可能是概念角色，因为复杂表达式的概念角色不是由其组成部分的概念角色所决定，这有力地批评了那些试图把概念角色等同于意义的理论。但许多概念角色理论家比较保守：他们只是主张某些词的概念角色可以解释它们的意义，然后这些解释可以被用于对复杂表达式的意义进行组构性解释。

意义的使用理论仅仅是一幅简单的草图，为了完善这幅图，我们需要更多说明使用是什么以及它们是如何与其他实践关联的。特别是，我们这些理论家需要解决两个问题：第一，各种语言表达式的具体用途是什么？它们在语言中扮演着什么样的角色？说它们用于推断（inferencing）似乎范围太小了；说它们用于思维推理（reasoning）似乎又过于宽泛。第二，意义的组成部分的规律是什么？如果 A 推了 B，B 就会摔倒，甚至可能是 A 使用这个推的动作使 B 摔倒。但是，由 A 推 B 组成的事件没有意义。另一方面，在维特根斯坦的语言游戏中，如果 A 说了一个词让 B 给他拿石块，那么，这个事件就是一个话语，它是有意义的。

在接下来的两部分中，我们将考虑两种旨在解决这些问题的有影响力的尝试——一种来自保罗·格赖斯，另一种来自戴维·刘易斯。在最后一节中，我们会问是否有一种方法可以将二者塑造成一个合一的理论。

11.2 格赖斯的方案

在第 5.1 节，我们曾提到奥古斯丁（Augustine of Hippo, 1995），他提出了自然符号和传统符号之间的区别：前者是指那些与"使用它们作为符号的任何意图或愿望"无关的符号，而后者"是生物为了显示他们的感受或者他们的看法或想法而相互交换的符号"。词语显然属于第二类，一个后行为主义的使用理论家甚至可能同义词语的功能是向他人展示自己的思想内容这一说法。这里甚至有一个所有词语意义可能共同拥有的暗示：表示意图或愿望。

保罗·格赖斯在语言哲学中的计划可以被看作一个尝试，他试图把这个有趣但模糊的想法变成一个真正的解释理论。数十年来，格赖斯不断完善他的理论（Grice，1957，1968，1969，1982）。

首先，他用一种不同但紧密相关的*自然意义*（natural meaning）与*非自然意义*（non-natural meaning）的区分取代了奥古斯丁的区分。他引导我们注意"meaning"的两种用法在语言上的差异，并通过下面的例子来介绍这一区别：

（11.2.1） Those spots mean that the patient has measles.
（11.2.2） Those three rings mean that the bus is full.

第一个例子赋予病人身上的斑点以自然意义；第二个例子赋予铃声非自然意义。这两个句子之间最显著的差异涉及事实性和作用：（11.2.1）表示病人患了麻疹，而（11.2.2）不表示公共汽车满了；（11.2.2）意味着某人通过这些铃声表示公共汽车已经满了，而（11.2.1）并不意味着某人通过这些斑点表示病人得了麻疹。

一个自然的想法（尽管格赖斯没有明确地赞同）是：（11.2.1）是关于事实之间的关系，而（11.2.2）描述了一个主体和一个命题之间的关系。这些句子所允许的不同释义进一步支持了这个观点：

（11.2.3） The fact that the patient has those spots means that he has measles.
（11.2.4） ? The fact that the bell has been rung three times means that it is full.
（11.2.5） ? What is meant by those spots is that the patient has measles.
（11.2.6） What is meant by those three rings is that the bus is full.

格赖斯还注意到，只有非自然意义的报告才可以用引号转述：

（11.2.7） ? Those spots mean "the patient has measles".
（11.2.8） Those three rings on the bell mean "the bus is full".

这表明：铃声的非自然意义与语言表达式的意义是同一类型的，但斑点的自然意义与语言表达式的意义不是同一类型的。正是这种共同性促使我们认真对待格赖斯式计划的基本理念："（一般而言）需要根据特定场合下符号使用者使用（或应该使用）该符号的意思来解释符号的意义（Grice, 1957:217）。"如果我们明白，在特定的场合下三声铃的意思是公共汽车已满，也许我们就可以理解"the bus is full"的意思，根据对这种类型的句子的理解，我们也许可以理解"full"的意思。

格赖斯是如何在这个语言意义的解释中填充细节的？首先，他确定一个人（说者）通过某种行为（话语）想表达的意思是什么。这种行为需要观众：该行为指向的对象。格赖斯认为，在陈述性情景中，说者的意图是让听者产生一种信念，但是，这个意图是不够的：伊阿古丢了一块手帕使奥赛罗相信苔丝狄蒙娜是不忠的，但他的行为并没有什么意思。这是因为伊阿古想要隐藏他的主要意图——他没有一个二级意图让奥赛罗认识到他的意图，即使奥赛罗相信苔丝狄蒙娜是不忠的。事实上，他（很可能）有相反的二级意图：奥赛罗不应该相信伊阿古想让他相信苔丝狄蒙娜是不忠的。

所以意义似乎需要一个首要意图和一个二级意图，但这还不够：当希律王把施洗约翰的头呈给萨洛米时，他（i）想让她相信圣约翰已经死了；（ii）想让这个意图被识别。然而，他并未通过其行为表达任何意义。在这个例子中，二级意图在创造信念中没有起到任何作用——希律王没有第三个意图，即萨洛米相信约翰已经死了，因为她意识到他的意图就是让她相信这一点。事实上，他（可能）有相反的第三意图：萨洛米应该相信约翰已经死了，因为她可以清楚地看到他已经死了。

结合这三种交际意图，格赖斯得出了著名的三向分析（three-pronged analysis），用以说明何时说者通过陈述行为表达意思。

通过说 x,说者 U 的意思是 p,当且仅当对于某个听者 A,U 说 x 的意图是：
(ⅰ) A 应该相信 p,
(ⅱ) A 应该识别(ⅰ),
(ⅲ) 因为(ⅱ)已经实现了,所以(ⅰ)也实现了。

这种方法是定义一个重要的哲学概念的著名尝试之一，和其他尝试一样——柏拉图将知识定义为正当的真信念，休谟将因果定义为结果对原因的反事实依赖，塔尔斯基将逻辑真值定义为所有模型中的真值——格赖斯（Grice，1957）的尝试既是争论的来源，也是洞见的来源。

一些批评者直接拒绝了格赖斯的直觉，即第三意图是必要的。当有人用尖细的嗓音说 "I can speak in a squeaky voice"，他的意思是不是他可以用尖细的嗓音说话，这一点是存疑的，但是——他刚刚显示了这个能力——他可能并不希望他的听众由于意识到这是他意图做的事而相信这一点[这个例子是尼尔·史密斯（Neale，1992）给出的。类似的例子在希弗（Schiffer，1972）和雷卡纳蒂（Recanati，1986）的作品中也有讨论，有人大喊 "I am here"]。

或者考虑译者在翻译一位演讲者的动人演讲，假设译者尽一切努力向听众表明他完全翻译了演讲的内容，那么听众很可能会得出这样的结论：译者表达的意思与演讲者的意思一样，与此同时，译者大概并不打算让听众产生这种信念，仅仅因为观众识别了他意图让他们如此——毕竟，听众很清楚他是在翻译。

也有一些例子表明，这种分析太过薄弱：该定义排除了说者隐藏他的首要意图的可能性，但没有排除他隐藏二级意图的可能性。即使我们增加一条，即说者想让他的二级意图被听众识别，也不能真正解决问题，因为我们仍然需要一个保证，即说者没有隐藏这个意图。标准的反例来自斯特劳森（Strawson，1964）和希弗（Schiffer，1972），格赖斯承认这是一个问题。在他的作品中（Grice，1969；1982），格赖斯尝试性地提出了一个解决办法——增加一个条款，即关于说者含义的意图要排除任何欺骗观众的意图[还有其他避免倒退的建议，包括呼吁相互的态度，参见希弗（Schiffer，1972）；反身意图（reflexive intentions），参见巴赫和哈尼斯（Bach and Harnish，1979）]。

其他问题是针对定义的第一个条款的。有时，说者意谓了某些东西，但并不打算让听者产生具有同样内容的信念（例如，因为他知道听众已经有了这样的信念，或者因为他知道听众不可能接受这样的信念）。为了回应这类对说者含义最初分析的反例，格赖斯（Grice，1968）将（i）替换为（i'）：

(i') A 应该相信 U 相信 p。

这是一个重大的变化。最初的观点认为，人们通过话语所表达的意思通常是一个关于说者之外的世界的命题。修正后的观点认为，这始终是一个关于说者自身精神的命题。这是对古老的奥古斯丁思想的回归，即交流是人们使自己精神生活的某些方面与他人接触的方式，这个观点是由洛克（Locke，1975：478）推广的：

> 为了使文字服务交流的目的，有必要……使它们在听者心中激起的思想与说者心中的思想相同。没有这一点，人类就只是让彼此的脑袋充满噪音和声音而已；而不是传达彼此的思想，不是把各自的观点摆在彼此面前，而思想和观点正是话语和语言的目的。

新的定义避免了许多反例，但并非全部反例。一个面无表情的说谎者并不打算让听众相信他相信自己的谎言。他的目的只是简单地把一个特定的命题"记录在案"（on record），以便做出一个虚假的承诺供以后参考。凯瑟（Keiser，2016a）使用了相同的例子支持格赖斯定义的修订版。尼尔（Neale，1992）用的是不同的例子，比如，说者试图提醒听者他们之间的某个共识，在这种情况下，想让听者相信说者相信自己话语所表达的意思是无意义的。

看来,至少在某些情况下,某人意谓 p 的首要意图无非是唤起人们注意 p。尼尔(Neale,1992:550)提出应该用(i″)代替(i):

(i″)A 应该主动怀有想法 p(或 U 相信 p 的想法)。

格赖斯多次尝试概括他的定义以涵盖非断言语力的话语。通常情况下,一个说者说"Sit down!"的意思和说"You are sitting down"的意思不一样。为了抓住两者的区别,格赖斯假定说者意义的归属总是使用带*语气标志语*(mood indicators)的补足语,语气标志语与命题态度类型有关,这些类型在首要意图的说明中起到重要作用。因此,假设 *ψ 是一个与命题态度 ψ 相关的语气标志语,那么,我们可以用下面的方式概括(i″):

(i‴)A 应该主动怀有想法 *ψp(或 U ψ 是 p 的想法)

关于这种概括有许多问题。认为"mean"的补足语中总是有某个(也许是无声的)语气标志语合理吗?是不是所有的语气都对应某种命题态度?包含听者应该坐下的命令标志的想法会是什么意思?它与包含听者应该坐下的陈述标志的想法有何不同?格赖斯没有解决上述问题,他的追随者通常完全放弃研究非断言的说者含义。为了简化介绍,我们也将这样做。

现在,让我们来看看说者意义是如何解释语词意义的。格赖斯(Grice,1968)提供了一个有趣的概要。第一步是在习语中定义非结构化完全话语类型(unstructured complete utterance type)①:

步骤 1:对于说者 U 来说,非结构化完全话语类型 X 有一个意义"p",当且仅当 U 的话语意思是 p 时,在他的指令库中有一个程序可以说出一个 X 的例。

---

① 格赖斯的定义并不真的诉诸表达者的意义,而是诉诸简单意图。要澄清格赖斯的解释的结构,更好的方法是弄清楚个人习语中非结构化话语类型的意义和说者意义之间的关系。

例如，假设点头在我的个人习语里的意思之一是"I agree"，根据格赖斯的分析，这只在如下情况中才是真的：在我的指令系统中有一个程序，它执行点头的动作，通过执行这个动作，我的意思是我同意。在我的个人习语中，点头可能还意味着其他事情（比如，我承认某人在场），在我的指令系统中，可能还有其他程序可以表示同样的事情（比如说"yes"这个词）。

格赖斯试图解释一个关键问题，即当条件适当时，根据具备执行一个程序的长效意愿，在一个人的指令系统中就存在这个程序。当然，阐明什么是适当的条件将是一项艰巨的任务，一个下流的手势很可能在一个人的个人习语中有明确的含义，而事实上他在任何情况下都没打算做这个手势，但这可能只是习惯问题：用气泡膜保护一只玻璃杯并不会比它不受保护时更结实，但受气泡膜保护的玻璃杯即使掉在地上也不会碎。

接下来的分析从个人习语转向公共语言。这一点至关重要，因为格赖斯接受了维特根斯坦的观点，即在个人习语中，说用法不正确是没有意义的：点头在 U 的个人习语中的意思，与 U 对受话人点头的意思无关。说者的意义是有一定的意图的，而具有这些意图（或者至少是理性地具有）取决于说者是否（理性地）期望他的听众识别这些意图。下面是格赖斯的建议：

步骤 2：对于 G 组来说，非结构化完全话语类型 X 有一个意思"p"，当且仅当有一些(很多)G 的成员，
    (a)对于它们来说，X 有一个意思是"p"，而且
    (b)对它们来说，对 X 有这个意义是有条件的假设，即 G 的一些(其他)成员对 X 也有同样的意思。

换句话说，对于一个说英语的人 U（而不是一个说保加利亚语的人）而言，点头的意思是"U agrees"，这是因为对于一些（许多）说英语的人来说，点头在他们的个人习语中的意义就是如此，还因为如此意思是有条件的假设，即对一些（其他）英语使用者而言，本来如此。这是格赖斯试图抓住的一个观点，即点头的意义对英语使用者来说是*惯例性的*

（conventional）。

现在让我们来看看结构化完全话语类型（structured complete utterance type）的意义。格赖斯在这里提出了一个关于组构性的有力概念。他假设复杂话语类型的意义是由其组成部分的话语类型意义以及组合这些话语类型的程序所决定的，组成的话语和组合过程决定了组合的结果性过程，这就得到了步骤 3 的如下概括：

> 步骤 3：对于说者 U 来说，结构化完全话语类型 X 有一个意思 "p"，当且仅当 U 在他的指令库中有一个结果程序说出了 X 的例，当他通过话语意谓那个 p 时。

例如，假设在我的个人习语中，"Socrates is perplexed" 的意思是苏格拉底感到困惑。对格赖斯来说，这是因为当我想通过该话语表达苏格拉底感到困惑时，我的指令系统中有一个结果性程序可以说 "Socrates is perplexed"。也许我从来没说过这样的话——也许我认为苏格拉底是一个万事通，他只是假装困惑。没关系，只要 "Socrates" 和 "perplexed" 在我的个人习语中有一定的意义，只要在我的指令系统中有谓项程序，那么在指令系统中，就肯定有这个结果性程序。一旦我们有了这个概念，我们就可以使用步骤 2 来解释公共语言中结构化完全话语类型的意义。

最后一步是定义不完全话语类型（结构化的或非结构化的）的意义。格赖斯提出，它们的意义可以根据它们作为组成成分出现的特定公认完全话语类型的意义来确定，其中的细节很复杂，他只研究了形容词意义的情况。我们把这个定义简化如下：

> 步骤 4：对说者 U 来说，不完全形容词话语类型 X 的意思是 "……"。当且仅当 U 在她的指令库中有程序可以以一个名称断言 X，当通过该话语，她的意思是该名称的所指物是……（两处省略号代表的内容相同）。

因此，在我的个人习语中，"perplexed" 的意思是 "flabbergasted"，如果通过我的话语，我的意思是该名称的所指物是 "flabbergasted" 时，我的指令系统中就有一个程序来断言"perplexed"。同样，我们可以使用步骤 2 来定义公共语言中不完全话语类型的意义。

格赖斯的解释似乎是循环的：在步骤 3 中，通过"perplexed"在我的个人习语中的意思，他解释了我个人习语中"Socrates is perplexed"的意思；然后，他调转方向，在步骤 4 中，通过引用具有确定含义的句子（其中有"Socrates is perplexed"这句话），解释了我个人习语中"perplexed"的一种含义。但这并不是真正的循环：在解释中使用了但没有提及"perplexed"。步骤 4 没有诉诸"Socrates is perplexed"的含义或任何其他这种形式的特定句子的含义。

现在，我们回到上一节末尾的两个与使用理论相关的问题来总结一下，看看格赖斯是如何回答这些问题的。第一个问题是语言表达式应该用来做什么。格赖斯认为，它们的功能是帮助意思的成立。更确切地说，作为一种语言的使用者，我们具有一定的程序可以组合非结构语言表达式，并通过那些话语说出意指各种各样事物的相关表达式。第二个问题是关于如何区分构成语言表达式使用的规律与那些不构成语言表达式使用的规律。格赖斯对第二个问题的回答部分来源于他对第一个问题的回答：一个表达式的使用是运用话语意指事物的过程，但这不是完整的答案，因为使用可以是正确的，也可以是错误的，一个程序要有这样的规范性特征，就一定有它必须遵守的某种标准。格赖斯除了对使用规范性的解释（见步骤 2）表示同意外，没有做更多的贡献。

11.3 刘易斯的方案

语言意义理论面临两个选择。首先存在这样一个问题：是自下而上（从单词开始，到短语和句子）解释表达式的意义，还是从更高的层次（从句子、语言游戏或整个语言）开始往下解释？接下来的问题是：应该从表达式对个别说话者的意义开始，然后再解释对大众的意义，还是把公共意义作为基础？在第一个问题上，戴维·刘易斯站在维特根斯坦一边——意义是自上而下解释的——但在第二个问题上，他与格赖斯站在了一起——意义的个人角度是优先的。

刘易斯说语言只是伴有解释的表达式的集合。有时（例如，有无限多个表达式时），我们可能需要通过递归的方法——语法——来详细说明一种语言。语言可以与无限多种不同的语法联系在一起，刘易斯认为，偏爱一种语法而非其他语法是没有客观依据的。如果我们选择用简单的组构语法来描述语言，这仅仅是为了方便。为什么一个特定的单词或句子对一个群体有特定的意义，这个问题的答案总是一样的："因为这个表达式属于这个群体使用的语言，因为这种语言就把那个表达式与那个意义搭配在一起。"这是维特根斯坦式的刘易斯的观点。

刘易斯认为，问一个表达式在语言中为什么有意义是没有意义的。我们只能说，语言是有序对的集合，而这个特定的有序对恰好是它的元素之一。另一方面，问一种语言为什么是特定人群的语言是完全有道理的。答案是由于对交流的共同兴趣，人们之间存在着一种惯例。接着，刘易斯依据作为群体成员的个人的态度（偏好和期望），解释了这种惯例是什么，这是格赖斯式的刘易斯的理论。

虽然维特根斯坦式的角度是直截了当的，格赖斯式的元素还是具有挑战性的，它需要一个关于惯例的一般理论，解释它们是如何建立在个人态度上的。然后，它需要说明语言和语言的意义是如何被解释成各种特定的惯例的。刘易斯（Lewis, 1969; 1975）探讨了这个哲学计划的第一部分和第二部分。

让我们从惯例开始。乍一看，它们是人们表现出来的，同时也期望别人表现出来的行为模式。此外，几乎没有人想被排除在这些模式之外。以下三个条件从刘易斯的各种公式中产生：

> 假设一个群体 P 中的成员，在反复出现的情况 S 中，作为行为人时表现出规律性 R。这种规律性是一种惯例，当且仅当在 S 的任何情况下，P 的成员中：
> (i) 几乎每个行为人都符合 R，
> (ii) 几乎每个行为人都期望每个行为人符合 R，
> (iii) 几乎每个行为人都想符合 R，条件是其他人也这么做。
>
> （Lewis, 1969: Chapters 2-3）

这是一个良好的开端，但缺少一个关键因素，行为都符合规律一定有某种特殊的原因。我们可以考虑一下喝水的行为。人们在口渴的时候就会喝水——这种规律显然满足了这一定义，但这种满足非常微不足道，因为几乎每个人都倾向于在口渴的时候喝水，如果其他人这样做，那也是因为他们无条件地倾向于这么做。解决口渴不是一种惯例，因为不管人们期望别人做什么，他们都会行动起来解决自己的口渴问题。

难点在于解释为什么有些规律性是惯例的原因。这里，使用*博弈*（games）也许有用。经济学家认为博弈是相互依赖的决策问题。博弈涉及一组行为者，每个行为者都有一系列的可能行动。当这个群体行动时，群体中的每个个体选择了一个行动，这就产生一个结果。小组成员对可能的结果具有一定的偏好，并根据心中的这些偏好选择个人行动。策略就是在博弈中指导个体行为的方法。

将惯例看作某种合作博弈中出现的协调策略是有帮助的。这里有一个简单的例子：你和朋友走进一家小餐馆，想在一张只有两把椅子的桌子旁坐下——一把椅子面向窗户，另一把椅子面向房间。你们都不太喜欢坐面向窗户的那张椅子，都更喜欢坐面向房间的椅子。在这种情况下，显然有两种对你和朋友都有意义的结果——你坐在不同的座位上的两种情况。博弈论者称这种解决方案为*适当的协调均衡*（proper coordination equilibria），并阐明了均衡"有意义"（make sense）的意思：在均衡中，如果有人单方面改变自己的选择，那么，每个人都做得更糟。

在我们的博弈中，至关重要的是，有两种这样的均衡：两个结果，即你们每个人坐不同的椅子（如果你的朋友单方面改变了她的选择，或者如果你这么做了，你们俩就会坐在一张椅子上，这是最糟糕的结果）。虽然你们两人都喜欢另一种均衡，但更重要的是在一个解决方案上协调一致：如果你们两人都遵循自己不太情愿的选择，坐面对窗户的座位，那么，你俩对结果都会不满意。这类博弈产生了一个紧迫的现实问题：如何在单一群体策略上达成共识？如果你选择坐在一个座位上，错误地期望你的朋友坐在另一个座位上，你不协调的选择将导致一个对每个人都更糟糕的结果。

因此，*协调问题*（coordination problem）涉及偏好重合占主导地位和存在多种适当协调平衡的博弈。协调问题的解决方案是一种能够实现适当协调平衡的群体策略。

现在我们可以修正我们的定义，其想法是在第（iii）条中明确指出，一致性（conformity）是首选，因为它为协调问题提供了解决方案（参见 Lewis，1969:42）。

(iii′) 几乎每一个人都想符合 R，条件是其他人也这么做，因为 S 是一个协调问题，统一符合 R 就是 S 中的适当协调均衡。

协调高速公路驾驶的问题说明了这种想法的作用，美国司机通过右侧驾驶来解决这个问题；左侧驾驶是另一种解决方案。事实上，几乎每个在美国高速公路上开车的人都是靠右行驶的，而且认为每个人都是这么做的。他们倾向于右侧驾驶，前提是其他人也是这么做的。因为他们认为别人都是右侧驾驶，所以他们最终也会倾向于右侧驾驶。

但美国的解决方案是任意的，还有另一种协调均衡：左侧驾驶。由于美国司机对右侧驾驶的偏好在很大程度上取决于它为协调问题提供的解决方案，他们的偏好的前提条件是他们对其他司机的预期。这些期望改变时，他们发现自己预期别人像英国司机那样靠左行驶时，他们自己就会倾向于左侧驾驶。

博弈论并不假装是一个实际行为的理论或有意识的推理的理论，它是一个关于理性的理论。如果行为者总体上的行为是理性的，它就可以解释他们在决策中使用的策略，无论这些策略是否是有意识推理的结果。在使用博弈论解释惯例时，重要的是惯例是否来自为反复出现的决策问题提供解决方案的策略，而这些解决方案是根据群体成员的偏好定下的优化方案。他们是否认识到这实际上是对他们行为的一种解释并不重要。

另一方面，如果解释一种行为模式的最佳方法只能是诉诸本能、盲目的习惯或对惩罚的恐惧，那么无论人们如何为自己的行为找理由，遵守这种模式都不是惯例问题。

到目前为止一切顺利,但有一个问题仍然存在。假设每个人都右侧驾驶,而且认为其他人也是这样做的,假设情况如此是因为每个人都考虑到(iii′)中给出的理由而选择右侧驾驶,再假设每个人都错误地认为其他人都是出于错误的原因(比如盲目的习惯或害怕惩罚)而靠右行驶,那么,右侧驾驶仍然不是一种惯例——人们会认为别人的行为是出于错误的理由。这就如同如果没有人有这种错误的观念,但每个人都相信其他人有它,如果没有人认为任何人有它,但每个人都认为其他人认为每个人有它,等等。

刘易斯通过在第8.6节中讨论的*相互性*(mutuality)的概念来解决这个难题。他再次修改了定义,要求对条件(i)(ii)(iii′)的满足应当是*相互(共同)知识*(mutual knowledge)。这意味着每个人都知道它们实现了,每个人都知道每个人都知道每个人都知道它们实现了,等等。

利用相互知识造成了认识论上的挑战——行为人如何获得共同态度(mutual attitude)。尽管评论家们对这个挑战的难度有不同意见,但是,对于博弈论和相互性的博弈论解释来说,相互性假设都是必不可少的[关于这个话题的更多信息,参见托马森(Thomason,2000)以及范德施拉夫和西拉里(Vanderschraaf and Sillari,2009)的作品]。

尽管刘易斯(Lewis,1969:78)对惯例性(conventionality)的最终解释是相当复杂的,并涉及一些改进,我们不在此进一步探讨细节。就目前的情况看,我们并没有一个普遍接受的惯例定义:刘易斯在其作品(Lewis,1975)中提出了一个不同的定义,关于这个话题的哲学辩论也没有集中在某个单一的议题上。但实际上,所有的议题都遵循刘易斯的核心观点:惯例是规律,最好被解释为解决协调问题的方案。

"惯例"的定义不涉及"应该""必需""对的"或"好的"等术语,在这种意义上,惯例本身就不是规范的,然而,它们仍是我们认为应该遵守的规律。如果我属于遵守某种惯例的特定人群,那么我(很可能)有理由相信,每个人都希望我遵守这种惯例。这样做,我的行为就和大家的偏好一致。因此,在其他条件不变的情况下,我应该遵守惯例

（参见 Lewis，1969:97-98）。

刘易斯试图用惯例来解释非自然意义。他认为，如果一个人通过话语表达某种意思，那么这个话语就是某个特定系统中的惯例符号，让我们用他的经典例子来看看这是如何运作的。

保罗·列维尔有一个计划：如果他看到英国士兵从陆地来，他就警示人们他们从陆地来；如果他看到他们从海上来，就警示人们他们从海上来；如果他没有看到他们，他就什么也不做。换句话说，他的计划就是所见决定所做——这是理性的标志。然而，保罗·列维尔有个麻烦：为了看清形势，他应该站在塔楼上；为了有效地警告人们，他应该骑在马鞍上。

由于他不能同时出现在两个地方，他就招募了一个仆役来帮忙，但现在有两个人参与其中，他就需要为团队制订一个计划。一个好的团队计划应该把盯梢的任务分配给仆役，把警示的任务分配给列维尔。但是，列维尔的警示必须与仆役所看到的一致。如果坐在马鞍上的列维尔能看到塔楼上的仆役，我们就有一个三步计划。首先，仆役看到了英国士兵在做什么；其次，根据他观察到的情况，他示意列维尔两种情况中的一种；第三，列维尔会警示人们，而这个警示取决于他看到仆役做了什么。

这种分工产生了一个协调问题：给仆役和列维尔选择计划，这样联合执行的计划就相当于执行原来的计划。当然，对于仆役来说，很多示意动作都是可行的，但是，假设我们只对两个动作感兴趣：挂一盏灯和挂两盏灯，那么仆役观察英国兵并发出信号就有两个计划。

S1. 如果看到英国士兵正从陆地上来,挂一盏灯笼;如果看到他们正从海上来,挂两盏灯笼。

S2. 如果看到英国士兵正从海上来,挂一盏灯笼;如果看到他们正从陆地上来,挂两盏灯笼。

列维尔观察仆役的信号并发出警示也有两个计划：

R1. 如果看到一盏灯笼,警示人们英国士兵正从陆地上来;如果看到两盏灯笼,警示人们英国士兵正从海上来。

R2. 如果看到两盏灯笼,警示人们英国士兵正从陆地上来;如果看到一盏灯笼,警示人们英国士兵正从海上来。

列维尔和仆役希望人们得到正确的警告,所以,他们倾向于两种组合方案 S1+R1 和 S2+R2,而不是另外两个方案 S1+R2 和 S2+R1。这就是 S1+R1 和 S2+R2 平衡的协调问题,两个方案都一样好。刘易斯把这种协调问题称为*信号传递问题*（signaling problems）。

正如我们从朗费罗的诗中了解到的,仆役和保罗·列维尔同意采用这两种解决方案中的一种:S1+R1,或者"从陆地来是一个灯笼,从海上来是两个灯笼"。他们之间的协议建立了一个*惯例信号系统* Σ（conventional signaling system）。

惯例信号系统产生了*惯例意义*（conventional meanings）。例如,Σ 支持了两个灯笼信号的惯例意义,如果想描述这种意义是什么,我们有两种方式:我们可以把这个信号看作陈述性的（英国士兵正从陆地上过来）或者是命令性的（警示人们英国士兵正从海上过来!）

陈述性的:在 Σ 中,塔楼上悬挂两盏灯笼的意思是英国士兵正从海上过来,当且仅当如果英国士兵正从海上过来,悬挂两盏灯笼的行为被实施了。

命令性的:在 Σ 中,塔楼上悬挂两盏灯笼的意思是警示人们英国士兵正从海上过来,当且仅当如果列维尔要警示人们英国士兵正从海上过来,悬挂两盏灯笼的行为被实施了。

我们如何分辨一个信号系统中的特定信号是陈述性的还是命令性的?这取决于发送方和接收方的计划的性质。我们可以说,一个针对所见制订的计划是*有自由决定权的*（discretionary）。当且仅当发送方的计划是没有自由决定权的,而接收方的计划是有自由决定权的,那么,一个信号就具有陈述性意义。当发送方的计划是有自由决定权的,而接收方的计划是没有自由决定权的,一个信号就具有命令性意义。如果两个计划都是没有自由决定权的,就没有好的方法可以区分它是命令性的还是陈述性的。

例如，当一辆警车向你闪灯时，司机就有一个有自由决定权的计划，而你没有——这就是为什么这个信号有一个命令性的意思，即"停车！"但当一辆普通汽车向你闪灯时，它的司机没有自由决定权的计划，而你有——这就是为什么这个信号有一个陈述性的意思，即"你的前灯不亮"。

刘易斯在惯例信号系统的意义和格赖斯的说者意义的概念之间建立了一种联系。他认为，通过给出符合惯例的惯例信号，一个人从格赖斯的意义上说，即最初在格赖斯（Grice，1957）著作中给出的三向定义肯定意味着什么，这是因为："我做 U 的意图可以通过检验我做这件事是正确的实际推理来建立。"我不需要通过推理来获得意图；没有经过深思熟虑的行为往往也是带有明确意图的（Lewis，1969:155）。无论刘易斯的论点是否有效，通常情况下，惯例信号在格赖斯的意义上具有意义似乎是合理的。

然而，反过来说就不成立了：如果我试图欺骗你，或者我误解了主流习俗，或者我期望我的听众误解主流习俗，那么，我可以通过不符合任何惯例的话语表达某种意思。

人们很容易把语言看作惯例信号系统，按照陈述性的和命令性的方法来定义陈述句和祈使句的意义，然后从单词和短语所在的句子的意义中，把单词和短语抽象出来以确定它们的意义。但是，正如刘易斯所强调的，自然语言与信号系统有很大的区别。信号系统中的信号只有一个用途：实现信息的传输，他们往往没有选择的余地。说者或听者被期望进行无决定权的行为，他们的表达能力是有限的：没有普遍化的资源。刘易斯认为，试图将语言意义建立在信号传递的惯例上是无望的；而上面提到过的用抽象的方法描述语言、解释与人群相关联的惯例则是更有希望的。

根据刘易斯最初的观点（参见 Lewis，1969:177），一个群体使用一种语言 L 仅仅是因为在 L 中存在一种*求真惯例*（convention of truthfulness），而这种惯例是由对交流的共同兴趣所维持的。刘易斯将语言中求真惯例的观点归功于斯特纽斯（Stenius，1967）。L 中的求真惯例是什么？否定的说法是：尽量不要说 L 中非真的句子。肯定的说法是：偶尔说 L 中的句子。

我们说真实的话语是一种惯例吗？刘易斯也没有说是。L 中的真实的替代物是另一种语言 L′ 中的真实，它解决了同样的协调问题——将一定单位的信息从说者传递给听者。只要我们寻求解决这个问题的办法，求真本身就没有选择，因此，它不是一种惯例。

就像格赖斯的定义一样，刘易斯对群体语言的描述也受到了许多方面的批评，而且和格赖斯一样，刘易斯也提出了这个概念的不同表述。在刘易斯后来的观点中，使一种语言 L 成为一个群体语言的原因不再是 L 中存在求真惯例，而是因为有求真惯例和对语言 L 的信任。这种惯例包括一些语言使用者说 L 中的话语，尽量不说 L 假的话语，一些使用者开始相信所说出的句子在 L 中是真实的。

11.4 语言意义和语言运用

通过哲学的透镜看，人们本来认为很简单的事情通常会变得极具挑战性。语言运用与语言意义的关系就是这样。显然，一个话语共同体所共享的语言是由使用决定的：当用法改变了，语言的特点包括语义特点会跟着改变。如果所有人都用"tail"表示"leg"的意思，那么，"tail"的意思就是"leg"，"Donkeys have four tails"就是真的。

用法—意义（usage-meaning）的关系是什么？使用论者对此有一个简单的答案——两者是一样的，但为形式语义学的意义理论寻找一个替代品，他们并不成功。相比意义，用法从理论上讲也不是一个更清晰的出发点，这两种出发点是否看起来一样取决于对意义的判断，但是，如果有人认为用法和语言意义不同，他们将面临如何解释两者关系的挑战。

格赖斯和刘易斯对两者关系的解释，都试图将一个话语群体中的语言用法建立在这个群体成员的态度和实践上，但是，面对组构性的挑战，他们的方法不同。刘易斯诉诸组构的真值条件理论，并通过求真的

256 实践将其与用法联系起来。格赖斯建议,也许是尝试性的建议,用法本身可以是组构性的。

格赖斯提出了说话人意义,刘易斯提出了惯例是群体中用来协调行动的彼此互知的策略,这两种方法对于澄清语言的用法,都是强大的、有吸引力的。一些作者,包括希弗(Schiffer, 1972)和班尼特(Bennett, 1976),已经受到鼓励,他们认为这种澄清从根本上解释了语言用法是如何决定意义的。

这些解释都以某种方式赞成两种观点:第一,复杂表达式的意义多少是被组构性决定的;第二,用法决定了语言意义。一个陈述句的意义是群体中的说话人用它来断言的意义,但是,这种概括被语用增强破坏了,在语用增强中,说话者经常使用一个句子来表示与它的语言意思不同的意思,或与它的"被偏好的意思"(meaning in the favoured sense)不同的意思。

例如,"She took out her keys and unlocked the door"的字面意义和说者正常情况下使用这句话的意思不同,因为正常用法包括她使用钥匙去开门的想法。事实上,组构规则为句子带来的意义可以非常不同于它们通常的意义。组构性加上"outdo""forget"的意义和反身结构,可以形成"I outdid myself"和"I forgot myself"这样的句子,第一句的意思是我超常发挥,第二句的意思是我没有记住自己。也许这正是句子的字面意思,但肯定不是它们正常的意思。

戴维·刘易斯似乎已经意识到如果在用法的基础上建筑语言意义理论,语用增强就会给我们带来挑战。在刘易斯的作品(Lewis, 1975: 28)中,他讨论了对他的理论的反对意见:"假设在语言£中,群体成员通常不说真话,并非因为他们撒谎,而是因为他们大量地使用反讽、隐喻、夸张等,不能否认这个群体用的就是语言£。"他区分了字面真实和真实并以此作为回答:

> 我认为这些人在他们的语言£中是说真话的,尽管他们在字面上没有说真话。在£中,字面上说真话就是在另一种与£相关的语言中说真话,这种语言我们叫作字面上的-£。和字面上的-£之间

的关系如下:描述£的一个好方法是首先规定字面的-£,然后从字面的-£出发来描述£。这种两个阶段的做法比直接说明£要简单得多。

(Lewis,1975:28)

这是陈述普遍观点的一种特殊方法,即尽管词语的意思受到用法的高度限制,但复杂表达式的意义是由组构性决定的,组构性诉诸对语言意义的直觉,这些直观或多或少独立于语用效果,就像对句法的直觉或多或少独立于对意义的直觉一样。语用增强可以将不同的意义与这些话语联系起来,这些增强依赖语境的方式很复杂。根据这一观点,语言意义与说话人意义之间的关系可能会受到多种方式的制约,但似乎前者不由后者决定。正如刘易斯所言,如果语用增强是普遍存在的,则首先得到的是语言意义的规范,然后从语言意义的偏离中衍生出说话人意义。

对于刘易斯来说,语言是把意义和表达式配对的数学抽象公式。把一种语言和一个话语群体联系起来,就是说它是对这个群体的语言实践的一个良好解释。刘易斯首先简单地阐述了语言£和群体之间的关系。即使这种阐述是根据真实建立框架的,假定语言意义和话语意义是相同或相近的,这让刘易斯看起来像一个使用理论家。

但当群体足够沉溺于语用增强时,他就将说者意义视为语言意义的"翻译"(translations),这不再认同用法决定语言意义的观点:它呈现了一幅语言意义和用法之间更为复杂的关系画面。在这一点上,我们可能会问我们自己的语言实践是否支持刘易斯的简单图景,或者是否它们使语言意义基于使用的观点无法成立。这个问题很难回答,即使我们对语用增强的频率有很好的统计数据也很难回答。但是,考虑到会话蕴涵的系统性和普遍性,语用增强似乎确实对任何简单的使用理论构成了严重的威胁。

11.5 结论

使用理论看起来很吸引人,一部分是因为语言意义是基于有意义的使用的观点乍看起来有其合理性,另一部分是因为基于用法的理论或许可以避免基于逻辑研究语言的抽象、形式手段。

那些希望把用法作为理论基础的语义学家必须选择是以语词的用法还是语句的用法为起点，是以个体的使用还是群体的使用为起点。但不论决定如何，语词和语句之间的鸿沟以及个体使用和群体使用之间的鸿沟都是难以跨越的。要想用一种基于使用的方法来理解超越简单语词意义并忠实于语言证据和直觉的意义，是非常困难的。

12
外在主义和内在主义

12.1 意义理论的两个争论

针对语义学的怀疑主义有多种类型,其中最具影响力的要数美国语言学家莱纳德·布龙菲尔德。问题的焦点在于日常语言的普遍性推动意义理论成为万物理论:

> 促使人们说出话语的情境包括宇宙中的一切事物与事情。为了给每一种语言的意义下一个科学上准确的定义,我们必须对说者所处世界的一切事物在科学上有准确的了解,按照这个标准看,人类知识的范围实际上是非常小的。
>
> (Bloomfield,1933:139)

你可以把布龙菲尔德的问题看作关于语言意义的两个论点之间的冲突。第一个论点是说,理解一个语言表达式就是要知道其意义;第二个论点是说,一个语言表达式的意义决定了这个表达式是关于什么的。如果这两个论点都成立,那么,理解某词的人的知识一定能帮他确定这个词所代表的意思。例如,如果普通的说话者理解"arthritis"或者"water",那么他们的知识就能确定前者说的是关节炎而不是其他的什么疾病,后者说的是水而不是其他的什么液体。但接下来人们或许会想,为了捕捉日常说话者知道什么,一个关于意义的科学理论应该将关节炎和水与其他东西区分开来。但是，认为宣布医学或化学上的事情是语义学家的工作似乎是荒谬的。

对于语义学家来说，有一种简单的方法可以避免布龙菲尔德的忧虑：除了少量封闭类的词项，如"every""might""and"和"the"，不要为词语的含义而烦恼。现代形式语义学采用了这种方法，关注如何将意义分配给句法结构，它假设词项与适当类型的意义之间有任意的联系，但这只是一种与困难保持距离的方法，而不是解决办法。布龙菲尔德的问题仍然是一个哲学的和基础的问题，对于那些认为语义学应该关注词语如何表达意义的人来说，它仍是一个挑战。

我们将对这两个论点进行如下的改写，为了简化起见，我们集中讨论陈述句：

(i) *理解/意义*：如果说者理解一种语言中的某个句子，他就知道这个句子在此语言中具有确定的意义。

(ii) *意义/真值条件*：一个句子的意义决定了其为真所必需的条件。

这两个论点似乎有道理。事实上，许多哲学家致力于更有力的主张：例如，一个明确的句子的意义正是任何理解这个句子的人一定会知道的意义，或者一个明确的陈述句的意义完全取决于其真值条件。但是，要产生布龙菲尔德的问题，我们所需要的是相对薄弱的主张（i）和（ii）。

我们基于伯吉（Burge, 1979）和普特南（Putnam, 1975）所介绍的例子提出了两个论点，尽管他们的例子在这里将有略微不同的用法。这些论点并非无懈可击，但它们还是非常强大的。它们以*归谬法*（reductio ad absurdum）的形式呈现：（i）和（ii），加上看似明显的假设，导致类似矛盾的东西。

12.1.1 关于关节炎的论点

菲力克斯使用的语言是英语，他大腿上有炎症，他认真地说了下面的话：

(12.1.1) I have arthritis.

菲力克斯说的这句话在英语中毫无疑问是错的：关节炎仅仅是关节的症状。想象有一种语言——孪生英语（Twin English），这种语言仅仅在单词"arthritis"的用法上和英语有别。不像说英语的人，说孪生英语的人用这个词指所有的关节或骨骼疾病。

假设菲力克斯有一个分子对分子的复制品——孪生菲力克斯，他讲孪生英语。(12.1.1) 作为他所讲的话毫无疑问是真的：说孪生英语的人说的"arthritis"是影响整个大腿的症状。通过（ii）可以知道，(12.1.1) 在英语和孪生英语中具有不同的意义，我们称这两种意义分别为 M_1 和 M_2。没有理由去否认孪生菲力克斯知道 (12.1.1) 的意思是 M_2，于是我们认为他知道这一点。既然他是菲力克斯的复制品，那么有理由假设不论他知道什么菲力克斯也都知道，所以菲力克斯也知道 (12.1.1) 的意思是 M_2。

既然菲力克斯是一个正常的英语使用者，他只是偶然弄错了关节炎的发病处，我们或许可以假设菲力克斯理解英语中的 (12.1.1)。通过（i）可以知道，他知道 (12.1.1) 的意思是 M_1，但是让我们说，尽管菲力克斯没有经过哲学反思，他对英语掌握得仍然不错——他从未意识到在有些语言中，他所知道的句子还有不同的意义，但是他非常清楚 (12.1.1) 的意思在他所讲的语言中是清楚的。那么，说他知道 (12.1.1) 具有两个不同的意思，就显得十分奇怪了。但如果说他不知道，我们就会陷入矛盾。

如果不让这种情况发生，或许最显著的方法是否认某人可以在英语中理解 (12.1.1)，同时又错误地相信关节炎可以在大腿上发作。克兰（Crane，1991）和西格尔（Segal，2000）支持这种说法。

这或许会对"arthritis"有效，但大概不会对所有其他我们用以替代关节炎的词汇有效。一个普遍的说法是坚持如下观点：任何有意义的词汇都具有确定的意思，而一个说话人如果弄错了出现在句子中的任何一个词汇的意思，那他就永远不会理解这个句子。要理解"Whales were hunted for their oil"的意思，我们无法相信鲸鱼是鱼；要理解"Hurricanes are common in Florida"的意思，我们无法相信时速 70 里的风是飓风；要理解"My brother plays in a symphony orchestra"的意思，我们无法相信钢琴是管弦乐团的一部分；等等。但是，如果理解一个句子是这样的要求，那么，布龙菲尔德肯定有道理；一个关于英语意义的理论将危险地接近万物理论。

日常语言的理解是社会性的：它不要求说话者是专家，只要求他们听从专家就行。菲力克斯算是理解英语中的（12.1.1）的意思，部分是因为他正好倾向于听从专家。当一个说英语的医生告诉他这句话是错的时，他倾向于承认是他弄错了。当然，他或许不愿真的承认这一点，但那是另一回事：人们可以是顽固的、非理性的，而这或许会破坏他们顺从的倾向。问题是如果菲力克斯认为他自己就是专家，他不应该在（12.1.1）的句意上听从于任何人，那么说他不理解这句话就是有争议的。我们对语词的知识就依附于他人的知识，但这不意味着那就不是真正的理解。

我们现在已经得出结论，关节炎的问题没有简单的答案：（i）和（ii）之间存在真实的张力。

12.1.2 关于水的论点

奥斯卡是一个大约生活在 1750 年的英语使用者，他真诚地说了下面的话（指着他面前的一杯水）：

（12.1.2） This is water.

这句话在英语中明确是真的。现在，想象有一颗星球——孪生地球，它与地球唯一的区别在于，在地球上任何有 H_2O 的地方，孪生地球都有一种表面上一模一样但化学成分为 XYZ 的实体。想象奥斯卡有一位分子完全一样的复制品——孪生奥斯卡，他住在孪生地球，操一口孪生英语。①

假设一杯 H_2O 不知何故出现在孪生奥斯卡面前，他指着它说出（12.1.2）。被孪生奥斯卡说出的这句话明确是假的：孪生英语中"water"指的是 XYZ，而孪生奥斯卡手指的不是 XYZ。根据（ii）可以知道，（12.1.2）在英语和孪生英语中具有不同的意义，我们分别称之为 M_1 和 M_2。我们有理由认为奥斯卡或者孪生奥斯卡在他们各自的语言中都能理解（12.1.2）的意思：他们对于被称为"water"的物质的化学成分的无知，看起来并不阻碍他们理解"water"的意思。根据（i）可知，奥斯卡知道（12.1.2）的意思是 M_1，而孪生奥斯卡知道（12.1.2）的意思是 M_2。既然他们是复制品，那么假设不论一方知道什么另一方也知道什么就是合理的。但尽管奥斯卡未经哲学反思，但他确实很好地掌握了英语——他从未意识到在有些语言中，他所知道的句子还有不同的意义，但是他很清楚在他所说的语言中，（12.1.2）是明确的。那么说他知道（12.1.2）具有两个不同的意思就显得很奇怪了。但是如果他不知道，我们就陷入了矛盾。

如果不让这种情况发生，或许最显著的方法就是声称 XYZ 就是水，虽然它是不同于 H_2O 的一种水，就像梅勒（Mellor, 1977: 302-303）写的："我从弗雷格式的角度看，很清楚的一点是，无论是在 1950 年还是在 1750 年，"water"在孪生地球上就像在这个地球上一样具有同样的外延。"

但这违反了强大的直观力。我们当然不想说一张 20 美元的假钞就是一张 20 美元的钞票，所以为什么仅仅因为一种液体表面上和水一样，就要承认它是水呢？水和 20 元美钞一样，都只是外表的问题[更有希望的说法或许是这里并不牵涉事实问题；参见拉波特（LaPorte,

---

① 这似乎有很大的想象空间。例如，奥斯卡和他的双胞胎兄弟不可能是完美的复制品，因为在奥斯卡的身体里，大部分是 H_2O，在他双胞胎兄弟的身体里，大部分是 XYZ。这一点和其他类似的问题是我们真正担忧的事，但为了集中讨论主要论点，我们把它们放在一边。普特南有这个论点的其他版本(例如将"water"替换为"aluminum")，这样，就不会有这个特殊的问题。与大多数作者一样，我们在这里假设这些细节不会影响普特南之类的例子的力度。

1996）和拉波特（LaPorte，1998）的作品，但那样我们应该怎么理解（12.1.2），就不完全清楚了]。

许多事物都有一个隐藏的本质：即便对于认真的观察者，某物可以似是而非地看起来像另一物。在这种意义上可以说，水和 20 美元都有一个隐藏的本质：前者具有正确的组合（通常主要是 H_2O 分子的组合），后者具有正确的历史（追溯到由美国雕刻印刷局所运行的设备）。

12.1.3 对比

关节炎和水的例子具有相似的结构，它们都依赖于直观环境中的细微区别，这或许会影响句子的真值，但不会影响正常说话者对它的理解。在第一种情况下，这些区别涉及语词的用法，在第二种情况下，它们涉及语词的指称的潜在性质。在两种情况下，我们都发现（i）和（ii）之间的冲突，即理解需要有关意义的知识和意义决定真值条件之间的冲突。

拒绝关于意义的这两个原则中的任何一个都是困难的——对语义学理论而言，它们看起来都是根本性的。如果（i）是错的，那么说意义理论几乎只依赖于说者的判断，又假定说者能够理解自己的语言，这看起来是奇怪的。如果（ii）是错的，那么意义理论采用真值作为基础概念之一，就是误导人的。

这两个例子也指向了相反的方向。在伯吉的例子中，（12.1.1）的意思在英语和孪生英语之间发生转换是很自然的——毕竟，说孪生英语的人使用"arthritis"的方式不同，用法不同经常会导致意义不同。相比之下，自然的说法是（12.1.2）的意义在英语和孪生英语中都是一样的。在说那句话的年代（大约在 1750 年），人们没有能力分辨 H_2O 和 XYZ，所以，其意义上的区别是所有讲英语和孪生英语的人都无法辨别的区别。为了解释普特南的观点，我们不得不拒绝（ii），但为了解释伯吉的观点，我们仍然需要拒绝（i），这似乎更难接受。

在下一节中，我们将看到解决这两个论点不兼容性的两个方法，这两个方法都无法真正令人信服，但它们确实显示了为困境寻求解决方案的方向。

12.2 阻止争论的两个尝试

让我们考虑一下上一节争议中的两个假设。第一个是明确的：基于他们是孪生兄弟，我们认为菲力克斯和奥斯卡所知道的和他们的孪生兄弟所知道的之间没有区别。第二个是默认的：我们想当然地认为，"meaning"在两个论点中的意思一样，争议试图表明两个论点的不相容性。

让我们先考虑一下第一个假设。菲力克斯怎么会知道孪生菲力克斯不知道的事情呢？似乎菲力克斯知道的所有关于关节炎本身的事情——它有时是一种炎症，通常出现在四肢上，它会引起疼痛，很多老年人都有，等等，他在孪生地球上的孪生兄弟也会知道。能够区分他们认知情况的可能是关于"arthritis"这个词的语言知识。想想下面这句话：

（12.2.3） "Arthritis" is an English word.

我们有理由假设菲力克斯知道这句话在英语中所表达的意思，但孪生菲力克斯却不知道，孪生菲力克斯知道（12.2.3）在孪生英语中所表达的意思，但这是另一回事：在孪生英语中，"English"指的是孪生英语！孪生菲力克斯从未听说过英语，所以，他当然不知道他所熟悉的单词不仅属于他的语言，而且属于英语。我们称之为*语言反应*（language response）。

对于这种反应，至少有两件事让人不满意。一方面，它不够普遍：即使它解决了关节炎的问题，它不能解决水的问题。说奥斯卡和孪生奥斯卡操的是不同的语言，这种说法没有表面上的合理性，所以，孪生奥斯卡大概知道"water"是一个英语单词。另一方面，它使关节炎问题的支持者在做出让步之后，仍可勉强应对，他们可以认为虽然菲力克斯和孪生菲力克斯对英语的了解有所不同，但他们的知识是相同的，至少是与任何特定语言无关的知识是相同的。有了这个较弱的假设，问题仍然存在。假设我们认为菲力克斯和他的孪生兄弟都能理解"I have arthritis"的意思,并且假设 M_1 是这句话在英语中的意思,M_2 是它在孪生英语中的意思。菲力克斯知道 M_1 是这个句子的意思,同样,孪生菲力克斯知道 M_2 是这个句子的意思。他们所知道的与任何特定的语言无关——它只是把一个表达式与意思匹配而已。因此,考虑到他们是孪生兄弟,我们可能仍然想坚持认为菲力克斯一定也知道 M_2 是这个句子的意思,同样,孪生菲利克斯一定知道 M_1 是这个句子的意思。这仍然让人难以置信:如果他们从来没有想过其他的意义分配,似乎菲力克斯和孪生菲利克斯应该都认为"I have arthritis"只有一个意思。

让我们考虑这两个问题的第二个假设。自卡普兰(Kaplan,1989)以来,惯常的做法是用两种概念来区分意义——特征(character)和内容(content)。如果一句话没有指示词,那么二者仅在名义上的区别:特征是把相同内容赋给话语的所有语境的常值函数。但是,如果"water"是一个指示词,地球居民使用它时,它就是 H_2O,孪生地球的居民使用它时,它就是 XYZ,那该怎么办?那么,奥斯卡说"This is water"这句话的内容(指着一杯 H_2O 说的)和他的兄弟说这句话的内容就是不同的,即使他们知道水的特征是一样的,这叫作*指示词反应*(indexical response)。

起初,人们可能会认为这种操作是临时性的——没有独立的证据证明"water"是一个指示词。合格的语言使用者清楚地知道,"I""here"和"now"这样的词在不同的语境中指的是不同的内容,但如果说"water"这个词也是这样,他们就会感到惊讶。如果这个说法是正确的,那么,日常说话者其实会表现出一定的*语义盲目性*(semantic blindness)。

每当语言学家或哲学家提出令人惊讶的或隐藏的指示词现象时,这类反对意见就会出现,但这种抱怨并不是特别令人信服:语言能力要求在日常语境中具有对意义或真值条件做出判断的能力。交叉语境的评估是少见的,对表达式的指示词现象的明显判断是理论的事情。日常说话者在很大程度上对语言的运作方式并不了解,认为他们对指示词现象的存在感到不可靠的想法不无道理。根据目前许多最好的语义学理论,很多表达式都具有语境敏感性：语境有助于识别量词短语的辖域、情态动词的语气、等级形容词的程度等。

普特南本人曾建议，我们应该把"water"这样的词当作指示词。他将这些词称为*自然类型术语*（natural kind terms），并对其进行了如下描述：

> 自然类型术语……是一个起着特殊作用的术语。如果把某物描述为柠檬或一种酸，我是指它可能具有某些特征（黄色的皮，或在稀水溶液中有酸味，视情况而定）；但我也要指出，这些特征的存在，如果存在的话，很可能是由一种"本质"所引起的，这种"本质"是这些事物和其他同一自然类型的物体所共有的。本质是什么，这不是语言分析的问题，而是科学理论建构的问题；在柠檬的例子中，我们会说这是染色体结构，就酸而言，我们会说这是质子给予体。
>
> （Putnam, 1970:188）

虽然总体思路是清楚的，但关于这个特性，有许多事情是有点偏离的。当我把一个明显是绿色的柠檬叫作柠檬时，我并没有说它可能有一层黄色的皮。这种说法需要某种以听者为导向的意图，而如果说某人使用"lemon"一词时，总是试图传达柠檬皮颜色的信息，也是非常令人难以相信的。而且柠檬很可能有黄色果皮，也不是真的——大多数柠檬是绿色的，因为大多数柠檬还没有成熟。所以，更接近真相的说法是，讲英语的人使用"lemon"这个词假设（而非说明！）柠檬（不是任何特定的柠檬！）通常（不太可能！）有黄色的皮，而且这一普遍事实也源于柠檬的本质，然后，我们可能假设这些预设是被编码进词汇的。

一般来说，对于任何自然类型术语 T，理解它的说者都假定无论 T 应用于什么，通常都会表现出一些明显的属性 M_1，M_2，……M_n，这是因为它们共享一种潜在的属性——因为它们是同类型的东西。在此，我们有一个明显的属性列表，并认为它们与一些潜在属性相关联。因此，理解 T 和接受这种假设的说者必须知道表征 T 的明显属性列表，但他们不需要知道哪个潜在属性解释了这个事实。如果它的典型属性 M_1, M_2, ……M_n 可以根据不同的潜在属性而具有不同的解释,那么,说 T 是一个指示词就是合理的,它在不同的背景下指的就是不同的事物。

这就是普特南所举的"water"的例子中的情况:我们可以通过它是 H_2O(或者它是 XYZ)来解释一定数量的液体的透明度、无味和便携性。在地球上,用 H_2O 来解释是正确的;在孪生地球上,用 XYZ 来解释是正确的。所以,如果奥斯卡和孪生奥斯卡的假设都是正确的,他们用"water"这个词指代的事物不同(要使这句话成立,必须假设区别 H_2O 和 XYZ 的特性不是透明、无味、便携。如果是的话,我们就会得出 H_2O 和 XYZ 都是水的结论)。

指示词反应似乎是消除水问题的合理方法,但当涉及关节炎问题时,它就不那么有效了。如所指出的,"arthritis"指的不是某个疾病,而是一个非正式的说法,可以指一百多种不同类型的病症,这些病症的共同之处在于它们都表现为典型的关节疼痛。据我们所知,没有一种潜在的属性——一个特定的病因——可以解释它。如果"arthritis"是自然类型术语,它将是有缺陷的:它所编码的前提是错误的,因此它将无法适用于任何东西。它可能是一个类似"phlogiston"或"unicorn"的术语。所以,"arthritis"显然不是一个自然类型术语。

这导致了另一个问题。在空(emptiness)为共同基础的语境中使用空指示词(一个指示词,伴随的手势却指向无物;用"20 billion years ago"假设宇宙大爆炸是大约 138 亿年前的时间的开端;在话语中用"you"而不指向任何人;等等)是非常不恰当的,即使"water"不是一个有缺陷的自然类型术语,而且它从来不是,但是在 1750 年它有缺陷的可能性是存在的,例如,地球上河流、湖泊中的液体可能是 H_2O 和 XYZ 的混合物,就像空气也是混合物一样。如果发生了这种情况,用"water"仍然不会变得特别不恰当,相反,我们会简单地放弃共同潜在本质的假设,继续使用"water"指河流、湖泊中的东西。"jade"就遇见了这样的事情。1863 年,亚历克西斯·德穆尔发现被我们称为"jade"的装饰性石头是富含铝的辉石(硬玉),而其他石头是富含镁的角闪石

（软玉），但我们并没有因此停止使用这个词。

换句话说，"water"在一个重要方面和指示词的作用不同，这种区别是历时性的：它关注的是如果有了新的发现，一个词的词义会不会发生改变。尽管如此，这仍然足以打破"water"（或者任何其他自然类型术语）是指示词的猜想。

原则上，语言反应和指示词反应多少解决了前一节提出的问题。前者对关节炎的问题更有效，后者对水的问题更有效，这两种回应最终都无法完全令人满意。

12.3 外在主义

有人说孪生兄弟不像菲力克斯，他不知道"arthritis"是一个英语单词，这种消除关节炎问题的尝试并不成功。这个例子过于专业化，可以很容易地通过重新措辞来回避它，但是，这个例子背后的洞见可以被用来规划一个更令人满意的回应。

孪生菲力克斯不知道有一种语言是英语，所以他不知道"arthritis"是一个英语单词。由于他不说英语，也没遇到过说英语的人，所以他不知道这一点。事实上，他从来没有关于英语的概念——他用"English"一词所表达的内容都是关于孪生英语的。一旦我们走到这一步，我们或许可以再进一步，考虑一下他是否曾有过关于关节炎本身的概念。从某种意义上说，孪生菲力克斯是熟悉关节炎的，因为他大概知道受此症状折磨的人。但是，当他使用"arthritis"时，他说的是别的病——"tharthritis"。菲力克斯和孪生菲力克斯想的是不同的病症，也许因为他们用"arthritis"表示不同的概念，这是因为他们来自不同的语言群体。

这个想法自然延伸到奥斯卡和孪生弟兄的例子里。奥斯卡有"water"的概念，用它指代 H_2O；孪生奥斯卡有"thwater"的概念，用它指代 XYZ。现在，看起来他们的心理活动很不一样，即便孪生奥斯卡用听起来一样的句子，在对他们（以及当时的所有人）而言同样的环境中，表达他的信念、希望、期待和欲望，奥斯卡在句子中使用"water"所表达的信念、希望、期待和欲望，也是孪生奥斯卡永远没有的心理状态。

所有这些都有悖于根深蒂固的直观和关于心理的悠久哲学传统——内在主义。内在主义者认为，心理是一件内在的事情，即一个人如何向自己呈现世界，以及拥有这些呈现又是什么感觉。他们坚信环境影响我们精神生活的唯一方式就是改变我们的内心世界。如果我们假设物理学上分子对分子的复制品本质上是相同的，那么从内在主义的角度看，我们也可以假设他们在精神上也是相同的。

我们很自然地会说，看电影的时候我们可能会被一只熊吓着；产生幻觉的时候，我们可能会看到一把匕首；做梦的时候，我们可能会认为自己在海里游泳。我们也容易从表面价值的层面考虑这些说法：当我们真的被电影吓着了，当幻觉十分生动时，当我们又像往常一样做梦时，我们的心理状态就会和我们真的被一只熊攻击、看到一把匕首或者在海里游泳时的心理状态一样。此外，正如笛卡尔（Descartes, 1996: AT VII. 22）建议的，我们可能想说如果"最强大、最狡猾的邪恶魔鬼用尽他所有的力量欺骗我"，我还是会有这句话带给我的情感、感知经验和信念，尽管大部分这些心理状态彻底歪曲了现实，这就是内在主义者的观点。

普特南（Putnam, 1975）从奥斯卡难题中得出的结论是"意义不在头脑中"，更确切地说，某些语言表达式的意义并不取决于理解这些表达式的人的内在心理。假定这些说者能按字面意思使用这些表达式——意图准确地传达这些表达式本身的意思——一些心理状态的内容也并不取决于头脑里面的东西。假设精神状态因其内容而个体化，那么，外在主义——内在主义的对立面——就会出现。一旦我们走到这一步，合理的做法就是接受一种相当彻底的外在主义——一种远远超出关于水和其他自然类型的心理状态的外部主义[麦克金（McGinn, 1977）可能率先提出了普特南的观点不仅导致了语言意义的外在主义，还导致了一般心理内容的外在主义]。伯吉（Burge, 1979）的论证没有具体考虑语言意义，而是利用菲力克斯难题直接得出了这个结论。

在哲学家中，外在主义是相当流行的观点——部分原因是它有可能回答怀疑论的问题。普特南（Putnam, 1981）提出了一个复杂的论证，支持我们知道最激进的外部世界怀疑论是错误的这一主张。

普特南用一个思想实验来证明他的观点。假设你是连接着超级计算机的"缸中之脑"。你的大脑受到电脉冲的刺激，你所经历的模拟体验与你看到一杯水时所经历的体验在质上没有区别。你的信念到底是什么？如果我们认为孪生奥斯卡对水没有信念的原因是他从来没有和水接触过，这似乎很有道理，那么，我们也应该对假设的情景进行同样的思考，面前有水的信念可能是你自己的经验，或者是电刺激引起这些经验的，或者是负责电刺激模式的计算机程序的某些方面引起的[普特南自己的论点是根据语言意义而非心理内容来表述的，因此，它更加复杂。这种论点出现在泰马祖科（Tymoczko，1989）艾布斯（Ebbs，1989）布吕克纳（Brueckner，2003）的作品中]。不管哪一个是正确的，你面前有水的信念都是正确的：你确实有水的经验，也有电刺激引起的那些经验，也有电脑程序产生电刺激的经验。这很奇怪：当然，我们想说如果你是一个缸中之脑，那你的信念就不会是真的！我们应该得出的结论是，最初的假设——你是缸中之脑——是不合逻辑的。

这是一个惊人的论点，但它没有完全击败怀疑论的观点。通常情况下，怀疑论者的争辩方式是这样的："只有当你知道你用'我有手'这句话表达的想法是真实的，你才知道你有手。但是据你所知，你是一个缸中大脑，这个想法不可能是真实的，所以，你不知道自己是否有手。"如果普特南是对的，那么这种怀疑论就过时了：如果你是缸中大脑，"我有手"所表达的思想会有所不同，但它仍然是真实的。但是，主张外在主义的怀疑论者可以用下面的论点取而代之："只有当你知道你用'我有手'这句话表达的想法是关于你的手的（而非关于你的经验、电刺激或电脑程序），你才知道你有手。但是，据你所知，你是一个缸中大脑，在这种情况下，这个想法不是关于你的手的，所以，你不知道自己是否有手。"

一些哲学家回答了后一个版本的争论。为了了解我关于水的信念，只要知道我相信水是湿的就足够了。我确实知道这一点——我意识到了我的信念，意识到一个信念就足以知道这个信念是什么。让我们把这个最后的论点称为*透明性*（transparency）。我们可以用透明性来对抗外在主义的怀疑论：既然我知道我相信水是湿的，我就可以得出结论，我对水有一种信念，既然缸中之脑没有这种信念，我就可以证明我不是缸中之脑。当然，如果我是缸中之脑，我就有一个同样有说服力的论据通过说"我不是缸中之脑"来证明我想说的，结论将是无可挑剔的，但它没有说这句话在英语中说的是什么。如果我是一个缸中之脑，我就不会有关于大脑和缸的信念。我们倾向于将所有想法描述为关于外部对象的东西，此处的想法也可能是关于电刺激，或者计算机程序的某些方面的想法，或者可能什么都不是。

怀疑论被驳斥了吗？通过假设外在主义和透明性，我可以证明我不是一个缸中之脑，但是，这些证据并不能说服怀疑论者。这个争论的前提假设是，我相信水是湿的，但他不相信水是湿的。

怀疑论者不相信自己的感官，他们是不是疯了？这一点并不明显。当有人指出我们的经验与错误的信念相容的时候，我们就经常修正在经验基础上形成的信念。你认为你遇到了特威帝，但是我告诉你他只是看起来像他的孪生兄弟特威登，这时你只能悬置你的信念——这是最合理的做法。当怀疑论者认为经验在性质上是相同的，即使他不相信水是湿的，也很难证明他不应该有类似的想法。

因此，这个证据可能无法说服一个理性的怀疑论者。更糟糕的是，许多哲学家认为它所依赖的两个前提即外在主义和透明性是互不相容的。关于这件事，最著名的争论或许是关于*缓慢转换*（slow switching）的。我们想象有一天晚上，当奥斯卡熟睡的时候，特工们把他转移到孪生地球，然后除掉了他的孪生兄弟。当奥斯卡醒来的时候，他当然不会注意到有什么不同，会继续说"There is water in that glass over there"之类的话，但他的说法是错误的：那边的是 XYZ，而 XYZ 不是水。然而，随着时间的推移，他不断地接触 XYZ，他嘴里的"water"最终就指的是 XYZ（可能发生在一段时间的指称不确定之后），这并非牵强附会。埃文斯（Evans，1973：11）描述了一个类似的指称转变，它涉及"Madagascar"这个名字。马可·波罗的回忆录里最早记录了"Madageiscar"这个名字，它是索马里港口摩加迪沙（Mogadishu）的音译的错误版，马可·波罗把这个名字和岛屿混淆了。

现在回到地球上，在缓慢转换之前，在 t 时刻，奥斯卡相信水在 t 时刻是湿的，鉴于透明性（transparency），他知道他相信这一点。鉴于外在主义，在转换之后，在 t′ 时刻奥斯卡没有任何关于水的信念，所以，在 t 时刻他不相信水是湿的，因此，他不知道他相信这一点。所以看起来似乎是奥斯卡在转换之前知道一些事，转换之后他就不知道了。然而要说奥斯卡忘记了什么，似乎有点奇怪[关于缓慢转换的说法有很多版本。此处的版本是由伯格西昂（Boghossian, 1989）提出的。]

外在主义者可以反驳这种观点的空间不多。她可能会承认，经历了缓慢转换之后的人们不再知道自己相信什么，因此，这种透明性只在正常情况下是真的。但是，我们所拥有的反对怀疑论的论点，只有在我们假设条件是正常的情况下，才是有力的——这算不上什么胜利。大多数怀疑论者认为外部世界可能存在，只是我们不知道它是否存在。

对缓慢转换最有希望的应对方法是说它在一个过于简单的记忆视角下运行。例如，我们可以质疑这一默许前提：记得（remembering）p 蕴涵知道（knowing）p [贝内克在自己的书中（Bernecker, 2010）对此进行了论证。威廉姆森（Williamson, 2000）则不同意这个观点：他认为知识是最弱的事实心理状态]。假设有人问我去年班上的一个学生的名字，为了确定信息，我查看了课程网站。当别人问我为什么查看课程网站时，我可能会说："我记得他的名字，但我不确定。"如果我不确定他的名字，也许我真的不知道他的名字。

或者外在主义者可以说，我们可以在没有遗忘的情况下失去知识。假设你正在开车，你看到路边有一个谷仓，然后，你判断附近至少有一个谷仓。你继续开车向前走，你走到了一个地方，那里有许多假谷仓——从马路上看，外观就像真谷仓，你仍然相信这个地区至少有一个谷仓，并认为有很多新的证据支持你的信念。但现在你的证据不充分，因此你的信念可以说不再是知识了，然而你什么也没忘记。当然，如果你继续把你的信念完全建立在你最初看到的东西上，你就知道附近至少有一个谷仓。但你没有,这就是问题所在。

外在主义是否给我们提供了一个很好的论据来反对外部世界怀疑论仍然是有争议的。但毫无疑问的是,外在主义者至少可以解决我们开始时提出的论点之间的矛盾:理解一个句子的人知道它的意义,意义决定真值条件。

12.4 狭义内容

就像对普特南例子的语言回应一样,指示词回应也由于其不够激进而失败了。指示词主义者认为关于水的例子的问题在于含糊其词:理解某个句子的意思的人的所知决定了这个句子的特征,这个句子的任何内容将决定句子为真所需要的一系列的条件。但是,并没有一个能够兼顾两者的意义概念。困难在于"water"不像一个正常看到的指示词——它的内容似乎不随*话语*(utterance)语境而变化。

如果奥斯卡迁移到孪生地球上,他的用词"water"仍然指的是水——至少一开始是这样,但是,"water"的内容对*日常用法语境*(context of common use)敏感,即与奥斯卡同类的语言使用者使用这个词的环境。如果在新环境中生活足够长的时间,奥斯卡最终会用"water"指代XYZ,其原因是他成了新群体中的一员,这个群体就是用这个词指代XYZ的。由于这一点,他发现自己处在一个新日常用法语境中。对菲力克斯来说也是一样的:如果他去了孪生地球,他最终会成为新语言群体的成员,接着,他会发现自己处在一个新的日常用法语境中,他会用"arthritis"指代"tharthritis"的。

要克服指示词反应(indexical response)的缺陷,我们需要区分两种内容:一种是对日常用法语境敏感的内容,另一种是对此不敏感的内容。对日常用法语境不敏感的内容是*狭义的*(narrow)——不依赖于头脑之外的任何事物的内容。菲力克斯和他的孪生兄弟都将同样的狭义内容与"arthritis"关联,他们说"I have arthritis"时表达的信念也共享这一狭义内容。但是,决定他们的信念的真值条件是对日常用法语境敏感的内容,这个内容是*广义的*(wide)——它是依赖于头脑之外的事物的内容，这就是为什么菲力克斯和孪生兄弟说"I have arthritis"时所表达的信念在广义内容上不一样的原因。对奥斯卡和他的孪生兄弟来说，道理也是一样的：当他们指着一杯 H_2O 说"This is water"时所表达的信念共享狭义内容而非广义内容。

当然，外在主义者会反对这种分析。他们只专注于内容的一种概念——广义概念。他们认为孪生兄弟的信念在很多方面是*相似的*（similar），但不认为它们在某个意义上是*一致的*（identical）。而且，既然设定狭义内容毫无疑问地会有理论代价，那么我们就应该思考是否有充足的理由去相信狭义内容。

狭义内容的支持者经常援引因果关系的考虑，这个争论的经典版本来自福多（Fodor, 1988）。用因果关系解释行为时，心理状态起到了重要的作用，它们是通过所具有的内容起作用的。奥斯卡面前有一杯水，他伸手去拿它，什么导致了他的行为？自然的反应是解释这个行为的部分原因是他相信杯子里有水，而且他有欲望喝水。孪生奥斯卡面前有一杯 XYZ，他也伸手去拿它，看起来这个行为的因果解释是一样的。但是，如果内容是广义的，事情就不一样了：和奥斯卡相比，孪生奥斯卡相信的内容不同，欲望也不同。

由于看起来混淆了因果解释和因果本身，外在主义者反对这种论点。因果关系似乎是局部的：环境因素只可以通过影响行为人的内在属性来影响她的行为，但是，在提供因果解释时，我们必须描述原因和结果，环境正是在这一点上造成了区别。伯吉（Burge, 1989）使用了心脏的例子。心脏是什么完全由其本身决定：心脏是一个泵送血液的器官。我们也可以有一个本质上难以区分的器官，它的功能是泵送废物，但这并不意味着用因果关系解释某个特定的心脏杂音时，我们必须忽略它的正常功能。

相信狭义内容的另一个主要理由是，如果没有狭义内容，我们似乎不得不将明显合理的信念看作是不合理的（经典的例子参见 Kripke, 1979）。

皮埃尔从小只会说法语，他从未离开过法国，他经常说"Londres

est joli"（伦敦很漂亮），而且他显然相信他所说的。后来，他去了伦敦，学了英语，经常认真地说 "London is not pretty"（伦敦不漂亮）。他从未意识到他用法语说的城市 "Londres" 就是他用英语说的城市 "London"，所以，他也没有任何理由改变这两个信念中的任何一个。

如果只有一种内容且是广义内容，那么我们必须明确地说皮埃尔的信念是自相矛盾的。然而，看起来他并没有任何非理性的行为。克里普克本人也没有对这个难题提供答案——事实上，他说这个难题表明有一个地方，在那里，"我们对信念的解释和归属的正常做法受到了最大限度的压力，也许到了崩溃的地步"。很容易想象涉及关节炎难题或水难题的不同版本——皮埃尔或许真心同时认同 "L'arthrite est guérissable"（关节炎是可以治愈的）和 "Arthritis is not curable"（关节炎是不可以治愈的）或者同时认同 "L'eau est somptueux"（水是奢侈的）和 "Water is not sumptuous"（水不是奢侈的）。

如果我们说 "Londres" 和 "London" 共享广义内容而非狭义内容，而且理性地考虑关注后者而非前者，这种压力就会得到缓解，但这个建议也是有问题的。假设有人告诉皮埃尔，他的两个信念说的是同一座城市。那么显然，从理性上讲，皮埃尔至少要放弃其中一种信念。但是如果理性是狭义内容，这就很难解释了：狭义内容并不决定指称，因此，从表面上看，知道 "Londres" 和 "London" 指的是同一座城市对持有两种信念的合理性应该没有影响。无论如何，外在主义者经常承认，为了评估皮埃尔信念的合理性，我们确实需要区分两种内容，但他们认为这两种内容都是广义的。一方面，根据事物的实际情况（即假设有一个城市同时取名为 "Londres" 和 "London"），有一个 "London is pretty" 表达的命题；另一方面，如果事情真是皮埃尔所认为的那样（即如果有两个城市，一个叫 "Londres"，另一个叫 "London"），就有一个要用这个句子表示的命题。①

也许支持狭义内容的最有趣的观点是认为与语言相关的内容概念是

---

① 关于后者仍是广义内容的争论，参见 Stalnaker, 1989; Stalnaker, 1990。

狭义的，乔姆斯基（Chomsky，2000）就此提出了许多颇具影响力的观点，其中一个例子就涉及伦敦（由于某种原因，在哲学家们给出的例子中，伦敦胜过其他所有城市）。乔姆斯基说，泰晤士河附近的这个特定地方可以用"London"来表示，也可以用它表示原则上可以搬迁的某个政治机构。

为什么不说"London"这个词是模糊的，为什么不说"London1"表示一个地方，而"London2"表示一个机构？由于模糊的种类不同，所以，我们应该说明这是哪种模糊。"London"不同于"bank"，它不是同音异义词——它的两个内容含义不仅拼写方式一样，内容也是紧密关联的。同样的模糊性出现在许多（也许是全部）人类语言的城市名中。此外，城市名的两个内容之间的联系也不像我们在如"gaint"这样的多义词中所发现的那种松散关系。我们把特定的、有着人类外表和巨大体型的神话怪兽称为巨人，如歌利亚和恩克拉多斯。我们也把有着超常体型的普通人叫做巨人，比如玛努特·波尔或者乔治·穆雷桑（都是约2.3米的身高）。但是我们对待"London"和"gaint"的方式不同。

（12.4.4） Giants are mythical creatures, and many of them are basketball players.

（12.4.5） London is near the ocean, but if sea levels rise it may have to move.

（12.4.5）是一个可接受（并且可能为真）的句子，这一点是值得注意的，这也是乔姆斯基关于狭义内容的核心情况。注意代词"it"复指了"London"，这意味着它们的解释是互相关联的，我们必须为这种情况找到某种共享意义。然而，基于这句话所说的内容，很清楚它们的指称看起来是不一样的。那么，就有了在语义上对狭义内容的需求。

乔姆斯基还有很多其他例子可以表达同样的观点："Book"可以指代特定的物质标记或抽象类型，但是我们可以说"The book I just read hardly fits onto my shelf, and yet it is sold at every airport"; "Door"可以指

代木制的框架或框架之内的出入口，但是我们可以说"The door I just passed through was painted green"；等等。

乔姆斯基用下面的例子直接挑战了普特南关于外在主义的论点：

> 假设用杯$_1$从水龙头里接水，它是一杯水，但如果把一个茶包放进去，情况就不一样了，它现在是一杯茶水，与之前情况不同了。假设用杯$_2$也从水龙头接水，但这个龙头连接着蓄水池，蓄水池里被放进了茶叶（比如，作为一种新的净化材料）。即使是化学家也无法把杯$_2$中的内容和杯$_1$中的内容区分开来，但是，杯$_2$中是水，而不是茶，从一个角度看，两个杯子里装着同样的东西，从另一个角度看，它们装着不同的东西，但无论哪种情况，杯$_2$装的只有水，杯$_1$装的只有茶水。
>
> （Chomsky，2000：128）

将这个例子与克里普克的皮埃尔例子进行对比会看到很有趣的现象。在那个例子里，直观的分析是：从一个角度（我们的角度）看，"Londres"与"London"是同一座城市，但是从另一个角度（皮埃尔的角度）看则不是。同样的，很容易认为皮埃尔只相信"Londres"漂亮，而"London"不漂亮。在两种例子中，狭义内容可以被用来救援：或许皮埃尔将不同的狭义内容与"Londres"和"London"关联了起来，即使它们的广义内容（从我们的角度看）是一样的；或许我们将不同的狭义内容与"the liquid in cup$_1$"和"the liquid in cup$_2$"关联了起来，即使它们的广义内容（从化学家的角度看）是一样的。

外在主义者可能会挑战这两个例子中的分析，他们会强调两种角度的地位不同。我们的角度比皮埃尔的角度更高级，因为我们知道他不知道的一个关键事情："Londres"和"London"是同一座城市，所以语义学应该认真接受我们的判断，抛弃他的判断，而且我们应该赋给"Londres"和"London"相同的内容。同理，有人可能建议，当判断什么是水什么不是水的时候，化学家的观点胜过普通人的观点。因此，语义学应该尊重化学家的判断，即"the liquid in cup$_1$"和"the liquid in cup$_2$"

是一样的东西。

乔姆斯基反对外在主义的核心是他拒绝顺从语义。当说到水的本质的时候，我们应该顺从化学家，但是，当说到"water"的意义（meaning）时，化学家就没有特殊的权威了。对 H_2O 来说，情况就不一样了，它是一个技术术语，它的句法和组构语义不同于英语中的任何词项，它的词项构成的意义是由化学规定的。对乔姆斯基来说，理解一种自然语言是一种严格的个体能力，这种能力不仅独立于说者的社会角色，也独立于他们的交流目的。技术术语并非自然语言的真正组成部分，只是它们的人工外延的组成部分。

乔姆斯基（Chomsky，1986）区分了人类语言的本质的两种概念。首先，一般的观点认为语言是抽象的实体，表现为表达式类型与意义相配对的集合。因此，被分析解释的语言是一个社会范畴：它属于一个群体，其成员以符合惯例的方式使用语言中的表达式。人们很自然地认为惯例与交流联系在一起，而且涉及真值。就像刘易斯（Lewis，1975）认为的，也许惯例就是：说出语言中真实的句子，并把说出的句子当作语言中真实的句子——这导致人们形成了决定真值条件的意义概念，接着形成了外在主义，乔姆斯基把这样构想的语言称为 *E-语言*（E-language），他排斥这种概念，有时会说 E-语言并不存在，有时又说 E-语言存在，但是它们的个体化是与利益相关的。无论怎样，他认为无法对它们进行系统的理论建构。如果语言学要成为一门科学，它必须换一个研究主题。

对于乔姆斯基来说，语言学理论是关于语言能力——人类心智的一个模块。因此，语言是一个心理范畴：它属于个体，它是生理成熟的结果，而不是在习惯于某个社会惯例的过程中获得的。乔姆斯基把以这种方式理解的语言称为 *I-语言*（I-language），并用了三个 i 来描述它们：I-语言根据语法是个体化的，语法并非只是罗列有意义的表达式，语法是以特定方式生成表达式（以及其意义）的程序（丘奇称为 *内涵功能*），这就是第一个 i；I-语言是我们语言能力的状态，它在不同说话人身上可以表现不同，在一个个体身上的状态也可以随时间而改变，因此，它们不是方言土语，而是*个人习语*（idiolects），这是第二个 i；最后，I-语言是精神的状态，其特性与有关大脑的事实相伴而生，乔姆斯基认为这相关的事实是*内在的*（internal）——它们独立于社会环境或者物理环境，这是第三个 i。

乔姆斯基关于 I-语言的概念是一个有趣的集合，但是，重要的是要看到这三个 i 不必在一起。大多数从语法角度对语言进行个性化研究的语言学家认为，他们所研究的语言是使用同一种语言的人群所共有的。因此，他们觉得没有必要为个体说话者提供表达式和意义的正确配对。如果一些个体的变异可以忽略不计，就会出现习语的自然分类，许多人认为它们才是语言学正确的研究对象。

此外，即使我们把语言研究作为个人心理的一部分，我们也不必被迫接受内在主义。构成了语言能力的心理状态或许包括内容上极具个性化的态度。拉德洛（Ludlow, 2013）提出了一种语言概念，它接受乔姆斯基的前两个 i，但拒绝第三个 i。

12.5 结论

语义学有两个目标：一是解释一个事实，即一种语言的使用者大体上能理解他们使用的语词、短语和句子的意思，二是说明这些语词、短语和句子如何与世界的方方面面相联系的。正是由于第一个目标，我们依赖于日常说话人的判断，正是由于第二个目标，我们在意义理论中谈论指称和真值。布龙菲尔德的问题是担心单一的理论恐怕无法胜任两个目标。

对伯奇和普特南的例子的思考使这个问题成为焦点。如果一个句子的意思决定了它的真值条件，那么意义就不可避免地要依赖于个体说话者的心灵之外的因素。菲力克斯理解"arthritis"的意思，但是这个词的内涵取决于他没有意识到的社会事实；奥斯卡理解"water"的意思，但是这个词的内涵被他闻所未闻的化学事实所决定。

外在主义者寻求通过一个大胆的观点来缓和这种压力，即许多心理状态是个体化的：即便我们确定了一个人的整体大脑状态，但他所相信的、期待的、想要的、想象的等仍是悬而未决的。当某人理解一个句子的意思，最终决定他知道这个句子意思的因素可能是他完全没有意识到的东西：例如，与他素昧平生的人如何使用这个句子，或者这个句子包含的未被发现的本质。

另一方面，内在主义者认为布龙菲尔德的问题是无法克服的。对他们而言，意义有两种概念：当你理解一个句子时所领会的东西是一回事，决定这个句子真值条件的是另一回事。与此相应，就有两种意义理论：一个是研究句子如何与心理表征相对应的，另一个是研究这些表征如何与对象、属性以及事实等相对应的。

13
悖论和模糊性

13.1 悖论的威胁

语义学和数学有一个共同的特点,那就是它们的基础都充满了悖论。1901 年出现的罗素悖论打断了几十年来澄清微积分的数学基础的进程,表明关于集合的非常自然的假设都可能导致矛盾。影响语义学的悖论自古就有,远远早于集合论和语义学,事实上,说谎者悖论(the Liar Paradox)早在公元前 6 世纪就已经被注意到了。

当阿尔弗雷德·塔尔斯基决定把真值当作理论的核心成分,从而把语义学放在坚实的基础上时,说谎者悖论的地位以及随后发现的相关的语义学悖论的地位就改变了。它们不再被视为哲学谜题,而是数学事业的真实阻碍:

> 所有试图概括地、准确地描述"语义概念"的意义的尝试都失败了。更糟糕的是,涉及这些概念的各种争论,而且在其他方面似乎是相当正确的这些争论……经常导致悖论和二律背反。
>
> (Tarski, 1944: 346)

在第 1.2.5 节里,我们讨论了塔尔斯基的语义元语言的概念。我们将在 13.2 中讨论塔尔斯基关于真值的原理,它指出一个充分的语义元语言必须不同于其对象语言,尤其是,它必须支持一个不同的且更强大的真值谓词（truth predicate）。此外，并没有一个单独的全面的语义元语言，有的是元语言的无尽层级：塔尔斯基层级。这是塔尔斯基克服由语义学悖论带来的挑战的方法。

"日常语言"（ordinary language）的模糊性经常被哲学家和逻辑学家提及，他们感到自然语言和形式语言在根本上是不同的，而且因为这种不同，自然语言的语义学理论会误入歧途、毫无作用。一些怀疑论者想的可能更糟糕：沙堆悖论（the Sorites Paradox），它提供了一条从模糊到矛盾的捷径。

形式语义学的创建者比较乐观，他们似乎认为这些困难可以被逻辑学的新发展解决，甚至已经被解决了。多年前，本书的一位作者（里士满·托马森）听说理查德·蒙塔古明确地反对说谎者悖论是自然语言语义学的一个难题，他没有在著作中直接谈到这个问题，但可能在心里思考过塔尔斯基层级。至于模糊性，蒙塔古在回应迈克尔·达米特的问题时说：

> 达米特先生也让大家关注模糊性的存在，这是一个更棘手的问题。我们现在需要的是模糊语言的模型理论的准确发展情况……在今天可用的更丰富的多值（包括布尔值）逻辑的背景下，我仍然怀疑这样的多值逻辑的处理方式是否可行（事实上，塔尔斯基教授告诉我，伯克利的一个名叫约瑟夫·戈根的学生刚刚对模糊性做了一些有趣的研究）。

刘易斯（Lewis, 1970b）没有提及语义学悖论，但和蒙塔古一样，他把模糊性归为技术问题。更早些时候，他建议语义学不包括模糊性，认为自然语言本身是（让人感到理想地）精确的（Lewis, 1969）。那么，在一大批绝对精确的语言中，究竟哪些语言与一个说者或某一群体联系起来，就会出现不确定性。这种语用上的不确定性会成为模糊性的来源（这个想法很难解释诸如"somewhat"之类的模糊措辞，这显然改变了形容词的模糊性轮廓，因此似乎需要语言内的处理）。

然而后来刘易斯（Lewis, 1970b: 64-65）重新考虑了这个想法，提出了一个不同于戈根的连续统值（continuum-valued）的语义解决方案。显然，他独立地提出了范·弗拉森的超值理论（supervaluational theory）的一个版本，该理论首次出现在范·弗拉森的作品中（van Fraassen, 1966）。考虑到所有的*精准化*（precisifications），或者说让语言中的模糊词项精确化的合理方式——刘易斯称其为"*勾画*"（delineations）。每一个精准化都产生语言的一个二价解释（bivalent interpretation），它支持组构规则，并给与语境相关的每个模型中的每个句子赋予 ⊤（真）或 ⊥（假）。于是我们说如果一个句子根据所有精准化为真，那它就是（绝对的）真，根据所有精准化为假，那它就是（绝对的）假，否则，就非真非假。通过引入一个关于精准化集合的尺度，我们可以获得一个关于真值度的定量理论：一个句子为真的精准化集合越大，它的真值度就越接近 1；一个句子为真的精准化集合越小，它的真值度就越接近 0。

蒙塔古和刘易斯在关于自然语言语义学的早期作品中，分别提出了解决悖论的两种方式：（1）试图将其转化为技术问题，或者（2）忽视它们。第二种策略对语言学家很有吸引力，没有科学家愿意被卷入悖论当中——还是把悖论留给哲学家吧！这是一个实用的分工，但是，我们将会发现，在模糊性这个问题上很难坚持这种分工。

13.2 语义悖论

现代逻辑学家和哲学家几乎一致地将说谎者悖论和其他语义悖论，包括*格雷林悖论*（Grelling Paradox）、*柯里悖论*（Curry Paradox）以及*雅布罗悖论*（Yablo Paradox）视作是元语言的：它们依赖机制来指称句子。在此，我们仅讨论说谎者悖论。形成说谎者悖论最简单的方法就是给一个句子起个名字，然后在这个句子中使用这个名字：

（13.2.1） Sentence (13.2.1) is not true.

尽管这看起来很奇怪，但却没有可以反驳的地方。通过给句子一个指称来显示和命名该句子，然后使用这个指称来指称例句，这本书中我们一直在做这样的事情。

就我们的目的而言，(13.2.1)的意义在于，如下所示，它产生了下面的矛盾等值：

(13.2.2)　Sentence (13.2.1) is true if and only if (13.2.1) is not true.

我们可以概括一下这件事，同时表明试图通过移除导致自指的内容来解决语义悖论是无效的。让我们假设有一种语言支持*自指*（self reference），如果对这个语言的任何句法（就是说，对任何应用于句子的）谓词 P 来说，都有一个公式 ψ_p，ψ_p 为真当且仅当 $P(\psi_p)$。这意味着，对这个语言的任何句法谓词（syntactic predicate）来说，我们都可以构造一个句子，说它本身具有这个谓词。一个带有真值谓词和否定的语言会表达这个谓词是非真的，而且如果它支持自指，就会产生说谎者悖论式的句子(13.2.2)。

使用*算术化*（arithmetization）和*对角结构*（diagonal construction）的方法，哥德尔展示了任何可以表达最低程度的算术的理论都可以支持自指（参见 Montague, 1962）。因此，我们否定理论的自指，就等于否定了它讨论数字及其属性的能力，这个代价过于高昂，我们必须取消限制自指的想法。

说谎者悖论是塔尔斯基（Tarski, 1936）证明的一个关于真值的著名定理的灵感来源。要理解这个定理，我们要回到塔尔斯基的规约 T（Convention T），这在 1.2.5 中讲到过。在此，L 是任意语言，ML 是（1）包含了一阶逻辑；(2) 包含 L；(3) 能够命名 L 中的公式的任意语言。

(13.2.3)　如果 ϕ 是 L 中的一个公式，α 是 ML 中 ϕ 的名称，那么，$T(\alpha) \leftrightarrow \phi$ 在 ML 中为真。

如果 ML 没有满足（13.2.3）的谓词 T，那么它在 L 中就无法获得真值。另一方面，如果有这个谓词的话，它将完成获取这个概念的工作。

假设 L 支持自指，并且像以前一样，让 ML 包含 L 和一个真值谓词让 L 满足（13.2.3）。现在，假设 L 和 ML 是相同的。¬T，即 T 的否定，也是 L 的一个谓词。既然 L 支持自指，L 中就有一个句子 Ψ，说它本身满足 ¬T，那么，（13.2.4）在 L 中一定为真，其中 β 是 L 中 Ψ 的名字。

(13.2.4)　　Ψ ↔ ¬T(β) 在 L 中为真。

（13.2.3）的直接后果是：

(13.2.5)　　Ψ ↔ T(β) 在 L 中为真。

但是（13.2.4）和（13.2.5）不能同时为真。在这一点上，我们遇见了一个矛盾。所以 L=ML 的假设是错的，而且我们已经表明如果 L 支持自指，那么 L 不能包含其自身的真值谓词。

要理解这个证据就是要明白，认为说谎者悖论表明自然语言并不一致的人是被各种方式误导了，甚至说一个语言是不一致的都是不正确的，因为我们需要一个推理结构来说明不一致性。下面是塔尔斯基关于这个问题的观点：

> 我们的日常语言当然没有确切的结构。我们并不知道什么样的表达式是句子，我们甚至只是在很小的程度上知道哪些句子被认为是可断言的。因此，对于这种语言来说，一致性问题没有确切的意义。

(Tarski, 1944:349)

然而，如果一种语言的使用者群体由于认为其中的主张不一致，就断定这种自然语言是不一致的，那么，作为英语的合格的使用者，我们本身也会是不一致的。正如我们看到的那样，一些逻辑学家已经得出了这个结论，但是对我们大多数人来说，这个结论是不可接受的。

最后，我们已经说过了塔尔斯基定理，它不涉及一致性，也不涉及可证明的更基础的概念，它只涉及语言中可表达的是什么：这个定理指出没有语言可以表达其自身的真值谓词。

塔尔斯基定理毕竟是一个定理——它的证明几乎没有闪烁其词的余地。尽管如此，人们在语义悖论上付出了巨大的、长期不懈的努力，有许多主张都是关于各种各样的方式来回避语义悖论带来的不受欢迎的结果，在谈到它们之前，让我们先检查一下基本解决方案，这就是接受某种形式的塔尔斯基层级结构。

塔尔斯基的层级结构是什么？它是从塔尔斯基定理中出现的元语言的层级结构。我们从支持自指的语言 L_0 开始。塔尔斯基认为对于 L_0 而言，一个充分的元语言 L_1 一定是与前者不同的，且比它更强大。出于同样的原因，相对于 L_1 的元语言 L_2，与 L_1 和 L_0 都不同，层级是无限继续的；事实上，它通过集合理论的超限序数（transfinite ordinal numbers）进行扩展。这些元语言是如何被表述的并不重要，它们可以包含它们的对象语言和一个新的真值谓词，或者它们可以量化由它们对象语言的谓词提供的集合（在这种情况下，元语言的层级结构和类型理论的层级结构是一样的），或者它们可以描述它们对象语言的模型体系。

数学逻辑学家在解决这个问题上似乎没有什么困难。一方面，在20世纪的前四十年里，已经确定了对象语言和元语言之间的区别，这在第1.2.1节中已经提到。另一方面，集合理论、证明理论和递归理论中的研究成果使逻辑学家熟悉了许多种类的层级结构：集合的层级、一致性的公理层级、可计算程度的层级。数学逻辑学家必须学会把重要的逻辑概念看作与语言相关的概念，并且学会接受层级结构。

哲学家们对塔尔斯基的基本解决方案不太满意。塔尔斯基的层级结构是非直观的，它受技术因素的影响，从哲学的角度上看令人担忧，也许最明显的担忧是，它似乎否定了语义理论家可以研究的语言。如果一个逻辑学的、哲学的或语言学的语义学家想在所有语言中普遍地谈论真值，那是无法实现的。

真理的本质是一个永恒的哲学话题，至少可以追溯到柏拉图的《泰阿泰德》(*Theaetetus*)，它一直吸引着哲学家们的注意力。虽然哲学界一开始不愿意接受塔尔斯基关于真值的观点，但大多数对这个话题感兴趣的当代哲学家都把它作为一个出发点：对哲学家来说，它往往是一个出发点。关于这个主题的典型的哲学研究首先陈述塔尔斯基的方法，然后发展出另一种方法。许多书整本篇幅都是这么做的（参见 Chapuis and Gupta，2000；Maudlin，2004；Beall and Armour-Garb，2005；Bolander et al.，2006；Field，2008；Richard，2008；Lynch，2009；Ebbs，2009）。

也许，哲学家们对塔斯基解决方案不满的原因不是单一的，但有一个重要原因可能是，应该有一个单一的做哲学研究的角度。对有些哲学家来说，这个角度是常识或日常语言。对有些人来说，这个角度是科学，而另一些人则在形而上学的某个版本中找到了研究角度。无论如何，总会有一种与哲学事业相联系的语言，但是塔尔斯基的定理似乎表明，这种语言无法表达它的真值。为此，我们需要另一种语言和另一个视角。普遍元语言的不可能性似乎使我们不能拥有任何特殊的哲学视角。

由于塔尔斯基的层级结构基于数学的定理，所以可用于这类工作的选项是有限的。我们有两个基本的选择：要么你可以弱化塔尔斯基关于语义元语言充分性的标准，要么你可以接受这种矛盾。第一种选择是目前最流行的做法，它经常与非经典逻辑相结合：例如，允许真值空缺（truth-value gaps）的一种逻辑。克里普克的文章（Kripke，1975）则启发了随后关于这个主题的大量文献。这项工作的数学角度很有趣也很重要，概述和参考文献可以参见哈尔巴赫和利（Halbach and Leigh，2014）的作品。但是，如果一个哲学家希望避免塔尔斯基的层级结构，相信真值、否定之类的概念是有表达力的，那么这种趋势并不像乍一看那样令人满意：它引出了其他的同样令人不快的"复仇层级"（revenge hierarchies）。例如，克里普克的方法不允许一种语言定义它自己的否定，因而引发了否定算子表达能力不断增强的元语言的层次结构。

双真（dialethic）的方法允许有些句子在同样的语境和意义中既真

又假，解决方法同样是对经典逻辑的修正。这里，困难的根源在于这样一个原则：任何事物都是矛盾的逻辑结果，$(\phi \wedge \neg \phi) \rightarrow \Psi$ 是一个逻辑真理。显然，在经典逻辑中，任何矛盾都是灾难性的，所以，双真论者采用了没有这个特性的*次协调逻辑*（paraconsistent logics），这一观点的主要支持者是格雷厄姆·普里斯特（参见 Priest，2002）。

语境依赖性也回应了语义悖论。语境主义者的方法接受塔尔斯基的层级结构或者类似结构，但主张真值的归属是依赖语境的，我们几乎没有直接的语言学证据可以证明这一点，但有时，在没有这样的证据的情况下，假设语境依赖是一个令人信服的理论需要，情况可能就是这样。这个想法为削弱塔尔斯基定理的证据提供了一个有吸引力的可能性——也许它涉及隐藏的语境变化（参见 Glanzberg，2004）。不幸的是，这种策略依赖于一个进一步的观点：相关的语境依赖是不可消除的。如果有一个"true in c"的二元谓词将一个句子与语境联系起来，那么，相对于 c_0 的真值就可能重现塔尔斯基定理，其中，c_0 是一个任意的、固定的语境。在这种情况下，语境主义者的解决方案就瓦解到塔尔斯基的底线或其变体。虽然对语境的诉求很可能是合理的，但是，只能在语境敏感的元语言中讨论 L 中的真值的说法就不那么可信了。

在第 13.1 节中，我们曾指出，在语言学家和其他对语义学感兴趣的理论家之间的分工里，语义学悖论可能属于某一方的研究课题——或许语言学家可以安全无虞地忽略这些问题，并把它们留给别人，这看起来是合理的。元语言的说谎者悖论依赖于"真"和直接引语（direct discourse）的结合，而这种结合在自然语言中很少见。更重要的是，尽管语言学家声称对所有语言都感兴趣，但是，他们指的是所有的人类语言，或者是所有可能的人类语言。这与由塔尔斯基定理产生的元语言家族不同。只要语言学家将自身限制在所有人类语言的元语言上——人类语言不包括语义理论的技术工具——他们就可以轻松地诉诸塔尔斯基层级结构所提供的基本解决方案。

说谎者悖论自古就为人所知，但它的元语言学版本相对较新；直到最近，它还使用间接引语（indirect discourse）来表述，如（13.2.6）。

这里没有提到句子，相反，这个例子涉及希腊哲学家欧布里德（Eubulides）说的话，因此，它使用了命题态度。

（13.2.6） Eubulides said that what he was then saying is false.

这个版本的说谎者悖论可以在内涵逻辑中产生，内涵逻辑是语义学所使用的最一般的逻辑框架，所以可能不太容易忽视它。普雷尔（Prior，1961）将它形式化如下：

（13.2.7） $\forall p$（说（E,p）$\to \neg p$）

注意这种形式化与英语版本不同，它不诉诸错误这个概念。相反，一个量词和命题类型的变量 p 被用来形成一个一般的句子。(13.2.7) 暗含着"如果 E 说雪是白的，那么雪就不是白的"，"如果 E 说 4 是一个偶数，那么 4 就不是一个偶数"，以及无限多个类似的句子。

问题在于（13.2.7）暗含了（13.2.8），它说 E 一定表达了为真的东西[原因在于，如果 E 当时说的一切都是假的，那么（13.2.7）就会是假的，也就是说，E 当时说的东西一定是真的，所以 E 当时说的一定不是假的]。

（13.2.8） $\exists p[$说（E, p）$\wedge p]$

另一方面，（13.2.7）说 E 说了为假的东西，所以，这个例子暗示 E 至少说了两个事情，其中一个为真，另一个为假。

不同于元语言学的说谎者悖论，这个悖论并不产生一个直接的矛盾，但是，它确实产生了一个特别的后果，即不说一些事情有些事情就不能说，这不仅适用于说（saying），也适用于写、思考、希望、明确地说以及任何命题态度。由于这个特点，（13.2.7）通常被归类为*经验悖论*（empirical paradox）。

如果命题是可能世界的集合，就必须接受悖论的推理和一个结论，即在某些情况下，一个人不能对单一命题具有态度。我们还不能很好地理解更细粒的命题理论的间接引语悖论的后果。这里可能隐藏着真正的矛盾，因为把态度当作与句法结构对象的关系，可能可以再现元语言悖论，但是，可能也有避免这些悖论的方法，只是这些方法是元语言说谎者悖论所不具备的（参见 Cresswell，1985）。

对语言学家来说，这些后果都是令人不安的，但它们在本质上似乎更接近逻辑学，而不是语言学。这个悖论家族比元语言悖论更接近本源，或许语义学家可以放心地把它们留给逻辑学家。

13.3 模糊性和沙堆悖论

13.3.1 模糊性现象

即便我们对许多相关事实是确定的，我们还是会对某事物是否为真感到困惑，造成这种状况的原因有很多，一个句子可能包含指示词，而我们可能不清楚它的语境是什么，或者句子的意思模棱两可，而我们又不确定到底哪个意思是对的。模糊性还导致我们不能确定真值，这种不确定甚至在有明确的语境、没有歧义的句子中也存在。

让我们想象有一个老人，他有一辆车并用它跑腿办事。他经常开 3 英里的路程去购物。偶尔情况特殊，他会开 50 英里去办事。他很容易就会说 3 英里的路不远，50 英里的路很远。如果我们问他 26 英里的路远不远，他可能会不知如何回答。或者，如果我们针对不同的情况问他同一个问题，他的判断可能就不一致了：有时他会说这段路很远，有时又说不远。

我们也许可以帮助他克服犹豫，让他产生 26 英里的路远的想法，但接着他可能就不确定 23 英里的路远不远，如果我们再坚持问下去，他可能会感到不耐烦。我们或许还可以帮助他克服不一致性，告诉他当他说路远时，他想到的是他不喜欢驾驶；当他说路近时，他想到的是目的地的咖啡馆是多么令他高兴。但这种帮助也有局限，因为他当然可以同时想到这两件事。

13.3.2 沙堆悖论

在日常生活中，我们也经常像那位老人一样，遇到临界情况。和他一样，我们也会犹豫或自相矛盾，但模糊概念仍然在我们的推理中扮演有用甚至不可或缺的角色。在许多情况下，我们可以自信地判断一段旅程是长是短，这会帮助我们决定是否把它纳入我们的计划之中。如果我们发现自己不能判断这样的事情，那也是有帮助的——它意味着我们在决策时可以忽略这个问题，必须寻找其他理由或任性地做决定。

然而，有时我们被迫去解决模糊问题，这发生在法律中，法律上的判决不应该是任意的，但可能涉及模糊规则的应用。一个确定的色情商店确实位于一所小学附近吗？如果我用一个咖啡杯威胁你交出钱，这是武装抢劫吗？司法系统为了做出判定，会采取武断的精确（arbitrary precision）：距离学校 1000 码以内的范围就是在学校附近；一个咖啡杯不是一件武器。通过法庭决议和明确的立法，许多这样的决定被纳入法律。任何人都会承认这些精准在某种程度上是武断的，但只要它们是一致且公开的，就没有理由反对它们。

只有当我们试图理论化模糊的时候，它才变得危险。早在公元前 4 世纪，随着连锁推理悖论或者"沙堆悖论"（paradox of the heap）的发现，模糊性引起的问题就出现了。沙堆悖论是这样的：一粒沙子当然不成堆，给不成堆的沙子增加一粒沙子当然也不能成堆，所以，不管最后它包含多少沙子，它都不成堆即沙堆不存在。

这个古老悖论的形式极具挑战性。"堆"（heap）是一个未受严格限制的词语——它与日常感知和兴趣联系在一起，我们没有度量技术可以精确这个词。迈克尔·达米特（Dummett，1975）指出，一些词语与日常感知紧密相连，对于知觉无法区分的事物，它们的外延不会有区别。如果"堆"是这样一个词，那么，我们无法区别 n 粒的沙堆和 n+1 粒的沙堆，如果其中一个是沙堆，那么，另一个也是沙堆。当然，我们同意一粒沙不成堆。现在，悖论性的结论就是不可避免的。例如，我们有 10000 个真陈述¬ Heap（n）↔¬ Heap（n+1），以及¬ Heap（1）。仅仅使用肯定前件（modus ponens）（99999 次），我们得到了结论¬ Heap

(100000)：100000 粒沙子不能成堆。

在这一点上，一些理论家觉得我们应该抛弃经典逻辑，两种最具吸引力的方式是（1）超级赋值（supervaluations）和（2）多值逻辑（many-valued logic），尤其是使用实数作为真值的逻辑。法恩的作品（Fine, 1975）是第一种方式的标准参考书，而戈根（Goguen, 1969）、杜波伊斯等人（Dubois et al., 2007）和史密斯（Smith, 2008）讨论了第二种方式的各种版本[早期谈到这个理论的是戈根的文章，杜波伊斯等人描述了"模糊逻辑"（fuzzy logic），史密斯用一本书的篇幅展示了模糊性主要理论的研究]。

方法（1）和（2）之间有很多相似之处。二者都允许我们引用真值程度，模糊性研究比较欢迎这种做法。二者都限制了沙堆悖论，但其方式带来了一定的不适：多值逻辑使肯定前件（modus ponens）失效，而超级赋值使 $\exists n[\neg \text{Heap}(n) \wedge \text{Heap}(n+1)]$ 完全为真。

超级赋值保持了经典逻辑的效力，包括排中律，$\phi \vee \neg \phi$，但拒绝了二值（bivalence）——这个原则主张，对任何公式 ϕ 而言，要么 ϕ 为真，要么 $\neg \phi$ 为真。第三个想法保留了排中律和二值，主张模糊性是无知的问题，这个观点在威廉姆森（Williamson, 1996b）的作品中被提出和讨论。一个超级赋值主义者可能说，尽管 $\exists n[\neg \text{Heap}(n) \wedge \text{Heap}(n+1)]$ 完全为真，但没有一个 n 满足 $\neg \text{Heap}(n)$ 和 $\text{Heap}(n+1)$ 同时为真。但是，无知论者认同二值，认为这个数存在，认为无法区分的两个沙堆中，一个成堆，另一个不成堆。最后一种方法的优点是逻辑简化，缺点是让人难以置信。

这些选择都可以很容易地与自然语言的语义理论相结合。当然，认知理论根本不需要任何调整。但是，超级赋值和多值逻辑是对经典逻辑修改后的版本，可以很容易地与形式语义学中最常用的内涵类型理论相结合。

虽然这些选择是现成的，但是，语义学家可能更喜欢另一种选择——使用没有真值空缺（truth-value gap）的逻辑，或者完全忽略模糊性的问题，或者简单地接受一个事实：理论必须把在某种程度上是任意的语义值分配给一些词项。

这种选择比乍看起来更有吸引力,原因有二:首先,当代形式语义学的研究大多集中在对复杂表达式和虚词(functional words)的解释上,忽视了如何对实词(content words)进行具体解释的问题。虽然也有一些模糊的虚词(如介词"next to",限定词"many",情态动词"must"等),但模糊性主要与实词有关。

其次,虽然模糊性与语义真值条件的多样性不是一回事,但它们密切相关:如果解决相关的歧义和语境因素还不足以在同样似是而非的语义赋值之间做出决定,那么一个表达式就是模糊的,如果我们认可上述观点,那么我们不得不说逻辑操作不能消除模糊。例如,无论我们使用的是超级赋值还是多值逻辑,都会有一个确定的数字 n 使得 n 个沙粒构成沙堆为假,而 n+1 个沙粒构成沙堆既不为真也不为假。但 n 的选择是任意的;同样好的理论也会选择不同的 n 值(这有时被称为*高阶模糊 higher-order vagueness* 问题)。

当然,语境有助于减少歧义,但语境并不能完全消除歧义。即使我们出于自己的目的同意"long"适用于描述某个女性可能进行的旅行,而且这个词受她当前的兴趣和偏好的影响,但这也不足以把距离划分为长的或者不长的。我们不管用什么好办法似乎在语义学上和在法律上都无法避免模糊,无论如何,我们需要学会适应它。

也许,模糊性并没有令人信服的理由让我们采用非标准的逻辑。替代的逻辑并没有消除任意性的因素,而且大部分(如果不是全部的话)由精确化度量或多值逻辑完成的工作,至少也可以由模糊词项的程度语义学完成。

13.3.3 程度语义学

许多模糊的词是可测量的。也就是说,我们可以把它们的意义看作程度的问题,程度是与一种度量或尺度相关联的标志,而这些标志是有序的(参见 Cresswell, 1976)。可分级形容词(比较级的形容词)可能是最常见的例子。在特定的语境中,比如"long"这样的形容词会把一个人与长度的程度联系起来。

通过赋给短语"x is [ADJ$^\alpha$]"一个精确的程度范围，程度理论（Degree Theory）可以相对于语境解释这个短语。以这种方式严格把控像"long"这样可分级形容词的意义，就可以消除它的任何模糊性，但这并不妨碍该方法解释与模糊性密切相关的语义数据。事实上，克里斯托弗·肯尼迪称他的理论是"模糊性的语法"（a grammar of vagueness）（参见 Kennedy，2007）。

例如，该方法能够描述语境如何影响将程度范围分配给可分级形容词的方式。肯尼迪认为语境通过提供比较来影响诸如"expensive"之类的形容词。粗略地说，"expensive"的意思是"昂贵到超出 C 类标准的程度"，而"pretty expensive"的意思是"昂贵到明显超过 C 类标准的程度"，所以，"x is pretty expensive"蕴涵"x is expensive"。像"straight"这样的形容词则属于另一种情况，"x is pretty straight"蕴涵"x is not straight"。这些蕴涵的结果与形式语义理论预测的类似蕴涵一致，但它们与关于模糊性的考虑相互作用。

13.4 结论

语义悖论和沙堆悖论已经困扰哲学家很长时间了，一直没有令人满意的解决办法。虽然这两个悖论都与意义问题密切相关，但语言学的意义理论可以在不需要满足哲学标准的解决方案的情况下展开。

我们可以通过分离对象语言和元语言来解决语义悖论。如果不把直接引语"true"这样的元语言表达式包含在对象语言中，这些悖论就不会出现。

模糊更难以忽视，但是通过对词汇语义进行一定程度的主观规定就可以解决模糊问题，这种管制似乎是不可避免的，但它很少有害或几乎无害，甚至还可以支持模糊理论的发展。

术语表

⊥："假"。

∃：存在量词的逻辑符号，即逻辑上的"存在"。

∀：全称量词的逻辑符号，即逻辑上的"每一个"。

λ：抽象，参见"Lambda 抽象"。

〚 〛：语义评价算子，将一个表达式 η 转换为其语义值〚 η 〛。

¬：否定的逻辑符号，逻辑上的"不"。

⊤："真"。

⌜⌝：角引号。

∨：析取的逻辑符号，即逻辑上的"或"。

∧：合取的逻辑符号，即逻辑上的"和"。

名词解释

先验真理与后验真理（a priori vs. a posteriori truth）：后验真理是不依靠经验就无法知道的真理；先验真理就是非后验真理的真理。

抽象的/具体的（abstract/concrete）：通常情况下，抽象的事物不存在于时空之中，也没有因果关系。自然数是抽象实体的范例。

顺应（accommodation）：说者显然预先假设了某件事，而听者采用了同样的预设，因此，两者共同的基础便得到了扩展。

体类型（Aktionsarten/aspectual types）：动词的类型，可以用来区分它们是如何与体和某些副词互动的。芝诺·文德勒（Zeno Vendler）提供了最有影响力的分类之一。

分析，哲学的（analysis, philosophical）：用于哲学解释的一个描述语。通常情况下，它是分析一个概念或一个表达式的意义。哲学分析通过定义或形式化揭示被分析事物的基本结构。

复指关系（anaphoric relation）：指两个短语之间的关系，其中一个短语的语义值来自另一个短语的语义值。例如，在"Jill loves her mother"中的"Jill"和"her"之间的关系。

行为主义（behaviorism）：20世纪上半叶流行的一种心理学方法，它避免了心理理论，强调刺激和行为反应之间的直接关系。

绑定关系（binding relation）：两个短语之间的关系，其中一个短语的语义值取决于与另一个短语相关联的语义规则。例如，在"Every woman loves her mother"的解释中,"Every woman"和"her"的关系。

特征函数(characteristic function):如果 x 属于集合 X,值⊥不属于集合 X,集合 X 的特征函数输入对象 x,输出真值⊤。

共同基础(common ground):谈话的参与者都认为是理所当然的东西。许多理论家认为这是他们所有人都相信的东西,所有人都相信他们所有人都相信的东西……一些理论家在这个定义中使用知识,另一些人出于交流的目的在这个定义中仅使用接受。

组构性,语义的(compositionality, semantic):该观点认为有一个函数,它把任何复杂表达式的最终组成部分的完整结构和意义映射到该表达式的意义上。

概念角色语义学(conceptual role semantics):该观点认为一个表达式的意义因其在推理中的作用而被耗尽,如果广义地解释,它包括感性判断和指导行为的决定。

条件句(conditional):由一个主句和一个表示条件的从句构成的句子。"If it snowed last night the streets are slippery"就是一个条件句。

内容(content):一个表达式的脱文本意义,合格的语言使用者应该可以理解这样的表达式。通常认为内容和世界上的相关事实一起决定外延。例如,陈述句的内容和真实世界的事实决定了真值。

语境,话语的(context, of utterance):一个话语发生的情境。通常以两种方式在形式语义中建模,即作为一个 n-元组,它的成分是给定语境中指示词的语义值,或者作为会话参与者的共同基础。

对应理论,真值(correspondence theory, of truth):将真值描述为句子和独立于语言的事物之间的关系。

跨世界识别(cross-world-identification):如何从一种可能性追踪到另一种可能性的哲学和逻辑问题。也被称为情态个性化。

限定摹状词(definite description):主要用于哲学的一个术语,指的是限定名词短语,尤指以定冠词为首的名词短语。

双真逻辑(dialethic logic):为真正的矛盾留出空间的逻辑。

倾向(disposition):在测试条件下发生某些变化的哲学术语。例如，溶解性和弹性就是倾向。

经验主义（empiricism）：激进的经验主义认为所有知识的获得和证明都需要经验证据。温和的经验主义者把逻辑知识排除在这一要求之外。

省略三段论（enthymene）：依赖于缺失的、内隐前提的推理。

显现主义（expressivism）：一种哲学观点，认为道德评价性句子的主要功能不是描述事实，而是表达一种态度或情感。

外延（extension）：语义值，如个体或对象，或真值。一般来说，通过形成集合和函数构造的语义值被认为是外延。非句表达式的外延是指它作为构成成分出现在陈述句中，并能对陈述句的真值做出贡献的东西。一个指称表达式的外延就是它所指的事物。

外延结构（extensional construction）：是一种语义行为可以通过外延来解释的构式。

语力（force）：对弗雷格来说，力是针对某一内容的一种精神行为。例如，人们可以怀疑 p 是否存在，然后假设或接受或拒绝 p。对一些言语行为理论家来说，言外之力（illocutionary force）决定了内容进入什么言语行为。例如，它是被命令的还是被许诺的。

形式语义学（formal semantics）：是对自然语言进行语义学处理的方法，它广泛和系统地使用来自符号逻辑的思想。

自由变量（free variable）：不受量词限制的变量。

函数（function）：将单个输出分配给固定长度的输入序列的规则。固定长度被称为函数的元数（arity），输入是函数的参数，输出是函数的值。函数的域是它所有参数的集合；函数的范围是它所有值的集合。

功能主义（functionalism）：认知的功能主义理论描述了心理状态并根据它们之间的关系以及与感知功能和运动功能的关系来描述它们。

基础（grounding）：在对话中保持协调的过程。许多对话机制，如渠道返回（back-channeling）和重复，都协助基础过程。

当且仅当（iff）：iff 是 if and only if 的缩略式。

隐涵（implicature）：对保罗·格赖斯来说，它的意思是不属于说话者所说内容的话语所传达的信息。他区分了惯例隐涵（所表达的意思的一部分）和会话隐涵（通过一种依赖于说者合作的假定的机制来传达）。

指示语（indexical expression）：其语义值对话语的语境敏感的表达式。

个性化，情态（individuation, modal）：如何追踪个体从一个地方、时间或可能世界到另一个地方、时间或可能世界的哲学和逻辑问题，也被称为跨世界识别。

推论角色语义学（inferential role semantics）：认为表达式的意义通过其在推理中的角色而被耗尽的观点。

指称的不可测度说（inscrutability of reference）：认为除了获得陈述句的真值条件之外，对语义推理没有经验上的限制，因此，反对词语指称的理论同样可以是好理论。

内涵（intension）：一个表达式的内涵是从可能世界（可能有进一步的参数，如时间或地点）到外延的函数。

内涵结构（intensional construction）：在哲学中被含糊地用来指一个不能用外延来解释其语义行为的构式，或者更狭义地指一类可以用内涵来解释其语义行为的表达式。

内在主义与外在主义（internalism versus externalism）：心灵哲学中的内在主义认为心理是一个内在的东西，即一个人如何表征这个世界以及拥有这些表征是什么样子的，只有当环境对我们的内心产生影响时，它才对我们的思想产生影响。外在主义否认这一点。

lambda 抽象（lambda abstraction）：从包含自由变量的函数如何操作的描述中提供函数的显式名称的方法。例如，$\lambda x\ x^2 + 2x + 1$ 是一个函数，它输入一个数，输出的结果是将该数平方后加上 2 乘以该数再加上 1 的结果。如果"x is red"指其真值⊤或⊥，那么，"λx is red"指的是一个函数：如果"x"是一些红色的东西，那么真值为⊤，否则，真值为⊥。

语言游戏（language game）：对维特根斯坦而言，指的是为了特定目的而使用的遵循特定规则的一套特定的表达方式，维特根斯坦把一般的语言使用看作语言游戏的拼凑。

说谎者悖论（Liar Paradox）：过去的形式是，克里特人说所有克里特人都是说谎者。在现代元语言形式中，它指的是一个句子自证是错误的或不真实的。

言内之意、言外之意、言后之意（locution versus illocution versus perlocution）：J. L. 奥斯汀区分了各种与话语有关的行为。言内之意是通过语言表达的方式（例如，仅仅说出"我饿了"这句话）来公开表达一种内容。言后之意包括观众的反应（例如，通过说"我饿了"来说服某人相信我饿了）。言外之意通常是内容和语力的结合：断言我饿了是一个言外之意，承诺请某人吃午饭也是言外之意。言外之意不依赖于观众的反应。这些意义之间的确切界限往往很难划清。

逻辑实证主义（logical positivism）：认为任何在逻辑上不正确的但有意义的主张如果是真的，都必须通过经验证据获得和证明，而且这个证据最终必须还原为感觉印象。

逻辑专有名称（logically proper name）：伯特兰·罗素认为，逻辑专有名称指的是它的指称，而不是对它的描述，能够理解这个名称的说者与它的所指物处在一种直接的认知接触中（罗素称之为相识），因此不会对它的存在或身份产生误解。

元数学（metamathematics）：将数学应用于数学理论本身。

元语义学（metasemantics）：研究特定意义如何以及为何与特定表达式相关联的学科。

情态动词（modal verbs）：与某种必要性或可能性有关的一小类动词。在英语中，大多数情态动词都是助动词，比如"must""may""should""might""can"。

模型（model）：一种数学结构，它提供了用来解释语言表达式的域，并使句子真值的定义成为可能。

模型理论（model theory）：对模型的数学研究。

自然和非自然的意义（natural versus non-natural meaning）：保罗·

格赖斯区分出于自然原因的推理的意义（如"Smoke means fire"或"That coating of ice means that the walk is slippery"）和出于交际目的的意义（如"He meant fire by his loud cry"或"That sign means that the walk is slippery"）。

自然主义（naturalism）：本体论自然主义认为科学可以最佳地导向有关存在的问题，方法论自然主义认为科学方法是检验各种问题的第一和最好的方法。

唯名论（nominalism）：是一种传统的哲学观点，认为没有普遍存在的东西，也就是说很多东西没有一个共同点。在当代哲学中，它代表没有抽象实体的观点。

非单调逻辑（nonmonotonic logic）：是一种具有非单调推理关系的逻辑。这意味着，如果增加了新的前提，从一组前提得出的结论可能不再成立。

观察句（observation sentence）：与观察密切相关的句子，可以被有能力的、有相关观察经验的语言使用者证实或否定。

本体论（ontology）：形而上学的一个分支，研究存在的学问。

日常语言哲学（ordinary language philosophy）：20世纪中期的一场哲学运动，试图通过反思日常生活中某些用语的使用细节来解决哲学问题。其中心人物包括路德维希·维特根斯坦、吉尔伯特·赖尔、J. L. 奥斯汀和彼得·斯特劳森。

施为话语（performative utterance）：对J. L. 奥斯汀来说，施为话语旨在行为的实施，如命令、许诺、命名、结婚等。它与那些旨在描述事物的话语是有区别的。话语"I promise that I will come"是施为的：说话者做出一个承诺。但是话语"I promised that I would come"通常是不具有施为功能的：说话者在描述他曾做出的承诺。

现象主义（phenomenalism）：一种哲学观点，认为所有经验真理都可还原为关于实际的和可能的感觉资料或直接感觉印象的真理。

可能世界（possible world）：对事物可能存在方式的完整描述；一种可能性。可能世界语义学是研究形式语义学中情态及至内涵性的标准方法。

语用学（pragmatics）：研究有意义的表达式的使用。语言语用学主要研究陈述句的预设和含意是如何产生的。

能产性，语言的（productivity, linguistic）：讲一种语言的人理解他们从未见过的表达式的能力。

命题（proposition）：相信和断言的意图对象。人们常认为命题也是对语境不敏感的陈述句的意思，但这一观点存在争议。在形式语义学中，命题通常表示为可能世界的集合。

命题态度（propositional attitude）：指向一个命题的心理事件、过程或状态。一般认为，以分句作为补语的心理动词（如"believe"）表示命题态度；通常认为，带有不定式补语的心理动词（如"want"）也表达命题态度。

命题逻辑（propositional logic）：语言的逻辑，其唯一的逻辑常量是句子连接词，如连词、析取词和否定词。

心理动词（psychological verb）：表示某种心理状态的动词。

量词（quantifier）：用来表示概括的逻辑常量。在形式语言中，这些通常是绑定变量的工具，如一阶逻辑中的"∀"和"∃"。

彻底解释（radical interpretation）：一个对语言表达式的意义缺乏先验知识的人，通过观察有能力的说话者与环境的互动来收集证据，从而决定该表达式的意义的过程。特别是，彻底解释并不依赖于共同的语言或文化。

罗素悖论（Russell Paradox）：是集论中的悖论，它可以通过类型理论或对集论理解公理的限制来规避。这个问题与所有集合的集合有关，这些集合不是自身的元素。它是自身的元素吗？肯定回答和否定回答都直接导致矛盾。

语义值（semantic value）：与语言表达式相关联并为其意义的某个方面建模的实体（或多个实体）。在语义学中，语义值通常是外延或内涵。

语义学（semantics）：对表达式意义的系统研究。语义学主要关注的是语言意义的一个特定方面,即陈述句的真值条件及其构成要素对其真值条件的贡献。

感觉数据(sense-data):知觉的意图对象,被认为是依赖于心智的,并且拥有所有且仅拥有它们看起来拥有的属性。这种东西是否存在是有争议的。

替代性(substitutivity, principle of):指将一个复杂表达式中的最终组成部分与同义词互换不会改变该复杂表达式的意义的原则。

超级赋值(supervaluation):赋值就是给每句话赋一个真值。一个不确定为真或假的句子有许多允许的值。超级赋值是对句子真值的部分赋值,它把一个句子当作真的条件是该句子在所有允许的赋值中都是真的;它把一个句子当作假的条件是该句子在所有允许的赋值中都是假的。

塔尔斯基层级结构(Tarski hierarchy):一系列元语言,每一种都比它的前身更强大,每一种都能在它的前身中定义真值。

目的论的解释(teleological explanation):根据现象的功能或目的对其进行的解释。

及物动词,内涵的(transitive verb, intensional):宾语是有内涵的及物动词。"seek""imagine""fear"是内涵及物动词。

真值(truth-value):对弗雷格来说,句子可以指称两个对象,即真和假。在逻辑上,通常用"1"和"0"来表示它们;我们使用"⊤"和"⊥"来表示它们。

变量(variable):在逻辑语言和编程语言中用来概括的手段。许多语言学家,尤其是那些相信某种程度上"逻辑形式"的语言学家,认为自然语言中也存在变量。

参考文献

Adams, Robert Merrihew. 1981. Actualism and Thisness. *Synthese*, 49(1), 3-41.
Ahmed, Tarek Sayed. 2005. Algebraic Logic: Where Does It Stand Today? *The Bulletin of Symbolic Logic*, 11(4), 465-516.
Aloni, Maria. 2001. *Quantification under Conceptual Covers*. Ph. D. Dissertation, University of Amsterdam, Amsterdam.
Anderson, Alan R. 1951. A Note on Subjunctive and Counterfactual Conditionals. *Analysis*, 12, 35-38.
Anderson, Alan R., and Belnap, Nuel D. 1975. *Entailment: The Logic of Relevance and Necessity*, Vol. 1. Princeton, NJ: Princeton University Press.
Anderson, C. Anthony. 1977. *Some Models for the Logic of Sense and Denotation with an Application to Alternative (0)*. Ph. D. Dissertation, Philosophy Department, UCLA, Los Angeles.
Anscombe, G. E. M. 1963. *Intention*. 2 edn. Ithaca, NY: Cornell University Press.
Arlo-Costa, Horacio, and Egré, Paul. 2016. The Logic of Conditionals. In: Zalta, Edward N. (ed), *The Stanford Encyclopedia of Philosophy*. https://plato.stanford.edu/archives/win2016/entries/logic-conditionals/.
Armstrong, David. 1968. *A Materialist Theory of the Mind*. London: Routledge and Kegan Paul.
Arnauld, Antoine, and Nicole, Pierre. 1996. *Logic or the Art of Thinking*. Cambridge: Cambridge University Press. Translated by Jill Vance Buroker.
Asher, Nicholas, and Lascarides, Alex. 2003. *Logics of Conversation*. Cambridge: Cambridge University Press.
Atkin, Albert. 2013. Peirce's Theory of Signs. In: Zalta, Edward N.

(ed), *The Stanford Encyclopedia of Philosophy*. Stanford Encyclopedia of Philosophy. http://plato.stanford.edu/archives/sum2013/entries/peirce-semiotics/.

Augustine of Hippo. 1995. *De Doctrina Christiana*. Oxford: Oxford University Press. Originally published 397-426 CE. Translated by R. P. H. Green.

Aumann, Robert J. 1976. Agreeing to Disagree. *Annals of Statistics*, 4(6), 1236-1239.

Aumann, Robert J. 1995. Backward Induction and Common Knowledge of Rationality. *Games and Economic Behavior*, 8(1), 6-19.

Austin, John L. 1946. Other Minds. *Proceedings of the Aristotelian Society*, 20, 148-187.

Austin, John L. 1950. Truth. *Proceedings of the Aristotelian Society*, 24, 111-128. Austin, John L. 1956. Ifs and Cans. Proceedings of the British Academy, 42, 109-132.

Austin, John L. 1956-1957. A Plea for Excuses. *Proceedings of the Aristotelian Society*, 57, 1-30.

Austin, John L. 1961. Performative Utterances. Pages 233-252 of: Urmson, J. O., and Warnock, G. J. (eds), *Philosophical Papers*. 3 edn. Oxford: Oxford University Press. Edited transcript of an unscripted 1956 radio talk produced by the BBC.

Austin, John L. 1962a. *How to Do Things with Words*. Oxford: Oxford University Press. Edited by J. O. Urmson and G. J. Warnock.

Austin, John L. 1962b. *Sense and Sensibilia*. Oxford: Oxford University Press. Reconstructed posthumously from lecture notes by G. J. Warnock.

Ayer, Alfred J. 1936. *Language, Truth and Logic*. London: Victor Gollancz.

Bach, Kent. 1999. The Myth of Conventional Implicature. *Linguistics and Philosophy*, 22(4), 327-366.

Bach, Kent, and Harnish, Robert M. 1979. *Linguistic Communication and Speech Acts*. Cambridge, MA: The MIT Press.

Bar-Hillel, Yehoshua. 1954. Indexical Expressions. *Mind, New Series*, 63, 359-379.

Bar-Hillel, Yehoshua. 1963. Can Indexical Sentences Stand in Logical Relations? *Philosophical Studies*, 14(6), 87-90.

Barwise, K. Jon, and Cooper, Robin. 1981. Generalized Quantifiers and Natural Language. *Linguistics and Philosophy*, 4(1), 159-219.

Barwise, Jon, and Etchemendy, John. 1987. *The Liar*. Oxford: Oxford University Press.

Bealer, George. 1998. Propositions. *Mind, New Series*, 107(425), 1-32.

Beall, J. C., and Armour-Garb, Bradley (eds). 2005. *Deflationism and Paradox*. Oxford: Oxford University Press.

Beaney, Michael. 2016. Analysis. In: Zalta, Edward N. (ed), *The Stanford*

Encyclopedia of Philosophy, summer 2016 edn. https://plato.stanford.edu/archives/sum2016/entries/analysis/.
Beaver, David. 1996. Presupposition. Pages 939–1008 of: van Benthem, Johan, and ter Meulen, Alice (eds), *Handbook of Logic and Language*. Amsterdam: Elsevier.
Beaver, David I. 1999. Presupposition Accommodation: A Plea for Common Sense. Pages 21–44 of: Moss, Lawrence S., Ginzburg, Jonathan, and de Rijke, Maarten (eds), *Logic, Language and Computation*, Vol. 2. Stanford, CA: CSLI Publications.
Bell, David. 1987. Thoughts. *Notre Dame Journal of Formal Logic*, 28(1), 36–50.
Bell, David. 1996. The Formation of Concepts and the Structure of Thoughts. *Philosophy and Phenomenological Research*, 56(3), 583–596.
Bennett, Jonathan. 1976. *Linguistic Behaviour*. Cambridge: Cambridge University Press.
Bennett, Michael R., and Partee, Barbara H. 1982. *Toward the Logic of Tense and Aspect in English*. Bloomington, IN: Indiana University Linguistics Club.
Bermúdez, José L. 2001. Frege on Thoughts and Their Structure. *Logical Analysis and History of Philosophy*, 4, 87–105.
Bernecker, Sven. 2010. *Memory: A Philosophical Study*. Oxford: Oxford University Press.
Bezuidenhout, Anne. 2001. Metaphor. *Midwest Studies in Philosophy*, 25(1), 156–186.
Blackburn, Patrick, de Rijke, Maarten, and Venema, Yde. 2001. *Modal Logic*. Cambridge: Cambridge University Press.
Blackburn, Simon. 1984. *Spreading the Word: Groundings in the Philosophy of Language*. Oxford: Oxford University Press.
Bloomfield, Leonard. 1933. *Language*. New York: Holt, Rinehart and Winston.
Boër, Steven E., and Lycan, William G. 1986. *Knowing Who*. Cambridge, MA: The MIT Press.
Boghossian, Paul A. 1989. Content and Self-Knowledge. *Philosophical Topics*, 17(1), 5–26.
Bolander, Thomas, Hendricks, Vincent F., and Pedersen, Stig Andur (eds). 2006. *Self-Reference*. Stanford, CA: CSLI Publications.
Brandom, Robert B. 1994. *Making It Explicit: Reasoning, Representing, and Discursive Commitment*. Cambridge, MA: Harvard University Press.
Brandom, Robert. 2000. *Articulating Reasons: An Introduction to Inferentialism*. Cambridge, MA: Harvard University Press.
Braun, David. 1998. Understanding Belief Reports. *The Philosophical Re-

view, 107(4), 555-595.
Brentano, Franz. 1995. *Psychology from an Empirical Standpoint*. 2 edn. London: Routledge. Originally published in 1874. Translated by A. C. Rancurello, D. B. Terrell, and L. McAlister.
Brewka, Gerhard, Dix, Jürgen, and Konolige, Kurt. 1997. *Nonmonotonic Reasoning: An Overview*. Stanford, CA: CSLI Publications.
Bromberger, Sylvain. 1992. Types and Tokens in Linguistics. Pages 170-208 of: Bromberger, Sylvain (ed), *On What We Know We Don't Know*. Chicago, IL: University of Chicago Press.
Brueckner, Anthony. 2003. Trees, Computer Program Features, and Skeptical Hypotheses. Pages 217-226 of: Luper, Steven (ed), *The Sceptics: Contemporary Essays*. Burlington, VT: Ashgate.
Burge, Tyler. 1979. Individualism and the Mental. *Midwest Studies in Philosophy*, 4(1), 73-121.
Burge, Tyler. 1989. Individuation and Causation in Psychology. *Pacific Philosophical Quarterly*, 70(4), 303-332.
Camp, Elisabeth. 2005. Metaphors and Demonstratives: Josef Stern's, *Metaphor in Context*. Noûs, 39(4), 715-731.
Cappelen, Herman, and Dever, Josh. 2013. *The Inessential Indexical: On the Philosophical Insignificance of Perspective and the First Person*. Oxford: Oxford University Press.
Cappelen, Herman, and Lepore, Ernest. 2005. *Insensitive Semantics: A Defense of Semantic Minimalism and Speech Act Pluralism*. Oxford: Blackwell.
Carnap, Rudolf. 1934. *Logische Syntax der Sprache Schriften zur wissenschaftlichen Weltauffassung*. Vienna: Verlag von Julius Springer.
Carnap, Rudolf. 1937. *The Logical Syntax of Language*. London: Kegan Paul Trench, Trubner. Translated by Amethe Smeaton, Countess von Zeppelin.
Carnap, Rudolf. 1942. *Introduction to Semantics*. Cambridge, MA: Harvard University Press.
Carnap, Rudolf. 1950. Empiricism, Semantics, and Ontology. *Revue Internationale de Philosophie*, 4, 20-40.
Carnap, Rudolf. 1956. *Meaning and Necessity*. 2 edn. Chicago, IL: Chicago University Press. First edition published in 1947.
Carston, Robyn. 2002. *Thoughts and Utterances: The Pragmatics of Explicit Communication*. Oxford: Blackwell.
Carston, Robyn. 2012. Word Meaning and Concept Expressed. *The Linguistic Review*, 29(4), 607-623.
Casati, Roberto, and Varzi, Achille C. 1999. *Parts and Places: The Structures of Spatial Representation*. Cambridge, MA: The MIT Press.
Castañeda, Hector-Neri. 1966. "He": A Study in Self-Consciousness. *Ra-*

tio, 8, 187-203.
Castañeda, Hector-Neri. 1969. Indicators and Quasi-Indicators. *American Philosophical Quarterly*, 4(2), 85-100.
Chapuis, André, and Gupta, Anil (eds). 2000. *Circularity, Definition, and Truth*. New Delhi: Indian Council of Philosophical Research.
Chierchia, Gennaro. 1995. *Dynamics of Meaning: Anaphora, Presupposition, and the Theory of Grammar*. Chicago, IL: Chicago University Press.
Chisholm, Roderick. 1957. *Perceiving*. Ithaca, NY: Cornell University Press.
Chomsky, Noam. 1986. *Knowledge of Language: Its Nature, Origin, and Use*. New York: Praeger.
Chomsky, Noam. 2000. *New Horizons in the Study of Language and Mind*. Cambridge: Cambridge University Press.
Church, Alonzo. 1940. A Formulation of the Simple Theory of Types. *Journal of Symbolic Logic*, 5(1), 56-68.
Church, Alonzo. 1941. *The Calculi of Lambda Conversion*. Princeton, NJ: University of Princeton Press. Annals of Mathematics Studies, Number 6.
Church, Alonzo. 1943. Carnap's Introduction to Semantics. *The Philosophical Review*, 52(3), 298-304.
Church, Alonzo. 1950. On Carnap's Analysis of Statements of Assertion and Belief. *Analysis*, 10, 97-99.
Church, Alonzo. 1951a. A Formulation of the Logic of Sense and Denotation. Pages 3-24 of: Henle, Paul, Kallen, Horace M., and Langer, Susanne K. (eds), *Structure, Method, and Meaning: Essays in Honor of Henry M. Scheffer*. New York: Liberal Arts Press.
Church, Alonzo. 1951b. The Need for Abstract Entities in Semantic Analysis. *Proceedings of the American Academy of Arts and Sciences*, 80, 100-112.
Church, Alonzo. 1993. A Revised Formulation of the Logic of Sense and Denotation. Alternative (1). *Noûs*, 27, 141-157.
Clark, Herbert. 1992. *Arenas of Language Use*. Chicago, IL: University of Chicago Press.
Clark, Herbert, and Carlson, Thomas B. 1982. Context for Comprehension. Pages 313-330 of: *Attention and Performance IX*. Mahwah, NJ: Lawrence Erlbaum Associates.
Clark, Herbert H. 2005. Pragmatics of Language Performance. Pages 365-382 of: Horn, Laurence R., and Ward, Gregory (eds), *Handbook of Pragmatics*. Oxford: Blackwell.
Clark, Herbert H., and Brennan, Susan E. 1991. Grounding in Communication. Pages 127-149 of: Resnick, Lauren B., Levine, John M., and Teasley, Stephanie D. (eds), *Perspectives on Socially Shared Cognition*. Washington, DC: American Psychological Association.

Clark, Herbert H. , and Marshall, Catherine R. 1981. Definite Reference and Mutual Knowledge. Pages 10 – 63 of: Joshi, Arivind, Webber, Bonnie, and Sag, Ivan (eds), *Elements of Discourse Understanding*. Cambridge: Cambridge University Press.

Clark, Herbert H. , and Schaefer, Edward F. 1987. Collaborating on Contributions to Conversations. *Language and Cognitive Processes*, 2(1), 19 –41.

Clark, Herbert H. , and Schober, Michael. 1989. Understanding by Addressees and Overhearers. *Cognitive Psychology*, 21, 211–232.

Code, Alan D. 1995. Potentiality in Aristotle's Science and Metaphysics. *Pacific Philosophical Quarterly*, 76(3–4), 405–418.

Cohen, S. Marc. 2014. Aristotle's Metaphysics. In: Zalta, Edward N. (ed), *The Stanford Encyclopedia of Philosophy*. Stanford Encyclopedia of Philosophy. http://plato.stanford.edu/archives/sum2014/entries/aristotle-metaphysics/.

Collins, John. 2007. Syntax, More or Less. *Mind*, 116(464), 805–850.

Cottingham, John, Stoothoff, Robert, and Murdoch, Dugald (eds). 1984. *The Philosophical Writings of Descartes*. Cambridge: Cambridge University Press.

Crane, Tim. 1991. All the Difference in the World. *The Philosophical Quarterly*, 41(1), 1–25.

Crane, Tim. 1998. Intentionality as the Mark of the Mental. *Royal Instutute of Philosophy Supplement*, 43, 229–251.

Cresswell, Max J. 1976. The Semantics of Degree. Pages 261–292 of: Partee, Barbara H. (ed), *Montague Grammar*. New York: Academic Press.

Cresswell, Max J. 1985. *Structured Meanings*. Cambridge, MA: The MIT Press.

Crimmins, Mark. 1995. Contextuality, Reflexivity, Iteration, Logic. Pages 381–399 of: Tomberlin, James E. (ed), *Philosophical Perspectives*, Vol. 9: *AI, Connectionism, and Philosophical Psychology*. Atasacadero, CA: Ridgeview Publishing Company.

Davidson, Donald. 1965. Theories of Meaning and Learnable Languages. Pages 3–17 of: Bar-Hillel, Yehoshua (ed), *Proceedings of the International Congress for Logic, Methodology, and Philosophy of Science*. Amsterdam: North-Holland.

Davidson, Donald. 1967. Truth and Meaning. *Synthese*, 17(1), 304–323. Reprinted in Davidson (1984).

Davidson, Donald. 1968. On Saying That. *Synthese*, 19, 130–146.

Davidson, Donald. 1969. True to the Facts. *Journal of Philosophy*, 66(21), 748–764.

Davidson, Donald. 1973. In Defense of Convention T. Pages 76–86 of: Da-

vidson, Donald (ed), *Inquiries into Truth and Interpretation*. Oxford: Oxford University Press.
Davidson, Donald. 1973. Radical Interpretation. *Dialectica*, 27(3-4), 313-328. Republished in Davidson (1984).
Davidson, Donald. 1978. What Metaphors Mean. *Critical Inquiry*, 5(1), 31-47.
Davidson, Donald. 1979. The Inscrutability of Reference. *Southwestern Journal of Philosophy*, 10(2), 7-19.
Davidson, Donald. 1984. *Inquiries into Truth and Interpretation*. Oxford: Oxford University Press.
Davis, Wayne A. 1998. *Implicature: Intention, Convention, and Principle in the Failure of Gricean Theory*. Cambridge: Cambridge University Press.
den Dikken, Marcel, Larson, Richard, and Ludlow, Peter. 1996. Intensional 'Tran-sitive' Verbs and Concealed Complement Clauses. *Revista de Linguistica*, 8(1), 29-46.
Dennett, Daniel, and Steglich-Petersen, Asbjørn. 2008. *The Philosophical Lexicon*, 2008 edition. http://www.philosophicallexicon.com/.
DeRose, Keith. 1992. Contextualism and Knowledge Attributions. *Philosophy and Phenomenological Research*, 52(4), 913-929.
DeRose, Keith. 2009. *The Case for Contextualism: Knowledge, Skepticism, and Context*, Vol. 1. Oxford: Oxford University Press.
Descartes, René. 1996. *Meditations on First Philosophy*. Cambridge: Cambridge University Press. English translation by John Cottingham.
Dever, Josh. 1999. Compositionality as Methodology. *Linguistics and Philosophy*, 22(3), 311-326.
Dowty, David R. 1979. *Word Meaning in Montague Grammar*. Dordrecht: D. Reidel Publishing Co.
Dretske, Fred. I. 1980. The Intentionality of Cognitive States. *Midwest Studies in Philosophy*, 5(1), 281-294.
Dretske, Fred I. 1981. *Knowledge and the Flow of Information*. Cambridge, MA: The MIT Press.
Dretske, Fred. 1995. *Naturalizing the Mind*. Cambridge, MA: MIT Press.
Dubois, Didier, Prade, Henri, and Godo, Lluís. 2007. Fuzzy-Set Based Logics— An History-Oriented Presentation of Their Main Developments. Pages 325-450 of: Gabbay, Dov M., and Woods, John (eds), *Handbook of the History of Logic*, Vol. 8: *The Many Valued and Nonmonotonic Turn in Logic*. Amsterdam: Elsevier Science Publishers.
Dummett, Michael. 1960. A Defense of McTaggart's Proof of the Unreality of Time. *The Philosophical Review*, 69(4), 497-504.
Dummett, Michael A. E. 1975. Wang's Paradox. *Synthese*, 30, 301-324.
Dummett, Michael. 1988. More about Thoughts. *Notre Dame Journal of For-*

mal Logic, 30(1), 1-19.
Ebbs, Gary. 1989. Skepticism, Objectivity and Brains in Vats. *Pacific Philosophical Quarterly*, 73(3), 239-266.
Ebbs, Gary. 2009. *Truth and Words*. Oxford: Oxford University Press.
Egan, Andy, and Weatherson, Brian. 2011. *Epistemic Modality*. Oxford: Oxford University Press.
Elbourne, Paul. 2011. *Meaning: A Slim Guide to Semantics*. Oxford: Oxford University Press.
Evans, Gareth. 1973. The Causal Theory of Names. *Proceedings of the Aristotelian Society*, 47, 187-208. Supplementary Series.
Evans, Gareth. 1981. Understanding Demonstratives. Pages 280-304 of: Parett, Herman (ed), *Meaning and Understanding*. Oxford: Oxford University Press.
Evans, Gareth. 1983. *The Varieties of Reference*. Oxford: Oxford University Press.
Fagin, Ronald, Halpern, Joseph Y., Moses, Yoram, and Vardi, Moshe Y. 1995. *Reasoning about Knowledge*. Cambridge, MA: The MIT Press.
Feferman, Anita Burdman, and Feferman, Solomon. 2004. *Alfred Tarski: Life and Logic*. Cambridge: Cambridge University Press.
Field, Hartry. 2008. *Saving Truth from Paradox*. Oxford: Oxford University Press.
Fillmore, Charles. 1997. *Lectures on Deixis*. Stanford, CA: CSLI Publications.
Fine, Kit. 1975. Vagueness, Truth and Logic. *Synthese*, 30(3-4), 265-300.
Fodor, Jerry A. 1988. *Psychosemantics: The Problem of Meaning in the Philosophy of Mind*. Cambridge, MA: MIT Press.
Fodor, Jerry A., and Lepore, Ernest. 2001. Why Meaning (Probably) Isn't Conceptual Role. *Mind and Language*, 6(4), 328-343.
Fogelin, Robert. 1988. *Figuratively Speaking*. New Haven, CT: Yale University Press.
Forbes, Graeme. 1989. Indexicals. Pages 464-490 of: Gabbay, Dov, and Guenthner, Franz (eds), *Handbook of Philosophical Logic*, Vol. 4. Dordrecht: D. Reidel Publishing Co.
Forbes, Graeme. 2006. *Attitude Problems*. Oxford: Oxford University Press.
Foster, John A. 1976. Meaning and Truth Theory. Pages 1-32 of: Evans, Gareth, and McDowell, John (eds), *Truth and Meaning: Essays in Semantics*. Oxford: Oxford University Press.
Frege, Gottlob. 1892. Über Sinn und Bedeutung. *Zeitschrift für Philosophie und philosophische Kritik*, 100, 25-50.
Frege, Gottlob. 1906. *Brief Survey of my Logical Doctrines*. Unpublished man-

uscript. Translated by P. Long and R. White in Frege (1979c), pp. 197–202.

Frege, Gottlob. 1918. Der Gedanke. *Beiträge zur Philosophie des deutschen Idealismus*, 1, 58–77.

Frege, Gottlob. 1953. *The Foundations of Arithmetic*. 2 edn. Oxford: Oxford University Press. Originally published in 1884. Translated by J. L. Austin.

Frege, Gottlob. 1956. The Thought. *Mind, New Series*, 65(259), 289–311. English translation by Peter T. Geach of Frege (1918).

Frege, Gottlob. 1960a. Negation: A Logical Investigation. Pages 117–135 of: Geach, Peter, and Black, Max (eds), *Translations from the Philosophical Writings of Gottlob Frege*. Oxford: Basil Blackwell. Originally published in 1915 as "Die Verneinung. Eine Logische Untersuchung."

Frege, Gottlob. 1960b. On Sense and Reference. Pages 56–78 of: Geach, Peter, and Black, Max (eds), *Translations from the Philosophical Writings of Gottlob Frege*. Oxford: Basil Blackwell. Originally published in 1892 as "Über Sinn und Bedeutung." Translated by Max Black.

Frege, Gottlob. 1967. Begriffschrift, a Formula Language Modeled on that of Arithmetic, for Pure Thought. Pages 1–82 of: *From Frege to Gödel: A Source Book in Mathematical Logic*, 1879–1931. Cambridge, MA: Harvard University Press. Originally published in 1879. Translated by Stefan Bauer.

Frege, Gottlob. 1979a. Logic. Pages 126–151 of: Hermes, Hans, Kambartel, Friedrich, and Kaulbach, Friedrich (eds), *Posthumous Writings*. Oxford: Blackwell. Translated by Peter Long and Roger White.

Frege, Gottlob. 1979b. On Concept and Object. Pages 182–194 of: McGuinness, Brian (ed), *Collected Papers on Mathematics, Logic, and Philosophy*. Oxford: Blackwell. Translated by Peter Geach and Max Black.

Frege, Gottlob. 1979c. *Posthumous Writings*. Oxford: Blackwell. Edited by Hans Hermes, Friedrich Kambartel, and Friedrich Kaulbach. Translated by Peter Long and Roger White.

Frege, Gottlob. 1980a. *The Foundations of Arithmetic*. Evanston, IL: Northwestern University Press. Originally published (in German) in 1884. Translated by J. L. Austin.

Frege, Gottlob. 1980b. *Philosophical and Mathematical Correspondence*. London: Blackwell. Edited by Gottfried Gabriel et al.

Frege, Gottlob. 1984. Compound Thoughts. Pages 390–406 of: McGuiness, Brian (ed), *Gottlob Frege: Philosophical and Mathematical Correspondence*. Chicago, IL: University of Chicago Press. English Translation by Hans Kaal of "Logische Untersuchengen, Dritter Teil: Gedankengefüge," originally published in 1923.

Gallin, Daniel. 1975. *Intensional and Higher - Order Logic*. Amsterdam: North- Holland.
Gamut, L. T. F. 1991a. *Logic, Language, and Meaning*: Vol. 1: *Introduction to Logic*. Chicago, IL: University of Chicago Press.
Gamut, L. T. F. 1991b. *Logic, Language, and Meaning*: Vol. 2. *Intensional Logic and Logical Grammar*. Chicago, IL: University of Chicago Press.
Garcia-Carpintero, Manuel. 2000. Indexicals as Token-Reflexives. *Mind*, 107(427), 529-563.
Geach, Peter T. 1965. Assertion. *The Philosophical Review*, 74, 449-465.
Geanakopolos, John. 1994. Common Knowledge. Chap. 40 of: Aumann, Robert, and Hart, Serigiu (eds), *Handbook of Game Theory, with Economic Applications*, Vol. 2. Amsterdam: North-Holland.
Gibbard, Allan F. 1975. Contingent Identity. *Journal of Philosophical Logic*, 4(2), 187-221.
Gibbard, Allan F. 1990. *Wise Choices, Apt Feelings*: A Theory of Normative Judgement. Cambridge, MA: Harvard University Press.
Gibbard, Allen F. 2003. *Thinking How to Live*. Cambridge, MA: Harvard University Press.
Ginzburg, Jonathan. 2012. *The Interactive Stance*: Meaning in Conversation. Oxford: Oxford University Press.
Glanzberg, Michael. 2004. A Context-Hierarchical Approach to Truth and the Liar Paradox. *Journal of Philosophical Logic*, 33(1), 27-88.
Glanzberg, Michael. 2007. Definite Descriptions and Quantifier Scope: Some Mates Cases Reconsidered. *European Journal of Analytic Philosophy*, 3(2), 133-158.
Gödel, Kurt. 1931. Über formal unentscheidbare Satze der Principia Mathematica und verwandter Systeme I. *Monatschefte fur Mathematik und Physik*, 38, 173-198.
Goguen, Joseph A. 1969. The Logic of Inexact Concepts. *Synthese*, 1969(3-4), 325-373.
Goodman, Nelson. 1955. *Fact, Fiction and Forecast*. Cambridge, MA: Harvard University Press.
Grice, H. Paul. 1957. Meaning. *Philosophical Review*, 66(3), 377-388. Reprinted in Grice (1989b), pp. 213-282.
Grice, H. Paul. 1961. The Causal Theory of Perception. *Proceedings of the Aristotelian Society*, 35, 121-152.
Grice, H. Paul. 1968. Utterer's Meaning, Sentence-Meaning, and Word-Meaning. *Foundations of Language*, 4(3), 225-242. Reprinted in Grice (1989b), pp. 117-137.
Grice, H. Paul. 1969. Utterer's Meaning and Intentions. *The Philosophical Review*, 78(2), 147-177. Reprinted in Grice (1989b), pp. 86-116.

Grice, H. Paul. 1975. Further Notes on Logic and Conversation. Pages 113–127 of: Cole, Peter (ed), *Syntax and Semantics* 9: *Pragmatics*. New York: Academic Press. Reprinted in Grice (1989b).
Grice, H. Paul. 1981. Presupposition and Conversational Implicature. Pages 183–198 of: Cole, Peter (ed), *Radical Pragmatics*. New York: Academic Press. Reprinted in Grice (1989b).
Grice, H. Paul. 1982. Meaning Revisited. Pages 223–243 of: Smith, N. V. (ed), *Mutual Knowledge*. London: Academic Press. Reprinted in Grice (1989b), pp. 283–303.
Grice, H. Paul. 1986. Reply to Richards. Pages 45–106 of: Grandy, Richard E., and Warner, Richard (eds), *Philosophical Grounds of Rationality*. Oxford: Oxford University Press.
Grice, H. Paul. 1989a. Logic and Conversation. In: Grice, H. Paul (ed), *Studies in the Way of Words*. Cambridge, MA: Harvard University Press. The William James Lectures, delivered in 1967. Published with minor revisions.
Grice, H. Paul. 1989b. *Studies in the Way of Words*. Cambridge, Massachusetts: Harvard University Press.
Grimm, Jakob, and Grimm, Wilhelm. 1884. *Grimm's Household Tales*. London: G. Bell. Originally published, in German, 1819. Translated by Margaret Hunt.
Groenendijk, Jeroen, and Stokhof, Martin. 1984. On the Semantics of Questions and the Pragmatics of Answers. Pages 143–170 of: Landman, Fred, and Veltman, Frank (eds), *Varieties of Formal Semantics*. Dordrecht: Foris Publications.
Gupta, Anil. 1980. *The Logic of Common Nouns*. New Haven, CT: Yale University Press.
Halbach, Volker, and Leigh, Graham E. 2014. Axiomatic Theories of Truth. In: Zalta, Edward N. (ed), *The Stanford Encyclopedia of Philosophy*. https://plato.stanford.edu/archives/sum2014/entries/truth-axiomatic/.
Hale, Bob. 1987. *Abstract Objects*. Oxford: Basil Blackwell.
Halpern, Joseph Y., and Pucella, Riccardo. 2007. Dealing with Logical Omniscience. Pages 169–176 of: Samet, Dov (ed), *TARK '07: Proceedings of the 11th Conference on Theoretical Aspects of Rationality and Knowledge*. New York, NY, USA: Association for Computing Machinery.
Hamblin, Charles L. 1958. Questions. *Australasian Journal of Philosophy*, 36 (3), 159–168.
Harel, David, Kozen, Dexter, and Tiuryn, Jerzy. 2000. *Dynamic Logic*. Cambridge, MA: The MIT Press.
Haviland, Susan E., and Clark, Herbert H. 1974. What's New? Acquiring New Information as a Process in Comprehension. *Journal of Verbal Learn-

ing and Verbal Behavior, 13(5), 512-521.
Hawthorne, John. 2007. Context-Dependency and Comparative Adjectives. *Analysis*, 67(3), 195-204.
Hawthorne, John, and Manley, David. 2012. *The Reference Book*. Oxford: Oxford University Press.
Heck, Richard. 2007. Meaning and Truth-Conditions. Pages 349-376 of: Greimann, Dirk, and Siegwart, Geo (eds), *Truth and Speech Acts: Studies in the Philosophy of Language*. London: Routledge.
Heim, Irene. 1988. *The Semantics of Definite and Indefinite Noun Phrases*. New York: Garland Publishing Company.
Heim, Irene, and Kratzer, Angelika. 1997. *Semantics in Generative Grammar*. Oxford: Blackwell.
Higginbotham, James. 1991. Belief and Logical Form. *Mind and Language*, 6(4), 344-369.
Higginbotham, James, Pianesi, Fabio, and Varzi, Achille C. (eds). 2000. *Speaking of Events*. Oxford: Oxford University Press.
Hilbert, David. 1918. *Prinzipien der Mathematik*. Unpublished lecture notes by Paul Bernays. Blbliothek, Mathematisches Institut, Universität Göttingen.
Hilbert, David, and Bernays, Paul. 1934. *Die Grundlagen der Mathematik I*. Berlin: Springer-Verlag.
Hills, David. 1997. Aptness and Truth in Verbal Metaphor. *Philosophical Topics*, 25(1), 117-154.
Hintikka, Jaakko. 1962. *Knowledge and Belief*. Ithaca, NY: Cornell University Press.
Hintikka, Jaakko. 1975. Impossible Worlds Vindicated. *Journal of Philosophical Logic*, 4(4), 475-484.
Hobbs, Jerry, Stickel, Mark, Appelt, Douglas, and Martin, Paul. 1993. Interpretation as Abduction. *Artificial Intelligence*, 63(1-2), 69-142.
Hodges, Wilfrid. 2001. Formal Features of Compositionality. *Journal of Logic, Language, and Information*, 10(1), 7-28.
Horn, Laurence R. 2007. Toward a Fregean Pragmatics: *Voraussetzung, Nebengedanke, Andeutung*. Pages 39-69 of: Kecskes, Istvan, and Horn, Laurence R. (eds), *Explorations in Pragmatics: Linguistic, Cognitive and Intercultural Aspects*. Berlin: Mouton de Gruyter.
Horty, John F. 2009. *Frege on Definitions: A Case Study of Semantic Content*. Oxford: Oxford University Press.
Horwich, Paul. 1990. *Truth*. Oxford: Basil Blackwell.
Horwich, Paul. 1998. *Meaning*. Oxford: Oxford University Press.
Howes, Christine, and Larsson, Staffan (eds). 2014. *SEMDIAL* 2015: *Proceedings of the 19th Workshop on the Semantics and Pragmatics of Dia-*

logue. Gothenburg: Published online. http://flov. gu. se/digitalAssets/ 1537/1537599_semdial2015_godial_proceedings. pdf.
Huggett, Nick. 2010. Zeno's Paradoxes. In: Zalta, Edward N. (ed), *The Stanford Encyclopedia of Philosophy*. Stanford Encyclopedia of Philosophy. http://plato. stanford. edu/archives/win2010/entries/paradox- zeno/.
Hume, David. 1978. *A Treatise of Human Nature*. Oxford: Oxford University Press. Originally published in 1888. Edited by L. A. Selby-Bigge and P. H. Nidditch.
Irvine, Andrew David, and Deutsch, Harry. 2014. Russell's Paradox. In: Zalta, Edward N. (ed), *The Stanford Encyclopedia of Philosophy*, winter 2014 edn. Stanford Encyclopedia of Philosophy. http://plato. stanford. edu/ archives/win2014/entries/russell-paradox/.
Jackendoff, Ray. 1997. *The Architecture of the Language Faculty*. Cambridge, MA: The MIT Press.
Jeffrey, Richard C. 1983. *The Logic of Decision*. 2 edn. Chicago, IL: University of Chicago Press.
Kahneman, Daniel. 2011. *Thinking, Fast and Slow*. New York: Farrar, Strauss and Giroux.
Kamareddine, Farouz, Laan, Twan, and Nederfelt, Rob. 2004. *A Modern Perspective on Type Theory: From its Origins until Today*. Dordrecht: Kluwer Academic Publishers.
Kamp, Hans. 1971. Formal Properties of 'Now'. *Theoria*, 37(3), 227 -273.
Kamp, Hans. 1975. Two Theories about Adjectives. Pages 123 – 155 of: Keenan, Edward L. (ed), *Formal Semantics of Natural Language*. Cambridge: Cambridge University Press.
Kamp, Hans. 1979. Events, Instants, and Temporal Reference. Pages 376- 417 of: Bäuerle, Rainer, Egli, Urs, and von Stechow, Arnim (eds), *Semantics from Different Points of View*. Berlin: Springer-Verlag.
Kamp, Hans, and Reyle, Uwe. 1993. *From Discourse to Logic: Introduction to Mod- eltheoretic Semantics in Natural Language, Formal Logic and Discourse Representation Theory*, Vol. 1. Dordrecht: Kluwer Academic Publishers. Kaplan, David. 1969. Quantifying In. *Synthese*, 19(1-2), 178- 214.
Kaplan, David. 1978. On the Logic of Demonstratives. *Journal of Philosophical Logic*, 8, 81-98.
Kaplan, David. 1989. Demonstratives: an Essay on the Semantics, Logic, Metaphysics, and Epistemology of Demonstratives and Other Indexicals. Pages 481-563 of: Almog, Joseph, Perry, John, and Wettstein, Howard (eds), *Themes from Kaplan*. Oxford: Oxford University Press.
Karttunen, Lauri. 1971. *Discourse Referents*. Bloomington, IN: Indiana Uni-

versity Linguistics Club.
Karttunen, Lauri. 1973. Presuppositions of Compound Sentences. *Linguistic Inquiry*, 4(2), 169-193.
Karttunen, Lauri. 1974. Presupposition and Linguistic Context. *Theoretical Linguistics*, 1(1/2), 182-194.
Karttunen, Lauri. 1977. Syntax and Semantics of Questions. *Linguistics and Philosophy*, 1(1), 3-44.
Karttunen, Lauri, and Peters, Stanley. 1975. Conventional Implicature in Montague Grammar. Pages 266-278 of: *Proceedings of the First Annual Meeting of the Berkeley Linguistics Society*. University of California at Berkeley, Berkeley, CA: Berkeley Linguistics Society.
Karttunen, Lauri, and Peters, Stanley. 1979. Conventional Implicature. Pages 1-56 of: Oh, ChoonKyo, and Dineen, David A. (eds), *Syntax and Semantics 11: Presupposition*. New York: Academic Press.
Keiser, Jessica. 2016a. Bald-Faced Lies: How to Make a Move in a Language Game without Making a Move in a Conversation. *Philosophical Studies*, 173(2), 461-477.
Keiser, Jessica. 2016b. Coordinating with Language. *Croatian Journal of Philosophy*, 16(2), 229-245.
Kemmerling, Andreas. 2011. Thoughts without Parts: Frege's Doctrine. *Grazer Philosophische Studien*, 82, 165-188.
Kennedy, Christopher. 2007. Vagueness and Grammar: The Semantics of Relative and Absolute Gradable Adjectives. *Linguistics and Philosophy*, 30(1), 1-45.
Kenny, Anthony. 1963. *Action, Emotion and Will*. London: Routledge and Kegan Paul.
Kenny, Anthony J. 2000. *Frege: An Introduction to the Founder of Modern Analytic Philosophy*. Oxford: Blackwell.
King, Jeffrey C. 2002. Designating Propositions. *The Philosophical Review*, 111(3), 241-371.
King, Jeffrey C. 2007. *The Nature and Structure of Content*. Oxford: Oxford University Press.
Kiparsky, Paul, and Kiparsky, Carol. 1971. Fact. Pages 143-173 of: Bierwisch, Manfred, and Heidolph, Karl Erich (eds), *Progress in Linguistics: A Collection of Papers*. The Hague: Mouton.
Kleene, Steven C. 1952. *Introduction to Metamathematics*. New York: Van Nostrand.
Kolmogorov, Andrey N. 1956. *Foundations of the Theory of Probability*. New York: Chelsea.
Kratzer, Angelika. 2012. *Modals and Conditionals*. Oxford: Oxford University Press.

Kripke, Saul. 1972. Naming and Necessity. Pages 253-355 of: Harman, Gilbert, and Davidson, Donald (eds), *Semantics of Natural Language*. Dordrecht: D. Reidel Publishing Co.
Kripke, Saul. 1975. Outline of a Theory of Truth. *Journal of Philosophy*, 72, 690-715.
Kripke, Saul A. 1979. A Puzzle about Belief. Pages 239-288 of: Margalit, Avishai (ed), *Meaning and Use: Papers Presented at the Second Jerusalem Philosophy Encounter*. Dordrecht: D. Reidel Publishing Co.
Kvart, Igal. 1993. Mediated Reference and Proper Names. *Mind*, 102(408), 611-628.
Landman, Fred. 2000. *Events and Plurality*. Dordrecht: Kluwer Academic Publishers.
LaPorte, Joseph. 1996. Chemical Kind Term Reference and the Discovery of Essence. *Noûs*, 30(1), 112-132.
LaPorte, Joseph. 1998. Living Water. Mind, 107(426), 451-465.
Larson, Richard K. 2002. The Grammar of Intensionality. Pages 228-262 of: Preyer, Gerhard, and Peter, Georg (eds), *Logical Form and Language*. Oxford: Oxford University Press.
Lasersohn, Peter. 1995. *Plurality, Conjunction and Events*. Dordrecht: Kluwer Academic Publishers.
Lasersohn, Peter. 2006. Event-Based Semantics. Pages 316-320 of: Brown, Keith (ed), *Encyclopedia of Language and Linguistics*, Vol. 4. 2 edn. Amsterdam: Elsevier.
Lehnert, Wendy G. 1988. Knowledge-Based Natural Language Understanding. Pages 83-132 of: Shrobe, Howard E. (ed), *Exploring Artificial Intelligence*. San Mateo, CA: Morgan Kaufmann.
Lemmon, Edward John. 1966. Sentences, Statements, and Propositions. Pages 87-107 of: Williams, Bernard O., and Montefiore, Alan (eds), *British Analytical Philosophy*. London: Routledge. Reprinted in Rosenberg and Travis (1971).
Lepore, Ernest, and Ludwig, Kirk. 2007. *Donald Davidson's Truth-Theoretic Semantics*. Oxford: Oxford University Press.
Lewis, Clarence I. 1918. *Survey of Symbolic Logic*. Berkeley, CA: University of California Press.
Lewis, David K. 1968. Counterpart Theory and Quantified Modal Logic. *Journal of Philosophy*, 69, 113-126.
Lewis, David K. 1969. *Convention: A Philosophical Study*. Cambridge, MA: Harvard University Press.
Lewis, David K. 1970a. Anselm and Actuality. *Noûs*, 4(2), 175-188.
Lewis, David K. 1970b. General Semantics. *Synthese*, 22(1-2), 18-67.
Lewis, David K. 1973. *Counterfactuals*. Cambridge, MA: Harvard University

Press.
Lewis, David K. 1975. Languages and Language. Pages 3-35 of: Gunderson, Keith (ed), *Language, Mind, and Knowledge. Minnesota Studies in the Philosophy of Science*, Vol. 7. Minneapolis, MN: University of Minnesota Press.
Lewis, David K. 1979a. Attitudes *De Dicto* and *De Se*. *The Philosophical Review*, 88(4), 513-543.
Lewis, David K. 1979b. A Problem about Permission. Pages 163-179 of: Saarinen, Esa, Hilpinen, Risto, Niiniluoto, Ilkka, and Hintikka, Merrill Province (eds), *Essays in Honour of Jaakko Hintikka*. Dordrecht, Holland: D. Reidel Publishing Co.
Lewis, David K. 1979c. Scorekeeping in a Language Game. *Journal of Philosophical Logic*, 8(3), 339-359.
Lewis, David K. 1981. Index, Context, and Content. Pages 79-100 of: Kanger, Stig, and Öhman, Sven (eds), *Philosophy and Grammar: Papers on the Occasion of the Quincentennial of Uppsala University*. Dordrecht: D. Reidel Publishing Co.
Lewis, David K. 1986. *On the Plurality of Worlds*. Oxford: Basil Blackwell.
Lindström, Per. 1996. First-Order Predicate Logic with Generalized Quantifiers. *Theoria*, 32(3), 186-195.
Locke, John. 1975. *An Essay Concerning Human Understanding*. Oxford: Oxford University Press. Originally published in 1689. Edited by Peter Niddich.
Ludlow, Peter J. 1999. *Semantics, Tense, and Time: An Essay in the Metaphysics of Natural Language*. Cambridge, MA: The MIT Press.
Ludlow, Peter. 2013. *The Philosophy of Generative Linguistics*. Oxford: Oxford University Press.
Lynch, Michael P. 2009. *Truth as One and Many*. Oxford: Oxford University Press.
Mackie, Penelope. 2006. *How Things Might Have Been: Individuals, Kinds, and Essential Properties*. Oxford: Oxford University Press.
Maitra, Ishani. 2011. Assertion, Norms, and Games. Pages 277-296 of: Brown, Jessica A., and Cappelen, Herman (eds), *Assertion: New Philosophical Essays*. Oxford: Oxford University Press.
Markosian, Ned, Sullivan, Meghan, and Emery, Nina. 2016. Time. In: Zalta, Edward N. (ed), *The Stanford Encyclopedia of Philosophy*. https://plato.stanford.edu/archives/fall2016/entries/time/.
Marsh, Robert C. (ed). 1956. *Logic and Language: Essays 1902-1950 by Bertrand Russell*. London: George Allen and Unwin.
Maudlin, Tim. 2004. *Truth and Paradox*. Oxford: Oxford University Press.
May, Robert. 1977. *The Grammar of Quantification*. Ph. D. Dissertation,

Linguistics Department, Massachusetts Institute of Technology, Cambridge, MA.
May, Robert. 2006. Frege on Indexicals. *The Philosophical Review*, 115(4), 487-516.
McDermott, Timothy (ed). 1993. *Thomas Aquinas: Selected Philosophical Writings*. Oxford: Oxford University Press.
McGinn, Colin. 1977. Charity, Interpretation, and Belief. *The Journal of Philosophy*, 74(9), 521-535.
McGrath, Matthew. 2008. Propositions. In: Zalta, Edward N. (ed), *The Stanford Encyclopedia of Philosophy*. http://plato.stanford.edu/archives/fall2008/entries/propositions/.
Meinong, Alexius. 1981. On the Theory of Objects. Pages 76-117 of: Chisholm, Roderick (ed), *Realism and the Background of Phenomenology*. Atascadero, CA: Ridgeview. Originally published in 1904. Translated by Isaac Levi, D. B. Terrell, and Roderick M. Chisholm.
Mellor, D. Hugh. 1977. Natural Kinds. *The British Journal for the Philosophy of Science*, 28(4), 299-312.
Mellor, D. Hugh. 1981. *Real Time*. Cambridge: Cambridge University Press.
Millikan, Ruth Garrett. 1984. *Language, Thought, and Other Biological Categories: New Foundations for Realism*. Cambridge, MA: The MIT Press.
Millikan, Ruth Garrett. 1993. *White Queen Psychology and Other Essays for Alice*. Cambridge, MA: The MIT Press.
Millikan, Ruth Garrett. 2005. *Language: A Biological Model*. Oxford: Oxford University Press.
Moltmann, Frederike. 2003. Propositional Attitudes without Propositions. *Synthese*, 135(1), 77-118.
Montague, Richard. 1962. Theories Incomparable with Respect to Relative Interpretability. *Journal of Symbolic Logic*, 27, 153-167.
Montague, Richard. 1968. Pragmatics. Pages 102-122 of: Klibansky, R. (ed), *Contemporary Philosophy: A Survey*. I. Florence: La Nuova Italia Editrice. Reprinted in Formal Philosophy, by Richard Montague, Yale University Press, New Haven, CT, 1974, pp. 95-118.
Montague, Richard. 1970. English as a Formal Language. Pages 189-224 of: Bruno Visentini et al. (eds), *Linguaggi nella Società e nella Tecnica*. Milan: Edizioni di Communità. Reprinted in Formal Philosophy, by Richard Montague, Yale University Press, New Haven, CT, 1974, pp. 188-221.
Montague, Richard. 1974. The Proper Treatment of Quantification in Ordinary English. Pages 247-270 of: Thomason, Richmond H. (ed), *Formal Philosophy: Selected Papers of Richard Montague*. New Haven, CT: Yale University Press.
Moore, G. E. 1990. Moore's Paradox. Pages 207-212 of: Baldwin, Thom-

as (ed), *G. E. Moore: Selected Writings*. London: Routledge.
Morris, Charles. 1946. *Signs, Language and Behavior*. New York: Prentice-Hall.
Mostowski, Andrzej. 1957. On a Generalization of Quantifiers. *Fundamenta Mathematicae*, 44(1), 12-36.
Muskens, Reinhard, van Benthem, Johan, and Visser, Albert. 2011. Dynamics. Pages 607-670 of: van Benthem, Johan, and ter Meulen, Alice (eds), *Handbook of Logic and Language*. 2 edn. Amsterdam: Elsevier Science Publishers.
Neale, Stephen. 1990. *Descriptions*. Cambridge, MA: The MIT Press.
Neale, Stephen. 1992. Paul Grice and the Philosophy of Language. *Linguistics and Philosophy*, 15(5), 509-559. Review of *Studies in the Way of Words*, by H. Paul Grice.
Neale, Stephen. 2001. *Facing Facts*. Oxford: Oxford University Press.
Ninan, Dilip. 2013. Self-Location and Other-Location. *Philosophy and Phenomenological Research*, 87(1), 301-331.
Nuchelmans, Gabriel. 1973. *Theories of the Proposition: Ancient and Medieval Conceptions of the Bearers of Truth and Falsity*. Amsterdam: North-Holland.
Nuchelmans, Gabriel. 1980. *Late-Scholastic and Humanist Theories of the Proposition*. Amsterdam: North-Holland.
Nuchelmans, Gabriel. 1983. *Judgement and Proposition. From Descartes to Kant*. Amsterdam: North-Holland.
Nute, Donald. 1984. Conditional Logic. Pages 387-439 of: Gabbay, Dov, and Günthner, Franz (eds), *Handbook of Philosophical Logic*, Vol. 2: *Extensions of Classical Logic*. Dordrecht: D. Reidel Publishing Co.
Ostertag, Gary. 2002. Descriptions and Logical Form. Pages 177-193 of: Jacquette, Dale (ed), *A Companion to Philosophical Logic*. Oxford: Blackwell.
Pagin, Peter. 2003. Communication and Strong Compositionality. *Journal of Philosophical Logic*, 32(3), 287-322.
Pagin, Peter. 2011. Information and Assertoric Force. Pages 97-136 of: Brown, Jessica, and Cappelen, Herman (eds), *Assertion: New Philosophical Essays*. Oxford: Oxford University Press.
Pagin, Peter. 2016. Problems with Norms of Assertion. *Philosophy and Phenomenological Research*, 93(1), 178-207.
Pap, Arthur. 1958. *Semantics and Necessary Truth: An Inquiry into the Foundations of Analytic Philosophy*. New Haven, CT: Yale University Press.
Parsons, Terence. 1990. *Events in the Semantics of English: A Study in Subatomic Semantics*. Cambridge, Massachusetts: The MIT Press.
Partee, Barbara. 1973. Some Structural Analogies Between Tenses and Pro-

nouns in English. *Journal of Philosophy*, 70(18), 601–609.
Partee, Barbara. 1984. Compositionality. Pages 325 – 343 of: Landman, Fred, and Veltman, Frank (eds), *Varieties of Formal Semantics*. Dordrecht: Foris Publications.
Peirce, Charles Sanders. 1906. Prolegomena to an Apology for Pragmaticism. *The Monist*, 16, 492–546.
Peirce, Charles Sanders. 1933. *Collected Papers of Charles Sanders Peirce, Vols 3 and 4*. Cambridge, MA: Harvard University Press. Edited by Charles Hartshorne and Paul Weiss.
Perry, John. 1977. Frege on Demonstratives. *The Philosophical Review*, 86 (4), 474–497.
Perry, John (ed). 1993. *The Problem of the Essential Indexical: and Other Essays*. New York: Oxford University Press.
Peters, Stanley, and Westerståhl, Dag. 2006. *Quantifiers in Language and Logic*. Oxford: Oxford University Press.
Plantinga, Alvin. 1974. *The Nature of Necessity*. Oxford: Oxford University Press.
Poidevin, Robert Le, and MacBeath, Murray (eds). 1993. *The Philosophy of Time*. Oxford: Oxford University Press.
Poidevin, Robin Le. 2015. The Experience and Perception of Time. In: Zalta, Edward N. (ed), *The Stanford Encyclopedia of Philosophy*. http://plato.stanford.edu/archives/sum2015/entries/time-experience/.
Portner, Paul. 2004. The Semantics of Imperatives within a Theory of Clause Types. Pages 235 – 252 of: Watanabe, Kazuha, and Young, Robert (eds), *Proceedings from Semantics and Linguistic Theory XIV*. Ithaca, NY: Cornell University.
Portner, Paul. 2009. *Modality*. Oxford: Oxford University Press.
Potts, Christopher. 2005. *The Logic of Conventional Implicatures*. Oxford: Oxford University Press.
Pozna nski, Victor. 1992 (February). *A Relevance–Based Utterance Processing System*. Tech. rept. UCAM – CL – TR – 246. University of Cambridge, Computer Laboratory.
Predelli, Stefano. 2006. The Problem with Token–Reflexivity. *Synthese*, 148 (5), 5–29.
Preyer, Gerhard, and Peter, Georg (eds). 2005. *Contextualism in Philosophy: Knowledge, Meaning, and Truth*. Oxford: Oxford University Press.
Priest, Graham. 2002. *Beyond the Limits of Thought*. 2 edn. Oxford: Oxford University Press.
Prior, Arthur N. 1959. Thank Goodness That's Over. *Philosophy*, 34 (128), 12–17.
Prior, Arthur N. 1961. On a Family of Paradoxes. *Notre Dame Journal of For-*

mal Logic, 2, 16-32.
Prior, Arthur N. 1967. *Past, Present and Future*. Oxford: Oxford University Press.
Prior, Arthur N. 1968a. Changes in Events and Changes in Things. Pages 1-14 of: *Papers on Time and Tense*. Oxford: Oxford University Press.
Prior, Arthur N. 1968b. 'Now'. *Noûs*, 2(2), 101-119.
Prior, Arthur N., and Fine, Kit. 1977. *Worlds, Times and Selves*. London: Gerald Duckworth and Company.
Pullum, Geoffrey, and Scholz, Barbara C. 2010. Recursion and the Infinitude Claim. Pages 113-138 of: van der Hulst, Harry (ed), *Recursion in Human Language*. Berlin: Mouton de Gruyter.
Pustejovsky, James. 1995. *The Generative Lexicon*. Cambridge, MA: The MIT Press.
Pustejovsky, James, and Boguraev, Branamir (eds). 1997. *Lexical Semantics: The Problem of Polysemy*. Oxford: Oxford University Press.
Putnam, Hilary. 1970. Is Semantics Possible? *Metaphilosophy*, 1(3), 187-201.
Putnam, Hilary. 1975. The Meaning of "Meaning." Pages 131-193 of: Gunderson, Keith (ed), *Language, Mind, and Knowledge. Minnesota Studies in the Philosophy of Science*, Vol. 7. Minneapolis, MN: University of Minnesota Press.
Putnam, Hilary. 1981. *Reason, Truth and History*. Cambridge: Cambridge University Press.
Quine, Willard V. O. 1940. *Methods of Logic*. New York: Holt, Reinhart and Winston.
Quine, Willard V. O. 1948. On What There Is. *Review of Metaphysics*, 2(5), 21-36.
Quine, Willard V. O. 1953a. Mr. Strawson on Logical Theory. *Mind*, 52(248), 433-451.
Quine, Willard V. O. 1953b. Three Grades of Modal Involvement. Pages 65-81 of: *Proceedings of the XIth International Congress of Philosophy*, Vol. 14.
Quine, Willard V. 1956. Quantifiers and Propositional Attitudes. *The Journal of Philosophy*, 53, 177-187.
Quine, Willard V. O. 1958. *Mathematical Logic*. Revised edn. Cambridge, MA: Harvard University Press.
Quine, Willard V. O. 1960. *Word and Object*. Cambridge, MA: MIT Press.
Quine, Willard V. 1969. Propositional Objects. Pages 139-160 of: Quine, Willard V. (ed), *Ontological Relativity and Other Essays*. New York: Columbia University Press.
Quine, Willard V. O. 1980. Reference and Modality. Pages 139-159 of:

Quine, Willard V. O. (ed), *From a Logical Point of View*. New York: Harvard University Press.
Quine, Willard V. O. 1981. Five Milestones of Empiricism. Pages 67-72 of: Quine, Willard V. O. (ed), *Theories and Things*. Cambridge, MA: Harvard University Press.
Quine, Willard V. O. 1992. *The Pursuit of Truth*. Cambridge, MA: Harvard University Press.
Raffman, Diana. 1996. Vagueness and Context - Relativity. *Philosophical Studies*, 81, 175-192.
Recanati, François. 1986. On Defining Communicative Intentions. *Mind and Language*, 1(3), 213-241.
Recanati, François. 1988. *Meaning and Force: The Pragmatics of Performative Utterances*. Cambridge: Cambridge University Press.
Recanati, François. 2002. *Truth-Conditional Pragmatics*. Oxford: Oxford University Press.
Recanati, François. 2004. *Literal Meaning*. Oxford: Oxford University Press.
Reichenbach, Hans. 1947. *Elements of Symbolic Logic*. New York: MacMillan.
Richard, Mark. 1990. *Propositional Attitudes: An Essay on Thoughts and How We Ascribe Them*. Cambridge: Cambridge University Press.
Richard, Mark. 2008. *When Truth Gives Out*. Oxford: Oxford University Press.
Rini, Adriane A., and Cresswell, Max J. 2012. *The World-Time Parallel: Tense and Modality in Logic and Metaphysics*. Cambridge: Cambridge University Press.
Roberts, Craige. 1996. *Information Structure in Discourse: Towards an Integrated Formal Theory of Pragmatics*. Tech. rept. Linguistics Department, The Ohio State University, Columbus, OH. OSU Working Papers in Linguistics, *Vol.* 49. Edited by Jae-Hak Yoon and Andreas Kathol.
Roberts, Craige. 2002. Demonstratives as Definites. Pages 89-196 of: van Deemter, Kees, and Kibble, Riger (eds), *Information Sharing*. Stanford, CA: CSLI Publications.
Rochelle, Gerald. 1998. *Behind Time: The Incoherence of Time and McTaggart's Atemporal Replacement*. Aldershot: Ashgate.
Rosenberg, Jay F., and Travis, Charles (eds). 1971. *Readings in the Philosophy of Language*. Englewood Cliffs, NJ: Prentice-Hall.
Rothschild, Daniel, and Segal, Gabriel. 2009. Indexical Predicates. *Mind and Language*, 24(4), 467-493.
Russell, Bertrand. 1905. On Denoting. *Mind, New Series*, 14(56), 479-493.
Russell, Bertrand. 1910. On the Nature of Truth and Falsehood. Pages 116-

124 of: *Philosophical Essays*. London: Longmans, Green.
Russell, Bertrand. 1910-1911. Knowledge by Acquaintance and Knowledge by Description. *Proceedings of the Aristotelian Society*, New Series, 11, 108-128.
Russell, Bertrand. 1912. *Problems of Philosophy*. Oxford: Oxford University Press.
Russell, Bertrand. 1914. *Our Knowledge of the External World*. London: Allen and Unwin.
Russell, Bertrand. 1918-1919. Lectures on the Philosophy of Logical Atomism. *The Monist*, 28-29, 495-527 and 190-222. Republished in Marsh (1956).
Russell, Bertrand. 1940. *An Inquiry into Meaning and Truth*. London: George Allen and Unwin.
Russell, Bertrand. 1957. Mr. Strawson on Referring. *Mind*, New Series, 66, 385-395.
Ryle, Gilbert. 1949. *The Concept of Mind*. London: Hutchinson & Co.
Ryle, Gilbert. 1961. Use, Usage, Meaning. *Proceedings of the Aristotelian Society*, 35, 223-231.
Rysiew, Patrick. 2016. Epistemic Contextualism. In: Zalta, Edward N. (ed), The Stanford Encyclopedia of Philosophy. *The Stanford Encyclopedia of Philosophy*. http://plato.stanford.edu/archives/spr2016/entries/contextualism-epistemology/.
Salmon, Nathan (ed). 1986. *Frege's Puzzle*. Cambridge, MA: The MIT Press.
Sartre, Jean Paul. 1971. *Sketch for a Theory of Emotions*. London: Methuen. Originally published in 1939. Translated by Philip Mairet.
Saul, Jennifer M. 2002. Speaker Meaning, What is Said, and What is Implicated. *Noûs*, 36(2), 228-248.
Schein, Barry. 1993. *Plurals and Events*. Cambridge, MA: The MIT Press.
Schiffer, Stephen. 1972. *Meaning*. Oxford: Oxford University Press.
Schiffer, Stephen. 1996. Language-Created Language-Independent Entities. *Philosophical Topics*, 24(1), 149-167.
Schneider, Erna. 1953. Recent Discussions on Subjunctive Conditionals. *Review of Metaphysics*, 6, 623-649.
Scott, Dana S. 1970. Advice on Modal Logic. Pages 143-173 of: Lambert, Karel (ed), *Philosophical Problems in Logic*. Dordrecht: D. Reidel Publishing Co.
Searle, John. 1969. *Speech Acts: An Essay in the Philosophy of Language*. Cambridge: Cambridge University Press.
Searle, John R. 1975a. Indirect Speech Acts. Pages 59-82 of: Cole, Peter, and Morgan, Jerry L. (eds), *Syntax and Semantics*, Vol. 3: Speech

Acts. New York: Academic Press.
Searle, John R. 1975b. A Taxonomy of Illocutionary Acts. Pages 344-369 of: Gunderson, Keith (ed), *Language, Mind, and Knowledge. Minnesota Studies in the Philosophy of Science*, Vol. 7. Minneapolis, MN: University of Minnesota Press.
Searle, John R. 1978. Literal Meaning. *Erkenntnis*, 13, 207-224.
Searle, John R., and Vandervecken, Daniel. 1985. *Foundations of Illocutionary Logic*. Cambridge: Cambridge University Press.
Segal, Gabriel M. A. 2000. *A Slim Book about Narrow Content*. Cambridge, MA: The MIT Press.
Sellars, Wilfrid P. 1953. Meaning and Inference. *Mind*, 62(247), 313-338.
Seuss, Dr. 1940. *Horton Hatches the Egg*. New York: Random House.
Simons, Mandy. 2003. Presupposition and Accommodation: Understanding the Stalnakerian Picture. *Philosophical Studies*, 112(3), 251-278.
Simons, Mandy. 2005. Presupposition and Relevance. Pages 329-355 of: Szabó, Zoltán Gendler (ed), *Semantics Versus Pragmatics*. Oxford: Oxford University Press.
Simons, Mandy, Beaver, David, Tonhauser, Judith, and Roberts, Craige. 2010. What Projects and Why. Pages 309-327 of: Li, Nan, and Lutz, David (eds), *Proceedings from Semantics and Linguistic Theory XX*. Ithaca, NY: CLC Publications.
Sklar, Lawrence. 1976. *Space, Time, and Spacetime*. Los Angeles, CA: University of California Press.
Smith, Nicholas J. J. 2008. *Vagueness and Degrees of Truth*. Oxford: Oxford University Press.
Soames, Scott. 1988. Semantics and Semantic Competence. Pages 185-207 of: Schiffer, Stephen, and Steele, Susan (eds), *Cognition and Representation*. Boulder, CO: Westview Press.
Soames, Scott. 2002. *Beyond Rigidity: The Unfinished Semantic Agenda of Naming and Necessity*. Oxford: Oxford University Press.
Soames, Scott. 2010. *What is Meaning?* Princeton, NJ: Princeton University Press.
Sperber, Dan, and Wilson, Deirdre. 1986a. Loose Talk. *Proceedings of the Aristotelian Society*, 86, 153-171.
Sperber, Dan, and Wilson, Deirdre. 1986b. *Relevance: Communication and Cognition*. Cambridge, MA: Blackwell.
Staal, Johan F. 1969. Formal Logic and Natural Languages (A Symposium). *Foundations of Language*, 5(2), 256-284.
Stalnaker, Robert C. 1968. A Theory of Conditionals. Pages 98-112 of: Rescher, Nicholas (ed), *Studies in Logical Theory*. Oxford: Basil Blackwell.

Stalnaker, Robert C. 1970. Pragmatics. *Synthese*, 22(1-2), 272-279.
Stalnaker, Robert C. 1973. Presuppositions. *Journal of Philosophical Logic*, 2(4), 447-457.
Stalnaker, Robert C. 1975. Pragmatic Presuppositions. Pages 197-213 of: Munitz, Milton K., and Unger, Peter (eds), *Semantics and Philosophy*. New York: Academic Press.
Stalnaker, Robert C. 1976. Propositions. Pages 79-91 of: MacKay, Alfred, and Merrill, Daniel (eds), *Issues in the Philosophy of Language*. New Haven, CT: Yale University Press.
Stalnaker, Robert C. 1989. On What's in the Head. Pages 287-316 of: Tomberlin, James E. (ed), *Philosophical Perspectives 3: Philosophy of Mind and Action Theory*. Atascadero, CA: Ridgeview Publishing Company. Also available at http://www.jstor.org/journals/.
Stalnaker, Robert C. 1990. Narrow Content. Pages 131-146 of: Anderson, Charles A., and Owens, J. (eds), *Propositional Attitudes: The Role of Content in Logic, Language and Mind*. Stanford, CA: CSLI Press.
Stalnaker, Robert C. 1991. The Problem of Logical Omniscience, I. *Synthese*, 89(3), 425-440.
Stalnaker, Robert C. 1997. Reference and Necessity. Pages 534-554 of: Wright, Crispin, and Hale, Bob (eds), *Blackwell Companion to the Philosophy of Language*. Oxford: Basil Blackwell.
Stalnaker, Robert. 2002. Common Ground. *Linguistics and Philosophy*, 25(5-6), 701-721.
Stalnaker, Robert C. 2008. *Our Knowledge of the Internal World*. Oxford: Oxford University Press.
Stalnaker, Robert C. 2012. *Mere Possibilities: Metaphysical Foundations of Modal Semantics*. Princeton, NJ: Princeton University Press.
Stalnaker, Robert C. 2014. *Context*. Oxford: Oxford University Press.
Stalnaker, Robert C., and Thomason, Richmond H. 1968. Abstraction in First-Order Modal Logic. *Theoria*, 14, 203-207.
Stanley, Jason. 2005. Semantics in Context. Pages 221-253 of: Preyer, Gerhard, and Peter, Georg (eds), *Contextualism in Philosophy: Knowledge, Meaning, and Truth*. Oxford: Oxford University Press.
Stanley, Jason, and Szabó, Zoltán Gendler. 2000. On Quantifier Domain Restriction. *Mind and Language*, 15, 219-261.
Stenius, Erik. 1967. Mood and Language Game. *Synthese*, 17(3), 254-374.
Stent, Amanda, and Bangalore, Srinivas (eds). 2014. *Natural Language Generation in Interactive Systems*. Cambridge: Cambridge University Press.
Stern, Josef. 2000. *Metaphor in Context*. Cambridge, MA: The MIT Press.
Stevenson, Charles L. 1944. *Ethics and Language*. New Haven, CT: Yale U-

niversity Press.

Stone, Matthew. 1997. *The Anaphoric Parallel between Modality and Tense*. Tech. rept. IRCS-97-06. IRCS, University of Pennsylvania, PA. http://repository.upenn.edu/cis_reports/177/.

Stoppard, Tom. 1993. *Arcadia*. London: Faber & Faber.

Strasser, Christian, and Antonelli, G. Aldo. 2015. Non-Monotonic Logic. In: Zalta, Edward N. (ed), *The Stanford Encyclopedia of Philosophy*. The Stanford Encyclopedia of Philosophy. http://plato.stanford.edu/archives/fall2015/entries/logic-nonmonotonic/.

Strawson, Peter F. 1950. On Referring. *Mind, New Series*, 59(235), 320-344.

Strawson, Peter F. 1952. *Introduction to Logical Theory*. London: Methuen.

Strawson, Peter F. 1959. *Individuals: An Essay in Descriptive Metaphysics*. London: Methuen.

Strawson, Peter F. 1964. Intention and Convention in Speech Acts. *The Philosophical Review*, 59, 439-460.

Szabó, Zoltán Gendler. 2000. Compositionality as Supervenience. *Linguistics and Philosophy*, 23(5), 475-505.

Szabó, Zoltán Gendler. 2001. Adjectives in Context. Pages 119-146 of: Kenesei, István, and Harnish, Robert M. (eds), *Perspectives on Semantics, Pragmatics, and Discourse*. Amsterdam: John Benjamins.

Szabó, Zoltán Gendler. 2004. On the Progressive and the Perfective. *Noûs*, 38(1), 29-59.

Szabó, Zoltán Gendler. 2005a. Expressions and Their Representations. *Philosophical Quarterly*, 49(220), 145-163.

Szabó, Zoltán Gendler. 2005b. Sententialism and Berkeley's Master Argument. *Philosophical Quarterly*, 55(220), 462-474.

Szabó, Zoltán Gendler. 2006. Sensitivity Training. *Mind and Language*, 21(1), 31-38.

Szabó, Zoltán Gendler. 2010. The Determination of Content. *Philosophical Studies*, 148(2), 253-272.

Tarski, Alfred. 1936. Der Wahrheitsbegriff in den formalizierten Sprachen. *Studia Philosophica*, 1, 261-405.

Tarski, Alfred. 1944. The Semantic Conception of Truth and the Foundations of Semantics. *Philosophy and Phenomenological Research*, 4, 341-375.

Tarski, Alfred, and Vaught, Robert L. 1956. Arithmetical Extensions of Relational Systems. *Compositio Mathematica*, 13(2), 81-102.

Tenny, Carol, and Pustejovsky, James (eds). 2000. *Events as Grammatical Objects*. Cambridge: Cambridge University Press.

Thomason, Richmond H. 1980. A Model Theory for Propositional Attitudes. *Linguistics and Philosophy*, 4, 47-70.

Thomason, Richmond. 1990. Accommodation, Meaning, and Implicature: Interdisciplinary Foundations for Pragmatics. Pages 326–363 of: Cohen, Philip R., Morgan, Jerry, and Pollack, Martha (eds), *Intentions in Communication*. Cambridge, MA: MIT Press.
Thomason, Richmond H. 1998. Intra-Agent Modality and Nonmonotonic Epistemic Logic. Pages 57–69 of: Gilboa, Itzhak (ed), *Theoretical Aspects of Reasoning About Knowledge: Proceedings of the Seventh Conference (TARK 1998)*. San Francisco, CA: Morgan Kaufmann.
Thomason, Richmond H. 2000. Modeling the Beliefs of Other Agents. Pages 375–473 of: Minker, Jack (ed), *Logic-Based Artificial Intelligence*. Dordrecht: Kluwer Academic Publishers.
Thomason, Richmond H., Stone, Matthew, and Devault, David. 2006. *Enlightened Update: A Computational Architecture for Presupposition and Other Pragmatic Phenomena*. http://web.eecs.umich.edu/ rthomaso/ documents/prags/eu.pdf.
Thomason, S. K. 1984. On Constructing Instants from Events. *Journal of Philosophical Logic*, 13(1), 85–96.
Thomason, S. K. 1989. Free Construction of Time from Events. *Journal of Philosophical Logic*, 18(1), 43–67.
Tonhauser, Judith, Beaver, David, Roberts, Craige, and Simons, Mandy. 2013. Toward a Taxonomy of Projective Content. *Language*, 89(1), 66–109.
Traum, David R. 1999. Computational Models of Grounding in Collaborative Systems. Pages 124–131 of: Brennan, Susan E., Giboin, Alain, and Traum, David R. (eds), *Working Papers of the AAAI Fall Symposium on Psychological Models of Communication in Collaborative Systems*. Menlo Park, CA: American Association for Artificial Intelligence.
Traum, David R., and Larsson, Staffan. 2004. The Information State Approach to Dialogue Management. Pages 325–354 of: van Kuppevelt, Jan, and Smith, Ronnie W. (eds), *Current and New Directions in Discourse and Dialogue*. Dordrecht: Kluwer Academic Publishers.
Travis, Charles. 1994. On Constraints of Generality. *Proceedings of the Aristotelian Society, New Series*, 94, 165–188.
Tuomela, Raimo. 1995. *The Importance of Us*. Stanford, CA: Stanford University Press.
Tymoczko, Thomas. 1989. Brains Don't Lie: They Don't Even Make Many Mistakes. Pages 195–213 of: Roth, Michael D., and Ross, Glen (eds), *Doubting: Contemporary Perspectives on Skepticism*. Dordrecht: Kluwer Academic Publishers.
van Benthem, Johan. 1996. *Exploring Logical Dynamics*. Stanford, CA: CSLI Publications.

van Fraassen, Bas C. 1966. Singular Terms, Truth-Value Gaps and Free Logic. *Journal of Philosophy*, 3, 481-495.
van Fraassen, Bas C. 1970. *An Introduction to the Philosophy of Time and Space*. New York: Random House. Available at https://www.princeton.edu/ fraassen/BvF.
van Lambalgen, Michiel, and Hamm, Fritz. 2005. *The Proper Treatment of Events*. Oxford: Blackwell.
Vanderschraaf, Peter, and Sillari, Giacomo. 2009. Common Knowledge. In: Zalta, Edward N. (ed), *The Stanford Encyclopedia of Philosophy*. http://plato.stanford.edu/archives/spr2009/entries/common-knowledge/.
Vendler, Zeno. 1957. Verbs and Times. *Philosophical Review*, 46(2), 143-160.
Vlastos, Gregory. 1966. Zeno's Race Course. *Journal of the History of Philosophy*, 4(2), 95-108.
von Fintel, Kai. 2008. What Is Presupposition Accommodation, Again? Pages 137-170 of: Hawthorne, John (ed), *Philosophical Perspectives* 22, 2008: *Philosophy of Language*. Oxford: Blackwell.
Wallace, David. 2012. *The Emergent Multiverse: Quantum Theory According to the Everett Interpretation*. Oxford: Oxford University Press.
Walton, Kendall L. 1993. Metaphor and Prop Oriented Make-Believe. *European Journal of Philosophy*, 1(1), 39-57.
Westerståhl, Dag. 1998. On Mathematical Proofs of the Vacuity of Compositionality. *Linguistics and Philosophy*, 21(6), 635-643.
Wetzel, Linda. 2014. Types and Tokens. In: Zalta, Edward N. (ed), *The Stanford Encyclopedia of Philosophy*. http://plato.stanford.edu/archives/spr2014/entries/types-tokens/.
Whitehead, Alfred North, and Russell, Bertrand. 1925 - 1927. *Principia Mathematica*, Vol. 1. 2 edn. Cambridge: Cambridge University Press.
Whitrow, Gerald J. 1980. *The Natural Philosophy of Time*. 2 edn. Oxford: Oxford University Press.
Williamson, Timothy. 1996a. Knowing and Asserting. *The Philosophical Review*, 105(4), 489-523.
Williamson, Timothy. 1996b. *Vagueness*. London: Routledge.
Williamson, Timothy. 2000. *Knowledge and Its Limits*. Oxford: Oxford University Press.
Wittgenstein, Ludwig. 1953. *Philosophical Investigations*. New York: The Macmillan Company. Edited by G. E. M. Anscombe and Rush Rhees. Translated by G. E. M. Anscombe.
Woods, Jack. 2014. Expressivism and Moore's Paradox. *Philosopher's Imprint*, 14(5), 1-12.
Wooldridge, Michael J. 2000. *Reasoning about Rational Agents*. Cambridge:

Cambridge University Press.
Wright, Crispin. 1983. *Frege's Conception of Numbers as Objects*. Aberdeen: Aberdeen University Press.
Yablo, Stephen. 1996. How in the World? *Philosophical Topics*, 24(1), 255-286.
Zadrozny, Wlodek. 1994. From Compositional to Systematic Semantics. *Linguistics and Philosophy*, 17(4), 329-342.
Zeevat, Henk. 1992. Presupposition and Accommodation in Update Semantics. *Journal of Semantics*, 12(4), 379-412.

索 引

Adams, Robert, 143
Aloni, Maria, 51
Anderson, Alan, 113, 115
Anscombe, Elizabeth, 223
Antonelli, Aldo, 194
Aristotle, 94, 96-97, 99, 103
Armour-Garb, Bradley, 281
Armstrong, David, 124
Arnauld, Antoine, 217
Asher, Nicholas, 211
Augustine, of Hippo, 124, 242
Aumann, Robert, 193
Austin, J. L. , 1, 151-159, 163, 169, 191, 201, 218-219, 221, 222
Ayer, Alfred, 14-231
Bach, Kent, 209, 229, 245
Bangalore, Srinivas, 211
Bar-Hillel, Yehoshua, 170
Barwise, Jon, 89, 170
Bealer, George, 136
Beall, J. C. , 281

Beaney, Michael, 113
Beaver, David, 185, 207-209
Belnap, Nuel, 115
Bennett, Jonathan, 256
Bernays, Paul, 30
Bernecker, Sven, 269
Bezuidenhout, Anne, 213
Blackburn, Patrick, 174
Blackburn, Simon, 233
Bloomfield, Leonard, 258
Boer, Steven, 80
Boghossian, Paul, 269
Boguraev, Branamir, 179
Bolander, Thomas, 281
Brandom, Robert, 230, 241
Braun, David, 141
Brentano, Franz, 2, 123
Brewka, Gerhard, 194
Bromberger, Sylvain, 168
Brueckner, Anthony, 268
Burge, Tyler, 259, 267, 271

Camp, Elizabeth, 215

Cappelen, Herman, 57

Carlson, Thomas, 187

Carnap, Rudolf, 1-4, 8, 38, 39, 107, 121, 138, 143-146, 169, 201

Carston, Robyn, 65, 213

Casati, Roberto, 96

Castañeda, Hector-Neri, 168

Chapuis, André, 281

Chierchia, Gennaro, 196

Chisholm, Roderick, 126

Chomsky, Noam, 163, 272-275

Church, Alonzo, 8, 22, 39, 274

Clark, Herbert, 187, 193, 194

Code, Alan, 99

Cohen, S. Marc, 99

Collins, John, 58

Crane, Tim, 123, 260

Cresswell, Max, 145, 284, 287

Crimmins, Mark, 102

Davidson, Donald, 1, 66 - 70, 89, 95, 138, 216

den Dikken, Marcel, 136

Dennett, Daniel, 202

Derose, Keith, 179, 190

Descartes, Rene, 267

Dever, Josh, 72

Dretske, Theodore, 126

Dubois, Didier, 285

Dummett, Michael, 100, 278, 285

Ebbs, Gary, 268, 281

Elbourne, Paul, 137

Etchemendy, John, 170

Evans, Gareth, 80, 166, 269

Fagin, Robert, 193

Farrell, Will, 213

Field, Hartry, 281

Fillmore, Charles, 190

Fine, Kit, 285

Fodor, Jerry, 242, 271

Fogelin, Robert, 216

Forbes, Graeme, 136

Foster, John, 68

Frege, Gottlob, 1, 21-76, 121, 139-141, 155, 166, 184, 207, 217, 218

Gallin, Daniel, 107

Garcia-Carpintero, Manuel, 102

Geach, Peter, 16-17

Geanakopolos, John, 193

Geisel, Theodor, 134

Gibbard, Allan, 15, 110, 233

Ginzberg, Jonathan, 191, 207

Glanzberg, Michael, 85, 282

Gödel, Kurt, 5, 30, 279

Goguen, Joseph, 278, 285

Goodman, Nelson, 114, 115

Grice, Paul, 1, 113, 159-163, 180-182, 184-186, 200, 201, 203, 208, 213, 227, 228, 242-249, 254

Groenendijk, Jeroen, 220

Gupta, Anil, 110, 281

Halbach, Volker, 282

Hale, Bob, 73
Halpern, Joseph, 145, 193
Hamblin, Charles, 220
Hamm, Fritz, 96
Harnish, Robert, 229, 245
Haviland, Susan, 187
Hawthorne, John, 83, 179
Heck, Richard, 69
Higginbotham, James, 136
Hilbert, David, 30, 33
Hills, David, 213
Hintikka, Jaakko, 107, 144, 145
Hobbs, Jerry, 212
Hodges, Wilfrid, 55
Horn, Laurence, 184
Horwich, Paul, 136, 240
Howes, Christine, 211
Hume, David, 128
Jeffrey, Richard, 182
Kahneman, Daniel, 198
Kamp, Hans, 94, 174–176, 190, 191, 211
Kanger, Stig, 107
Kaplan, David, 102, 112, 173, 176–178, 263
Karttunen, Lauri, 185, 186, 188, 191, 208, 220
Keiser, Jessica, 219, 229, 245
Kennedy, Christopher, 287
Kenny, Anthony, 97, 99
King, Jeffrey, 135, 141
Kiparsky, Paul, 186
Kleene, Steven, 169
Kolmogorov, Andrey, 105

Kratzer, Angelika, 111, 117, 190
Kripke, Saul, 83, 107, 271, 282
Kvart, Igal, 80
Landman, Fred, 96
Laporte, Joseph, 261
Larsen, Richard, 136
Larsson, Staffan, 195, 211
Lascarides, Alex, 211
Lasersohn, Peter, 96
Le Poidevin, Robin, 93
Lehnert, Wendy, 197
Leibniz, Gottfried, 104
Leigh, Graham, 282
Lemmon, John, 171, 173
Lepore, Ernest, 57, 67, 242
Lewis, Clarence, 114, 115
Lewis, David, 49, 52, 59, 103, 107, 109, 113, 115, 117–256, 274, 278
Lindstrom, Per, 86
Locke, John, 245
Ludlow, Peter, 100, 102, 275
Ludwig, Kirk, 67
Lycan, William, 80
Lynch, Michael, 281
Maitra, Ishani, 230
Manley, David, 83
Marcus, Ruth, 107
Marshall, Catherine, 187
Maudlin, Tim, 281
May, Robert, 87, 166
McGinn, Colin, 267

McTaggart, John, 99-101, 104
Meinong, Alexius, 128
Mellor, D. Hugh, 100, 261
Mill, John Stuart, 22
Millikan, Ruth, 126
Moltmann, Frederike, 135
Montague, Richard, 1, 25, 55, 74, 102, 107, 110, 121, 130, 171, 173, 176, 278, 279
Moore, G. E., 226
Morris, Charles, 168
Moses, Yoram, 193
Mostowski, Andrzej, 86
Muskens, Reinhard, 196
Neale, Stephen, 80, 244
Nicole, Pierre, 217
Nuchelmans, Gabriel, 139
Pagin, Peter, 229, 230
Pap, Arthur, 39
Parmenides, of Elea, 91
Parsons, Terence, 93, 112
Partee, Barbara, 72, 119
Peirce, Charles S., 44, 159, 168, 229
Perry, John, 166
Peter, Georg, 179
Peters, Stanley, 86, 185, 187, 208
Plantinga, Alvin, 112, 143
Plato, 21, 43
Portner, Paul, 111, 117, 189
Potts, Christopher, 185, 208
Poznanski, Victor, 211

Predelli, Stefano, 102
Preyer, Gerhard, 179
Priest, Graham, 282
Prior, Arthur, 100, 101, 107, 174, 283
Pucella, Riccardo, 145
Pustejovsky, James, 179
Putnam, Hilary, 125, 259, 264, 267
Quine, Willard V. O., 1, 4, 6-8, 53, 70, 77, 84, 89, 107, 126, 129, 133, 163
Raffman, Diana, 56
Recanati, François, 65, 213, 229, 244
Reichenbach, Hans, 101, 167
Reyle, Uwe, 191
Richard, Mark, 281
Roberts, Craige, 185, 191, 207, 209
Rochelle, Gerald, 100
Rothschild, Daniel, 56, 179
Russell, Bertrand, 1, 9-11, 14, 78, 81-85, 94, 137, 140-143, 166-167
Ryle, Gilbert, 97-99, 151, 239
Salmon, Nathan, 141
Sartre, Jean-Paul, 124
Saul, Jennifer, 206, 209
Schaefer, Edward, 194
Schein, Barry, 96
Schiffer, Stephen, 136, 244, 245, 256
Schneider, Erna, 114
Schober, Michael, 194
Scott, Dana, 173, 176
Searle, John, 56, 65, 135, 157, 188, 219, 220, 224, 229

索 引

Segal, Gabriel, 56, 179, 260
Sellars, Wilfrid, 241
Sillari, Giacomo, 252
Simons, Mandy, 185, 207, 209
Skolem, Thoralf, 30
Smith, Nicholas, 285
Soames, Scott, 68, 141, 142
Sperber, Dan, 210, 213
Stalnaker, Robert, 60, 107, 108, 115 - 187, 193, 214, 272
Stanley, Jason, 56, 179
Stenius, Eric, 255
Stent, Amanda, 211
Stern, Josef, 215
Stevenson, Charles, 15
Stokhof, Martin, 220
Stone, Matthew, 119
Stoppard, Tom, 183
Strasser, Christian, 194
Strawson, Peter, 1, 9, 11 - 14, 151, 169, 184, 191, 219, 245
Szabó, Zoltán Gendler, 56 - 58, 62, 112, 168, 179
Tarski, Alfred, 1, 5, 30 - 39, 41, 66, 74, 104, 114, 115, 155, 277, 279-281
Thomas, of Aquino, 224
Thomason, Richmond, 131, 188, 194, 252
Thomason, Steven K. , 95
Tonhauser, Judith, 185, 207, 209
Traum, David, 195

Travis, Charles, 56-58
Tuomela, Raimo, 182
Tymoczko, Thomas, 268
Urmson, James, 151
van Benthem, Johan, 196
van Fraassen, Bas, 13, 184, 190, 278
van Lambalgen, Michael, 96
Vanderschraaf, Peter, 252
Vandervecken, Daniel, 224
Vardi, Moshe, 193
Varzi, Achille, 96
Vendler, Zeno, 97, 99
Visser, Albert, 196
Walker, Arthur G. , 95
Wallace, David, 108
Walton, Kendall, 213
Warnock, James, 151
Westerståhl, Dag, 72, 86
Wetzel, Linda, 168
Williamson, Timothy, 227, 231, 269, 286
Wilson, Deirdre, 210, 213
Wittgenstein, Ludwig, 56, 219, 239, 240
Woods, Jack, 233
Wooldridge, Michael, 182
Wright, Crispin, 73
Yablo, Stephen, 215
Zadrozny, Wlodek, 72
Zeevat, Henk, 189
Zeno, of Elea, 91

译后记

翻译这本《语言哲学》是我这半生干的最痛苦的一件事。最初,仅凭着对语言和哲学的热爱,当我看到这本书的简介是 This is the only book in the market that caters to both philosophy and linguistics,我就兴奋不已,接下了这本书的翻译任务,现在想来真是够鲁莽的。当时的我没有想到语言哲学是如此佶屈聱牙,等到着手翻译才发现这本书远远超出了我的驾驭能力。

我遇见的困难主要有两个:一是参考书不多,这一点很好理解,因为这个学科枯燥抽象,使得研究它的人永远是小众,再加上懂英语的研究者可以直接读原著而不需要译著,所以读语言哲学译著的人极少,这就导致这方面的资料难寻。我也买了一些语言哲学方面的书籍,关注了一些公众号,但这些对本书的翻译帮助不大。二是术语的翻译,术语的翻译是最让人头疼的事情,有时候为了确定一个术语的翻译,要在网上不停地查资料,找哲学术语字典和专家探寻其内涵,反复推敲应该用的汉语,这时候的我充分体会到严复说的"一名之立,旬月踯躅"的感受。有时候找到了一个合适的表达,就会高兴半天。相信啃过硬骨头的译者都一定有类似的经历。

翻译中间每每都会冒出打退堂鼓的念头,忍不住就跟朋友抱怨此事,他们总是善意地鼓励说,虽然你现在可借鉴的资料不多,但是你的工作会让未来的人有所借鉴。我想想这话不无道理,就不断用这个想法勉励自己,告诉自己这项工作是有意义的,要有铺路石的心态,这就是我能坚持做下来的最重要的动力来源。

和我一起合作翻译的晓冬当时正在读研，读了这本书的电子版决定共译本书的时候，一定也没有想到实际操作起来会很困难。我当时想着他也喜欢哲学，专业又是英语，应该也是合适做这项工作的人手。

在翻译的过程中，我的专业领域虽说是翻译理论与实践，可是我缺少翻译专著的经验，尤其是这样抽象且纯理论的专著。于是我试着用百度翻译转化了一下文稿，想看看机器对于翻译专著能达到什么样的效果。我的感受有两点：第一，机器翻译的发展的确超乎我的想象，很多惯常的句子及用法，机器翻译是有规律可循的，做得也非常好。第二，对于专业领域的术语及知识，由于专业性太强，机器翻译目前不能驾驭，仍然需要大量的人工脑力活动去完成。在这本书校稿过程中，ChatGPT 问世了，可惜我没有用上，也许它对专业文本的翻译比之前的翻译软件好用也未可知。

这本书从接稿到交定稿，前后历时三年，其中有半年的时间忙于录制音频课程，另外半年的时间忙于修改《对话杨宪益、霍克斯》的书稿，剩下整整两年的时间都花在这本《语言哲学》上，虽说我经历了痛苦的过程，尽了最大的努力，花费了大把的时间，但是这本书稿仍然存在一些不足，最主要的问题在于我的语言哲学的知识储备并不充分，这给翻译的理解环节带来了莫大的困难。翻译最主要的过程是两步，第一是理解，第二是表达，正确的理解加上地道的表达，才能出一个好译本。在翻译过程中，如果遇到难以理解的句子，我就只能尽量中规中矩地翻译，这样的译文会缺乏生动性和灵活度，但这也属于无奈之举。

对于原文中的大量的术语、斜体字、引号中的词汇，我们也在括号中给出了原文，以供读者参考。考虑到术语的建设是一个漫长的过程，我在翻译、改稿、校对过程中也整理了本书的一些术语，其中大部分术语都难以找到可以参考的现成翻译，我只能自己翻译并整理出这个术语表，以供后来者借鉴。

翻译并校对这本书，译者和编辑都倍感压力，晓冬负责的后半部分书稿，我进行了两次逐字逐句地毯式的校对修改以及两次点对点针对性的校对修改，我自己负责的前半部分书稿的修改、校对的遍数，我已经记不清了，总有六七遍之多吧。本书的责任编辑李妍老师非常认真敬业，和我就内容、格式等细节一遍遍商讨直到定稿。虽然本书仍有很多不尽如人意的地方，但译者已经尽了最大的努力。本书有任何失当之处，全部是我的责任。

除了二位译者和责任编辑的辛苦付出之外，我还得到了其他一些老师的帮助，在此一一致谢：我要感谢西安外国语大学优秀校友、语言学博士吴始年老师，对于我的困惑总能给予精确的解答；感谢我当年大学时代的老同学、班长刘军怀在我最后一遍校对全书定稿过程中，在确定格式以及诸多细节上都给予了很多的帮助和指点；感谢我的同事语言学博士马俊杰老师给我推荐了有用的工具书。没有他们的帮助，这本书无法成为现在的模样，在此对大家的无私帮助致以深深的谢意。

如果辛苦的工作能够为后来者提供些许的借鉴，我就深感荣幸了，觉得付出是有价值的。书中的不足之处，希望在出版后得到各位专家读者的赐教，我将继续完善此书。

张文锦于西安